그래도
문학이 있어야 할
이유

김병익 비평집
그래도 문학이 있어야 할 이유

펴낸날/ 2005년 2월 19일

지은이/ 김병익
펴낸이/ 채호기
펴낸곳/ ㈜문학과지성사
등록번호/ 제10-918호(1993. 12. 16)

서울 마포구 서교동 395-2(121-840)
편집/ 338)7224~5 FAX 323)4180
영업/ 338)7222~3 FAX 338)7221
홈페이지/ www.moonji.com

ⓒ ㈜문학과지성사, 2005. Printed in Seoul, Korea

ISBN 89-320-1579-1

* 지은이와 협의하여 인지는 생략합니다.
* 잘못된 책은 바꾸어드립니다.

김병익 비평집

그래도
문학이 있어야 할
이유

문학과지성사
2005

내 몸 안으로 들어오는 아픔을 채뜨려

자신의 것으로 삼아, 대신 앓는

지영에게

책머리에

　근년에 나는 소설보다는 가령 자서전이나 평전에, 문학보다는 역사나 현실 관련의 책들에 더 많이 마음이 쏠리고 거기서 글 읽기의 즐거움을 더 누리곤 한다. 가끔, 내가 왜 이리 되었는지 자문해보기도 했다. 아마 내가 출판사로부터 물러나면서 생긴 문학 현장으로부터의 거리감도 작용했을 것이다. 그러나 소설이나 문학의 허구 또는 장식적인 글들에서 조금씩 삶과 세계의 진상에 대한 어깃장을 느끼게 되고 논픽션이나 연구서들이 보다 순수하고 순진한 진술과 기록일 수 있다는 생각을 갖기 시작한 것이 더 큰 이유가 될 것이다. 물론 나이 탓도 있을 것이다.
　이 책의 교정을 보던 참에 읽은 것이 가라타니 고진의 「근대문학의 종말」(『문학동네』, 2004. 겨울)이었다. 한일 문학 교류 행사 때 몇 차례 만난 적이 있는 그의 근래의 생각도 나와 비슷해진 모양이었다. 내가 문학의 '주변화'라고 본 것에 비해 그는 '잔영'이라는 어휘를 사용하고, 문학의 미래에 대한 비관적인 예측을 나는 과학과 문화의 변화란 틀에서 끌어내고 있지만 그는 '근대'의 종말이란 사회사적 측면에서 검토하고 있는 다름이 있음에도, 문학이 더 이상 현실의 주도적 가치와 역할을 가지기 힘들다는 전망을 하고 있다는 점에서는 나의 공감을 사기에 충분했다. 문학이란 말 앞에, 중심적인, 신성한, 영원한, 진실의…… 같은 힘 있고 아름다운 수식어를 얹어놓기는 이제 어렵게 된 것이 아닌가 하는 쓸쓸함이 이 공감의 바닥에 깔려 있긴 했다.

　그러니, '그래도 문학이 있어야 할 이유'는 세기가 바뀌며 열린 2002 한일 월드컵으로 붕 떠서 시끄럽던 즈음의 대학 문예 행사에서 문학의 바깥을 향해 투정하듯이 붙인 강연 제목이었지만, 지금에 이르러서는, 바로 더, 나 자신을 향해 삭여야 할 다짐이 될 듯하다. 그래, 내가 문학의 시든 허세에 섭섭해하고 그것의 주변화를 피할 수 없는 예감으로 받아들인다 하더라도, 그리고 세계 자체가 문자보다 더 격렬하고 솔직할 수 있음을 시인한다 하더라도, 그래도 문학이 있어야 할 이유는 여전히 우리 앞에 살아, 남아 있어야 할 일이며 그 이유들에 우리는 동참해야 하지 않을까. 이 대꾸는 안쓰럽고 안타까운 것이지만, 그럼에도, 사위는 잿불에 불어주는 작고 조심스런 입김이 되기를, 나는 지금 나 스스로를 위해 바라고 있다.

　이런저런 두서없는 글들을 모아, 제2부에는 작품론들을, 제1부는 문학 일반에 관한 글들을, 제3부에서는 문학의 변두리 글들로 나누었다. 이 책이 그래도 나의 비평집으로서는 마지막에서 두번째이기를 바라는 은근한 희망을 감추면서, 그동안 애써준 여러분들에게 고마운 인사를 드린다. 돌이켜보면, 나의 다행스러운 생애 자체가 그 숱하게 많은 고마운 분들의 손길로 엮어져왔음을, 부끄러움과 자랑으로, 다시 확인한다.

2005년 1월
김병익

그래도
문학이 있어야 할 ··· 차례
이유

책머리에   6

제1부

'한국문학사' 다시 읽기   13
역사, 소설, 그리고 역사소설   32
중용과 화해의 인간형을 기다리며 — 『삼대』의 조덕기   45
소설가는 왜 소설을 쓰는가 — 이청준·김영현·김영하의 경우   56
시는 컴퓨터를 어떻게 받아들이는가   70
변화의 틈새에서의 문학   85
그래도 문학이 있어야 할 이유   94

제2부

병든 세상 껴안기 — 김원일 작품집 『물방울 하나 떨어지면』   105
자연에의 동화를 향한 꿈꾸기 — 김주영의 김동리문학상 수상작 『멸치』에 대하여   124
이념의 상잔, 민족의 해원 — 황석영 장편소설 『손님』   128
품위와 연민 — 고종석 소설집 『엘리아의 제야』   139
괴이한 기척에서 원초에의 기억으로 — 조경란 소설집 『코끼리를 찾아서』   150
원한의 역사와 화해의 전망 — 류영국 장편소설 『만월까지』   170
존재의 허구, 그 불길한 틈 — 김경욱 소설집 『누가 커트 코베인을 죽였는가』   186
가난한 시대의 서러운 삶 — 오상원, 이호철, 이문희, 박순녀, 조해일의 소설들   199
만인의 얼굴, 그 민족사적 벽화 — 고은의 『만인보』 16~20권   225
기억으로 짓는 마법의 성 — 복거일 시집 『나이 들어가는 아내를 위한 자장가』   234
시간의 슬픔과 소멸의 아름다움 — 김윤배 시집 『부론에서 길을 잃다』   248
문학의 원래와 회통의 정신 — 최원식 평론집 『문학의 귀환』   260

제3부

민족, 분단 극복, 그리고 세계 시민의 길   267
삶의 전기로서의 역사학을 위하여   280
한국 인문학 도서의 현황과 전망   293
나의 소중한 책들   304
호수공원에서 북한산을 바라보다   312

제1부

'한국문학사' 다시 읽기

　나는 2003년도 가을학기의 인하대 대학원 '현대비평특강' 시간을 한국 근·현대 문학사 읽기로 설정하고 이 방면의 대표적인 저작들을 수강생들이 검토해보도록 했다. "그 편찬과 서술의 방식, 작가·작품 들에 대한 평가를 통해 한국 문학에 대한 그동안의 인식과 비평적 접근 방법을 검증"해보는 것이 그 목적이었다. 우리가 대상으로 선택한 책은 임화의 『개설 신문학사』(1939~1941), 백철의 『신문학사조사』(1947/1949), 조연현의 『한국현대문학사』(1956), 김윤식·김현의 『한국문학사』(1973, 민음사), 조동일의 『한국문학통사』 전6권(1982~1988, 지식산업사) 중 4, 5권(1986/1988), 김재용 외의 『한국근대민족문학사』(1993, 한길사), 권영민의 『한국현대문학사』(2002, 민음사) 등 7종이었고, 참고 도서로 토지문화재단이 엮은 『한국문학사 어떻게 쓸 것인가』(2001, 한길사)를 추가했다. 그러나 우리가 실제로 택한 텍스트의 몇 종은 시중에서 구할 수 있는 개정판이거나 중판·중쇄본이어서 초판의 원형과는 다를 수 있는 것이었다. 가령 임화의 『개설 신문학사』는 조선일보에 연재되다가 마지막 부분은 『인문평론』에 실린 것을 임규찬·한진일이 편한 『임화 신문학사』(1993, 한길사)로 정리된 것인데, 그렇기에 당초의 연재 발표 원고를 한글 표기로 전면 변환한 것 말고도 편집 과정상의 약간의 차이가 있을 것이다. 우리가 읽은 백철의 『신문학사조사』는 초판으로부터 30여 년 후에 나온 1980년판(신구문화사)으로 그간의 정치적 정황의 변동에 비추어 본문 수정이 상당히 많이 가해졌을 것이다. 내가 본 조연현의 『한국현대문학사』는 1961년 판본(인간사)의 복사본인데 저자는 앞에서 '증보판'이란 말을 사용하고 있지만 1956년 판본과 내용이 그리 달라지지 않고 있음도 밝히고 있다. 70년대 이후에 나온 문학사 저작들은 대체로 중쇄본이어서 오자 수정 외에는 초판과 그리 변화가 없겠지만 텍스트로 삼은 조동일의 전5권의 『한국문학통사』 제3판(1994; 19쇄 2003)은 전면 개고한 재판(1989)에 이어 "대폭 수정하고 보완"(1권 머리말)해서 내는 것이라고 저자는 말하고 있다. 우리의 공부는 텍스트 비평이 아니고 문학사 서술 방법에 대한 검토이기에 초판과 개정판의 차이를 고려하지 않고 현재 활용할 수 있는 책으로 수행되었다.

 석·박사 과정 여덟 명이 참여한 우리의 수업은 각자 한 권의 텍스트를 맡아 비평적 접근의 리포트를 작성하고 그 발표문을 놓고 수강자들이 질의와 토론을 하는 세미나 형식으로 진행되었다. 이 같은 방식의 공부를 제의하면서 나는 참여자들에게 리포트를 작성할 때 다음 몇 가지에 유의해주기를 요청했다: 1) '문학의 역사'를 서술하면서 양자의 관계를 어떻게 보고 있는가; 이때 문학과 역사를 어떻게 인식하고 있는가. 2) 근대문학사의 기점을 어떻게 설정하고 있는가; 고전 문학과의 관계를 어떻게 이해하고 있는가. 3) 근대 문학의 역사를 편찬하면서 그 진행 과정을 어떻게 분절하고 있는가; 그 분절의 기준은 무엇인가. 4) 문학사의 큰 맥을 어떻게 긋고 있는가; 현재의 관점에 비추어 어떤 작가 혹은 작품이 과대 혹은 과소 평가되고 있는가. 5) 편찬과 서술의 장점과 한계는 무엇인가. 역사철학 혹은 문학 원론에 대한 인식으로부터 현장 비평적 관점에 이르기까지의 나의 여러 주문들을, 리포트 작성자들은 고려는 했겠지만 굳이 매이지는 않은 것 같다. 그들은 자유스럽게 자신이 맡은 문학사들의 개요와 방법론을 설명하고 저자들이 설정한 기술의 원칙과 서술의 실제 간의 거리를 비판하면서 오늘의 시점에서 그 유효성을 대비하고 있었다. 그러니까 우리의 수업은 우리의 문학사가들이 우리 근·현대

문학을 어떻게 보았는가를 오늘의 우리 눈으로 다시 보고 대조하는, 메타 비평적 성격을 가지고 있었던 것이고 그래서 나름대로의 성과를 얻어낼 수 있었다. 이 글은 '한국문학사'를 체계적으로 정독해보지 않았던 내가 나의 강좌 참여자들과 함께, 그들의 독법과 의견을 염두에 두며, 7종의 문학사 저작들을 새삼 읽으면서 느끼게 된 생각과 소감들을 내 방식으로 정리해보려는 것이다. 그러니까 나는 수업이 끝난 후에야 뒤늦게 리포트를 작성하여 제출하고 있는 것이다.

70년 동안에 나온 7종, 그러니까 10년대마다 다른 저자에 의해 집필된 7종의 한국문학사 저작을 개괄하면 그 각각의 저자가 비교적 젊은 나이에 우리 문학의 역사를 정리했다는 점이 우선 눈에 띈다. 김현·김윤식의 『한국문학사』가 상자되었을 때 그들의 나이는 31·36세였고, 최초의 본격적인 문학사인 『개설 신문학사』의 신문 연재를 처음 시작할 때의 임화는 31세, 조연현의 문학사는 그가 37세 때 간행된 것이다. 『한국근대민족문학사』의 네 공동 저자인 김재용·이상경·오성호·하정일은 책에 그들의 출생 연도가 밝혀져 있지 않지만 10여 년 전의 그들의 나이가 30대 전반일 소장 세대들이었다. 해방 공간기에 집필된 『신문학사조사』의 백철은 당시 40세 안팎의 연배였고, 가장 최근에 나온 『한국현대문학사』의 권영민만이 겨우 50을 넘긴 나이에 출판하였다. 방대한 자료의 수집과 문학관·역사관의 숙성이란 시간적 연륜이 필요한 문학사 서술의 어려운 작업이 어떻게 이처럼 젊은 나이에 이루어질 수 있었을까. 지적으로나 정력에서 가장 왕성한 패기를 갖는 30대의 힘이 우선 그 이유로 짚이지만, 다른 한편, 그럴 수 있을 정도로 우리 근·현대 문학사의 시간적 길이가 짧았다는 데 더 큰 원인이 있었을 것이다. 실제로 본격적인 근대문학사가 시작되는 1920년대부터 우리의 문학사는 한 사람의 평균 수명 정도의 이력밖에 치르지 않았고 그래서 임화와 백철 같은 식민지 시대 문학인은 그 문학사를 당대사적 관점으로 수용할 정도였다. 그들이 다룬 것은 문학의 역사이지만, 그 역사의 길이는 자신의 문학 활동기 범위를 별로 벗어나지 않는 현재사적 수준이었다. 그것이 우리 근대문학사의 일천함에 대한 탄식을 자아내게도 하지만 젊은 나이는 그것을 사적으로 정리해볼 의욕을 불러올 만한 것이었다. 더구나 대학마다 설치되어 있는 국문학 강좌는 문학사 교재를 절대적으로 요구했을 것이다.

간행기로 보아 이 문학사들 중 임화의 것만이 식민지 시대에 발표되었고 나머지는 해방 후, 6·25 후, 그리고 70년대로부터 10년마다 새로운 문학사 저술이 이루어진다. 여기서 다음 몇 가지 모습이 발견된다. 임화는 자신이 중심이 되어 활동하던 KAPF가 해소되고 총독부의 억압과 검열이 자심해져 자유로운 문필 활동이 어려워졌을 일종의 침잠기에 문학의 현장으로부터 문학의 역사로 들어갔고, 백철은 해방 후의 친일파 정리로 어수선할 때 스스로의 행적을 자숙하며 역시 문단의 활동에서 강단의 저작으로 물러났다. 그 결과가 문학사 집필이었다. 초기의 두 문학사가 저자의 정치적 입장과 연관된다면 이후의 문학사 저술은 그 집필 당시의 시대적 분위기가 깊이 작용하고 있는 것으로 보인다. 『한국현대문학사』를 연재하던 조연현은 50년대의 거의 유일한 문학 매체라 할 『현대문학』의 주간이었고 그 문단사적 비중이 자신의 문학사를 문단사적 시각으로 정리하게 유도했을 것이다. 김윤식·김현이 문학을 공부하며 문학사를 염두에 두었을 때는 우리의 지식 사회가 근대화와 주체성이란 명제를 중심적인 주제로 사유하고 고민하던 시절로 당시에 개발·축적된 한국학의 자료와 접근법이 그들의 '문학사'에 깊이 영향 주고 있다. 조동일이 원시 시대로부터 5천 년의 한국문학 '통사'를 정리하는 야심찬 작업이 가능했던 것은 국문학계 전반의 학적 축적과 무엇보다 70년대부터 활발해진 각종 문헌들의 광범한 영인본 작업으로 자료의 방대한 수집이 이루어질 수 있었기 때문이다. 연세대 동문이 중심이 된 네 명의 신진 국문학자들의 『한국근대민족문학사』는 90년대 초반에 간행되었지만 이 공동 작업에는 '민족문학'이란 표제의 어사에서 볼 수 있듯이 80년대의 진보주의적 문학관이 짙게 배어 있다. 한국문학사 저자 중 가장 많은 나이에 이루어진 권영민의 『한국현대문학사』는 식민지 시대, 해방과 전쟁의 혼란, 유신, 운동권의 거친 시대적 파도가 진정되고 현실적으로나 내면적으로 상당한 자유로움을 누릴 수 있을 때 집필되었고, 그런 만큼 저술 당시의 정치적·사회적 억압으로부터 벗어나 있어 보인다.

  이렇다는 것은 한국문학사의 저자들이 현장 비평가로부터 강단 문학사가로 옮겨가는 추세를 짚어보게 만든다. 임화와 백철은 당대의 가장 활발한 저널리즘 비평가였고 당시의 문단 활동에 적극적인 평론가였다. 문단의 활동가였고 현장 비평가였다는 점에서는 50년대의 조연현과 70년대의 김현도 마찬가지였지만, 비평가로서보다는 문학사가로 더 큰 비중을 갖게 될 김윤식 이후의 조동일과 김재용 외, 그리고 권영민은, 그 구분이 분명한 것은 아니지만, 강단 연구자의 부류에 속한다고 보아야 할 것이다. 그것은 한국 근대문학사의 편찬 작업이 현장 비평적인 시각에서 아카데믹한 접근 태도로 옮겨간다는 것을 의미할 것이다. 이 추세는 앞으로 더 강화될 것으로 보이는데 한 세기간의 근대문학사적 연륜과 거기에 쌓인 숱하게 많아진 작가 작품들은 현장 비평적 접근으로는 포괄될 수 없을 것이며 연구실에서의 오랜 섭렵과 축적, 당대의 한계를 뛰어넘는 시각과 역사적 안목에서야 문학사 서술의 방대한 작업이 가능해질 것이기 때문이다. 컴퓨터로 자료들을 정리하며 '현대문학사 연표'와 『한국현대문학 대사전』을 편찬한 권영민이 21세기의 초두에 가장 교과서적인 균형 감각을 가진 문학사를 상자했다는 것은 그 추세의 확인으로 보인다.

  문학사 저술자가 우선 염두에 두어야 할 것은 '문학이란 무엇인가'의 문제일 것이며 그것의 구체적인 표현이 '어떤 문자 행위가 문학으로 범주화될 것인가'일 것이다. 그것은 곧 장르론일 터인데, 우리의 문학사 저작들은 이 장르 배분에 일치된 관점을 보이지 않는다. 네 명의 연구자가 공동 작업을 한

『한국근대민족문학사』는 김재용이 각 시기의 사회적 배경과 문화적 특징을 총론으로 개괄하고 시·소설·평론으로 세 필자가 분담하여 엄격하게 문학사적 주류 장르에 집착하고 있어 희곡을 비롯한 여타의 군소 장르에 대한 배려가 배제되고 있다. 이에 비해 조동일의 『한국문학통사』는 참조할 수 있는 장르와 자료를 거의 모두 망라하고 있다. 그의 시야는 주류 장르 못지않게 민요와 같은 근대 문학으로서는 주변화되고 있는 구비 문학과 그 유효성이 제한된 한시, 또는 문학성에서 평가되기 어려운 대중소설까지로 뻗쳐 있고, 기왕의 문학사나 연구 논문에서도 활발히 다루어지지 않은 작가와 작품들에도 상당한 분량이 할애되고 있다. 문학의 외연을 넓히기는 김윤식·김현의 문학사이다. 이들의 시선은 실학 시대의 문학까지 '근대 문학'의 범주로 소급하고 있지만 작품에서도 동학의 문서와 김교신·함석헌의 기독교적 저술, 김구의 자서전까지 대상 작품으로 수용하고 있다. 이런 다양한 태도는 문학을 어떻게 규정할 것인가, 적어도 정통 문학을 이해하기 위해 어떤 주변적 보조적 자료로 어떻게 확대·활용할 것인가의 물음에 대한 대응일 것이다. 백철과 조연현은 이들과는 달리 문단사적 관점을 강하게 표출한다. 백철은 자기 자신이 참여하기도 한 식민지 시대의 논쟁사에 중점적인 관심을 드러내고 조연현은 문학인의 문단사적 현실적 활동을 많이 참조하고 있다. 김현이 백철의 『사조사』에 대해 '논쟁사'로, 조연현의 『문학사』에 대해 '잡지사(史)'로 비판한 것은 그들의 이런 서술 방법을 향한 것이다.

  근·현대 한국문학사 편찬에서 또 하나 주목해야 할 것은 그 시대적 범주의 상한과 하한, 그리고 시대 구분의 분절 문제이다. 이것은 이른바 우리의 '근대' 문학을 어떻게 설정할 것인가의 매우 중요한 주제일 뿐만 아니라 우리 문학사의 전개 과정을 어떻게 인식하고 있는가, 그리고 당대의 문학에 어떤 관점을 보여주는가에 연관된 관심이다. 우선 근대 문학의 기점 문제: 그 용어는 조금씩 다르지만 대체적으로 동학 전쟁과 갑오경쟁이 일어난 19세기 90년대 중반을 앞시대의 문학사들은 '신문학의 태반'(임화), '신문학 태동기'

(백철), '근대 문학의 태동'(조연현)으로 신문학 혹은 근대 문학의 전사(前史)로 설정하고 뒷시대의 문학사들은 '민족어의 형성과 근대 문학의 성립'(김재용 외), '한국 근대 문학의 성립'(권영민)으로 앞시대 문학사가 '전사'로 인식한 부분을 근대 문학의 본론으로 끌어들이고 있다. 근대 문학의 기점 문제에서 가장 예민했고 그래서 논의가 가장 잦게 제기된 것이 김윤식·김현의 『한국문학사』인데 이 문학사는 근대 문학기를 영·정조 시대로 다른 저자들보다 1세기 이상 소급하고 있다. 특이한 것은 조동일의 『한국문학통사』의 시대 구분인데 그는 우리 5천 년의 문학사를 첫째 시대 원시 문학, 둘째 시대 고대 문학, 셋째 시대 중세 전기 문학, 넷째 시대 중세 후기 문학, 다섯째 시대 중세 문학에서 근대 문학으로의 이행기, 여섯째 시대를 근대 문학기로 나눈다. 그리고 셋째 시대의 중세 전기를 제1기(삼국·남북국 시대), 제2기(고려 전기)로, 넷째 시대의 중세 후기도 제1기(고려 후기), 제2기(조선 전기)로, 다섯째 시대의 이행기도 제1기(조선 후기), 제2기(1860~1918)로 각각 양분하고 있다. 이런 시대 구분이 어색하기도 하고 이행기가 너무 긴 시기로 설정된 무리가 엿보이고 있지만 어떻든 우리가 '근대 문학'이라고 볼 수 있는 기점은 이행기를 지난 '여섯째 시대 근대 문학'의 1919년이 된다. 김재용 외의 것과 권영민의 것 등 후에 나온 문학사가 김윤식·김현이나 조동일 등 선배들의 근대 문학 기점론을 습용하지 않은 것으로 보아 두 문학사의 기점 설정이 통설로 수용되지는 않은 것 같다.

다음, 근대 문학 안에서의 시대 구분 문제인데, 2권으로 구성된 권영민의 문학사는 1권을 1896~1945년으로, 2권을 1945~2000년으로 해방을 분명한 문학사적 전환기로 설정하고 있다. 그 두 시기를 굳이 붙이자면 근대 문학과 현대 문학(혹은 '분단 시대의 문학')으로 이름할 수 있겠지만, 저자는 앞시대를 개화 계몽기, 신문학기, 계급문학 운동기, '문학 정신의 기법과 전환' 등 넷으로, 뒷시대를 해방 공간기, 전후기, 산업화 시대의 셋으로 나누면서 마지막에 북한 문학을 별도로 취급하고 있다. 그러니까 권영민은 1세기에 걸친 '현대문학사'를 시대적인 성격과 문학적인 양상을 결부하면서 크게 7단계로 그 과정을 검토하고 있는 것이다. 김윤식·김현의 문학사는 권영민보다 시기 분절을 넓게 잡아서 영·정조의 봉건 체제 해체기로부터 최남선·이광수·주요한의 1920년대 초까지를 '근대 의식의 성장'기로 설정하고 카프 문학 운동 이후 해방까지를 '개인과 민족의 발견'으로, 해방 이후 1960년대까지를 '민족의 재편성과 국가의 발전'으로 나누고 있다. 그런데 이 두 권의 문학사 외에는 해방 이후의 문학을 다루지 않고 있다는 점이 지적된다. 식민지 시대에 나온 임화나 해방 직후에 집필된 백철의 것 초판이 시기적으로 해방 이후를 짤막하게 다룰 수밖에 없었던 것은 당연하지만(물론 백철은 1980년의 개정판에서 해방 이후의 문학을 추가할 수도 있었고 또 그래야 했을 것이다), 해방으로부터 10여 년이 지난 조연현의 것은 물론 그로부터 한 세대 이상 지나, 해방까지의 근대 문학기만큼의 역사가 흐른 뒤에 나온 조동일의 『통사』도, 김재용 외의 『민족문학사』도 그들의 서술을 1945년으로 마감하고 있다. 그렇게 된 이유는 여러 가지로 추측될 수 있겠지만, 해방으로부터 한 세대가 지난 이후에 나온 네 권의 문학사 중, 하나는 1960년대까지, 다른 하나는 1990년대에 근접한 시기까지를 대상으로 하여, '현대'의 문학기를 다룬 것이 두 권에 그친다는 점에는 미흡감이 따르지 않을 수 없다. 이런 한계에서 식민지 시대의 '근대' 문학만 다룬 문학사 서술에서 시대 구분은 좀더 세분되고 있음을 볼 수 있다. 1919년에서 1945년까지의 27년을 '근대 문학 제1기'(제2기는 당연히 해방 이후가 되겠지만 그 서술은 없다)로 설정한 조동일의 『통사』는 대체로 장르사적 전개를 주축으로 하여 그 안에서 시기적인 진전 변화를 설명하고 있어 시대 구분에 엄격하게 매여 있지 않지만 김재용 외의 『근대민족문학사』는 거의 10년 단위로, 19세기 말~1910년, 1910~1919, 1919~1927, 1927~1935, 1935~1945의 5기로 구분하고 있다. 연대를 기준으로 한 이 분기법은 '신문학의 탄생' ─ '근대 문예 사조의 등장' ─ '퇴폐의 문학' ─ '낭만주의 문학' ─ '자연주의 문학'으로 문예 사조를 기준으로 한 백철의 시대 구분, '근대 문학의 태동' — '근대 문학의 탄생' — '최남선과 이광수' — '근대 문학의 전개' — '1930년대'(이 장 앞에는 '1920년대의 중요 작가들'로 작가론을 펴고 있다) 등의 조연현의 구분과 많이 다르면서도 공통된 점도 있다. 다른 점은 연대기적 구분과 사조적 구분, 문단 외형상의 구분으로 그 구분의 기준이 상이하며 그래서 구분의 계기와 접점 시기가 달라지지 않을 수 없다는 점이고, 공통된 것은 그럼에도, 이른바 신문학 이전과 신문학기, 그리고 3·1운동(혹은 『창조』 창간), 카프 문학 운동, 30년대의 문학적 다양성 전개가 시대 구분의 중요한 변수로 작용하고 있다는 점이다.

불과 한 세대 기간 정도의 역사에 대해 이처럼 시대 구분을 번잡하게, 그리고 다각적으로 해야 한다는 것은 해방 후의 문학사에서도 그런 것처럼 우리 역사의 급격한 변화 과정과, 그와 더불은 우리 문학의 분주한 변화 과정을 설명해주는 것일 것이다. 실제로 우리의 근대문학사는 백철이 접근한 것처럼 짧은 동안에 서구의 몇 세기에 걸친 문학 사조가 도입되었고, 김재용 외가 분별한 것처럼 시대사의 전개가 급박하게 이루어지며 다양한 문학적 대응이 함께했으며, 조연현이 참조한 것처럼 갖가지의 문학 매체를 통해, 조동일이 수집한 것처럼 다양한 장르의 숱한 작품들이 발표되었고, 그것들을 통해 김윤식·김현이 주목한 근대로의 인식 개발이 이루어졌으며, 권영민이 살핀 대로 언어와 기법의 다양화가 추구되었다. 그리고 이렇다는 것은 임화가 강조하고 있는 '단절/이식'의 신문학 구조와 그럼에도 그가 의외로 높이 존중하고 있는 그 변혁 안에서의 전통의 지속이 어울리면서 일구어진 현상일 것이다. 여기에는, 한국 문학이 문학 내재적 관점만으로는 인식될 수 없다는 것, 거기에는 문학 외부의 정치사적·사회사적·지적 변인이 강하게 작용하고 있다는 것, 우리 문학은 외적 현실과 예민하게 대응하며 자신의 현실을 드러내는 데 적극적이었다는 것 등 한국 문학에 관한 여러 독특한 이해를 고려하게 만든다.

이처럼 번잡스런 문학사적 전개였기에 '신문학' '근대 문학' '현대 문학'도 혼란스럽게 사용된 것 같다. '신문학'은 개화기 이전의 '구문학'과 대조되는 편의상의 명칭일 수 있을 것이며 '근대'와 '현대'는 역사의 3분법에 익숙한 서구에서 '모던'이란 말로 통괄되고 있음에도 우리의 경우 현재적인 시간 감각으로의 '현대'와, 이보다 앞서 전근대적 역사와 분기되는 '근대'로 번역되어, 사용에 따라 그 내포도 달라질 수 있다. 개화기 이후의 우리 문학을 '근대 문학'으로 보는가 '현대 문학'으로 보는가 혹은 '신문학'으로 보는가는 저자의 인식에 맡길 수 있지만 그 용법이 대체로 엄격하게 구분되어 있지는 않은 것 같다(나 자신도 엄격하지 않은, 그래서 편의상이라고 해야겠지만, 대체로 해방 이전 것은 근대 문학, 해방 이후를 현대 문학으로 분간하고는 있다. 이때의 '현대 문학'은 예컨대 '당대 문학'이란 성격이 강하다). 가령 권영민의 것은 '한국현대문학사'란 표제를 2권의 '1945~2000'만이 아니라 1권의 '1896~1945'에도 붙이고 있는데, 그 차례에는 '근대 문학'이란 말이 사용되고 있지만 2권에는 '현대 문학'이란 용어가 나오지 않는다. 김재용 외의 『민족문학사』는 해방 전까지의 문학사를 다루고 있고 표제에나 목차에서 '근대'로 일관하고 있으며 조동일 역시 『통사』의 목차에서 '근대 문학' '근대 소설' '근대시'의 용어를 사용하고 있다. 김윤식·김현의 문학사는 '근대 의식'을 강조하면서 문학에서의 '근대' '현대'를 분간하지 않고 있다. 그러나 조연현의 『한국현대문학사』는 그 표제와는 달리 목차에서는 '근대 문학'으로 일관하면서 '현대 문학'이란 용어는 사용하지 않고 있다. 그의 서문은 이 문학사를 원래 3부로 구상하여 1, 2부에서 신문학과 1920, 30년대 문학을 다루고 3부에서 해방 이후의 문학을 서술할 계획이었는데 그 작업이 방대해서 1, 2부만 간행한다고 밝히고 있어, 제목과 목차상에서 이런 차질이 빚어진 것 같다. 그런데 백철은 '신문학'이란 용어로 우리의 개화기 이후 문학을 포괄하여 '근대 문예 사조'의 도입을 설명하면서도 일제 암흑기 문학까지 '신문학'이란 표제를 달고 있으며 해방 후의 문학에도 '현대'란 말을 사용하지 않고 있다. 그의 이런 '신문학'

선호는 임화의 깊은 영향 때문이 아닐까 싶은데, 백철의 것보다 10년 전에 발표된 임화의 『개설 신문학사』는 이른바 '신소설'에서 멈추는 문학사이지만 '신문학'이란 용어로 일관하고 있다. 물론 「신문학의 태반」에는 '근대화'의 세 과정이 서술되고 있지만, 당시의 문학이 '근대 문학'일 수 없이 다만 '신문학'일 뿐이라는 그의 명쾌한 설명을 읽으면 그가 왜 근대 문학이란 용어를 기피했는가를 우리는 충분히 납득하게 된다:

근대 문학이란 단순히 근대에 쓰여진 문학을 가리킴이 아니라 근대적 정신과 근대적 형식을 갖춘 질적으로 새로운 문학이다. 시조, 가사, 운문소설, 한시 기타는 현대에 이르도록 전통적 문학으로 생존해 있으나 결코 근대 문학은 아니다. 그것들은 오직 현대에서 볼 수 있는 구시대 문학의 약간의 유제(遺制)에 불과하다. 시민 정신을 내용으로 하고 자유로운 산문을 형식으로 한 문학, 그리고 현재 서구 문학에서 보는 바와 같은 유형적으로 분백(分白)된 장르 가운데 정착된 문학만이 근대의 문학이다. (한길사 판, p. 18)

그러니까 임화는 정치 경제적·역사적·문화적 근대성이 확보된 위에서 생산된 것이 근대 문학이며 단순히 근대의 시기에 나왔다 해서 근대 문학으로 간주해서는 안 된다는 것을 분명히하고 있다. 그래서 그는 개화기 이후의 문학을 '구문학'과 '구별이 엄격한' '신문학'이란 용어를 취한다(그는 이 용어가 자신의 창안이 아니며 "육당, 춘원 이후에 비롯하지 않은가"라고 짐작한다). 그가 규정하는 '신문학'이란,

새 현실을 새 사상의 견지에서 엄숙하게 순예술적으로 언문일치의 조선어로 쓴, 바꾸어 말하면 내용·형식이 함께 서구적 형태를 갖춘 문학이다. 신문학이란 개념은 그러므로 일체의 구문학과 대립하는 새 시대의 문학을 형용하는 말일뿐더러 형식과 내용상에 질적으로 다르고 새로운 문학을 의미하는 하나의

개념이 될 수 있다. 따라서 신문학사는 조선에 있어서의 서구적 문학의 이식으로부터 시작되는 것이다. (위의 책, p. 16)

문학은 형식과 내용에 있어 구시대의 것과 현저하게 달라졌지만 그것이 서구에서 도입된 것일 뿐 우리 자신의 근대 사회적 산물로 볼 수 없기 때문에 '신문학'으로 규정될 수밖에 없다는 임화의 논리는 정연할 뿐 아니라 선명하다. 그는 문학과 현실 간의 괴리를 보고 있는 중이고 그 괴리는 새로운 문학과 문화가 근대의 서양으로부터 수입된 데서 생겨난 것이라고 분명하게 판단한다. 그의 단절/이식론은 이런 사유 속에서 비롯된 것이다. 그의 신문학 개념과 전통 단절론, 서구 문학(문화) 이식론은 이후의 백철, 조연현에게도 드러나든 숨어서든, 깊은 영향을 준다. 이 단절론에 대해 강한 자의식을 갖고 극복하고자 한 것이 한 세대 후의 김윤식·김현의 『한국문학사』이다. 다른 문학사들과는 달리 이들의 『문학사』는 '방법론'을 서문에서 길게 전개하면서 문학사의 시대 구분론과 한국 문학의 인식 방법론을 설명한다. 두 공동 저자에 의하면, "문학사는 실체가 아니라 형식"이고 "한국 문학은 주변 문학을 벗어나야" 하며, 이렇게 볼 때 한국문학사의 '근대성'은 개화기보다 한 세기 이상 앞선 영·정조 시대로 소급되어야 한다고 주장한다. 그들은 이 논리의 전개 속에서 서구적 시대 구분의 3분법을 지양해야 한다는 것, 따라서 진보란 개념과 근대주의도 비판받아야 한다는 것을 강조하면서 임화가 '근대적인 것 = 서구적인 것'이란 오해에서 한국문학사의 전개를 단절론으로 규정하는 오류를 범했다고 비판한다. 그들은 전통 봉건 사회의 해체와 근대적 의식과 사회 변화가 서구 문화의 도입 이전에 내재적으로 진행되고 있음을 확인하면서 "한국 문화의 식민지성 혹은 주변성을 솔직히 인정하고 그것을 새로운 의미망 속에 끌어넣어 이해"(민음사, p. 13)하기를 촉구하면서 "이식 문화론, 전통 단절론은 이론적으로 극복되어야 한다"(p. 16)고 역설한다. 김윤식·김현의 이 열정은 당시 식민사관을 극복하려는 주체적 민족사관을 전개하는 한국학의 영향 속에서, 그리고 경제사학회가 작업하고 있던 한국사 시대 구분론의 방법론을 받아들이면서, 그리고 사소하게 보이지만 그 감정은 충분히 존중될 만한, 최남선·이광수 등 훼절 문학인들에 의해 한국 신문학사가 출발했다는 통설에 대한 반감으로, 일구어진 것일 것이다.

  '신문학' 혹은 '근대' '현대'란 용어에 대해 내가 이처럼 집착하는 것은 그것이 우리 역사 속에서의 문학, 그리고 문학의 전통과 변화를 우리의 문학사가들이 어떻게 인식하고 있는가를 주목하고 있기 때문이다. 임화가 문학과 문학의 토대를 구분하여 우리 근대 문학을 근대 문학으로 부르지 않고 신문학으로 규정하는 데에는 단순히 그가 속한 마르크시즘의 상부/하부 구조론에 충실해서만은 아닐 것이다. 『소년』 이후, 어쩌면 그 이전의 '신소설'기부터 전통 문학과 새로운 문학 간의 단절성에 대한 인식은 매우 강렬했고 당대의 지식인들이 이런 단절론에 대체로 수긍했을 것이며 임화는 이런 인식의 편향을 반영했을 것이다. 그의 『개설 신문학사』를 이번에 다시 보면서 그가 문학의 내용 못지않게 형식과 언어를 중시했다는 것, 특히 그래서 독립신문의 한글 표기가 "민중이 순수한 자기 언어를 가지고 공공연하게 외치는 패기에 찬 태도의 표현"(p. 76)이라고 주목하며 "문체 자신이 계급 타파와 사민 평등의 표현"(p. 77)임을 지적하고 "기독교서가 언문 부흥의 기념할 선구"(p. 108)라고 평가하는 것, 더구나 「신문학의 태반」에서 실학과 개화 사상, 자주 정신의 전통적 자산을 깊이 고려하고 있다는 점에서 진보적 문학비평가로서의 임화의 의외로 높은 유연성을 가진 '주체적 정신'이 발견된다. 그럼에도 당대의 시대적 양상 속에서 그는 단절/이식론을 강조할 수밖에 없었고, 그것에 대한 김윤식·김현의 자의식적 자각이 '근대 문학의 소급'이란 형태로 나타난다. 그리고 1980년대 이후의 문학사들은 김윤식과 김현, 혹은 임화가 고민하며 싸운 이 전통 단절론에 대한 고민을 뚜렷하게 드러내지 않고 자연스럽게 '근대 문학으로의 이행'을 수용하게 된다. 이럴 수 있게 된 집단 심리에는 김현이 신랄하게 제기한 식민지 콤플렉스를 벗어나고 역사적으로나 사회 경제적으로 수난과 피해의 억압감에서 우리가 상당히 벗어나 현재적 역사에 대한 자신감을 얻게 된 연유가 숨어 있지 않을까 짐작된다. 그렇다는 것을 나는, 내가 심각하게 고려한 이식/단절론을 내 수업에 참여한 젊은 국문학 연구자들이 대수롭지 않게 여기고 있다는 점에서 확인할 수 있었다.

나의 수업에 참여한 대학원생은 석·박사 과정 여덟 명, 그중 한 명은 고전 문학 전공자이고 다른 한 명은 타 대학의 학점 교환 수강생이었다. 그들은 석사 4차로부터 박사 6차까지 그리고 40대 말에서 20대 중반까지 고루 산포되어 있었지만 대체로 90년대에 학부 과정을 거친 학생들이었다. 이렇다는 것은 30년대 말부터 반세기에 걸친 한국문학사의 저자들이 당해야 했던 현실적 억압과 이념적 무게로부터 그들이 상당히 자유스러울 수 있다는 점을 시사한다. 실제로 그들은 리포트 발표에서나 그 리포트를 중심으로 전개된 질의와 토론에서 나의 시대가 겪어야 했던, 가령 전통 단절론에 대한 탄식이나 역사와 문학에 대한 이념적 거추장스러움에 그리 개의하지 않았다. 그들은 어려운 시절에 선배들이 감당해야 했던 문학사 작업에 경의를 표하고 있었지만 그것들이 지닌 시대적·상황적·개인적 한계와 오류에 대한 비판을 서슴지 않았다. 나는 우리의 문학사가들이 그럴 수밖에 없었던 점에 이해를 구했지만 그렇다고 그들의 지적에 공감하지 않은 것은 아니었다.

가령 임화의 『개설 신문학사』가 제기한 단절/이식론에 대해 류수연(박사 1차)은 대체로 긍정적이었다. 그는 김윤식·김현이 임화의 이식 문화론을 식민사관으로 비판한 것에 공감하면서도 임화가 "전통 문학이 새 문화의 순수한 수입과 건설에 창조적인 토양으로 작용하지 못했던 것은 자주 정신이 미약하고 철저하지 못했기 때문"으로 설명한 데서 임화의 '탁월성'을 발견하며, 임화가 개화기 한국인의 교육과 언론에 대한 열정을 자부하고 있었기에 "'이식'이라는 상처를 그대로 인정할 수 있었"던 것으로 이해해주고 있다. 임화의 『개설 신문학사』가 아우를 수 있는 문학적 시기는 개화기의 과도기적 문학과

이인직 등의 신소설 시절이라는 극히 제한된 한계를 갖기 때문에(『개설 신문학사』보다 4년 전인 1935년에 임화는 「조선 신문학사론 서설」을 조선일보에 연재하면서 이광수로부터 신경향파 문학에 이르기까지를 문학사적으로 점검하고 있는데, 이 세미나에서는 제외되었다) 이 문학사에 대한 검토는 임화가 취하고 있는 문학사적 관점과 그 방법론에 집중될 수밖에 없는 것이었다. 임화의 문학사를 개괄한 후 류수연은 "우리 문학이 이식에서 출발할 수밖에 없었던 역사적 특수성을 인정하면서 동시에 그 이후 이식된 형식과 내용이 어떤 방식으로 전통 문학의 토양에서 창조적으로 수용되었는가를 주목"하는 일과 "이러한 토대에서 현대 문학의 새로운 지향점까지 창출하기 위해서는 무엇보다 과거 문학사에 대한 실증적 연구의 토대가 기초되어야 한다는 사실"을 두 가지 과제로 남겨주었다고 결론짓는다.

백철의 『신문학사조사』에 대해 이경희(박사 4차)는 매우 비판적이다. 몇 차례의 개인사적 변신을 보인 백철의 '비판 담론'이 "외부의 주류 담론에 의존하는 경향을 지속적으로 보이고" 있다는 것은 아마도 그의 인간적인 한계일 것이다. 그 자신의 고백대로 『신문학사조사』는 19세기 덴마크의 문학사가 브란데스의 방법론을 그대로 한국 신문학사에 대입하여 적용한 것인데, 이경희는 그것이 "근대화=서구화에 너무 집착한 나머지 한국 문학의 특수성을 깨닫지 못하고 지나치게 공식적으로 한국 문학을 이해"하고 있다고 비난한다. '사조사적 접근법'이라는 것도 작품에 대한 가치 평가가 아니라 사조에 대한 가치 평가를 가함으로써 문학 내적 흐름을 간과하고 작품적 성과를 홀대하는 잘못을 저질렀다는 그의 비판은 상당한 설득력을 갖는다. 백철이 그랬기에 가령 한용운과 이상화, 김소월과 이상과 같은 중요한 문학적 성과를 거둔 문학인들이 소외되었다는 점은 반성의 여지를 갖지 않을 수 없다. 백철 자신도 참여한 식민지 시대의 문학 논쟁이 그의 『사조사』에 지나치게 집중되어 있다는 사실이 이미 지적되어왔지만, 이경희는 그럼에도 이 문학사가 1920년대부터 30년대 중반까지의 문단을 자료사적으로 정리해준 점에는 사의를 표하고 있다. 그가 백철에 대해 비판한 '서구 지향성'과 "사조 밖의 작가·작품에 대한 소외, 이식 문학론의 한계"는 물론 백철만의 것이 아니지만 그의 저서를 수용할 때 고려해두어야 할 점인 것은 분명하다.

박숙경(박사 6차)의 조연현 비판은 신랄할 정도이다. 그는 "정치적 이데올로기가 문학에 침범하는 것을 누구보다 혐오했던" 조연현 자신이 그의 『한국현대문학사』에서 "이데올로기로 왜곡된 문학사의 표본"을 보여주었다고 판단한다. "자신의 문학적 입장을 신생 대한민국 문학사의 정통으로 자리매김하고자 하는 적극적 의지, 자신을 비롯하여 김동리·서정주 등 이른바 문협 정통파의 '구경론적 순수 문학'을 한국 현대문학사의 정통에 두고 이를 중심으로 다른 문학적 사실들을 재배치"한 때문인데 이 지적은 지나친 해석이긴 하지만, 그의 문학사 서술이 리얼리즘의 대표작일 염상섭의 『삼대』와 이기영의 『고향』을 무시하면서 당시 '문단의 거물'인 박종화에 대해 지나치게 많은 지면을 할애할 정도로 "자의적이고 방법론 없이" 이루어졌으며 그래서 김현이 비판한 것처럼 그의 『한국현대문학사』가 "'문학사' 아닌 '문단사'"로 치부되어야 한다는 혐의에서 결코 자유롭지 못하다는 주장은 인정되어야 할 것이다.

김윤식·김현의 『한국문학사』가 "새로운 사상의 적용과 다양한 재해석으로 종전의 식민사관의 극복과 민족사관의 확립을 모색"하고 있다는 점에서 최창현(박사 2차)의 평가를 받고 있지만, 그래서 임화에서 시작되어 백철·조연현에게 답습된 '이식 문화론'을 극복한 단서를 귀중하게 여길 수 있지만, 4·19세대의 이 문학사도 비판의 눈길을 완전히 벗어난 것은 아니다. 근대화를 "자체 내의 구조적 모순과 갈등을 이해하고 그것을 극복하려는 정신으로 이해"해야 한다는 두 저자의 주장은 옳았지만, "식민사관의 극복과 주체사관의 실현이라는 두 축의 과도한 요구로 완벽한 논증보다는 이상 제시에 그치고 마는 한계"를 스스로 노정했다는 것이다. 아마도 '식민사관에 대한 저항 콤플렉스'라고까지 할 수 있는 이 심리적 기제 때문에 근대 문학의 기점 문제에서 내재적 발전론을 무리하게 적용하게 되고 계몽기의 작품이 "실은 이식과 모방으로 거듭 밝힘"으로써 오히려 이식론을 더욱 공고히 다져주는 역효과를 냈다는 지적이다. 최창현은 이런 양상에 주목하면서 이들이 "임화를 부정하면서 임화를 닮아가는" 역설적 현상을 극복하여 "차라리 임화의 이식론을 인정하고 거기서부터 방법적 극복이 시작되어야 한다"고 권고한다.

조동일의 전5권의 방대한 『통사』 중 심동수(박사 1차)가 검토한 것은 제1권 1장과 제4권, 5권이었다. 제1권 1장의 「문학사 이해의 새로운 관점」은 문학의 범위와 갈래, 시가의 형식과 율격, 시대 구분의 방법, 그 실제 등의 문학사 방법론의 서론을 전개하고 있고 4, 5권에서 '중세 문학에서 근대 문학으로의 이행기: 1860~1918'과 '근대 문학 제1기: 1919~1945'를 서술하고 있기 때문이다. 그는 조동일이 창안한 '교술'이란 갈래가 "한국 문학의 특수성에 대한 인식"에서 연유된 것으로 평가하지만 중세 문학에서 근대 문학으로의 3세기에 걸친 '이행기'의 설정은 "내재적 발전론이라는 비판의 혐의로부터 자유롭지 못하다"고 회의한다. "시대 구분론과 갈래론이 교조적으로 작동하고 있"기 때문인데, 그 결과로 작품의 평가가 혼란스럽고 그 해석이 편향되는 경우가 나타난다. 그는 조동일의 거대한 작업이 "많은 장점에도 불구하고 문학사 전체를 관통하는 보편적 체계와 이론에 관한 욕망이 개별 작품을 바라보고 이해하는 데 있어 오히려 방해가 되지 않나 싶은" 우려를 표하고 있는 것이다.

문학사의 인식에 있어 일관하는 관점이 가장 강력하게 강조되고 있는 것이 김재용 외의 『한국근대민족문학사』일 것이다. 그 관점은 정미영(박사 3차)이 지적하고 있듯이 '민족문학사관'이다. 이 강조된 사관에 의해 "민족문학사에 대한 철저한 역사적 이해와 민족 문학의 연속성을 확보"하는 데에 이 문학사가 성공하고 있을지 모르지만, "민족주의 문학론과 민족문학론을 혼동"하는 데서 그 서술이 폐쇄적 담론으로 축소되고 문학 작품의 해석과 이해에 오해를 유발한다. 민족문학의 총체성이란 문제에서도 "민족 문제를 모든 것의 중심에 놓고 또 다른 총체성주의의 함정"에 빠지는 잘못을 정미영은 지적하고 있거니와 "무엇보다 근본적인 질문은 아직도 민족문학이 유효한가"라는 문제를 그는 묻고 있다. 그는 "민족문학이란 이념을 창출했던 당대의 현실의 모순이 지금 얼마나 극복되었는지"를 살펴보아야 한다고 단서를 붙이고 있고 그러는 한 민족문학론이 여전히 유효하다고 볼 수는 있지만, "근대에서 탈근대로, 민족주의에서 탈식민주의의 단계로 접어드는 우리 시대에 어떻게 민족을 바라보고 민족을 세계적 연관 속에 놓아야 할지의 문제를 해결해나갈 것인가의 부분은 민족문학과 앞으로 다시 씌어질 민족문학사의 과제"라고 제기하는 데에서 시대의 변화와 새로운 세대의 자기 인식이 엿보인다.

권영민의 『한국현대문학사』에 대해 앞에서 나는 가장 '교과서적'이란 평가를 붙였었는데, 그것은 이 책이 앞서의 다른 문학사에 비해 저자의 주관적 관점과 해석이 덜 배어 있어, 그러니까 객관적이고 절충적인 성격이 강하게 지배하고 있어 사용된 수식이었다. 이 문학사에 대해 한은형(석사 4차)도 비슷한 소감이어서 이 책이 "너무 색깔 없는 문학사가 되지 않았나 아쉬워"하는데 이는 그가 비평적 태도와 문학사 서술의 자세 간의 예상될 수 있는 변별성을 의식하지 않았기 때문에 나온 지적이겠지만, "미학적 관점과 역사적 관점으로" 그리고 "내용과 형식으로 분리하여 평가하는" 방법에 대한 그의 불안은 납득될 수 있는 우려일 것이다.

개별 문학사 저작들에 대해 내가 내 자신의 소감을 자제하면서 대학원생들의 독후감을 길게 인용하는 것은 물론 오늘의 젊은 연구자들이 선행한 문학사 저서들을 어떻게 읽고 어떤 장점과 함께 어떤 한계를 지적하고 있는가를 알려주기 위해서이다. 나는 수강생들의 해석과 평가에 대체로 수긍하면서 하나의 문학사 서술을 정당하게 이해하기 위해서 그 저자의 집필 당시의 역사적·문학적 상황을 결부시킬 것을 요청했고, 다양한 서술 방법이 가진 한계 뒤편에서 얻어낼 수 있는 긍정적 자산을 끌어들이기를 희망했다. 그리고 그 희망은, 박경리 선생이 소망하는 대규모의 한국문학사 편찬 사업(현재 자금 문제로 보류하고 있지만)의 기초 작업으로 토지문화재단이 두 차례 개최한 심포지엄을 정리해서 간행한 『한국문학사 어떻게 쓸 것인가』에서 이선영과 임형택의 주제 보고를 정리한 정유진(박사 4차)이 열거한 문제들을 싸안을 것이었다. 정유진의 소개에 의하면, 문학사 서술에서의 근본적인 문제는 문학의 토대와 매개, 문학과 역사의 관계, 시대 구분 문제, 작가·작품·독자의 자리, 연구 성과의 수용 문제들이고, 서술 방향과 체계에서는 근대주의의 청산 문제, 해석·평가의 문제, 문학의 개념 및 옹호가 그런 문제들이다. 그리고, 앞서 살펴본 기존의 문학사가 제기한 전통 단절론, 내재적 발전론, 갈래 체계 정립의 문제, 북한 문학의 서술 문제가 또한 구체적으로 검토해서 정립해두어야 할 문제가 될 것이다. 이렇다는 것은 문학사 서술이 어떤 주제보다 어렵고 까다로운 작업이 될 것임을 의미한다.

우리 앞에 사회경제사적 접근법, 논쟁-사조적 해석법, 문단사적 접근, 문학비평적 평가, 장르-자료적 정리, 민족론적 관점, 절충적 객관적 서술법 등 다양한 선행의 문학사가 놓여 있다. 그것은 우리의 새로운 문학사 저술을 위해 훌륭한 자산이 될 것이기도 하고 그 일을 그만큼 까다로운 작업으로 만들기도 할 것이다. 그러나 어떻든, 그것은 우리가 도전해야 할 과제이고 그것도 다양하고 다기하게 시도해야 할 숙제이다. '한국문학사 다시 읽기'는 이 과제의 어려움과 그 어려움에도 우리가, 적어도 우리의 새로운 세대가 감당해야 할 과업임을 확인하는 일이었다. 〔『현대문학』, 2004. 3〕

역사, 소설, 그리고 역사소설
─ 단상

네 겹으로 읽기

나는 지난 겨울 방학 동안 '황순원 전집' 12권(문학과지성사)을 다시 읽으면서 묘한 감회를 느꼈다. 이미 오래전에 읽은 작품들을 새삼 다시 꺼낸 것은 대학원 강의의 준비를 위한 것이었지만 나는 의외의 소감을 얻었던 것이고 그 소감은 역사와 소설 그리고 역사소설을 위한 단상의 실마리가 되기에 충분했다.

황순원의 단편집과 장편소설들을 발표 연대순으로 읽으면서 내가 '묘한' '의외의' 소감을 가지게 된 것은 이 읽기가 네 겹으로 진행되고 있음을 깨달으면서였다. 첫 겹은 물론 『늪』으로부터 『탈/기타』에 이르는 다섯 권의 중단편과 『별과 같이 살다』에서 『신들의 주사위』까지의 일곱 편의 장편소설 그 텍스트 자체이다. 그 하나하나의 문학 작품들은 그 각각의 창작적 성과를 훌륭하게 길어낸 것이어서 황순원 문학을 다시 음미할 수 있게 된 것이 우선적이면서도 당연한 독서의 성과였다. 발표순에 따라 편집된 작품들을 그 순서대로 읽으면서 작품에 대한 음미에 더하여, 나는 그 소설 주제들이 품고 있는 우리 현대사의 계기들을 되살리게 된 것이다. 연보(전집 12 『황순원 연구』)에 따르면 소설로서는 그의 첫 작품인 「거리의 부사」가 발표된 것이 1937년이고 그의 마지막 작품인 장편 『신들의 주사위』가 간행된 것이 1981년이어서 나는 45년 동안의 그의 전 작품들의 이력을 순서대로 밟았던 것이고, 오직 당대적인 것을 주제로 하는 데만 일관해온 그 작품들에서 결과적으로 반세기에 걸친 우리 역사의 중요한 사태들을 만날 수 있었던 것이다. 그는 현대 소설을 썼지만 나는 그것들에서 식민지 시대의 후반기로부터 해방과 6·25를 거쳐 산업화 사회에 이르기까지의 우리의 기구하고 고통스러웠던 현대사의 쟁점들을 확인한 것이다.

두번째의 겹은, 역시 자연스러운 일이겠지만, 황순원의 긴 창작 생활 중에 일어난 사회적·풍속적 변화의 역사를 새삼 확인하게 된 것이다. 그것은 가령 버스나 다방 같은 거리의 풍경이라든가 갖가지 일상적 용구들의 변화뿐만 아니라 인물들의 대화에서 나타나는 어법의 바뀜, 문장 속에 배어 있는 시대적 성격까지를 포함하는 것인데, 이것들은 지난 70년 동안 우리의 삶의 양상과 방식이 얼마나 달라져버렸는가를 확인시켜준다. 작품들은 그 당시의 생활 형태를 묘사했기에 그때의 독자는 '지금'의 이야기가 되는 것이지만 길지 않은 시간 속에서 그러나 급격하고도 현저한 사회적 변모를 겪은 후인 이제에 이르러 그것들은 전시대적 풍물의 소묘가 되고 그래서 불과 한 세대 동안 우리 실제의 삶이 얼마나 급격하게 변모했는지의 감회를 일구어주면서 풍속에 대한 일종의 사회사적·생활사적인 미시(微視)의 역사적 흥미를 유발시켜주는 것이었다.

세번째 겹은 그 작품을 쓴 바로 작가 황순원의 개인적 면모였다. 내가 황순원 선생에게 처음 인사를 드린 것은 대학 시절 그의 아들 황동규를 사귀기 시작한 1958년이었고, 이후 이런저런 기회로 내게는 유일하게 '어른 작가'로서의 황선생을 자주 뵙게 되었으며, 1976년 이후 그의 창작집과 전집을 문학과지성사에서 간행하면서 저자와 출판인으로서의 따뜻하고 경의 어린 관계를 지속할 수 있었다. 나는 그 만남들을 통해 인간 황순원과 작가 황순원을 함께 받들 수 있었는데, 이번의 전집을 보면서 그 작품들을 쓰던 당시의 인간 황순원과 작가 황순원을 더불어 연상하지 않을 수 없었다. 개인적인 친분을 가진 작가의 작품을 보면 작품 너머 혹은 곁에, 또는 속에 숨어 있는 작가 자신의 얼굴이 보이게 되는데 이번의 경우 더욱 그랬다. 물론 황순원은 처음 뵐 때의 그의 40대 전반이거나 돌아가실 즈음의 80대 중반이거나 항상 나보다 23년을 앞서 산 어른이며 품위 있고 존경스러운 윗분의 풍모로 다가왔지만 이번의 전집을 시대순으로 따라 보면서 젊은 시절의 황순원이 상상되고 중년기의 그의 모습이 회상되며 노년기의 그의 영상이 떠올랐다. 나는 그의 문학 텍스트를 보면서 황순원 개인사를 돌이켜본 것이고 작가로서의 그의 생애를 재구성하게 된 것이다.

네번째 겹은 바로 나 자신의 돌이켜봄이다. 나는 고등학생 시절부터 『현대문학』이며 『사상계』에 게재된 황순원의 작품들을 보았고 그를 뵙기 전은 물론 뵙기 시작한 이후 그의 소설이라면 끈질기게 찾아 읽었다. 나는 그의 아름답고 정갈한 문장 속에서 발견되는 순수와 순진의 세계에 감동을 받았고 실존주의 시절의 감수성 속으로 그가 묘사하고 있는 삶의 아픔과 존재의 슬픔을 빨아들였다. 나의 황순원 전집 읽기는 그랬던 나의 젊은 시절을, 작품을 읽을 때마다 빠져들던 감상을 회상시켰고 그의 연대기의 흐름에 따라 나 자신의 연대기적 변화를 돌이켜보게 만들었다.

나는 황순원의 소설 전집을, 그러니까 텍스트 그 자체와 그것들에 형상화된 역사적 주제들, 그 작품이 그려주고 있는 우리 사회사적 변화, 그 작품들 뒤에 숨은 작가 자신의 모습, 그리고 그 문학들을 읽고 감동하던 나 자신의 내면 등 네 겹으로 읽게 된 것이다. 아마 이런 식으로 겹쳐 읽기는 서로가 서로를 훼방하여 문학적 객관성을 어지럽힐 수 있을 것이다. 그러나 작가는 당대를 대상으로 한 현대 소설들을 창작했지만 내가 여기서 얻은 것은 그 중첩된 역사 혹은 역사에 대한 소회였고, 그래서 빚어진 '묘한, 의외의' 소감은 매우 풍성하고 따뜻하며 아름다운 그리움을 품는 것이었으며 여러 가지 성찰을 이끌어주는 것이었다.

소설의 역사성

그 성찰 중의 하나가 소설의 역사성이다. 이 역사성은 개인과 공동체의 주체를 함께 아우르는 것이고 과거만이 아니라 현재, 때로는 미래까지 시간시간의 그 모두를 끌어들이는 포괄적인 것이긴 하지만, 나는 소설 문학 자체의 역사와 인간으로서의 작가의 개인사 그리고 그것들을 상면하는 나 자신의 이력들을, 이 작품 읽기에서 거두어들인 것이다. 그것은 소설이라는 서사적 담론은 필연적으로 역사성을 내장하지 않을 수 없다는 사실을 새삼 다시 인식시키는 것이었다. 그것이 필연적이라는 것은, 이론가들이 말하듯이 서정시가 주체와 세계의 단절 위에서 이루어진 장르라면 서사 문학은 그 두 세계의 교섭을 전제로 한 시간성의 언어 예술이란 의미에서 그렇다. 그러기에 시는 순수한 예술이지만 소설은 불순한 담론이고, 시는 역사를 초월하는 데서 그 예술성을 추구하고 소설은 역사 속으로 뛰어듦으로써 그 의미를 찾아낸다. 아니, 이런 식의 구분은 비역사적인 빈약한 논리일지도 모른다. 시도 삶의 실제 속으로 뛰어들어야 한다는 주장과 그 성과를 문학사들은 보여주고 있고, 소설이 그림의 추상화처럼 세계와 삶의 역사를 뛰어넘으려는 시도를 더러 해보기 때문이다. 그럼에도, 소설이 역사성을 가진다는 주장에 저항하기는 힘들다. 적어도 나는, 역사성이 미흡하다는 평을 피하지 못하고 있는 황순원의 소설에서 당대의 역사 그리고 이제는 한 세대 이전의 우리 역사를 발견하는 것이고, 거기에 덧붙여, 작가 개인의 역사와 나 자신의 역사를 훔쳐본 것이다.

이렇다는 것은 "모든 문학은 세 측면에서 역사성을 갖는다"는 라이오넬 트릴링의 설명을 떠올리게 한다. 그에 따르면, 그 하나가 모든 문학 작품은 역사적 사실을 표현하고 있고 둘째로 문학 작품은 그 자체로 이미 역사적 사실이 되고 있으며 마지막으로 문학 작품의 심미적 특성은 과거와 뗄 수 없는 관계를 갖는다는 것이다. 우리가 이 논리에 전혀 이의를 제기할 수 없다면 문학이란 — 초월적 예술까지도 — 역사란 거대한 그물에 포박된 존재라는 사실을 인정하지 않을 수 없게 된다. 그럴 수밖에 없으리라: 인간은 개인이든 집단이든 혹은 현실에서든 관념이나 정신에서든 시간의 운영에 종속되지 않을 수 없는 존재이고 그 시간의 운영을 우리는 역사란 이름으로 부르기 때문이다. 여기에 좀더 분명한 강조를 준다면, 그 역사와 정면으로 맞서는 예술이 다른 무엇보다 소설이란 장르이며 거기서 드러나고 있는 역사성은 현재의 역사를 끝내 감출 수 없다는 점이다. 소설은 서사 문학의 근대적 표현이며 그 서사는 사전적 의미로 "사실을 있는 그대로 서술함"인데, 그 '사실'에는 폭넓게 개인과 집단, 실제의 것과 상상된 것도 포함될 것이기 때문이며, 과거의 추적이든 미래의 예상이든 그 모두에는 현재적 의식의 표현일 것이기 때문이다.

역사의 문학성

모든 문학, 특히 소설이 역사성을 갖는다면 그 역도 그럴 수 있을까? 그러니까 모든 역사는 문학성을 가지고 있다는 그 가역성은 가능할까. 우선은 그렇게 보인다. 가령 트릴링 식의 설명을 뒤집어본다: 모든 역사는 문학적 사실을 내포한다; 역사는 문학적 형식을 갖는다; 역사의 인식에는 문학적 상상력이 내장되어 있다 등. 문학이 역사적 사실이라면 역사 속에 문학이 들어갈 것임은 틀림없을 것이고 역사의 서술이 세계와 인간의 삶에 대한 언어적 표현을 가질 것이기에 문학적 서사 담론과 함께 갈 것이며 그 역사적 인식에는 문학적 사유와 감수성이 스며 있을 것이다. 이렇게 붙여 설명해보지만 이 규정에는 무언가 부자연스러움이 끼어든다. 작가는 모든 역사적 사실을 문학으로 수용하지 않는다. 또 역사도 언어를 매체로 함으로써 문학적 서술법을 차용하고는 있지만 그 성과는 문학적 형식이 아니라 그걸 통해서 제시된 사실성에서 거두어들인다. 소설이란 장르가 현실의 반영 혹은 재구성이라 하더라도 여기에는 문학적 상상력의 미덕이 강조되고 있지만 역사에서는 어쩌면 금기로까지 상상력을 배제하려 하고 있다. 슈클로프스키 식으로 말하자면 '이야기 fabula'와 '플롯' 간의 거리가 역사와 문학 간의 거리로 작용되는 것이다.

문학의 역사성을 뒤집어보는 역사의 문학성에는 아무래도 역도 진의 가역성을 적용하기는 힘들 것 같다. 그러기에는 먼저, 포괄적인, 그러니까 무엇이든 어떤 것이든 역사의 그물로 씌우려는 역사의 탐욕이 지닌 포괄성에 대해 인간 정신의 특수한 부분만 한정하려는 문학적 겸손(소설이 그중 덜 겸손하지만)을 대치시키는 데는 범주적 오류가 작동하고 있다. 더구나 역사는 "물(物) 자체로!"의 인식 태도를 요구하고 있지만 문학은 기껏해야 "그럴듯함"을 최상의 성과로 바라고 있다. 그러기에 두 개의 이 인식들은 '진리의 해명'과 '진실의 표명'이란 상반된 목표를 향하고 있다. 사실의 발견과 허상의 구축이란 근본적 상이성 위에 서서, 역사는 인간이 부닥치고 치르고 만들어 낸 모든 시간적 흐름 속에 드러난 일과 물을 그 대상으로 하고 있지만, 문학은 시간 속에서 일과 물에 부닥치고 치르고 만들어지는 인간 그 자체를 주인공으로 내세운다. 그렇기에, 문학은 역사의 거대한 장(場) 안에 있지만, 그래서 역사와 부분 겹침이 있지만 그 겹침의 안에는 따로-떼어져-있음을 감추고 있다. 그것은 사실 자체로서의 역사와 그것을 인식하고 서술하는 것으로서의 역사(학) 사이보다 더 많은 폭으로 떨어져 있다.

그러니까 소설은 역사이고 역사적이지만 역사와 역사학은 결코 소설이 아니다(!). 역사는 소설에 재료를 제공하지만 상상력의 가공을 입지 않은 그것은 역사이지 소설일 수 없다는 사실은 피할 수 없는 명제가 될 수 있을지도 모른다. 그렇다는 것은 소설이 묘사이고 역사는 서술이라는 것, 그래서 역사가 시니피에에 강조점을 주고 있다면 소설의 특질은 시니피앙에서 드러난다는 것이라는 세목에서의 근원적인 차이로 보강된다. 소설이 발자크나 박경리처럼 역사를 충분히 재현한다 하더라도 그 위치는 문학의 범주를 벗어날 수 있는 것이 아니고 역사가 부르크하르트나 호이징가의 인문학적 역사가 혹은 아리에스나 단턴의 미시사처럼 아무리 문학적인 형태를 갖는다 하더라도 그것은 역사학일 뿐 문학으로 참칭될 수 있는 것이 아니라는 것은 이런 까닭에서이리라.

이런 생각에 이르니, 드디어 안심이 된다. 문학은 역사와 다르다! 역사가 있고 문학이 없다면, 역사적 서술과 문학적 묘사가 한 가지라면, 그래서 진리에 급급하고 진실에 둔감해진다면 우리는 얼마나 따분하고 가난해질 것인가. 그 두 가지는 인간 정신 영역에서 가장 근접되어 있긴 하겠지만 그 성격은 근본적으로 다르고 그 위상은 차원을 따로 하여 서로에게 투사되고 있을 뿐이어서, 겹쳐 보이지만 구분되는 것이고 함께하는 것처럼 보이지만 등을 돌려 서로 다른 쪽으로 시선을 던지고 있는 것이다.

내가 황순원 전집을 네 겹으로 읽은 것은 그러니까 서로 등을 돌리고 있는 그럴듯함의 문학과 사물 그 자체로서의 역사를 겹쳐, 본 것이며 역사와 그것과 괴리된 문학 작품 간의 긴장된 거리를 확인하면서 이완시키는 것이었고 거기서 작가 개인의 이력과 독자인 나의 경험을 역사와 문학의 내접선에서 되살리며 관찰한 것이다.

역사와 소설의 거리

겹쳐 있으면서도 떨어져 있고 함께하면서도 등을 돌리고 있는 문학과 역사의 배리적 관계를, 등을 바로 하여 마주 서게 하고 떼어낸 자리로 다시 접합하려는 친화적 관계의 표현이 역사에서는 미시사(微視史)와 혹은 전기이며 문학에서는 역사소설일 것이다. 새로운 역사적 조류로서의 미시사는 최근의 것이며 전기와 역사소설은 오래된, 어쩌면 가장 오래된 장르일 것이다. 그런데 전기와 역사소설은 실제로 엄격한 구분이 (어쩌면 뒤샹의 변기처럼, 같은 텍스트를 놓고 역사가가 썼다면 전기로, 소설가가 썼다면 문학으로 볼 수 있을 정도로) 쉽지 않고 미시사의 업적들도 문학가들이 역사가들에게 요구하는, 그래서 소설 못지않게, 삶의 구체성이 치밀하게 묘사되고 있다. 그럼에도 역사는 여전히 역사이고 소설은 엄연히 문학으로 규정된다. 그 구분은 어떻게 가능할까.

되풀이되는 말이지만, 그 구분의 단초는 "사물 그 자체로," 그러니까 있는 그대로의 것으로 다가가는 것이 역사이지만 문학은 '그럴듯함'을 조형해내는 것에 있다. 그럴듯함이 사물 그 자체에 얼마나 가까이 다가가 있는가에 달려 있기 때문에, 그 둘 사이는 그리 거리가 멀지 않은, 어쩌면 가장 근접해 있는 상태이다. 그러나 그 거리가 아무리 가깝고 혹은 겹쳐 보이기까지 한다 하더라도, 그럴듯함은 사물 그 자체와 발생론적으로 다르다. 골드만 식으로 말하면, 상동성은 있지만 그 태생은 떨어져 있다. 역사의 출처는 사실에 있고 소설의 태생은 허구에 있기 때문이다. 어쩌면 자신이 직접 보고 겪지 않은 과거의 사건을 사실로써 해명한다는 것은 허구이며, 상상에 의해 조형한다 하더라도 그 상상이 실제에 뿌리를 두고 있는 것이라면 사실과 허구는 그리 먼 거리에 있는 것이 아닐 것이다. 그러나 중요한 것은 사실 자체, 허구 자체가 아니라 서술하고 묘사하는 사람들, 읽고 공감하는 사람들이 사실로 믿는가 허구로 상정하는가의 심적인 태도이다. 그 심적인 태도는 같은 사람에 대해서도 좋아하는가 싫어하는가의 인식에 따라 애인이 되거나 이혼을 하거나 하듯이, 포개진 사건과 인물을 두고 역사인가 허구인가로 믿음이 갈라질 때 역사와 문학의 거리가 생겨난다.

아마, 사실에 대한 신념은 객관적이고, 그래서 인과 관계가 자명한 것으로 대상을 인식할 것이고, 허구로의 상정은 주관적이고 우연적이며 그 관계가 운명적인 비밀로 그 대상을 둘러쌀 것이다. 그것은 그러니까 역사과학적 정신에 의한 사실의 접근 방식과 상상력에 의한 진실의 통찰을 의미할 것이다. 그렇다는 것의 아주 사소한 예로서 나는 나의 다른 글(「삶의 전기로서의 역사학을 위하여」, 『한국사 시민강좌』 33호, 2003)에 소개한 한 가지 예를 되풀이하고 싶다. 링컨에 대한 숱한 문헌 중에 우리가 읽을 수 있는 고어 비달의 소설 『대통령 링컨』(남신우 역, 문학과지성사)과 역사학자 데이비드 도널드의 전기 『링컨』(남신우 역, 살림)이 있다. 불과 150년 전의 인물이고 그에 관한 숱한 공적 기록과 사적 문헌이 있어 소설과 역사의 이 두 책은 사건의 측면에서 거의 비슷한 궤도로 진행된다. 그런데 내가 흥미로웠던 것은, 소설에서는 암살당하기 얼마 전 링컨이 자기 자신의 주검이 들어 있는 관(棺)을 물끄러미 바라보았다는 꿈 이야기를 하는 장면이 묘사되고 있는데 전기에서는 그런 장면이 서술되지 않고 있다. 나는 그 꿈 이야기가 소설가의 상상이 아닐까 싶었는데 내 문의를 받은 두 책의 역자 남신우씨는 링컨의 공적 기록에 분명히 나오는 에피소드라고 확인해주었다. 내 지레짐작은 틀렸지만, 여기서 어떻든 사실의 취사와 그 해석에서 문학과 역사의 차이를 나는 알아차릴 수 있었다. 고어 비달은 링컨이 가진 운명에의 예감에 주목함으로써 인간의 풍요한 내면을 상상했던 것이고 도날드는 그를 탈신비화시킴으로써 역사적 존재로서의 링컨을 객관적으로 묘사했을 것이다.

소설과 역사의 교접

이처럼 역사와 소설이 태생적으로나 대상에의 접근 태도에 있어서 배리되거나 혹은 괴리되어 있기 때문에 하나는 학문이고 또 하나는 문학이 되었을 것이다. 그리고 흥미롭게도, 또 대척 관계로서의 역사와 문학의 화해를 위해 다행스럽게도, 역사소설은 바로 그 거리 때문에 문학과 역사를 근친상간처럼 교접하는 장르로 발전되어왔다. 그 둘 사이에는 깊은 균열이 숨겨져 있지만 역사는 소설에 더할 수 없이 숱한 문학적 소재를 제공해왔고, 문학에서도 역시 낭만주의 시대의 월터 스콧의 역사소설이야말로 허황된 이야기라고 비난하던 리얼리즘 작가 스스로도 자신의 소설들을 시대에 대한 '사회학적 보고서'라고 자부하면서 당대의 역사가로 자임했다. 구조주의자들이 모더니즘 문학을 '언어에의 모험'으로 규정하여 근대 소설의 '모험의 언어'와 구분하고 있는데, 바로 '모험의 언어'의 그 '모험'이 역사를 문학적 서사 속으로 끌어들이는 자산이 되고 있다. 모더니즘 소설은 그러니까 소설의 역사와의 야합에 강하게 저항하고 있는 중이지만, 전통적 개념으로서의 소설은 역사와 상간하며 자신의 운명을 열어나간다. 이 소설은 바흐친이 강조하듯이 문학에서 가장 젊은 장르이고 그래서 가장 탐욕적인 동시에 가장 개방적인 형태여서 다른 어떤 것들과 함께 가장 많이 역사를 집어삼키고 문학으로 소화해내며 역사학과 또 다른 맛을 낸다. 그런 점에서 역사소설은 문학에서 가장 타락한 형태인 소설의 형식 속에서 또 가장 비속한 장르이다. 그러기에 그것은 역사의 비문학적 텍스트와 어깨를 겯기도 하고 논픽션과 허물없이 너나들이를 하며 스스로 문학이라고 자처하는 전기를 이복 형제처럼 대우하기도 한다.

그런데 이 타락하고 비속한 장르는 오히려 근대 이후의 세속적인 인간들에게 매력적으로 다가온다. 신과 절연함으로써 현세 속의 삶에 자족하는 사람들, 세계와의 단절 사이에 벌어진 심연에 공포감을 느끼는 속물적인 사람들에게 역사소설은 역사의 의미와 문학의 가치를 함께하는 예술적 장르로 받아들여지는 것이다. 그것이 매력인 것은 역사가 가지는 세계-내적-존재로서의 인간에 대한 탐색이면서, 동시에 허구가 생산해내는 상상 문학적 묘미를 함께 보여주기 때문이다. 소설이란 형태가 바로 그런 형상태이지만 역사소설은 그 형태 중에 가장 직접적인 매개가 된다. 소설은 어차피 역사성을 내포한, 역사에 가장 근접한 예술 형태인데 그중에도 역사소설은 곧바로 역사와 문학을 혼융시킨 것이어서 신화와 설화를 버리고 서정시를 멀리하며 이 세계에서의 인간 존재에 대한 역사적 사유를 문학적 감수성으로 채워주는 것이다.

영웅에서 인간으로

우리의 역사소설을 이야기하기 위해서 나는 너무 멀리 에둘러온 것 같다. 역사소설의 근원을 보려다가 역사와 소설, 그리고 그 둘 사이의 원천적인 양상에서 나는 아마도, 문학의 역사적 운명이 궁금해졌을 것이다. 지금 새로이 우리 역사소설의 역사를 대략 훑으면서 나는 최근의 역사소설들에서 한 가지 징조를 발견한다. 그 징조는 모험의 언어에 언어적 모험을 착색하려는 대담한 시도일 수도 있겠다는 점에서 바람직한 일로 여겨진다.

근래 내가 본 역사소설은 황석영의 『심청』과 김훈의 『현의 노래』이다. 이 두 작품은 고대 소설의 설화적 인물과 사실적 서술이 빈약한 고대사에서의 실존 인물을 대상으로 하고 있다. 이처럼 실존성이 없거나 역사적 사실성의 자료가 빈곤한 인물을 주인공으로 할 때 작가는 자신의 상상력을 자유롭게 펼칠 수 있게 되어 객관적 사실의 고증이라는 역사의 틀로부터 크게 해방될 수 있다. 『심청』에서, 인당수에 내던져지고 용궁에 내려갔다가 현세로 돌아와 눈먼 아버지의 눈을 뜨게 한다는 설화적 사건으로부터 해방되어, 중국으로 건너가 창녀가 되고 남양으로, 유구로 전전해서 당당한 색주업자로 자리잡게 되기까지의 심청의 분방한 삶의 유전(流轉)에 대한 상상은 그래서 가능해진 것이다. 『심청』에서의 황석영의 역사적 사유는 그의 시야를 동아시아권으로 넓히면서 19세기의 중국과 동남아 지역의 풍물과 경영에 있고 그런 사실적 환경을 배경으로 하여 주인공 심청은 작가의 문학적 상상력으로 떠받쳐져 보다 풍부한 인간성을 발휘한다. 『삼국사기』에 간략하게 소개되는 가야국의 악사 우륵을 주인공으로 한 『현의 노래』에서 우륵이 열두 줄 거문고를 안고 신라로 귀화했다는 사실 외에는 사건이며 정황의 상당 부분이 허구일 것이다. 작가가 역사적 사실의 한계로부터 자유로울 수 없었던 이순신을 주인공으로 한 『칼의 노래』에서보다 『현의 노래』에서 더 풍요하게 우륵이라는 한 예술가의 생애를 가공할 수 있었던 것은 이 때문일 것이다. 또 이 소설에 주조를 이루는 심미주의적 묘사와 잠언 형태의 인간 내면 진술도 그래서 가능해졌을 것이다.

그러니까 두 작가의 두 작품은 역사를 빙자한 인간 탐구이고 사실을 해명하는 척하면서 그럴듯한 삶의 내면을 드러내고 있는 것이다. 이것은 우리 역사소설에 새로운 지평을 연다는 평가를 받음직하다. 근대 소설이 도입된 얼마 후 우리 문학에서 가장 왕성한 장르로 발전한 것이 영웅의 역사소설이었다. 이광수와 김동인, 홍명희 혹은 박종화에 이르는 역사소설은 주권을 찬탈당한 민족의 역사 속에서 나라와 백성을 구할 영웅을 소망한 것이다. 다시 말하면 구국의 인물들에 민족주의적 사관을 덧입힌 영웅적 인간상을 만들어 낸 것이다. 70년대에서 90년대에 이르기까지 다시 왕성하게 생산된 역사소설에서는 민족주의 대신 민중주의로 그 사관이 바뀐다. 그 민중은 집단적이고 익명적이어서 굳이 실존 인물일 필요도 없이 공동체의 역사적 삶이 그럴듯하게 형상화되는 것으로 사회사적 전개를 소설로 재구성한다. 박경리의 『토지』와 황석영의 『장길산』과 김주영의 『객주』, 혹은 홍성원의 『먼동』과 김원일의 『늘푸른소나무』의 식민지 시대 역사소설, 그리고 홍성원의 『남과 북』, 김원일의 『불의 제전』, 조정래의 『태백산맥』 등 6·25소설들은 한 사람의 인물 게다가 그의 역사적 실존을 거부하는 숱한 인물들, 그들의 잡다한 생애, 그리고 집단의 역사적 전개를 서술한다. 그래서 그 소설들은 총체소설이고 사실주의 수법이며 대하적 구성을 갖는다. 이들 역사소설들이 현대의 우리 문학에서 그 두께와 깊이를 엄청 크게 키우고 파서 오늘의 한국 문학의 뛰어난 성취로 평가될 정도이다. 우리는 이 두 부류의 역사소설을 통해 영웅적 인물을 알게 되고 우리의 사회사적 삶을 이해하게 되었다. 이것들은 우리 역사학이 인물에 대한 연구서에 태만하고 삶의 구체성을 사상시켜버린 역사학을 전개해왔기 때문에 더욱 유익했다. 적어도 나의 경우 이들 역사소설을 통해 이기백의 『한국사 신론』으로도 채우지 못한 한국사 공부를 할 수 있었다.

그런데 이제 인간 해명으로서의 역사소설이 황석영, 김훈을 통해 제시되었다. 그 해명은 역사적 인물을 탈역사화시킴으로써 개적 존재로서의 인간 탐구의 길을 걷고 있고 고아체(古雅體)의 미문체를 사용함으로써 모더니즘에 적용했던 '언어의 모험'이란 양상을 보이고 있다. 황석영의 경우 『심청』의 문체는 『장길산』의 연장에 있지만 사실주의적 성격과 낭만주의적 분위기를 적절히 아우르면서 우리말의 세련성을 높여주고 있고 특히 김훈의 문체는 소설적 문체이기보다 에세이적 문체여서 소설의 산문성과 묘사의 압축성이 충돌하면서 역사를 설화로, 서술을 명상(冥想)으로 전달하는 특이한 효과를 유발한다. 이들에게 언어와 문체가 중시되었던 것은 사건의 설명이 아니라 의식의 묘사이기 때문일 것이고 사실의 추적에 앞서 삶의 진실을 바랐기 때문일 것이다. 그들은 '모험의 언어'에서 '언어의 모험'으로 역전시킴으로써 눈에 보이는 사실보다 우리에게 숨겨진 내면적 비밀을 찾았던 것이고, 그래서 역사소설이되 역사적 사실성을 희석시키고 그것이 요구하는 사실성의 재현보다 현대 소설로서의 인간 탐구의 작업을 선행시킨 것이다.

나는 이광수로부터 김훈에 이르기까지의 우리 역사소설의 도정을 굳이 '진화'라는 이름으로 규정하고 싶지는 않다. 다만 나의 방만한 단상이 막판에 다다른 이제, 내가 말하고 싶은 것은 역사소설에서 강조점이 '역사'로부터 '소설'로, 그래서 사실로부터 허구로, 그리고 되풀이하지만, 모험의 이야기에서 언어의 모험으로, 그러므로 역사에서 문학으로, 방향을 바꾸어 잡기를 바란다는 점이다. 지금 우리는 역사를 공부하는 것이 아니라 문학을 하고 있는 중인 것이다. 〔『작가들』10호, 2004. 봄〕

중용과 화해의 인간형을 기다리며
―『삼대』의 조덕기

　편집자로부터 '소설 속의 인물' 원고 청탁 전화를 받으면서, 쓰겠다 못 쓰겠다는 생각을 하기에 앞서 내게 먼저 떠오른 것은 『삼대』의 주인공이었다. 그러니까 '조덕기'라는 그 인물이 이 글을 쓰고 싶다는, 써야 한다는 결정을 내려준 것이었다. 그러고서 며칠 동안, 그때 나는 왜 조덕기를 떠올렸을까, 그의 무엇이 나를 유혹했을까, 왜 하필 70년 전의 그 고리타분한, 오늘날과 달라도 무척 다른 시대의 한 평범한 지식인이 내게 생각키웠을까를 나는 반문했고, 어떻든 이 소설을 다시 읽고 그 주인공에 대한 나의 소견을 간추림으로써 내 자문을 풀어볼 일로 작정했다. 나는 1970년에 간행된 삼중당판 『한국대표문학전집』의 염상섭편을 찾아냈고 그리고 두어 번은 보았을 그의 『삼대』를 다시 펼쳐 읽기 시작했다. 그 다시 읽기는 전에는 무심히 지났던 횡보의 뛰어난, 거의 완벽한 플롯 구성력을 새로이 환기시켜주었고 거기서 리얼리스트답지 않게 자주 보이는 인물들의 심리적 추이에 대한 서술에 놀라게 했으며 그의 능숙한 서울말을 새삼 익히게 했고 인구가 30여만 명에 불과했을 70년 전의 서울 거리를 다시 그려보게끔 하면서 20대 초의 일본 유학생 조덕기의 인품과 개성을 거듭 이해하도록 해주었다. 그러고 나서 나는 오늘의 이 시대에도 여전히, 아니 오히려 더욱 심각하게 조덕기와 같은 인물이 필요하다고, 이즈음처럼 갈등과 증오가 미만(彌滿)하고 있는 사회에서 그의 중용과 화해의 정신이 더욱 절실하게 요구된다고 생각하게 되었다. 내가 아무런 의식 없이 조덕기를 떠올린 것은 그러니까 오늘의 우리 정서적 상황에 대한 평소의 안타까움과 불평 속에서 나도 모르는 사이 갈등의 중화제적인 존재, 증오를 극복하는 화합의 정신을 그리워해왔고 그 실제의 모델로서 조덕기를 무의식중에 짚어두어온 것일지도 몰랐다. 그럼으로써 나는 1930년대 초의 조덕기를 통해 2000년대 초의 우리 자신을 반성하고 있는 것이었다. 나의 스스로에 대한 반문은 이렇게 풀려갔다.

그것이 내게 이렇다는 것은 조덕기와 그가 살고 있는 『삼대』의 세계가 지금에도 여전히 우리에게 유효한 인간과 현실의 모습이라는 점을 확인시켜주는 것에 다름아닐 것이다. 염상섭의 이 장편소설은 사실 1970년대에 재평가된 작품이다. 횡보의 문학적 무게와 그의 대표작으로서의 『삼대』에 대한 인식이 그전에도 결코 작은 것은 아니었겠지만 춘원이나 동인의 업적에 밀려 이 소설에 대한 인식이 상대적으로 그들을 능가한 것은 아니었다. 그러나 지식인들의 훼절에 대한 비판의식이 확대되면서 이광수에 대한 회의가 크게 늘어나고 최초의 동인지 활동에 대한 과장된 채점이 객관적인 문학적 서술을 통해 수정되면서 김동인의 업적이 그만큼 위축되었으며 그러는 가운데 염상섭에 대한 적극적 관점이, 가령 김윤식·김현의 『한국문학사』에서 보듯이 새롭게 부상되기 시작한 것이었다. 더구나 이즈음은 문학과 현실에 대한 문학인들의 고민이 순수/참여 논쟁 속에서 광범하게 확대되고 그 논쟁의 연장선에서 리얼리즘에 관한 뜨거운 토론이 전개되며 그 속에서 식민지 시대 한국의 대표적인 리얼리즘 작가로서의 염상섭과 당대 현실에 대한 탁월한 재현의 성과로서 그의 장편 『삼대』가 재평가의 표면으로 떠오르게 되었다. 이전의 문학사가들은 이 소설을 자연주의 작품으로 규정했지만 이 토론 과정에서 김치수가 리얼리즘의 본의를 제시하며 『삼대』를 이 사조의 정신과 기법에 의한 리얼리즘의 대표작으로 규정하였고, 이후 이 주장은 대체적으로 동의를 받게 된다. 아마 내가 '갈등의 사회학'이란 표제로 『삼대』를 검토한 것이 이즈음이었을 것이다. 나는 한 가족사의 사건을 통해 당시의 사회적 · 이념적 정황을 염상섭이 냉철하게 관찰하고 객관적으로 인식함으로써 30년대의 정신적 · 풍속적 · 가치관적 충돌과 변화를 뛰어난 사실성으로 재구성하고 있다고 평가했다. 『삼대』에 대한 이런 이해 속에서도 그러나 나는 그 주인공 '조덕기'를 어떻게 보아야 할 것인가에 대해서는 머뭇거렸다. 상반된 정신적 지향의 긴장과 대결 속에 그 어느 쪽도 편들지 않는, 아니 정확하게 말하면 그 모두에 깊이 상관함으로써 자신의 정신적 정체성을 모호하게 만드는 그의 개성과 입지를 어떻게 자리매김해야 할 것인지에 대한 분명한 판단을 내리지는 못하고 있었던 것이다. 이때의 나는 젊었었고 그래서 결벽주의에 젖어 있었으며, 그랬기에 어느 한편으로 자신의 입장을 분명히 하는 것이야말로 지식인의, 아니 한 인간으로서의 강점으로 보였던 것 같다. 34세의 젊은 나이에, 그것도 사회주의와 기독교, 전통주의와 급격한 사회적 변모가 버무려져 현실 변화가 광범하게 진행되던 그 치열한 30년대의 정황 속에서 그 모두를 아우르며 그 가운데 지리에서 갈등적인 그 모두를 동시에 수용할 큰 정신을 창조해낸 염상섭의 노숙함을, 그런데 나는 그보다 30년이 더 많은 나이에 이른 이제야 비로소 깨닫게 된 것이다. 그것은 나의 미숙함보다 염상섭의 문학적 정신의 크기에 더 많은 무게를 주어야 할 것인지도 모른다.

조덕기는 이 소설 속에서 나의 막내보다 예닐곱 살은 젊은, 결혼해서 아이까지 가진 유학생이다. 그런데 그가 관계를 맺고 있는 주변 사람들은 30년대 초의 우리 사회에 스펙트럼처럼 펼쳐져 있는 다양한 개성들과 사상들로 그를 압박하고 있다. 먼저 나오는 인물인 그의 친구 김병화는 '맑스 뽀이'로서 20년대 초부터 우리의 식민 상황에 대항하며 사회주의의 이른바 '운동'에 투신한 청년이고, 그의 아버지 조상훈은 독실한 기독교 신자이며 미국에서 2년 동안 생활한 개명한 지식인으로 독립 운동으로 수난받는 사람들을 도와주고 교육 사업에 열심인 선각적 신사였지만 할아버지 조의관은 2천 석지기 지주이며 정미소를 운영하는 부자임에도 아들의 기독교적 사회 활동을 비난하고 룸펜으로 헤매는 김병화의 진보주의를 당연히 이해하지 못하며 돈으로 양반이 되고 대동보소를 차려 문중 족보를 지키는 가장 엄격한 전통주의를 고집하고 있다. 그의 서조모로 조의관의 후처인 수원댁은 돈에 사족을 못 쓰며 그것을 위해 음모와 살인까지 저지르는 악덕을 발휘하고 있고 술집 바커스의 작부인 홍경애는 독립지사의 딸로 조상훈의 도움을 받다가 마침내 그의 아기까지 낳게 되는, 그러나 김병화의 사회주의 운동에 동참하는 지적이며 개방적인 여인이다. 그러니까 이 한 권의 소설 속에는 당대의 거의 모든 정신적 지향과 인간적 개성이 우글거리며 드러나고 그럼으로써 이 작품은 전근대와 근대, 박래성(舶來性)과 전통성, 급진적 변혁의 이념과 온건한 개량주의적 실천, 공동체적 미덕과 황금주의적 이기심, 사회적 명망과 개인적 욕망이 버글거리는 30년대 현실을 압축하고 있다. 이 현실은 이념과 이념 간의 대립, 실제와 실제 간의 충돌을 내장하고 있고 가족과 가족 간의 이해관계와 음모, 친구와 친구 혹은 후원자 간의 심리적·육체적 갈등이 깔려 있으며 돈과 성, 윤리와 욕망 간을 둘러싼 추문이 잇따르고 있는 자리이다. 그것들은 변화하는 어느 사회에서나 볼 수 있는 사태일지도 모른다. 그러나 우리의 30년대는 그 모든 것들이 전형적으로 드러나며 충돌하고 갈등하며 대결하고 음모하는 시절이었다. 우리 근대 문학의 초기부터 지식인의 고통스러운 내면과 의식을 그려온 염상섭은 조선일보 학예부장으로 일하면서 그 제목이 인상지어줄 대하소설의 구도가 아니라 자신이 살고 있는 공간, 그것도 6개월 정도의 짧은 사건 공간 속으로 바로 자기의 시대상을 『삼대』라는 시대소설의 구조 속에 재구성한 것이다. 그리고 조의관의 손자인 조덕기란 인물을 통해 그 시대를 가로지르며 관찰하고 인물들에 따른 다양한 관계들을 맺으며 그 소란스러운 격변의 시대에 어떻게 대응해야 할 것인지를 제시해주고 있는 것이다.

조덕기의 우선적인 인간적 미덕은 누구에게나 이해와 동정의 배려를 보내는 넓고도 열린 마음에 있다. 그는 생각과 태도가 제각각인 가족들에 대해서는 물론 입장과 처지가 다른 타인들에게도 두루 후원과 책임을 아끼지 않는다. 그는 아버지와의 신앙과 이념 문제로 의절당한 가난한 룸펜 김병화로부터 '부르주아'와의 착취/피착취 관계라는 비아냥을 들으면서도 자신의 학비에서 떼어 그의 생활비를 대주고, 그가 비밀 자금 관계로 구속되었을 때 위증을 하며 뇌물을 들여 그를 구명하는 데 애쓰고, 그의 아버지 조상훈이 첩살이 때문에 가산을 낭비하고 사기 행위를 저지르며 자신의 재산을 축내고 있음에도 그 손실을 모두 감당해주고 역시 수감으로부터 풀려나도록 노력한다. 봉제사를 거부함으로써 완고한 할아버지로부터 내침을 당하는 아버지와는 달리 그는 할아버지가 무의미한 일에 돈을 버린다며 회의하면서도 그 조부의 명을 거역하지 않고 자신에게 주는 그의 유언을 받아들일 결심을 한다. 그는 자기의 초등학교 시절의 동무이면서 아버지의 첩살이를 했던 홍경애의 입장을 동정하고 자신의 이복 동생이 될 그녀의 딸에 대한 책임감을 느끼며, 독립운동가의 딸로서 고무 공장에 다니던 필순이에 대한 관심을 늦추지 않고 그녀가 공부를 계속하겠다면 도와줄 뜻을 가지고 있다. 그의 이러한 후원자적 태도는 집안의 재산을 탐내 훔치려 하다가 마침내 할아버지를 독살한 혐의로 구속된 서조모 수원댁의 구명을 도모하는 데에 이르기까지 하는 것이다. 이러한 동정과 후원은 그가 단순히 가족 혹은 친구, 지인이란 이유만으로 이루어지는 것이 아니며 그가 속없는 부자여서 마음 씀씀이를 헤프게 갖는 탓도 아니다. 그의 이러한 사고와 행위는 '이해'와 '관용'이란 후덕한 정신을 갖추고 있기 때문에 가능한 것이다. 실제로 그는 병화의 짓궂은 험담에 "수난자의 굳건한 정신이 있기 때문이려니" 하고 돌려 생각해주며 그를 동정하고, 기독교 신자이며 교육자에서 위선자로 타락한 아버지에 대해서도 "봉건 시대에서 지금 시대로 건너오는 중턱의 어중간에 처한" 세대가 정치적 입신에 좌절함으로써 빚어진 시대의 희생으로 해석하고 있다. 덕기가 이처럼 한없는 이해와 관용의 크기를 지닐 수 있었던 것은 필순이에 대한 관심과 후원이 제2의 홍경애를 만드는 것이 아닐까, 라고 깊은 반성을 할 때 보이는 것과 같은 진지한 성찰이 그의 가족과 이웃들로 뻗으며 시대에 대한 근원적인 관찰을 가하고 거기서 얻게 되는 슬픈 시대 인식과 인간에의 공감에서 비롯된 것일 것이다. 할아버지가 별세하며 잇달아 일어난 풍파들을 겪으며 어머니도, 아버지도 모두 "가엾다"고 탄식하며 그 모두가 "때를 못 만났고, 이런 시대에 태어났기 때문"이라고 그가 생각하게 되는 것이 그렇다.

그런데 이 소설의 이 부분에서 흥미로운 것은 "이런 시대에 태어났기 때문"이란 설명의 끝에 '도'의 조사가 붙어 있다는 점이다. 그러니까 이런 시대에 태어났기 때문'도' 있다는 것이 정확한 인용인데, 작가는 시대를 잘못 만난 때문 이상으로 사람들의 '성격' 때문이란 점을 더 강조하고 있는 것이다. "같은 시대, 같은 환경, 같은 생활 조건 밑에 있으면서도 〔……〕 소양지판으로 다른 것은 결국에 성격 나름이다"(이 '성격'의 강조 때문에 이 소설을 자연주의로 보게도 한 듯하다)라는 염상섭의 해석은 내게 다른 눈으로 조덕기의 정신을 관찰하도록 이끈다. 그의 어떤 성격이 서로 다른 숱한 인물과 성향과 이념들의 소용돌이 속에 그를 중용과 이해의 자리에 앉혀 이 모든 것들을 맺어주고 중화시키게 했을까. 그가 교역자인 아버지와 교회를 비난하는 병화에 "내심으로 반색"하며, 위선의 추태를 보이는 그의 아버지 조상훈에게 위하는 마음 못지않게 "미워하는 마음"도 느끼는 것을 보면 기독교에 동조하지 않고 있음이 분명하지만, 그는 "조부 편에도 덕기 자신의 편에도 못 드는" 그래서 "그만큼 사회적으로나 가정적으로 또는 자기의 사상 내용으로나 가장 불안정한 번민기에 있는 것은 사실"이라고 해석하고 자기 아버지에 대해 "한편으로는 가엾은 생각"을 하면서 아버지의 기독교와 교회의 몫을 인정하는 것은 그의 아량과 이성적 사고 때문일 것이다. 그가 기울어진 쪽은 아마도 우리의 이 당시를 휩쓴 사회주의 이념이었을 것이다. 그는 자신이 일선으로 나서서 하지 못하는 운동을 병화가 맡아주는 것에 대해 경의를 품고 있었고, 실제로 그가 유학하고 있는 경도의 하숙방에 "맑스와 레닌에 관한 서적이 유난히 많았다." 그럼에도 그는 변호사를 지망했고 "조선 형편으로는 그것이 자기 사업으로는 가장 알맞을 것"이라고 판단한다. "어쨌든 덕기는 무산 운동에 대하여 무관심으로 냉담히 방관만 할 수 없고 그렇다고 제일선에 나서서 싸울 성격도 아니요 처지도 아니니까 차라리 일 간호졸(看護卒) 격으로 변호사나 되어서 뒷일이나 보면 좋겠다는 생각이었다." 자신의 성격에 맞추어 자신의 직업을 선택하고 그것으로 자신의 생애를 결정하겠다는 생각은 할아버지의 유지에 대한 태도에서도 다시 드러난다. 그는 두 개의 열쇠를 주며 여기에 "네 평생의 운명과 이 집안의 가운이 달렸다"고 사당과 금고를 굳게 지키라는 할아버지의 간곡한 유언을 받으며 속으로 "금고 문지기는 될 수 있을지언정 사당 문지기로서도 할아버지가 믿듯이 그처럼 충실할 것인가 의문"이라고 회의한다. 이렇게 수긍하면서도 그 수용에 한계를 두고 동의하면서도 그 선택에 동조하는 것도 아니며 비판하면서도 이해하고 부정하면서도 동정하고 공감하면서도 자신의 이성적 판단을 견지하는 조덕기의 특이한 화해와 관용의 성격은 어떻게 태어난 것인가.

작가는 덕기의 이러한 성격의 연원에 대해 프랑스의 자연주의 작가들처럼 유전적인 계보를 보여주지 않는다. 다만 덕기의 사유를 소개함으로써 그의 화해와 포용의 정신을 설명해준다. 그 소개는 일본에서 서울의 병화에게 보낸 편지를 통해 직접적으로 서술되는데 그 요지는 세 가지다. 하나는 무산자를 위한 투쟁 의욕이 인간관계를 계급 관계와 투쟁의 동지라는 측면으로만 고집하는 것은 편협하며 오히려 포용과 감화가 못지않은 적극적 투쟁 방식일 수 있다는 점이다. 그의 설명에 따르면 "투쟁은 극복의 전(全) 수단은 아닐세. 포용과 감화도 극복의 유산탄만 한 효과는 있는 것일세. 투쟁은 전선적·부대적 행동이라 하면 포용과 감화는 징병과 포로를 위한 수단일세. 포용과 감화도 투쟁만큼 적극적일세." 진실이란 이렇기 때문에 조덕기는 "나도 내 길을 걷노라면 자네들에게도 유조(有助)한 때도 있고 유조한 일도 없지 않을 것"이며 그래서 병화와 한길을 걷기보다는 스스로의 견해에 따라 딴 길로 걷겠다는 결심을 하게 된다는 것이다. 또 다른 하나는 우리의 행복은 꿈과 이상 자체에 있는 것이 아니라 그 꿈과 이상을 실현해가는 노력 속에서 얻어질 수 있다는 견해이다. 그는 공부하고 싶다는 꿈을 가진 필순이를 염두에 두면서 "행복은 언제나 현실적인 것이 아니라 실현의 과정에서 경험하는 불만과 갈망과 노력에서 맛보는 것"이라는 통찰을 피력한다. 우리가 더 높은 꿈과 이상을 추구하는 것은 그것의 획득 자체에서가 아니라 그렇게 실현하기 위해 노력해가는 과정에서 얻어지는 행복의 경험 속에 있다는 진실을 그는 분명히 터득하고 있다. 마지막으로 그가 병화에게 권고하는 것은 자신의 주의 주장을 강제함으로써 타인을 구속하지 말라는 것이다. "자네의 인생관이나 자네의 사회관 속에 들어와서 자네 생활을 생활하라고 강제하여서는 아니 될 것일세. 그것은 너무나 극단이요, 자기만을 살리는 이기적 충동이요, 남의 존재를 무시하는 것일세." 자기가 좋아서 자발적으로 따르는 것은 상관없는 일이지만 지레 간섭하여 자기 식의 삶과 그 방식을 강요하는 것은 부당한 것이라는 당연한 주장을 그는 김병화에게 펼치고 있는 것이다. 타인의 사고와 행동과 선택에 대한 존중은 다양한 가치관 속에서 살아야 하는 현대적 민주주의의 기본 양식이 될 것이다. 덕기가 그의 가족과 주변의 사람들에게 실제로 보이는 관용과 화해의 태도는 바로 이 정신, 작가로부터는 '성격'으로 규정되지만 우리가 보기에는 그 성격에 보태어진 삶의 진정 어린 관찰과 깊은 이해에서 비롯된 정신일 것이며, 이렇게 해서 다다르게 되는 각양의 이념적 대치에 대한 동반자적 공감이야말로 혼란과 갈등으로 뒤범벅된 인간 사회와 세계를 감당할 내면적 자산이 될 것이다. 필순의 어머니로부터 "덕기란 사람이 원래 뉘게나 다정하고 마음이 고맙다"는 칭송을 받거나 세계관과 삶의 방식에서 그와 상반된 병화조차 일련의 사태를 겪으면서 "덕기에 대한 고마움"을 느끼고 "모든 사람을 사랑하는 마음이 가슴에 넘치었다"고 고백하게 되는 것은 투쟁만이 아니라 포용과 감화도 훌륭한 변혁의 방법이 된다는 그의 지론이 거두어들인 실천적인 효과이다. 그 방법은 전통적인 보수주의적 미덕을 강하게 띠고 있는 것이며 전투적인 변혁주의의 입장으로부터는 비판

받을 것이지만 그것이 덕기의 이른바 '유산탄만 한' 적극적 방식임을 작가는 믿고 있었던 것이다.

아마도 온건한 진보주의적 입장을 취하고 있는 염상섭의 이념적인 인물이었을 조덕기의 존재는 다양한 가치관 속을 더불어 살아야 하는, 우리 문학에서 어쩌면 최초의, 적어도 매우 드문, 근대적인 합리적 인간형이 될지도 모르겠다. 그가 사당에 충실할 자신은 없지만 든든한 금고지기의 역할은 자임하고 있는 것이 그 전후에 싹트기 시작한 자본주의적 양상에 대응하고 있다는 점, 자본가이면서도 전래의 농업이나 자영업으로 돌아가지 않고 변호사라는 현대적 자유 직업을 선택하고 있다는 점에서만 그런 것은 아니다. 그는 무엇보다 선진적인 근대 사회에서 신뢰받는 시민적 모델을 보여주고 있는 것이다. 그러니까 투쟁이 유일한 대(對)사회적 행위가 아니라 포용과 감화라는 휴머니즘의 태도를 강조한 것, 행복과 진리는 그 목표의 달성에서가 아니라 그것을 추구하는 과정에서 획득된다는 것, 그리고 하나의 가치관 속으로 강제하는 것이 아니라 다양하고 다원적인 삶의 관점과 태도를 허용하고 자신이 자유로이 선택한 길을 추구한다는 것이 그렇다. 이것들이야말로 유복한 사회에서 관용과 타협, 자유와 선택을 가장 중요한 가치로 지니며 살고 있는 사람들의 덕성들이다. 그 덕성들을 30대의 약관인 횡보가 70년 전에 제시했다는 것은 지금 돌이켜보아도 놀랄 만한 성과임에 분명하다.

그 성과가, 그리고 그것을 통해 조덕기라는 근대적 시민상으로서의 인격의 출현이 놀랄 만한 점이라는 것은 현대의 한국 사회가 경제적·사회적 근대성을 획득했고 정치적으로는 명분상으로만 민주주의의 외형을 얻고 있지만 시민적 정신성에서는 여전히 미숙한 상태에 있다는 판단을 가지면서 갖게 된 평가이다. 하긴 오늘날의 우리의 현실적·정신적 정황이 70년 전인 30년대 초의 우리의 그것과 그리 먼 거리에 있는 것은 아니다. 한반도의 우리 민족을 압도한 정치적 상황은 일본의 식민 통치였는데 해방이 되고 민주주의가 선포된 지 40년이 지난 10여 년 전까지만 해도 우리는 여전히 군부의 억압 정치로 고통받아야 했다. 마르크시즘의 급진주의는 70년 전의 한국 지식 사회에 가장 힘 있고 매력적인 주제였고 그것은 항일 운동과 겹쳐 실천 운동으로 역동적인 움직임을 보였으며 그 때문에 총독부 권력으로부터 가장 혹독한 통제를 당해야 했거니와 그것은 바로 우리 80년대의 진보적 운동에 그대로 재현되는 것이었다. 보수·반공주의 체제 아래 엄격하게 통제되어온 상황에서 좌파 운동은 철저한 금압의 대상이었고 그 운동에 투신한 인물들은 『삼대』의 장훈처럼 고문 끝에 죽임까지 당해야 할 수난을 받았다. 조상훈이 의지했고, 그러나 그런 그를 위선과 타락의 길로 몰락시켰던 기독교도 지금에 이르러 반드시 인격과 대사회의 관계에서 긍정적인 양상을 보이는 것은 아니다. 그렇다면 조의관이 고집스레 보이는 상고주의는 근대화를 이룬 지 오래고 모든 문물과 풍속이 엄청나게 변화했음에도 불구하고 우리의 오늘의 정황에서 여전히 지역 연고며 문벌과 학벌이란 전근대적 인간관계의 주도로 집착되고 있다. 우리는 70년이 지난 지금도 30년대의 정황으로부터 결코 자유로운 것이 아니다.

그러나 사회적·지적·정서적 상황의 그 유사성만으로 내가 『삼대』를 떠올린 것은 아니다. 나는 그 곤혹스러운 시대를 이성적으로 판단하고 온유와 타협으로 포용한 조덕기와 같은 인물이 21세기의 오늘의 우리 현실에 더 필요한 존재가 아닐까 하는 생각을 한 것이다. 물론 지난 10년 동안의 정치적·경제적·이념적 급변 속에서 식민지 시대든 유신과 군부의 시절에서든 우리가 고통스럽게 겪어야 했던 탄압과 수난은 사라지고 민주주의적인 삶을 살 수 있게 되었으며 무엇보다 이념적인 충돌과 갈등은 희석되었다. 그러나 그럼에도, 지금의 우리는 80년대에 못지않은 심리적 억압감 속에 갇혀 있다는 것이 나의 진단이다. 증오와 악의가 사회적 정서를 난잡스레 만들고 흑백 논리가 공정한 판단을 짓이기며 집단적 이기심과 자신에의 고집이 공공의 체제를 훼손하고 있는 것이다. 그렇게 된 것은 근본적으로 군부 통치와 유신,

신군부로 이어지는 일련의 폐쇄적인 억압 통치와 이념적 대결에 그 원인이 있을 것이다. 탄압적인 권력의 횡포가 무너지고 비판 세력의 공동의 적이 사라짐으로써 민주화와 다양한 가치 체계의 자유로운 경쟁의 사회가 되었지만, 그럼에도, 아니 그럼으로써, 그 억압 통치기에 배양되어 뿌리 깊어진 부정적인 심리가 왜곡되고 내면화되어 전 시대에 못지않은 억압적 정서와 증오의 심리학으로 표출되는 것일지도 모른다. 동지가 아니면 적이라는 배제의 팽배한 논리와 그 판단에 이르는 사유의 단선성, 폭력적인 언어와 즉물적인 태도가 그런 심리적 기제의 표현일 것이다. 그러니까 사정은 80년대보다 그리 개선된 것이 아니다. 말하자면 우리는 외면상으로는 개방과 다양성과 타협의 시대에 이르렀지만 내면적으로는 더한 폐쇄성과 단순성, 대결의 대타 관계에 놓여 있는 것이다. 조덕기는 바로 이런 갈등과 아집과 억압을 중재하고 포용하며 감복의 힘을 발휘할 인간상으로 내게 접근해온다. 그와 같은 인물이 우리 사회를 주도할 때 우리는 비로소 선진적인 근대적 시민 사회, 성숙한 민주적 질서를 실게 될 것이다. 그리고 보면 『삼대』는 두 세대 이상 진행된 우리 역사의 격변을 치르면서도 그 시차를 뛰어넘어 이제도 여전히 현존하고 있는 삶의 실상을 이루고 있는 것이고, 그것의 조덕기는 그런 오늘의 우리에게 더욱 그리운 존재로 소망되는 이해와 관용, 개방과 중재의 덕성을 발휘할 이성과 화해의 근대적 인간상을 보여주는 것이다. 그러니까 나는 이 글과 관련 없이도 내 무의식 속에 조덕기와 같은 인물에 대한 그리움을 품고 있었음이 분명한 것이다.

〔『현대문학』, 2001. 12〕

소설가는 왜 소설을 쓰는가
── 이청준 · 김영현 · 김영하의 경우

소설가가 자신의 소설 속에서 '왜 나는 소설을 쓰는가'라고 질문하는 경우는 생각보다 많지 않지만 그 자의식적 사유는 매우 중요하다. 그가 그 질문을 스스로에게 새삼 제기하는 것은 소설 쓰기의 의미에 대한 반성이 새로이 돋아났다는 것을 의미하며 그 반성은 그 스스로 선택한 작업에 대한 회의, 혹은 그 반대로 그 작업의 엄숙성에 대한 재확인의 필요성이 유발한 것이기 때문이다. 그런데 소설 쓰기의 의미에 대한 작가 자신의 반성은 그 작가의 개인적인 사유를 넘어, 사실은 그 작가로 하여금 소설 쓰기를 선택하도록 한, 그가 처한 상황에 대한 반성으로 확산된다. 그가 어떤 연유로 소설 쓰기에 대한 자기 질문에 부닥쳤든 간에 그 질문은 그 상황에서 소설이란 무엇이며, 무엇의 표현이고, 그리고 그것은 어떤 정황에 놓여 있으며 그런 때문에 작가인 그 자신은 어떻게 할 것인가의 문제성에 대한 인식에 연관되어 있다. 다시 말하면 소설가의 소설 쓰기에 대한 자의식은 소설가가 자기 시대에 대해 어떻게 생각하고 있으며 자신의 소설적 대응 방식을 어떻게 설정하고 있는가에 대한 탐색에 다름아니다. 나는 이 탐색의 방식과 내용을 1970년 안팎의 『씌어지지 않은 자서전』과 「소문의 벽」으로 고민한 이청준, 1980년대 중반 『깊은 강은 멀리 흐른다』의 작품들을 통해 실천적 운동권의 귀중한 문학적 소산을 성취한 김영현, 그리고 1990년대 이후의 급격한 문화·사회적 변화 속에서 새로운 문학을 앞서 제시하며 올해 『아랑은 왜』라는 흥미로운 작품을 발표한 김영하 등 화자가 작가로서 자신의 문학관을 피력하거나 드러내 보인 세 작가의 소설을 통해 확인해보고 싶다.

식민지 시대의, 가령 박태원과 이상으로부터 4·19 이후라고 말할 수 있는 최인훈과 김원우에서 박성원에 이르기까지의 많은 예들로부터 이청준·김영현·김영하 등 세 작가에 대한 나의 선택은 자의적이지만 1970년으로부터 우리 시대의 한 세대에 걸친 세 시기를 대표적으로 보여줄 수 있는 시의성이 우선적으로 고려되었다. 그것은 유신 체제 선포 안팎의 폐쇄적인 독점 권력이 자유와 양심을 억압하기 시작한 시기와, 반 세대 후 그에 대한 저항과 함께 진보적인 사유와 운동이 전개되고 그에 따른 수난을 감수해야 했던 시기, 그리고 또 한 번의 반 세대 후 민주화와 함께 정치적·문화적 해체주의가 우리의 일상의 삶에 만연하게 된 시기를 가리킨다. 세 작가는 자신이 처한 정치적·사회적·문화적 상황에 혹은 반추하며 저항하고 또는 적응하면서 자신들의 소설 쓰기가 무엇인가를 고민하고 성찰하며 그 같은 사유의 과정을 자신들의 소설 속에 직접 혹은 우회해서 드러내고 있다. 그리고 당겨 말하자면, 이 세 작가는 길지 않은 30년 동안의 급격하게 변모하는 상황 속에서 자기가 처한 시대에 있어서의 문학적 의미와 방법론을 그들 자신의 '지식인소설'을 통해 특징적으로 표출하고 있는 것이다. 이청준은 '소설로 쓰는 소설가의 심리 해부'를 통해 그것을 개인적 자유의 문제로, 김영현은 '소설로 쓰는 소설가의 임무' 부여를 통해 공동체적 정의와 실천의 과제로, 김영하는 '소설로 쓰는 소설 쓰기의 방법론'을 통해 인식의 해체적 수법으로 자신의 소설 쓰기를 제시한다. 그 주제의 이 같은 다름은 곧 우리의 현대사가 어떻게 변화해왔으며 그 변화 속에서 소설 혹은 문학에 대한 관념이 어떻게 변해왔는가를 동시에 보여주고 있는 것이다.

이청준이 1972년에 발표한 액자소설 수법의 「소문의 벽」에는 잡지 편집자인 화자가 관찰하고 있는 소설가 박준이 쓴 것으로 소개되는 세 편의 소설이

요약 혹은 발췌되어 있다. 그 하나는 자기 은폐욕에 사로잡힌 주인공이 결국 그런 끝에 죽음에 이르는 이야기이고 또 다른 하나는 사장의 비밀을 폭로하고 싶은 욕망과 그것을 억압하는 감시에 대한 공포에 젖는 운전사 이야기이며 다른 하나는 환상의 심문관에게 자신의 과거를 진술하는 이야기이다. 앞의 두 이야기를 변주하며 포용하는 세번째 소설은 이청준 자신이 1969년에 발표한 장편 『씌어지지 않은 자서전』의 요약인데, 그러니까 이 장편과 중편은 서로의 앞뒤를 맞춘 연작으로 볼 수 있다. 그리고 이 두 소설에는 '자기 진술'의 주제와 '전짓불'이라는 동기가 뼈대가 되고 있다. 이청준은 바로 작가란 무엇인가라는 근본적인 질문을 제기하는 자기 진술의 주제와, 그것을 불가능하게 만드는 개인적이기를 넘어 역사적인 체험으로 이루어진 동기를 통해 자기 시대의 작가적 고통을 술회하고 있다.

『씌어지지 않은 자서전』의 화자 박준이 당하는 자기 진술의 강요는 자신의 정체성에 대한 스스로의 끈질긴 반성인 동시에 그러기를 요구하는 현실 권력의 숨은 요구이기도 하다. 화자는 잡지사에 사표를 내면서 틈나는 대로 자신의 과거를 고백하도록 재촉하는 심문관의 강요에 시달린다. 그 강요 속에서 그는 자신의 허기를 고백하고 소년 시절의 전짓불 사건을 진술한다. 그 허기는 그가 출입하는 다방의 단골 '왕'에게서도 발견하는 허기로서 그가 가난한 이력을 감내하던 방법이었고, 전짓불은 그의 소년 시절 경찰과 빨치산이 번갈아 한밤에 방문을 열고 자신들의 정체를 숨긴 채 전짓불을 비추며 어느 편인가 대답을 강요함으로써 생명을 거는 모험을 해야 했던 경험의 내용이었다. 이런 자백에도 불구하고 '사형 언도'를 받은 그는 자신이 소설을 쓴다는 사실을 마지막에 고백함으로써 '각하'로부터 집행 유예를 얻는다. "소설을 계속한다면 당신에 대한 새 선고는 필요한 시기까지 미루어질 것입니다. 〔……〕 내가 당신에게 나타나지 않는 동안―, 그것은 언제까지나 당신에 대한 선고의 유예 상태가 계속되는 상황"(『씌어지지 않은 자서전』, 열림원, 2001, p. 256)임을 확인시키는 이 유예는 밤마다 왕에게 재미있는 이야기를 해줌으로써 자신의 생명을 유예받는 『아라비안 나이트』의 세헤라자데가 처한 상황이다. 그러니까 작가의 존재 이유는 죽음을 건 상황 속에서의 끊임없는 '자기 진술'에 있는 것이다.

이 '자기 진술'이란 욕망과 책임의 이유와 그것을 불가능하게 만드는 정체에 대한 작가의 고민은 이청준의 「소문의 벽」에서 분명하게 제시되고 있다. "도대체 작가들이 무슨 이유로 그처럼 한결같이 글을 쓰지 않으려고들 하는가"(『소문의 벽』, 열림원, 1998, p. 43)라는 잡지 편집자인 화자의 탄식에서 출발하는 이 소설은 스스로 멀쩡함에도 정신병자임을 자처하며 그래서 결국 정신 질환자가 되고 마는 작가 박준에게서 자기 진술의 욕망과 그것이 불가능하게 되는 사연을 발견한다. 화자가 읽게 되는 박준의 소설(그것은 곧 작가 이청준 자신의 작품이지만) 세 편에서 먼저 소개되는 것은 '가사(假死)의 잠'(pp. 65~68)이다. 『씌어지지 않은 자서전』의 '허기'를 대신하여 나오는 정신적 질환의 징조인 '가사의 잠'은 이청준의 「가면의 꿈」 등에도 이용되는 동기인데 「소문의 벽」에서는 이 기벽을 좌절과 책임으로부터의 자기 최면에 의한 자기 은폐로 설명하고 있지만 화자의 동료인 안형이 불평하는 것처럼 왜 그런 기벽에 그가 젖어들어야 하는지의 의미는 밝혀져 있지 않다. 그러나 여기서 화자는 작가 그리고 잡지 편집자란 "세상을 향해 뭔가 끊임없이 자기 진술을 계속할 의무를 자임하고 나선 자"(p. 70)라는 사실을 확인시켜준다. 그러나 그 자기 확인의 임무는 박준의 두번째 소설에서의 사장 자가용 운전사의 좌절에 빗대어 그것의 불가능성이 인식된다. 운전사는 사장의 비밀을 폭로하고 싶다는 욕망과, 해직이라는 공포 속에서 "언제나 감시를 받고 있"다는 불안에 젖게 되고 그로 말미암은 주의력 산만으로 자격을 잃고 회사에서 쫓겨나고 만다. 유명한 '전짓불'의 동기를 술회하는 박준의 세번째 소설에서 그는 정체를 숨긴 자에 의한 정체 확인의 심문 강요란 공포를 이야기한다. 물론 전짓불을 들이대고 당신은 어느 편인가 대답을 강요했던 사건은 20년 전이지만 그 사건이 감싸고 있는 정체 불명의 사태가 빚는 공포는 소설가로 성장한 현재에도 여전히 작동하고 있다. 지금도 그 공포를 어떤 곳에서 느끼고 있는지 구체적으로 말해달라는 기자의 질문에 박준은 그것이 '소문' 속에 있다면서 이렇게 설명한다:

> 실제로도 존재하고 있을 것이다. 정체를 밝히지 않기 위해 소문의 옷을 입고 있는 것뿐일 것이다. 그래야 그것은 우리들을 더욱 효과적으로 복수할 수 있을 것이 아닌가. 게다가 사람들은 원래 그런 소문을 좋아하기 때문에 그를 위해선 늘 두꺼운 소문의 벽을 쌓아주고 있는 것이다. (p. 143)

"전짓불은 어떤 식으로든 선택을 요구"(p. 142)한다는 것, 그리고 정직한 진술에는 "언제나 복수가 뒤따른다는 것"(p. 142), 그래서 "영영 해소될 수 없는 내부의 진술욕과, 그것을 무참히 좌절시켜버리고 있는 외부의 압력 사이에서 미치광이가 되지 않고는 배겨날 수 없을 것"(p. 143)이라는 이 정황 사이에 이 소설의 표제가 되고 있는 '소문의 벽'이 가려져 있다. 소설이라는 "가장 정직하고 성실한 자기 진술의 형식"(『씌어지지 않은 자서전』, p. 257)을 좌절시키는, 그러나 소문에 가려진 그 '외부의 압력'이 '감시의 권력'임을 우리가 짚어내기에는 그리 어렵지 않다. '안형'으로 대변되는 편집자의 "자기 취향에 맞지 않는 편협성"(p. 75)도 고려될 만한 것이기는 하지만 권력의 감시 기관이 권력에 대한 비판자와 작가 지식인들에 대한 사찰이 자행되기 시작한 유신 전·후기의 현실이 "이미 자신의 진술의 길을 막고"(p. 145) 있었다. 「소문의 벽」은 그 권력의 감시를 박준에게 전짓불을 시험함으로써 정말 광기로 몰아버린 병원장 김박사에게 대행시키고 있다.

두 편의 중·장편을 통해 이청준을 다시 살피면 이렇다: 작가는 숨겨진 비밀을 폭로해야 할 임무를 지고 있다; 그 임무는 자기 진술의 가장 성실한 방법으로서 소설을 통해 수행된다; 그러나 진술을 폭로하는 그 소설 쓰기는 반드시 복수를 당한다; 그 복수는 소문의 벽으로 가려진 외부의 압력에 의해 이루어진다…… 이청준의 이러한 문학적 사유에는 소설 혹은 문학이란 사상과 표현의 자유에 의해 그 진실성이 보장받아야 하며 소설 창작은 그 진실성의 보장을 위해 이루어져야 한다는 신념이 뿌리박고 있으며 그럼에도 그 작업에는 감시당하는 불안과 어쩌면 생명을 담보해야 한다는 공포가 서려 있는 것이다. 소설가 이청준은 『사상계』와 『세계』 등 비판적 교양지의 편집자로서 경험해야 했던 '내부의 진술욕'과 그것을 무참히 좌절시키는 '외부의 압력'을 소설로 쓰는 소설가론으로 증언하고 있는 것이다. 그 증언은 30대 초의 그가 겪어야 했던 당시의 정치적 억압에 대항하는 작가 개인의 실존적 투기였을 것이다.

이청준보다 반 세대 늦게 태어난 김영현의 청년기는 1980년대의 변혁을 위한 실천 운동의 시절이었다. 1999년의 재판 『깊은 강은 멀리 흐른다』(초판은 1990년, 인용은 재판본)에 붙은 자상한 작가 연보는 그의 성장의 이력과 함께 인문대 철학과에 다니며 대학문학상에 당선된 1976년 이후 10여 년에 걸친 운동권 참여와 그로 말미암은 수감 생활, 그러는 가운데에서의 시·소설 등의 문학 창작과 출판사·잡지사의 활동 경력을 소개하고 있다. 이 연보와 함께 수록된 1990년의 초판본 후기는 "과학의 아들이자 이론의 아들인 후배들에게" 인간과 역사에 대한 근본적인 질문을 끊임없이 제기하기를 권고하면서 실천 운동에 투신하면서도 작가로서의 자신의 역할에 끈질긴 성찰을 해온 그의 이력에 합당한 다음과 같은 소설관을 술회하고 있다:

그래서 마침내 나는 소설 쓰기는 두 가지 자세로부터 출발해야 한다고 결론을 내렸다. 즉 하나는 싸움꾼의 자세이고 다른 하나는 구도자의 자세이다. 싸움꾼의 자세는 당면하고 있는 현실의 문제를 해결해나가기 위해 그러한 문제를 작품 속에 투영하기 위해 노력하는 것이고, 구도자의 자세는 글쓰는 작업을 통해 인생의 의미와 목적의 철학적 인식을 획득하는 것을 말한다. 내가 홀

륭하고 성공적인 작품을 쓰든, 혹은 실패를 하든 간에 이 세상을 단 한 번 살
아가는 나의 주체적인 모습은 이 두 가지 자세를 필요로 한다는 생각이 들었
다. (『깊은 강은 멀리 흐른다』, 실천문학사, p. 344)

    그의 후기는 이렇게 실천적 운동가의 모습으로 후배들에게 투쟁적 태도를
당부하고 스스로에게도 현실에 대항하는 싸움꾼과 철학적 인식에 이르기 위
한 구도자의 자세를 강조하고 있지만 그의 소설 자체는, 적어도 내게는, 내
면적 감동을 자아내기에 충분한 문학주의자적 면모를 보이고 있다. 그의 창
작은, 그의 것과 같은 시절의 격렬한 운동권 소설들이 잊혀지고 그것들을 격
려한 문학적 주장들이 스러진 이제에 이르러서도 여전히 한 시대의 아픔과
좌절을 상기시키면서 인간 내면의 따뜻한 정서에 대한 사실적 공감을 환기시
켜준다. 그러나 그렇다고 해서 후기에서 밝힌 그의 소설에 대한 관념이 그의
실제 창작에서 발견되지 않는 것은 아니다. 오히려 그의 소설에 대한 의도적
인 태도는 희미하지만 더 넓게, 다시 말하면 『깊은 강은 멀리 흐른다』의 작품
들 실제 속에 녹아들어 우리의 의식을 깨우쳐주며 소설가는 왜 소설을 쓰고
있는가라는 질문에 대답해주는 것이다.
    그 경우를 이 창작집의 첫 작품인 「포도나무집 풍경」에서 볼 수 있다.
1988년에 발표된 이 소설은 작가 연보와 대조해보면 실명을 그대로 사용하며
실제의 일을 수기체로 서술한 것이다. 작가는 군대 시절에 알게 된 박목사의
소개로 김포의 한 포도나무집 방을 '작품 구상'을 핑계로 빌려 1980년대 운동
사 강의 자료를 준비하며 일주일을 지낸다. 그러는 동안 그 지역 사람들을
만나 약간의 대화를 나눈 것과 지난날들의 회상 외에는 이 소설에서 그가 겪
는 이렇다 할 만한 사건은 없다. 우리가 이 수기체의 소설에서 우리의 주제
와 관련하여 주목하는 점은 지역 사회 소식지를 만드는 편집자들에게 주는
전문 문필가로서의 그의 짤막한 조언이다. 『푸른 사회』란 지방 잡지에 동네
노인의 생애를 채록하거나 그 고장의 역사를 정리하는 두 아마추어 필자에게

그는 이렇게 권고한다:

> 한명구씨의 그 기록은 단순한 지역 소식을 넘어서서 우리 민족 전체의 아픔을 단적으로 표현해주고 있습니다. 가능하다면 그 작업을 더욱 열심히 하셔서 고두영씨나 박정옥씨의 삶이나 생각 같은 걸 자세히 좀 기록해두었으면 합니다. (p. 41)

김영현의 첫 소설집에는 작가 자신이 화자로 등장하는 경우가 대부분이지만 그 화자가 작가의 신분으로 나타나는 일도 매우 드물고 글쓰기에 대한 생각을 직접적으로 드러낸 것도 지역 잡지 편집자에 대한 겨우 이 정도의 충고뿐이다. 그럼에도 "우리 민족 전체의 아픔을 단적으로 표현"해야 한다는 것, 실제 인물의 실제 삶과 생각을 구체적으로 기록해야 한다는 그의 글쓰기에 대한 생각은 그 시대의 진보적인 문사들에게 공통된 것일 뿐만 아니라 그 자신의 많은 작품들이 바로 이 의도로 집중되고 있다. 그러니까 지독한 고문을 당하면서 스스로 '벌레' 같다고 생각하게 된 치욕스런 기억(그 기억이 얼마나 치열했던지, 그의 소설 곳곳에서는 '벌레'란 단어가 자주 나온다), 도스토예프스키의 『악령』을 연상시키는, 암에 걸려 죽음을 앞둔 노동자를 시위에 내세우려다 실패하자 스스로 죽음을 택한 운동권 동지와의 관련에 대한 검사의 심문, 삼청교육대 수감에서 탈출한 '가수왕'의 슬픈 사연, 고문 끝에 정신 이상에 걸린 친구의 심각한 병증, 폐병으로 죽은 이복 형과 감옥에서 만난 비전향 장기수인 이복 형의 외삼촌, 한 대학생이 흔적도 없이 살해되어 바다에 유기되었다가 자살로 처리되는 사건 등등 우리 시대의 가혹한 현실 때문에 수난당하고 희생된 사람들의 구체적이고 실재의 사건들을 그의 작품은 재현하고 있는 것이다. 여기서 회상되고 재현되는 그 인물들은 김영현이 바로 권고하고 있는 "여기 사람들의 이야기"(p. 37)이다. 그는 이 사람들의 개인적인 이야기를 하고 있지만 그들이 살아야 했던 "벌레가 되어버리는 듯한 고통스러운 증상은 사회적 분위기와 약간의 연관이 있을지 모를"(p. 54) 일들을 상기시켜준다. 작가는 여기서 "약간의 연관이 있을지 모른다"라고 쓰고 있지만 그것은 자신의 일이기에 겸손했던 것으로 보이며 실제 그의 서술 곳곳에서는 그 모질었던 시대의 비리와 탄압, 그 때문에 감수해야 했던 고난과 슬픔들이 회상되고 기억되고 또 기록된다. 그러니까 그의 문학은 "우리 민족 전체의 아픔을 단적으로 표현"해야 한다는 그의 권고의 실제를 이루고 있는 것이다.

'민족 전체에 관한 단적인 표현'은 아마도 방법적으로는 리얼리즘을 요구할 것이다. 그러나 김영현은 그 '민족 전체'에 '아픔'이란 어휘를 끼워넣음으로써 단순한 객관적 사실주의의 도식을 벗어나고 있다. 그것은 카프카의 작품에서 보이는 돌연한 벌레로의 '변신'과 같은 것을 "문학적 상상력을 극대화시키기 위한 일종의 유치한 짓거리"(p. 52)로 무시하며 작가로서 "심리주의적 태도를 극도로 증오"(p. 74)하는 태도를 보이면서도 그 자신의 서사 방법론을 내면적 리얼리즘으로, 혹은 이 작품집의 발문을 쓴 현준만에 의하면, "역사적 상상력"(p. 332)으로 지향하도록 만든다. 그는 1980년대의 노동 문학들처럼 실천 운동을 제창하고 그 싸움에서 승리를 낙관하며 격려하기보다는 그 싸움에서 상처받은 사람들의 '아픔'을 이야기하고 싶었던 것이다. 그것이 김명인이 말한 "사회 변혁 운동의 정서를 단순한 주장이 아니라 예술적 형식으로 승화해낸"(책 뒤표지) 성과이며 1990년대를 지나온 이제에도 독자들이 이 책을 찾도록(p. 7) 만든 자산이 되었을 것이다.

김영하는 아마도 이청준의 『씌어지지 않은 자서전』이 발표될 때는 유년기였을 것이고 김영현의 「포도나무집 풍경」이 집필될 때는 대학 초년생이었을 것이며 경영학과 출신의 그가 문단에 데뷔한 것은 1990년대 중반이었다. 이렇다는 것은 그가 이청준이 청년기에 치러야 했던 억압적 권력에 대한 공포에 젖지 않을 수 있었으며 김영현이 대학 시절부터 뛰어든 실천 운동에 대한 부담도 지지 않을 수 있는 상황에서 그의 소설 창작이 시작되었다는 것을 가리킨다. 김영하 세대는 동구권의 이념과 체제의 와해를 목격하면서 그의 선배들이 져야 했던 정치·경제적 현실에 대한 부담으로부터 자유로울 뿐 아니라, 무엇보다 컴퓨터와 인터넷이라는 새로운 첨단적 이기를 유창하게 활용하며 그 테크닉을 문학 속에 자재롭게 끌어들일 수 있는 혜택을 입었다. 이 점을 강조하는 것은 그의 『아랑은 왜』(문학과지성사, 2001)가 컴퓨터 세대의 기술적 효과와 기질적 성격을 톡톡히 드러내고 있기 때문이다.

『아랑은 왜』는 밀양 군수의 딸인 아랑이 통인의 야욕에 저항하다 목숨을 잃고 유기되었다가 신임 사또들에게 그 억울함을 호소하였으나 유령의 출현에 놀란 수령들이 죽어 실패하던 중 마침내 이상사라는 배짱 있는 사또의 덕분으로 범인을 잡고 원한을 풀 수 있었던 유명한 '아랑 전설'을 재구성한 것이다. 그 재구성은 이 설화의 기반을 거의 완전히 뒤바꾸는 정도로 진행되어, 아랑은 군수의 딸이 아니라 관기로서 그의 첩이 된 여인이고 그의 죽음도 통인이 아니라 다른 남자를 좋아하는 그녀에 대한 질투에 젖은 군수 자신에 의한 것이었으며 사또들의 잇따른 죽음도 아랑 귀신의 출현에 놀라서가 아니라 이방의 독살이었고 그 살인의 동기는 부정한 관리의 비리를 감추기 위한 것으로 설정되었다. 이 사건을 밝히는 과정도 아랑이 나비가 되어 범인을 가리키는 설화적 방식이 아니라 소설 속에 인용된 에코의 『장미의 이름』처럼 어사를 수행한 한미한 벼슬아치의 논리적 수사로 진행된다. 그리고 아랑 설화를 추적하는 현재의 작가 옆에는 그 작가의 신원을 겹쳐 가진 번역가 박과 미장원 종업원인 영주가 있고 그녀의 죽음이 뒤따르고 있다.

여기서 우리의 관심은 환골탈태로 재구성한 내용보다 그렇게 재구성하는 과정에 있다. 당초의 중편을 대폭 개작한 이 장편소설은 소설 쓰기를 하나의 게임으로, 그래서 PC문학에서의 이른바 복합 줄거리 소설의 양식으로 짜여 있다. 작가는 아랑 전설의 이런저런 사실적 가능성들을 검토하고(p. 202의 "우리는 이 자료를 토대로 몇 가지 상상을 해볼 수 있다") 가설을 세워보기도

하며(p. 44의 "그러나 우리는 이 세 가지 중에서 우선 첫번째 가설을 선택해보기로 한다") 여러 시점을 설정하고(p. 24의 "누구의 눈으로 이 사건을 보느냐의 문제. 크게 두 가지로 대별되는데") 심지어는 등장인물들의 배역을 '오디션'함으로써(p. 50의 "소설에 등장해보겠노라고 먼 길을 마다하지 않고 찾아온 몇 명의 배우가 오디션을 통과했다") 역할 게임을 수행시킨다. 그러면서 때로는 우리, 때로는 나로 나타나는 화자는 이것이 소설임을 부단히 환기시킨다(p. 70의 "소설을 써나가다 보면," p. 200의 "그러나, 정말 소설 속의 등장인물들이 그렇게 낱낱이 명백하게 규명되어야 하는 걸까?" p. 247의 "우리가 소설을 쓰고 있다는 걸 잊었군요"). 실존하지 않는 기록을 인용하고 소설의 안과 밖을 마구 넘나들며 이렇게 재구성하는 방식은 이른바 '낯설게 하기'의 한 방법론이기도 하지만 작가 자신은 이 일련의 행위들을 상상 혹은 퍼즐의 '게임'으로 규정하고 있다.

몇 가지 자료를 늘어놓고 벌이는 이 상상 게임은 상당히 즐겁다. 우리는 역사 속의 인물들에게 이런저런 동기와 역할을 부여하면서 악덕 경찰처럼 사건을 조작해가고 있는 중이다.
이쯤에서 짚고 넘어갈 것이 있는데, 그것은 우리가 아랑의 전설을 토대로 어떤 이야기를 새롭게 쓸 수 있을까를, 단지 탐색하고 있을 뿐이라는 것이다. 우리는 이 책의 끝까지 여러 자료들을 검토하고 그것을 통해 이야기를 구성하는, 일종의 퍼즐 게임을 계속하게 될 것이다. 누군가는 우리의 책을 바탕으로 새로운 아랑의 이야기를 쓰게 되겠지만 적어도 우리의 책 안에서 이야기의 종결은 없다. (p. 203)

『아랑은 왜』를 창작하는 작가의 이 소설에 대한 태도를 압축해주는 이 인용에서, '게임'이란 행위가 갖는 의미는 크다. 그것은 우선 한 사건, 그러니까 아랑 전설의 이야기가 단 하나의 줄거리 혹은 사실성을 가지고 있다는 것을 부인한다. '이런저런 동기 부여'는 사건에 대한 추리와 인과 관계의 서술이 한 가지일 수 없으며 시점에 따라 "사건을 조작"할 만큼 다양하게 재구성·재해석될 여지가 있음을 말한다. 말하자면 그는 해체주의자의 '해체'를 시도하고 있는 것이다. 그 해체를 통한 다양한 사실성에의 접근이 상상과 퍼즐의 게임이고 그 게임을 그는 즐기고 있는 중이며 또 그렇기에, 그 자신이 한 줄기로 짚어 짜낸 이야기를 완성된 결론으로 고집하지 않는다. 그래서 이 "책 안에서 이야기의 '종결'은 없"는 것이고 그러므로 이 이야기는 '새로이' 다시 씌어질 수 있다. 이 태도는 그의 선배들이 진술한, 가령 감시의 시대에 대한 고통스런 증언도 없고 민족의 아픔에 대한 기록의 의무도 지지 않는다. 이래서 리얼리즘의 단일한 서술과 해석을 기피하며 거대 담론의 무게도 버리고 있는 김영하의 글쓰기는 일종의 유희, 그것도 즐거운 게임이다.

그러나 『아랑은 왜』의 김영하는 게임을 즐기기만 하는 것은 아니다. 그는 이 게임들을 통해 "파헤칠수록 더욱 어둡고 끔찍한 진실들"(p. 204)의 모습을 드러내려 하고 있고 "우리 모두의 가슴속에 숨어 있는 은밀한 욕망"(p. 278)으로서의 "아랑 전설의 '숨겨진 진실'"(p. 218)을 밝히려고 하고 있다. 그런데 흥미로운 것은 김영하가 『아랑은 왜』에서 밝히려는 '숨겨진 진실'은 사실은 아랑 전설 그 자체의 진상이 아니라(이미 그는 자신의 작업이 '탐색'이며 그래서 새로 씌어질 수 있는 것이며 따라서 종결이 없다고 설명한 바 있다), 사건의 진상이란 결코 밝혀질 수 없다는 것, 바로 그것의 '진실'이다. 오늘날의 세계는 진실이란 이름으로 숱한 이야기들이 제시되고 있지만 그러나 그것들은 가짜일 뿐이며, 오히려 진실이란 말 자체가 의심스러운 것이 되고 있을 뿐이다. 작가가 슬쩍 스치듯 쓰고 있는 다음 구절을 보라:

그러나 이런 해피 엔딩이 정말 가능할까? 진실은 할리우드 영화처럼 두 시간 안에 밝혀질 수 있는 걸까? 아니, 두 시간 안에 밝혀지는 것을 진실이라 부를 수 있는 걸까? 과연 그래도 되는 걸까? 우리는 그 부분에 대해 결정을 내려야 한다. 실제로 많은 사건들이 이런 화려한 클라이맥스와는 관련 없이 은폐되거나 유야무야되었고 지금도 그렇다. 지금, 그러니까 21세기에 권선징악의 스토리를 쓰는 것은 온당한가의 문제. 현실에서 이뤄지지 않는 권선징악을 이야기 속에서 기대하는 것은 과연 옳은 일일까. (p. 219)

이 소설에서 유일하게 "결정을 내려야 한다"고 작가가 단언하는 것은 '진실 해명의 불가능성이라는 진실'에 관한 작가의 결론이다. 그는 오늘날의 할리우드적 상품 시대에도 진실이란 결코 밝혀질 수 없는 것, 아니 은폐되거나 유야무야된다는 진실을 전설의 재구성 작업을 통해 진술하고 있는 것이다. 이런 점에서라면 우리의 지난 역사에서 가장 풍요롭고 자유로운 시대에 성장한 김영하는 가난하고 어두운 시대의 이청준 세대나 억압받고 수난당하던 김영현 세대보다 현실에 대해 더 비관적인 자의식을 가진 작가일 것이다.

이청준·김영현·김영하의 세 작가를 통해 살핀, 소설가는 왜 소설을 쓰는가라는 검토는 작가는 자신의 시대에 대한 자의식적 대응을 하는 존재라는 결론으로 다가왔다. 실제로 4·19세대로서의 이청준은 1960년대와 1970년대의 지식 사회에서 가장 고통스러운 주제로서의 자유의 문제에 대해 고민해왔고, 운동권 세대인 김영현은 80년대의 진보적인 실천 논리의 형성에 노력했으며, 포스트모더니즘 세대인 김영하는 인터넷과 컴퓨터 문화를 즐겨 이용해왔다. 그러면서 그들은 자신들의 주제를 어떻게 문학으로 투영할 것인가를 방법적으로 모색했다. 그것이 이청준에게는 지식인소설이었고 김영현에게는 내면적 리얼리즘이었으며 김영하에게는 해체적 수법이었다. 이렇게 보면 작가란 존재는, 무한의 자유와 상상력을 담보하고 있음에도 그가 살고 있는 시대로부터 마음껏 자유로울 수 없다기보다 그 시대의 성격이 투영되고 있는 것이며 그 시대 속에서 작가, 그리고 문학이란 무엇인가의 그 역사적 존재성을 드러내고 있음이 확인된다.

그렇다면 앞으로는? 세계화가 주문되며 인터넷이 지구를 뒤덮고 내가 말하는 바의 '자본-과학 복합체'가 주도할 가까운 미래에 소설가는, 왜, 어떤 소설을 쓸 것인가. 지금 우리의 하위 문화권에서 고개를 들기 시작하는 환상 소설? 아니면 김영하가 그 전조를 보이고 있는 해체소설? 혹은 억압 속에서의 자기 진술을 도모하는 이청준? 아니면 당위적인 책무를 스스로 떠맡는 김영현? 어쩌면 보르헤스가 그랬듯, 진본과 위본의 경계를 지워 호환시키는 하이퍼텍스트 수법으로 오늘의 문화와 삶의 호환적 성격을 보여주는 『굳빠이 이상』의 김연수? 김영하가 『아랑은 왜』에서 내린 "결론은 없다"는 결론처럼 나로서는 어떤 예상을 보여줄 수가 없다. 다만 새로운 세기에 나타날 문학이 그 시대의 어떤 문제를 주제로 하여 소설가 스스로의 존재 이유를 밝힐 것인지 주목해보기를 젊은 비평가들에게 권고할 뿐이다. 소설가가 자신의 알리바이를 보여주는 소설이 그 시대의 문제성을 증언해줄 것이기 때문이다.

〔『문학과사회』, 2001. 겨울〕

시는 컴퓨터를 어떻게 받아들이는가

몇 차례 고백한 바 있지만, 나는 '컴맹'에 가까울 정도로 컴퓨터에 어눌해서 그것의 숱한 기능 중에서 워드프로세서로 원고를 쓰거나 이메일로 그것을 전송하고 아주 필요할 때 인터넷에 들어가 자료를 찾아보는 정도의 일밖에 하지 못한다. 자동차 운전 배우기도 기피할 만큼 스스로를 기계치로 여기고 있기에 이만큼이나마 내게는 '첨단'으로 여겨지는 컴퓨터를 사용할 수 있다는 것이 대견스러워지기도 하지만, 컴퓨터를 열 때마다 내가 아는 유일한 게임인 '프리셀'을 서너 차례 푼 다음에야 제 일로 들어서는 것을 보면 이 기계에 대한 나의 낯섦은 좀처럼 쉬 가셔질 것 같지도 않다. 컴퓨터에 대한 두려움이 이렇게 내 속의 바닥에 깊숙이 깔려 있어서인지, 대신에, 나는 그것에 대한 자의식을 많이 가져왔다. 그 자의식은, 크게는 컴퓨터의 기초가 되는 디지털 체계가 기존의 아날로그 체계와 어떻게 다르며 그 변화는 우리의 삶을 어떻게 운영할 것인가의 거창한 문제로부터, 작지만 결코 가볍지는 않을—예컨대 컴퓨터의 글쓰기는 기존의 글쓰기를 변화시킬 것인가와 같은 문제에 대한 나름대로의 관찰을 이끌었다. 『새로운 글쓰기와 문학의 진정성』(1997)에 수록된 「컴퓨터는 문학을 어떻게 변화시킬 것인가」 등의 일련의 글들은 이 주제들에 대한 나의 생각들을 정리해본 것이었고 이후의 『21세기를 받아들이기 위하여』(2001)와 『잊혀지는 것과 되살아나는 것』(2001)의 긴 글, 짧은 글들도 그 연장선에서, 때마침 닥쳐온 21세기란 획기(劃期)가 동반해온 디지털 문명과 생명 복제의 새로운 인류사적 양상들에 고심해본 토픽들이었다.

『시인세계』가 내게 자유로이 시에 대한 글을 청탁했을 때 먼저 떠오른 생각으로 시를 컴퓨터와 연결시켜보고 싶어진 것은 그래서 자연스러운 일일 것이다. 내가 컴퓨터가 몰고 온 '새로운 글쓰기'에 대해 관찰한 것은 문학 혹은 글쓰기 일반이었고 문체와 사유의 변화가 직접적으로 가 닿는 것이 소설이었기에 주로 소설 문학을 초점으로 나름대로의 생각을 모아보았었다. 그런데 이제 시는 컴퓨터를, 혹은 그것의 가장 중요한 기능인 인터넷을 어떻게 바라보고, 생각하고, 느끼고, 받아들이는가가 궁금해지는 것이었다. 소설 장르는 바흐친이 설명하듯이 문학 장르 중 가장 젊고 개방적이며 마르트 로베르가 『소설의 기원, 기원의 소설』에서 강조하듯이 탐욕적인 제국주의의 성격을 가지고 있어서 다른 경쟁적 장르의 성격들을 마구 이끌어들이듯이 새로운 문명적·문화적·과학적 자질들을 어렵잖게 차용하고 활용하며 활발하게 수용할 것으로 예상되었다. 컴퓨터를 예술 창작에 수용하기는 제작 기법으로부터 작품 내용에 이르기까지 영화나 애니메이션이 가장 적극적일 것이지만 문자 예술인 소설도 비록 많은 한계나 기술적 차질은 있겠지만 스스럼없이 수용할 수 있을 듯하고 실제로 추리소설이나 환상소설 말고도 가령 김영하 등의 젊은 N세대들이 그러고 있는 것으로 보였다.

그런데 시는? 시 장르는 소설과 달리 일찍부터 완성된 장르이고 그것이 주조로 하고 있는 서정은 디지털 문명 체계와 어울리지 않는다기보다 적대적인 관계로 대척하고 있을 듯한 것이었다. 그러나 그럼에도, 컴퓨터와 인터넷이 끼어든 시집들이 보이기 시작하고 그것들이 새로운 형태의 시적 전개를 드러내고 있음을 나는 깨달아야 했다. 이 거대한 새로운 문명의 도구들은 시라는 가장 완고한 예술 장르까지도 그냥 놓아두지 않는다는 것(!)을 확인하면서, 나는 시인들이 이 '반시(反詩)'적인 것들을 어떻게 생각하고 어떤 태도를 취하고 있는지 '검색'해보고 싶어졌다. 그래서 새삼 다시 찾아 읽어본 것이 하재봉의 『비디오/천국』(1990), 서정학의 『모험의 왕과 코코넛의 귀족들』(1998) 그리고 이원의 『야후!의 강물에 천 개의 달이 뜬다』(2001)의 세 권의 시집들이다. 그 검색의 폭은 좁고 그것도 컴퓨터와 직결되는 것만이어서 매우 제한적인 것이지만, 이를 통해서, 현대의 새로운 기재와 매체를 시는 어떻게 받아들이고 그것이 유발하는 상상력은 어떠하며, 인공 지능을 넘어 어떻게 '인공 서정'을 만들어내는지에 대해 참고할 작은 자료가 될 수는 있을 듯했다.

컴퓨터/ 거부

하재봉이 『비디오/천국』에 수록될 연작시들을 쓸 때만 해도 새로운 전자 매체로서의 비디오는 왕성하게 보급되고 있었고 아마도 시인 자신이 그 비디오 영화들에 탐닉해 있었을지도 모르지만(그는 근래 영화비평가로 활동 중인 것 같다) 컴퓨터는 아직 초창기였고 인터넷은 미처 일상화되기 전이었다. "'비디오'는, 참담한 우리의 일상을 숨김없이 드러내는 표현 양식의 하나로서, '일상적 초월' 의지로 '도시적 신화'를 창조하기 위한 매개물"(시집 뒤표지의 시인의 글)로 이 새로운 매체를 적극화하면서도 시집 전체에 걸쳐, 약간의 컴퓨터 용어 외에는, 인터넷이라는 어휘도, 그에 관련된 용어도 전혀 나타나지 않는 것이 이런 상황을 알려준다. 그럼에도 직접적으로 컴퓨터에 대해 언급하는 시가 두어 편 건져진다. 그리고 그 시들은 컴퓨터의 위력에 대해 정확히 예고하고 있다:

i) 나의 사유는 16비트 컴퓨터의 스위치를 올리는 순간부터 작동된다
　모니터의 녹색 화면에 불이 켜지고
　뇌하수체의 분비물이 허용치를 넘어 적신호가 울릴 때까지
　키보드를 두드리는 나의 손은 검다
　부화되지 못한 욕망과 도덕적 관점에서 비난받아 마땅할

내 개인적 삶의 흔적은
　　컴퓨터 파일 〔삭제〕 키를 누르기만 하면 사라진다
　　나의 하루는 컴퓨터 스위치를 올리는 것
　　그리고 끊임없이 기록하고 기억을 저장시키는 것
　　세계는, 손 안에 있다　　　　　　　──「비디오/퍼스널 컴퓨터」

ⅱ) 거미줄 같은 정보망을 통해
　　뇌세포를 파괴하려는 은밀한 시도
　　새로운 세대의 주도권을 장악하려는 치열한 암투
　　몸 속에 저장된
　　비밀 서류의 '대외비'를 제거하고
　　나는 스스로의 힘으로 세계를 해독하기 시작한다
　　　　　　　　　　　　　　　　　　──「비디오/플로피 디스크」

　아직 '접속'의 기능은 도입되지 않았고 '저장'의 엄청난 능력만을 과시하는 단계에 놓여 있지만 시인은 "끊임없이 기록하고 기억을 저장시키"며 이루지 못할 욕망이며 추잡한 삶의 흔적이 깨끗이 사라지도록 '삭제'할 수 있는 컴퓨터의 능력이 세계를 장악할 힘이 되리라고 장담하고 있다. 그것은 '나의 사유'를 작동시켜주고 "모든 것은 개인용 컴퓨터의 스위치를 올려야만 움직이기 시작"(「비디오/퍼스널 컴퓨터」)하게 만들어주며 그래서 "새로운 세대의 주도권을 장악"할 뿐 아니라 세계를 해독할 기제로 활동하게 된다. 컴퓨터의 무한한 힘을 이렇게 예상하면서도 시인의 그 예상은 아직 구체적이지 않을 뿐 아니라 무엇보다 부정적인 모습으로 바라보인다. 위의 두 시가 이렇게 끝나는 것이 시인의 그 비판적인 태도를 분명하게 드러낸다:

　ⅰ') 모든 것은 개인용 컴퓨터의 스위치를 올려야만 움직이기 시작한다

전기를 공급하는 것은 그러나 그대의 의지
나는, 내 몸 속으로 힘을 공급해주는 누군가에 의해 사육된다

ii′) 나는, 기적을 향하여 도전한다
그런 것은 없다
존재하는 것은 나
컴퓨터의 검은 자궁 속으로 들어가기를 거부하는 세계
소름이 끼친다 멸망의 순간은
기억을 지우기만 하면 온다

 시인은 자신의 하루가 "컴퓨터 스위치를 올리는 것"에서 시작하며 그 단말기를 통해 "지상의 모든 도시와/땅 밑의 태양 그리고 미래의 태아들까지 연결된다"고 그것의 대단한 위력에 신뢰를 보내고 있지만, 그럼에도 그 나는 "누군가에 의해 사육"당하고 있다는 참담한 사실을 직시한다. 그 누군가는 누구이며 나를 어떻게 사육하고 있는가. 시인은 「비디오/1984」에서 "나는 명령을 받았다 그들은 누구인가"라고 물으며 "지배자들은/끝내, 얼굴을 보이지 않는다"고 『1984년』의 '빅 브라더'를 암시하고 있다. 그리고 이 시의 화자는 "벽돌 뒤에 숨겨둔 비밀 노트를 꺼내/변화란 의미없다고 적는다"고 오웰 소설의 반항자 윈스턴의 이탈 행위를 따라 하며 '변화'를 부정하고 있는데, 이 태도가 「비디오/플로피 디스크」에서는 '나'의 존재를 거듭 강조하며 '도전' '거부'의 과감한 의지로 표출되고 있다. 김주연이 이 시집 해설에서 지목하고 있는 것처럼 하재봉이 터뜨리고 있는 '분노' '폭발'은 "덧칠된 세상"을 향해 가해지고 있는 것이고 그 '덧칠된 세상'은 갖가지 현대적인 것이 끊임없이 우리의 일상을 더럽히고 공허하게 만들며 가짜를 공급하고 허위 의식에 젖게 만드는, 그럼에도 정작 그 자신의 정체를 숨기고 있는 거대한 '도시적 신화'가 지배하는 세계이다. 그러니까 '비디오/천국'은 '현실의 지옥'스러움

을 강조하는 반어이며 그리고 그가 비판하고 분노하며 도전해야 할 그 많은 '도시적 신화'의 하나로 컴퓨터도 손에 잡힌 것이다. 그는 '비디오'에 몰두하고 '컴퓨터'의 힘에 압도되고 있지만 그것들을 "소름 끼치며" 바라보는 시선은 아날로그 세대의 그것처럼 부정적이고 폭로적이다. 그 태도의 서술적 표현이 진지하면서도 무겁고 고통스러운 시적 문체일 것인데 시들의 제목 '비디오'마다에 붙인 '/' 기호가 그 대결적인 양상을 간명하게 시사하고 있다. 그러나 이 시집은 '덧칠된 세상'에 대한 폭로가 관념적이고 당위적인 것처럼 그 '거부'도 선언적이고 도덕적이다. 아마도 컴퓨터라는 새로운 문명 메커니즘의 현실적 위력이 아직은 구체적이지 않고 친화감을 불러일으키기에는 여전히 난처한 것인 때문인지도 모른다.

전자 게임-이입

하재봉보다 반 세대가 어린 서정학은 그러니까 90년대 풍요의 아들이고 그 시대가 베푼 갖가지의 새로운 문화적 삶 속에서 그 메커니즘들이 만들어준 전자 기기며 매체들을 자신의 가장 친숙한 일상으로 받아들인 세대이다. 그의 시적 문체는 하재봉 세대의 그것과는 거의 상반된다고 할 정도로 날렵하고 스스럼없으며 그 서술은 경쾌하고 자유롭다. 그는 포스트-모던한 물질 문명의 세대답게 영화, 비디오, 만화, 게임 그리고 컴퓨터를 가지고 놀고 있는데, 그 태도는 유쾌하게 향유하는 모습이고 그 시선은 미시적이며 그 정서는 감각적이고 그 사유는 공상적 때로는 환상적이기까지 하다. 가령, 아날로그 세대라면 가장 중요하게 여겨지는, 그래서 하재봉의 시집에서도 강조된 '기억'에 대해서, 서정학은 "그는 가끔 자신이 누구인지 잊어버린다/이름도 얼굴도 생각나지 않는다/나는 누구일까/그럴 때면 전자 수첩을 꺼내 차근차근/입으로 중얼거리며 외운다 몇백 개의 숫자들 약간의/자신감이/생기면 입가에 주름을 잡으며 씨익 웃는다"(「기억,」)고 묘사하는 것이 그렇다. 내가 "누구인지 잊어버린다"는 문제는 근대의 주체로서 가장 치명적인 자아 상실의 표현이며 이전의 세대라면 이 문제적인 주제에 당연히 고통과 절망으로 씨름하지 않으면 안 되었다. 그러나 서정학은 전자 수첩을 꺼내 이름이나 문자가 아니라 "몇백 개의 숫자들"을 꺼내 외우고, 거기서 자신이 누구인지 알게 되었든 혹은 그 문제를 잊어버렸든 "입가에 주름을 잡으며 씨익 웃"는 것으로 끝난다. 불과 15년의 연륜 차이가 이렇게 먼 거리를 만들 수 있다는 것은 믿을 수 없을 정도이지만, 그러나 사정을 훑으면 그럴 수도 있겠다는 생각이 들기도 한다. 하재봉의 세계를 둘러싼 것은 도시적이고 비디오를 통한 것임에도 "섹스, 거짓말 그리고/사회적 폭력 및 성적 불안을 조성하는"(「비디오/TV는 나의 눈」), 이전의 어떤 세대에게도 익숙한 정도의 것이다. 서정학의 시집에서 넘나드는 것들은 그런 추상적인 어휘들이 아니라 그의 내면과 감수성, 아니 그의 의식으로 내화된 문화적 기호들과 그 매체들이다. 그의 세대는 텔레비전, 만화를 보며 유년 시절을 키웠고 전자 게임으로 소년 시절을 즐겼고 비디오를 통해 세계를 익혔으며 컴퓨터를 안전 면도처럼 사용하면서 성인이 되었다. 그리고 그 문명적 매체들은 마치 우리 세대에게 산과 들이 세계 인식의 통로가 되었던 것처럼 그들에게 세계 구성의 재료가 되는 것이었다.

나는 백민석의 데뷔 소설을 보며 난해해하다가 문득 그것들을 80년대의 TV 만화와 접목시킴으로써 수수께끼 같은 이야기를 이해하게 된 경험이 있는데, 서정학의 많은 시들 역시 가령 「핫도그맨」에서는 만화를, 예컨대 「비디오 게임/모험의 왕과 코코넛의 귀족들」이나 「컴퓨터, 꿈, 키보드,」에서는 전자 게임을 사전 지식으로 가져야 그 문맥을 짐작할 수 있게 된다. 그런데 그런 지식이 아주 적기 때문에 나는 그의 많은 시들을 아마 잘못 풀기도 할 것이다. 그리고 만화든 게임이든 그것들은 시적 화자의 대상으로 시인에게 대면해 있는 것이 아니라 바로 그 주체의 감수성 속으로 내면화되어 있다. 「비디오 게임/모험의 왕과 코코넛의 귀족들」을 보자:

그녀를 아직 구하지 못했다 술통들은 이리저리 구르고 원숭이는
코코넛을 던진다 제발 날 건들지 마라 부탁에도 불구하고 코코넛 하나가
내 머리를 때린다 이런 제기랄 욕을 하면서 나는 아파한다 혹이 났다 저 녀석
올라가기만 해봐라 나는 나무를 기어오르고 이 기묘하게 생긴 나무는
나에게 너무 불리하다 야 너 내려오지 못해! 나는 고래고래 고함 지른다
원숭이는 못 들은 척한다 원숭이는 나무 위에서 코코넛을 던지도록
프로그램 되어 있다 원숭이도 달리 방법이 없는 것이다

전반부만 인용한 위의 대목에서 6행까지만 본다면 이 비디오 게임을 모르는 사람(나도 그중 하나이지만)은 이 시가 서술하고 있는 이야기의 줄거리가 무척 혼란스럽지 않을 수 없다. 처음부터 문득 튀어나온, 아직 구하지 못했다는 '그녀'는 누구인지, 내가 왜 원숭이와 승강이를 해야 하는지, 그것이 어떤 실제적인 사건인지 아니면 동화적 환영인지 맥락을 잡을 수 없다. 내가 어리벙벙해하며 곤혹스러워하던 상태에서 벗어날 수 있었던 것은 7행의 "프로그램 되어 있다 원숭이도 달리 방법이 없는 것이다"에 이르러서였다. 아! 그렇구나, 나는 아마도 공주일 '그녀'를 구하는 게임을 하고 있는 중이고 지금 원숭이가 코코넛을 던지며 나의 공주 구하는 일을 방해하고 있구나 하는 것을 깨달은 것이다. 그렇게 알게 되면서 나는 성인이 되어 큼직한 체구를 가진 시인이 코코넛을 던져대는 원숭이와의 싸움에 입으로 추임새를 뱉어가면서 몰두하고 있을 장면을 연상하고 웃음을 터뜨리지 않을 수 없었다. 그런데 여기서 나를 더 웃기게 만들고 그럼에도 이 시가 가진 메시지의 묘미를 보여주는 대목을 발견했다. "코코넛 하나가/내 머리를 때린다 이런 제기랄 욕을 하면서 나는 아파한다 혹이 났다"가 그것이다. 원숭이가 던진 코코넛을 맞은 것은 게임 속의 주인공이지 화자 자신이 아니다. 게임을 하는 시인은 자신이 실점을 하기 때문에 약이야 오르겠지만, 그래서 "이런 제기랄" 하고 투덜거릴 수도 있지만, 그런데, 그는 아파하고 "혹이 났다"고 "고래고래 고

함 지른다." 게임 속의 주인공과 시적 화자가 하나가 된 것인데, 요즘의 어법을 사용한다면 사이버 세계의 가상 인물과 현실 세계의 실재 인간 간에 정체성의 혼란이 일어난 것이다. 서정학의 전자 게임은 「컴퓨터, 꿈, 키보드, 」에서도 다시 확인되는데 그냥 읽다 보면 마치 태곳적 신화의 한 대목 줄거리 속에서 헤매는 듯 느끼게 된다. 그러나 그것이 착각임을 알게 되는 것은 "모니터 가득" "많은 점수를 받을 수 있다"와 같은 구절을 만나면서이다. 여기서 신과 악마가 싸우는 신화의 세계와 점수를 늘리고 보너스를 받고 하는 가상 게임 간의 정체성 혼란이 마찬가지로 일어난다. 이렇다는 것은 이 시집의 해설에서 손정수가 설명한 것처럼 "테크놀로지 자체 속에 테크놀로지화된 삶이 투영된다. 그 결과 이제 가상은 존재하지 않고, 가상 그 자체가 실재화"되는 것이다.

  게임의 사이버 세계가 인간의 정서로 내면화되고 게임 속에서의 만화적인 행동에 시인의 감정이 이입되고 있다는 것은 충격적이다. 그 전자 게임적 상상력은 신화적인 것과 게임적인 것을 혼동시키고 진지한 것과 유희적인 것을 교직하며 영원한 것과 순간적인 것을 동일시시킨다. 가상과 실재 간의 이 혼란 때문에, 게임을 하며 시의 마지막에 "에너지는 별로 남아 있지 않다"(「비디오 게임/모험의 왕과 코코넛의 귀족들」), 그리고 "이 세계는 곧 지나간다"(「컴퓨터, 꿈, 키보드, 」)고 덧붙인 말들은 비디오 게임을 향한 사이버 세상 속의 대사이지만, 그럼에도 그것이 실재 세계를 향한 탄식의 메시지로 들려오는 것은 아날로그 세대의 지나친 반응일까.

클릭: "고로 나는 존재한다"

  하재봉이 컴퓨터의 모니터를 도전적으로 대면('/')하고 있는 자세이고 그 자세를 바꾸어 서정학이 비디오 게임의 모니터 화면 속으로 들어가고 있음('-')에 비해 이원은 컴퓨터를 자신의 몸 안에 내장하여 클릭으로 자신과 한 몸(':')으로 만들고 있다. 컴퓨터에 대한 가장 적극적인 이 자세를 그는 단

두 문장의 서문으로 요약하고 있다: "나는 클릭한다/고로 나는 존재한다." 정말, 「몸이 열리고 닫힌다」는 내가 나이기를 넘어, 인터넷을 통해 이 세계의 만상들이 몸 안에서 '만개'하고 있음을 보여준다.

몸 속에 웹 브라우저를 내장하게 되었어. 야금야금 제 속을 파먹어 들어가는 달. 신이 몸 속에 살게 되었어. 신은 이제 몸 속에서 키울 수 있는 존재야. 몸 속에는 사철나무. 산. 목이 잘린 불상. 금칠이 벗겨진 십자가 〔……〕

물을 것도 없이 데카르트의 명제 "나는 생각한다, 고로 나는 존재한다"를 패러디한 이원의 명제는 모든 것의 존재론적 회의를 끝까지 밀고 나간 마지막에 결국 '회의하고 있는 사유'는 부인할 수 없게 되고 거기서 이성적 자아의 존재를 확신하게 되며 여기서 신의 존재로 연역해나가는 데카르트의 방법론도 역으로 패러디하고 있다. 그는 회의하지 않고 모든 것을, 이 세계의 모든 모습들을 '검색'하고 그 존재들을 바라보며 자신의 몸 안에서 '신'이 자라나고 있음을 확인한다. 하재봉이 컴퓨터의 작동으로부터 자신의 사유가 시작되고 있는 양상을 깨달으면서 자신이 '사육'되고 있음을 인식하게 되는 데 비해, "쉬지 않고 아버지를 부정"(「몸이 열리고 닫힌다」)하는 이원은 웹 브라우저를 내장하면서 "신들은 내 몸을 로터스 꽃처럼 먹고 꾸역꾸역 자라"고 있음을 알고 있다. 시집 『야후!의 강물에 천 개의 달이 뜬다』는 몸 안에 신격(神格)의 웹 브라우저를 지니게 됨으로써 클릭으로 자신의 존재성을 열어가는 오늘의 삶의 모습을 향해 바쳐지고 있는 매우 희귀한 작품들을 안고 있다. 가령 신이 '장엄'한 것이 아니라 장엄한 것이 '신'이라는 역설의 현장인 '대형 쇼핑몰'을 돌아다니는 「미로에서 달마를 만나다」나 그 같은 거리를 배회하는 「실크 로드」를 비롯한 그의 시들에는 '접속' '모니터' '저장' '칩' 'html' '해킹' '로딩 프로그램' '검색' '부팅' '익스플로러' '서핑' 'ID' '패스워드' '사이트'와 같은 컴퓨터와 인터넷의 용어들이 범람한다. 우리의 생활과 물질의 공

시는 컴퓨터를 어떻게 받아들이는가 79

간에 편재하고 있는 그 컴퓨터는 그래서 우리의 일상의 시간도 장악하고 있다. 「사이보그」 연작의 「1. 외출 프로그램」이나 「5. 매뉴얼(회사원97-01-pd038, 우, 26세)」은 우리의 나날의 생활이 컴퓨터를 중심으로 한 전자화된 상황 속에서 어떻게 진행되고 있는가를 섬세하면서도 유머러스하게 보여준다.

이원은 새로운 신으로서의 컴퓨터와 인터넷의 편재성과 지배력을 전적으로 인정하고 거기에 매달려 살아가고 있는 자신을 포함한 현대인의 모습을 치밀하게 묘사하고 있지만, 그러나 그 자신은 인터넷의 삶을 결코 환호하고 있지는 않는 것 같다. 「나는 클릭한다 고로 나는 존재한다」는 "세계를 연속 클릭"하면서 신문을 보고 잡지를 검색하고 인터넷 전화를 걸고 화엄사의 콘도 예약을 하는 등 필요한 모든 것을 '무소불위'하게 처리해내고 있음을 기록하고 있다. 그러고서 마침내는, '나'를 검색해본다. 그 결과: "0개의 카테고리와/177개의 사이트가 나타난다." 그러나 '나'는 어디에도 없고 "차례대로 클릭"해서 나오는 것은 "광기 영화 인도 그리고 나………나누고/……나오는……나홀로 소송……또나(주)…/나누고 싶은 이야기……지구와 나…………" 끝내 '나'는 존재하지 않는다. 그래서 이 시는 이렇게 끝난다: "계속해서 나는 클릭한다 고로 나는 존재한다." 클릭으로 자신의 존재를 검색하는 작업이 자신의 부재를 확인한다는 것! 여기서 데카르트의 인식 방법론을 뒤집어 나의 없음을 인식하는 방법론이 바로 클릭이라는 것! 컴퓨터의 세계에 대한 이원의 도저한 반어는 현대의 삭막(索漠)함을 보여주는 것이리라.

나는 '삭막'이란 어휘를 썼는데, 그것을 글자대로 옮기면 '사막을 검색(檢索)'하는 것이 아닐까. 이원은 이 시집에서 인터넷과 웹 브라우저의 세계를 '사막'으로, 우리 자신을 사막을 떠도는 '유목민'으로 빈번히 비유하고 있다. 한밤의 폭주족들이 질주하는 도심의 거리는 「몽골리안 루트」이고 그 도시로 외출하는 것이 「사막에서」 "양을 치러 〔가〕"는 것이며 컴퓨터를 '부팅'하여 인터넷을 돌아다니는 것이 「사막을 위한 변주」로 변용되며 「전자 사막에서 살아남기 위해」 전자제품을 살까, 유전자를 바꿀까, "안락사로 예약해놓을까" 고심한다. 인터넷에 의해 주도되는 오늘의 세계인들을 새로운 '유목민'의 출현으로 진단하는 일은 현대 미디어와 사회 상황을 진맥하고 있는 인문학자나 사회학자만이 아니라 컴퓨터 전문가도 대체로 동의하고 있는 중이다. 이원은 그 학자들과 마찬가지로 현대인이 유목민이 되고 있고 그래서 정보의 사막을 떠돌고 있다는 진단에는 시적인 어휘로 동의하고 있지만, 그의 그 진단에는 긍정적인 삶의 가능성이 아니라 삭막한 세계에 대한 '덧없음의 절박함'을 소리치고 있는 슬픔이 도사리고 있다.

> 〔……〕 끊임없이 증식되는 말코비치들을 말코비치와 함께 본다 말코비치가 삶은 덧없고 인류는 절박하다 소리를 지르며 화면 밖으로 뛰쳐나온다 나는 사방을 두리번거린다 인류는 지금 모두 어디에 가 있는 걸까
> ―「실크 로드」

이원의 인터넷에 대한 시들에 불교든 기독교든 종교적인 어휘와 이미지가 숱하게 등장하는 것은 왜일까. 사막의 유목민들이기에 그들은 자연스레 신과 성소를 찾을 것이다; 혹은 그 시들의 진술로 보아 인터넷이 무소부재의 신적인 존재로 인식되어서일 것이다; 또는 쇼핑몰 같은 현대의 거대한 소비 사회적 산물들이 신들의 장엄함을 대현해내고 있어서일지도(신이 장엄한 것이 아니라 장엄한 것이 신이라는 것) 모른다. 그런데 어쩌면 "삶은 덧없고 인류는 절박하다"고 소리를 지르며 "화면 밖으로" 튀어나온 '말코비치'가 끝내 부인할 수 없이 찾아야 할 대상이 고대적 신일 수도 있을 것이다. 이 모든 것들이 이원의 시에서는 복잡하게 얽혀 있다. 내 몸 안에서 자라고 있는 웹 브라우저라는 신이 아닌 신, 혹은 태고 시대처럼 편재한 존재로서의 장엄성을 발휘하는 신적인 기능의 인터넷― 이것들에 의한, 또는 위한, 혹은 대한, '새로

운 종교적 신앙'을 시인은 기다리고 있는 것이 아닐까. 야후!의 강물에 천 개의 달이 뜬다는 것, 현대의 첨단적 미디어에 『월인천강지곡(月印千江之曲)』으로 부처의 심상을 떠올린다는 것, 그 상상은 아름다우면서도 처절하고 환하면서도 삭막하다. 그 미묘하면서도 함의 깊은 이미지는 "아우슈비츠 이후에도 서정시는 가능할 것인가"라는 아도르노의 탄식에 답하여 첼란의 절망적인 시편들이 나오듯이, 인터넷 시대에도 서정시는 가능할 것인가라는 나의 물음에 이원은 자신의 시집 『야후!의 강물에 천 개의 달이 뜬다』를 내보이며 그렇다고 대답하는 듯하다. 그러나 그 대답은 열 명의 「2050년/시인 목록」에서 보이는 것처럼 반어적이다: 시가 '사이보그'로 가능하다는 그 역설을 진술함으로써 그 역설의 진실이 시가 된다는 것. 그래서 '땀냄새 나는' 인간적인 삶의 냄새가 피어난다는 것.

> 그러나 나는 정보가 아니어서 의자에 엉덩이를
> 놓고 허리를 의자의 등받이에 바싹 붙인다
> 내 몸이 닿아 있는
> 세계에서는 여전히 땀냄새가 난다
> ——「나는 검색 사이트 안에 있지 않고 모니터 앞에 있다」

나는 하재봉으로부터 서정학을 거쳐 이원에 이르는 불과 10여 년의 기간 동안에 컴퓨터를 대하는 시인들의 태도가 진화하고 있다고 생각하는 것인가. 아마도 그럴지도 모른다: 반 세대의 동안에, 컴퓨터와 인터넷은 정보와 지식에서만이 아니라 일상의 생활에서도 필수가 되었다는 것, 그것들은 우리의 접근을 냉혹하게 거부하는 것이 아니라 오히려 친밀한 이기로 다가오고 있었고 그래서 나 같은 '컴맹'도 컴퓨터로 이 글을 쓰고 있고 이메일로 송고하게 되었다는 것은 그 차디찬 디지털 기기가 얼마나 급격하게 우리의 둘레와 안으로 깊숙하게 파고 들어왔는가를 입증해준다. 그런 만큼, 시인이라 해서 그 기기의 엄습을 회피할 도리가 없을 것이고 시라고 해서 그 물결을 벗어날 수도 없을 것이다. 하재봉에게는 아직 의혹의 대상이던 컴퓨터가 서정학에게는 가지고 놀 수 있는 거리가 되었고, 이원은 그것이 미만해 있는 오늘의 삶의 양식에서 가능한 시적 상상력을 펼치고 있는 것이다. 낯선 기계에서 일상의 손놀림거리가 될 만큼 그것은 더할 수 없는 재빠름으로 우리의 삶과 의식 속으로 들어오며 그 수용의 단계는 현저한 진화적 성과로 바라보이게 만든다. 중세의 시대에서 산업 시대로 전환하면서도 서정시의 세계가 여전히, 아니 더욱 활발하게, 자연에의 정서 속에 기계 문명을 포섭하며 확장되어온 것처럼, 인터넷 문화는 그 서정시의 전통에 사이버의 세계를 끌어들임으로써 더 넓어지고 아마도 새로워질 수 있을 것이다. 세계가 변하고 삶의 내용이 바뀐다 하더라도, 사람들은 여전히 비극적인 정서로부터 결코 자유로울 수 없을 것이며 그 정서가 우리의 상상력을 자극하는 한, 컴퓨터 시대에도 서정시는 가능할 것이다. 이렇다는 것은 아날로그 문화의 소산으로 여겨져온 서정시가 디지털 문명에서 더 활달하게 피어날 수도, 적어도 그 존속이 가능할 수 있다는 결론이 될지 모른다. 아니, 나는 너무 낙관하고 있는 것인가. 내가 이르게 되는 이 낙관에 나는 내심 당혹해하고 있는 듯하다.

*

  새로 구입한 내 컴퓨터의 초기 화면에는 사막의 그림이 뜬다. 사진인지 컴퓨터 그래픽인지 모르지만, 붉은 사막이 잘 갈아놓은 밭이랑처럼 세로줄을 줄줄이 긋고 있고 그 너머로 좀 험악한 붉은 산이 웅크리고 있는데 그 바깥으로 검푸른 하늘이 진하게 펼쳐져 있다. 그리고 그 하늘 왼편으로 지금 막 솟고 있는지 토끼 그림자가 선명한 만월이 덩그렇게 떠 있다. 아마 딸아이가 화면 속에 넣어 뜨게 만든 것인지, 기이하게도 이원의 시집 이미지와, 강물 대신 그가 더 사로잡혀 있는 사막이지만, 딱 들어맞는다. 나는 그 그림을 보

며 문득 생각한다: 내가 타클라마칸의 실크로드를 헤매다 보면 이런 장엄하게 아름다운 장면을 볼 수 있을지도 모른다. 내가 이 그림을 복사해서 표구를 하여 눈에 잘 보이는 벽에 걸어놓으면 아우라는 희미해지겠지만 사막 위에 뜬 적막한 달을 마음 깊이 감상할 수 있을 것이다. 그런데 나는 지금 부팅만 하면 뜨는 컴퓨터 그래픽의 그림을 바라보고 있다. 그 그림은 언제든 뜨게 만들 수 있듯이 간단히 치워버릴 수도 있다. 그러나 그럼에도, 그 그림은 내 속으로 들어와 일상의 함몰 속에서도 살아남을 잔영으로 인상 박힌다. 이 사이버 시대의 그 서정!을 나는 지금 감상하고 있는 것이다.

〔『시인세계』, 2003. 여름〕

변화의 틈새에서의 문학

 토지문화재단의 운영위 모임에서 나는 그 멤버들의 면모를 보며 속으로 웃지 않을 수 없었다. 소설가이며 신문의 명칼럼니스트인 최일남 선생은 자동차 운전도 못하지만 아직껏 원고를 만년필로 쓰고 있는 분이다. 그 원고를 부인이 입력해서 신문사나 잡지사에 이메일로 보내준다고 한다. 언론학계의 거두인 유재천 교수는 자동차 운전을 할 수 있지만 웬만해서는 택시나 전철을 이용하는데, 멀티미디어 등 새로운 정보 시스템에 대한 진보적 이론과 권위 있는 정책안을 가지고 있지만 뜻밖에도 워드프로세서를 불편해하며 여전히 원고지에 글을 쓴다고 한다. 박경리 선생이 자동차 운전도, 컴퓨터 사용도 못하는 것은 그 연배에 그럴 수 있겠다 싶어 이해가 되지만, 식대 등의 지불을 꼭 현금으로 하시는 것은 너무하지 싶다. 신용 카드가 없기 때문인데, 재단 이사장으로서의 공적인 지출은 카드로 해야 한다는 권고에도 불구하고 신용 카드 사용에 어딘가 저어감이 있으신 듯 카드 마련을 하지 않고 있다. 박 선생의 따님으로 원주의 토지문화관장 직책을 맡고 있는 아직 50대인 김영주씨만이 다행히 자동차 운전도 하고 인터넷에 들어갈 수도 있으며 카드로 결제를 한다. 나와 김영주씨를 제외한 나머지 분들은 아마도 휴대전화가 없거나 거의 사용하지 않지 싶다. 그리고 이 다섯 명 모두는 담배를 피운다. 그래서 모임은 꼭 흡연할 수 있는 자리로 마련된다. 친구들의 열이면 여덟 명쯤 담배를 안 피우거나 끊어버렸고 더러는 내 담배 연기를 못 참아 안 좋은 기색을 보이기에 되도록 담배 태우기를 줄여야 하는 나로서는 토지문화재단 운영위와 같은 자리가 여간 편하지 않다.

　나는 자동차 운전을 못해 친구들 신세를 지거나 택시나 버스를 이용하고, 학교나 회사에 나가는 날은 으레 지하철을 타고 다녀 땅속 지리에는 상당히 해박해 있다. 그러나 그 밖의 것에는 나도 상당히 현대화(!)되어 있다. 엄청 많은 컴퓨터 기능 중 내가 이용할 수 있는 것은 두어 가지에 불과하지만 그래도 원고를 워드프로세서로 쓰고, 이메일로 그 원고를 보내며, 가끔 인터넷에 들어가 구경하고 더러 인터넷 교보문고에 책을 주문하기도 한다. 아들이 사준 휴대전화는 보관된 편지함을 열 줄 몰라 사장시키고 있고 긴급 번호를 설정하지 못해 불편하지만 그래도 외출 중에는 꼭 그 단말기를 휴대하여 전화를 받거나 걸기도 한다. 신용 카드는 꽤 애용해서 네댓 가지를 가지고 웬만한 지불을 처리한다. 월말의 청구액이 적지 않지만 이상하게도 현금 지불 때는 큰돈이 나간다 싶은데도 카드로 셈할 때는 그 금액에 그리 매이지 않는다. 그런데 현금이 필요할 때는 통장과 도장을 가지고 은행에 가야 하는 번거로움을 겪으면서도 카드 자동 인출은 여전히 못한다. 그러니까 나는 오늘의 문명 세태에 어느 정도 적응하기도 하면서 그 폭은 매우 좁고 제한적으로 받아들이고 있는 셈이고 그래서 나처럼 부분 적응하거나 적응을 거부하는 분들을 만나면 답답하면서도 반갑고 그분들에게 변화를 권고하면서도 변하지 않는 그 모습이 편안해진다.

　이렇다는 것을 새삼 확인하게 된 것은 김영하가 동아일보에 기고한 글 때문이었다. 「행복은 오프라인에 있었네」에서 그는 어느 날 문득 자신의 홈페이지를 폐쇄하고 나니 기분이 개운해지고 정말 자기가 즐길 수 있는 것들을 사심 없이 즐기게 되었다는 내용이었다. 나는 그가 다른 작가들보다 먼저 홈페이지를 개설해서 독자들과의 생생한 접촉을 즐긴다는 사실을 알고 있었는데 그런 그가 언젠가 내게 그 고민을 말해준 바 있었다. 아침마다 의무적으로 컴퓨터를 켜서 독자들이 어떤 편지를 보냈을까, 자신의 작품에 대한 반응이 어떨까로 관심과 기대를 품어왔는데 드디어는 일과처럼 컴퓨터를 온라인하고 자기에게 보낸 글들을 읽고 그 내용을 소화하고 답장을 써야 한다는 데 차츰 멀미를 느끼고 조금씩 그것들이 억압적인 것으로 되어버려 스트레스를 느끼기 시작했다는 것이다. 그래서 마침내 홈페이지를 없애버리게 되었는가 본데, 그리고 나서야 그는 "털북숭이의 개, 수동 사진기와 필름, 해질녘의 바다, 오래된 오디오……" 등의 '오프라인'에서 '행복'을 건져낼 수 있었다고 쓰고 있다. 나는 그의 짧고 경쾌한 글에서 신선한 감동까지 느낄 만큼 공감했다. 그래, 우리의 일상의 즐거움은, 아니 더 깊은 삶의 자족감은 모니터를 사이에 둔 가상현실의 체험에서가 아니라 실재의 현실에서 더 충만하고 진실되게 얻어질 것이라고 생각하며 문명 변화에 대한 나의 '부분 수용/부분 거부'의 모호한 태도를 돌이켜본 것이다.

나와 나의 세대가 비록 지식 계층이고 선진적 의식을 가졌으며 그래서 문명의 변화에 대해 비판적이든 적극적이든 어떤 전망으로 세상을 바라보고 평가한다 하더라도, 아날로그 문화에 대한 향수와 디지털 문명에 대한 두려움이라는 어중간한 태도를 피할 수 없다는 생각을 하는 참에 나는 미국의 사회비평가인 제레미 리프킨의 『소유의 종말』을 읽었다. 나는 그의 여러 저서들을 보았고 그것들을 볼 때마다 사소한 구체적 실례들을 크게 종합해 역사와 현실의 큰 흐름을 거시적으로 포착하며 비판하는 방법론과 관점에 감탄하며 많은 깨우침을 얻어오곤 했다. 가령 그의 『엔트로피』는 온난화 현상과 더불어 지구 환경 문제를 내게 깨우쳐주었고, 그의 『노동의 종말』은 현대 과학 기술이 가져올 새로운 경영 방식에 호의적이었던 나의 생각을 반전시켜 그것들을 비판적으로 바라보게 했으며, 『바이오테크 시대』는 생명공학의 무한한 가능성과 함께 그것들이 몰아올 갖가지 문제성에 대한 시야를 넓혀주었다. 그리고 이번의 『소유의 종말』은 원제가 '접속의 시대'로서 '소유'로부터 '사용'이라는 개념의 전환을 통해 산업자본주의의 거대한 변혁을 예고해주고 있다.

그러니까 그의 설명은 이렇다: 산업자본주의 시대는 동산이든 부동산이든, 가구든 공장이든 '소유한다'는 것을 목표로 했고 그 양으로 부를 평가했다. 그러나 이제는 '사용한다'는 입지에서 집이든 기계든 자동차든 기술 정보든 빌려 쓴다. 우리 일상에서 가령 세탁기 같은 것은 으레 갖추어야 할 내구적인 생필품이다. 그러나 중요한 것은 우리가 더러운 옷을 갈아입을 수 있는 일이지 구입하는 데 목돈이 들고 넓은 자리를 차지하며 고장나면 손보아야 하고 새 상품이 나오면 업그레이드해야 하는 세탁기의 소유 자체가 아니다. 그러니까 동전을 넣어 공동 세탁기를 이용하는 것이 훨씬 경제적이고 덜 번거롭다. 그러니까 굳이 '소유'하려 들 것이 아니라 '접속'만 하면 되는 것이다. 이럴 때 시장은 판매자-구매자의 매매 관계가 아니라 공급자-사용자의 '서비스' 관계로 바뀐다. 이 접속 관계를 가장 선명하게 보여주는 것이 인터넷이다. 그것의 포털 사이트에 접속만 하면 학문·예술의 고급한 콘텐츠로부터 기업 경영의 정보, 신문 뉴스로부터 게임에 이르기까지 갖가지 이용 아이템들이 즐비하다. 우리는 그중 필요한 것만에 접속해서 이용한다. 이제 상품은 물건이 아니라 그 물건이 가진 서비스이며 그것은 전 시대의 자본주의가 위주로 한 실물 경제에서 기능과 체험의 비물질적 실행 경제로 옮긴 것이다.

리프킨이 들고 있는 이런 접속 시대의 양상은 의외로 넓고 깊게 우리 한국의 삶에도 번져 있다. 가령 가정생활도 생산의 중심지에서 소비의 중심지로 변모하고 있다는 지적은 의외였지만 따져보니 옳은 말이었다. 농사를 짓고 길쌈을 하던 옛 시절은 고사하고 얼마 전만 해도 밥하고 빨래하고 옷을 고치는 일은 당연히 가정사였다. 그러나 지금은 인스턴트 밥이나 라면과 깡통 식품으로 식사를 하고 떡이며 김치까지 시장에서 사오고 옷 수선까지 세탁소에 맡기고 물까지 사 마신다. 기업도 자신의 공장과 노동자를 가지기보다 브랜드를 유지하며 다른 나라에 제품 생산을 하청하는 방식으로 이루어지고 한국의 맥도날드는 미국 본사의 상표를 사용하여 김치 햄버거를 판다. 이런 숱한 예들은 우리의 모든 생활, 그리고 우리의 육체까지 상품화하는 오늘의 추세의 일단일 뿐이다.

"사용하되 소유하지 말라"는 모토는 일상의 생활로부터 기업에 이르기까지 의외로 심각하게 확장 실현되고 있는데 이 추세에서 전형적으로 나타나는 것이 가령 여행이다. 점점 늘어가는 관광 인구는 외국의 자연과 문화를 즐기되 소유하지 않고 체험으로써 사용한다. 그래서 21세기는 '체험 산업'이 크게 번창할 것인데 사이버스페이스는 이 경험의 상품화를 더욱 적극적으로 밀어줄 것이다. 이렇다는 것은 체험 산업의 콘텐츠로 문화 산업의 성장을 예상케 한다. 실제로 영화 · 음악 · 연예 · 만화 · 이미지 · 게임 · 스포츠에 이르는 현대의 문화 산업의 엄청난 규모와 수익성은 우리나라의 자동차 수출 이익보다 미국 영화 한 편의 부가가치가 더 높다는 오래전부터 잘 알려진 사실에서 입증되고 있다. 18세기의 산업혁명, 20세기 초의 자동차 산업에 이어 21세기에 새로운 자본주의적 전환을 일으키는 이 접속의 시대를 가능케 하는 것은 인터넷과 통신망에 의한 네트워크로의 혁신적인 변혁과 제품들을 끊임없이 작고 가볍고 편리하게 만드는 업그레이드 기술 개발이다. 가령 1998년의 인터넷 접속 가능자는 2억이었지만 2005년에는 10억으로 늘어날 것으로 예상하고 있고, 미국의 EDS는 하루 5천여만 건의 거래와 자료 전송을 하며 49조 7천억 개의 소장 자료는 미국 의회 도서관 정보량의 45배이다. 그리고 1981년 처음 나온 IBM의 PC는 19.9킬로그램이었지만 1995년의 매킨토시 5300C는 그 7분의 1인 2.8킬로그램이며 그것의 처리 속도는 5백 배 이상 늘어났다.

이 현란한 변화들, 그것도 소유에서 접속으로, 판매-구매에서 공급-사용으로, 실물에서 경험으로 근본적인 변혁들이 보여주는 예들을 숱하게 소개하고 해설하면서 저자 리프킨은 그의 이전의 태도와는 달리 이런 문명사적 변화에 대해 비판적인 관점을 별로 보여주지 않는다. 그런 대신 그는 문화가 새로운 시대의 중심적인 자리를 차지할 것으로 단정한다. '시간-체험'의 상품이란 실제에 있어 문화 상품이기 때문일 것이며 그는 'LTV(평생 가치)'를 구성하는 문화야말로 그 자체가 가치이며 이런 때문에 생물의 다양성과 함께 문화의 다양성이 21세기에 추진해야 할 중심적인 사회 운동일 것으로 내다본다. 그의 예상대로 2050년경에는 세계 인구의 5퍼센트만이 물적 생산 종사자가 된다면 나머지의 대부분은 금융·유통 등의 서비스, 생명공학·정보 통신 등의 기술 개발자와 공급자 등과 함께 여행과 문화의 체험 산업 인구가 차지할 것이다. 한 사람의 생애, 아니 반평생 동안 세계와 인류는 얼마나 급진적이고 현격하게 변모할지 나로서는 짐작되지 않는다. 그런데 문화와 문화 산업의 미래에 역점을 두는 리프킨은 이상하게도 문학의 미래에 대해서는 거의 언급하지 않고 있다. 문자의 고칠 수 없는 숙명을 안고 있는 문학의 완고한 보수성 때문일까. 아니면 그도 문학에 대해서는 섣부른 예상을 할 수 없기 때문일까.

리프킨의 『소유의 종말』을 보기 전의 얼마간 한가한 틈을 이용해 나는 미뤄두었던 몇 권의 소설책을 보았다. 그런데 그 작품들이 우연인지 아니면 추세의 한 모습인지, 거의 모두가 비실재성의 모티프를 이용하고 있다. 윤대녕의 『사슴벌레여자』는 기억상실증에 걸린 남자가 타인의 기억 이식(유전자 이식 대신!)을 받아 그 타인의 행세를 하는 이야기다. 조경란의 『우리는 만난 적이 있다』에는 최면 실습장에서 참석자들이 전생으로 돌아가는 대목이 나온다. 최인석의 『구렁이들의 집』의 몇 단편은 남미의 마술적 리얼리즘처럼 몇 백 년을 살고 있는 우화적인 이야기들이다. 황석영의 뛰어난 장편 『손님』에는 6·25 때 학살당한 사람들과 그렇게 학살한 사람들의 영혼이 구천을 떠돌며 당시의 상황을 회고해주는 서술로 그 아픔과 원한을 풀어놓는다. 그리고 김성동의 어쩌면 자전적일지도 모를 연애소설은 불교적 세계관과 뛰어나게 아름다운 문체로 사랑의 소중함과 허망함을 그리고 있는데 그 작품의 제목은 이광수의 그것처럼 '꿈'이었다. 그는 그 아픈 사랑 이야기를 일장춘몽으로 생각했을까. 그리고 김지하의 아들 김원보군의 인터넷 연재 소설 『엑시드맨』을 프린트물로 보았는데 2백자 원고지로 7천 장은 넘을 방대한 규모인데도 아직

제2부의 미완성 작품으로, 2003년인가 서울 부근에 나타난 거대한 변이 생명체를 삼위일체적 신성성을 가진 세 남녀가 싸워 퇴치하는 이야기이다. 여기에는 첨단의 과학만이 아니라 신화와 원시 종교, 인류학과 민속학의 숱한 자료들이 과학 세대의 만화적 상상력에 동원되고 있지만 그것은 요즘 젊은 사람들에게 인기 있는 이른바 환상소설(작가 자신은 미래소설이라고 장르화하고 있다는데)이었다.

굳이 골라본 것이 아님에도 전통적 리얼리즘의 관점과 방법론을 버린 이 소설들이 사용하고 있는 비현실적 모티프들은 그러나 그 성격이 서로 다르다. 작품의 주제들은 인간 정체성의 추구일 수도 있고 묻힌 비극적 역사의 재현이기도 하며 혹은 작가의 인생관의 드러냄이기도 하고 악마 퇴치의 환상적 드라마이기도 하지만 그래서 그 모티프들도, 기억 이식을 통한 현대 문명의 상징이거나 살아본 적 없는 과거로의 퇴행을 통한 인간 존재의 불가사의성, 숨기고 싶은 고통스런 역사적 스캔들의 폭로, 삶의 덧없음, 생태와 환경의 변화로 야기될 악몽의 미래 세계에 대한 경고로 그 기능들을 달리하고 있다. 그 다른 점들이 훨씬 더 많음에도, 이 근래의 소설들은 어떻게 해서 실제 세계의 틈 사이로 환상적인 것, 환영적인 것, 비실재적인 것들을 끼워넣는 공통점으로 서로 만나게 되었을까. 물론 인간과 삶의 의미에 대한 관념 변화도 있을 것이고 사회와 문화의 분위기가 달라진 것도 작용했을 것이며 작가의 자유로운 수법 개발의 결과이기도 할 것이다. 내가 여기서 궁금해하는 것은 요즘의 우리 문학에서 보이는 이 같은 환상과 비실재성이 '접속의 시대'에 대한 반항일까 적응일까, 아니면 그저 관련성 없는 우연일까 하는 것이다.

리프킨의 말을 따라가며 쉽게 생각하면, 소유의 시대의 산업자본주의 세계 속에서 서비스를 통한 정보·체험의 산업과 문화란 비물질적인 하나의 틈새 혹은 변두리였을 것이며, 그런 각도에서 보자면, '접속'의 문화 산업 시대에 문학이란 또 하나의 틈새 혹은 변두리가 될지 모른다(리프킨은 그래서 문학에 대한 언급을 피했을까). 그 문학은 생활의 바닥까지 그리고 인체와 인간의 취향까지 상업화하는 세계에 대해 저항의 제스처 혹은 보수의 섬을 이룬다. 그러나 그 저항의 한 결로서 그리고 그 보수의 섬의 한 자리로서 접속의 문명 시대가 전위적인 무기로 사용하는 사이버스페이스의 한 방식을 자연스럽게든 의도적으로든 끌어들일 수 있을 것이다. 그것이 이 소설들에 이용되는 반실재성의 정체일 것인데, 그렇다는 것은 접속을 이용한 접속 문명의 비판이라는 전략일 수도 있을 것이고, 혹은 그와 전혀 다르게 자신도 모르는 새 이 접속 문명에 감염된 것일 수도 있을 것이다. 그러니까 내가 아날로그 시대의 문화적 미덕에 집착하면서도 워드프로세서로 글을 쓰고 전자우편으로 송고하며 휴대전화를 사용하듯이, 그리고 가끔은 그런 방식의 글과 소통으로 인터넷 시대의 디지털 문명을 비판하듯이. 그러나/그리고 어쩌면, 한 가닥 혹은 하나의 작은 섬이 많은 가닥 혹은 넓은 대륙으로 커져 문학도 새로운 패러다임의 문화 체계 속으로 전화하지 않을 수 없었던 기왕의 인류 문화가 그래왔던 것처럼, 문자 문화로서의 문학도 이 디지털적 접속 문명의 양상으로 편입되어야 할 운명을 만날지도 모른다. 그때의 문학은 어떤 모습일까, 그리고 그 문학을 대하는 우리의 반응은 어떨 것인가.

우연히 본 몇 권의 소설로 문학의 변화하는 미래의 전조로 짐작하려는 것은 너무 무책임한 일일 것이다. 그러나 그 무책임이 분명하다 하더라도 세상이 급격하게 변하고 있다는 것, 그 거센 물살에 문학도 결코 온전할 수 없다는 것, 이럴 때 작품을 어떻게 읽고 세계의 변화에 무엇으로 대응할 것인가는 여전히 어려운 문제로서 우리 앞에 제시되고 있다는 사실은 분명해 보인다. 그러나 그 사실이 분명하다 해서 분명한 대답이 나오는 것은 아니다. 내 소망은 이런 변화의 과정을 좀더 확실하게 보여주는 작품들, 그 과정에 대한 의미론적 분석의 비평들의 출현이다. 그 소망이 이루어진다 하더라도 아마도 나는 여전히, 보수적인 왕당파이면서도 진보적인 부르주아 계급의 득세를 예측하지 않을 수 없었던 발자크의 '그럼에도 불구하고 malgré lui'의 탄식을 되씹을 것이 분명하다.

〔덧붙임〕

이 글을 다 쓰고 나서 나는 복거일의 새 소설 『마법성의 수호자, 나의 끼끗한 들깨』를 읽었다. 이미 '대체소설' 『비명을 찾아서』와 미래소설 『파란 달 아래』 『역사 속의 나그네』로 비현실성의 현실성을 뛰어나게 보여준 그가 이제 말하는 '마법성'이란 무엇일까 하는 것이 앞의 내 글과 관련해 궁금했다. 동화와 시를 함께 읽을 수 있었던 이 장편소설에서 '마법성'이란 '시간이 정지된, 나이를 먹지 않는 자리'를 말하는 것이고 그것은 곧 '기억'임을 아름답게 비춰주고 있다. 그 기억은 리프킨의 '체험'을 연상시키지만 복거일의 '기억'은 일상화, 상업화된 '체험'이 아니라 영원과 순수와 선의로 끼어드는, 세속에서의 초월적 틈새이다. 그는 문학이 바로 그 기억을 보존하는 마법의 성이며 그것의 원초적인 형태가 동화와 시라는 것을 깨우쳐주는 듯하다. 어떻든 나는 이 소설에서 깊은 감동을 받았다. 〔『동서문학』, 2001. 가을〕

그래도 문학이 있어야 할 이유

　내일 개막되는 2002 한일 월드컵이라는 세계적 행사의 전야제가 아마 지금 이 시간에 열리고 있고 모든 텔레비전 방송사는 이 화려하고 거창한 장면을 중계하고 있을 것이며, 그리고 또 저도 꽤 좋아하는 프로 야구 경기도 이제 쯤 시작되고 있을 것입니다. 그런 흥미로운 볼거리들을 놓아두고 지금 여러분은 이 자리, 재미없고 지루할 이 문학 행사에 와 계십니다. 어쩌면 여러분들은 지금 이 아름다운 봄날의 저녁에 영화관에서 데이트를 할 수도 있을 것이고 친구들과 술을 마시며 유쾌한 시간을 가질 수도 있겠지만 그 좋은 시간들을 버리고 따분하고 열기 없는 이 자리로 와 따분한 주제에 눈과 귀를 열어두고 있습니다. 여러분들은 왜 이 자리에 오셨는가요. 어떻게 되어 더 즐겁고 화려하고 신날 수 있는 자리를 포기하고 이 허술하고 어둡고 한심한 곳에 모여 계신가요.

　어쩌면 스포츠보다는 문학에 더 관심이 있어서일지도 모르며 혹은 명예로운 대학문학상을 수상하게 된 친구를 축하해주기 위해서일 수도 있을 것이고 정말 이것저것 마땅히 갈 데가 없어 오신 분도 계실 것입니다. 여러분들이 이 문학 행사에 오신 것은 취향일 수도 있고 연분 때문일 수도 있을 것이며 어쩌면 달리 할 일이 없어 마지막으로 취하게 된 걸음일 수도 있습니다. 이 행사의 참여 연유는 갖가지이겠고 그에 대한 열기도 상당히 다를 것입니다. 그러나 저에게 중요하게 생각되는 것은 이유와 정도는 다르지만, 그럼에도 여러분은 이 대학문학상 수상식이라는 문학 행사에 참여하고 있다는 점이고 제게 귀중하게 여겨지는 것은 여러분들이 지금 다른 무엇이 아니라 바로 문학을 선택했고 이 문학적 행위에 동참하고 있다는 바로 그 점입니다.

'그래도, 문학이 있어야 할 이유'라는 다소 시니컬한, 그러니까 패배를 인정하면서도 그 패배에 맞서보겠다는 의지를 드러내고 있는 제목을 저 스스로 잡은 것도 이런 이유 때문입니다. 오늘날은 '문화의 세기'라고 하지만 그 문화는 우리가 생각하는 문학을 중심으로 한 문화가 아니며 오히려 우리가 문학이라고 이름 부를 때 함께 다가오는 진지하고 엄숙하며 고통스러운 이미지들을 파괴하고 배반하며 혹은 퇴화시키고 밀쳐내는 그런 문화입니다. 앞선 20세기에 태어나 성장하고 활동하며 이제는 현장으로부터 물러나고 있는 저 같은 아날로그 세대가 보기에 오늘날과 같은 디지털 문명 시대의 문학은 흔히 경고되듯이 '위기의 문학'이고 '추락의 문학'이며 어쩌면 '문학의 부재,' 적어도 '문학의 주변화'라고 판단하는 것이 보다 정확한 진단이 아닐까 여겨질 정도입니다.

저의 비관적인 진단은 물론 강력한 반박을 받을 것입니다. 현상은 그렇지 않을뿐더러 오히려 더 많은 문학적 열정들을 보이고 있으며 창작의 산물과 그것을 향유하는 독자들도 더 많이 늘어나고 있다는 사실이 저에 대한 반박의 자료로 제시될 수 있을 것입니다. 혹은 인간과 역사의 발전이란 문맥에서 보자면 문학의 쇠퇴라는 저의 인식은 전래의 문학의 변화로 이해해야 하리라고 스스로를 나무랄 수 있을 것입니다. 이런 반론들은 충분한 근거를 가지고 있고 저 자신도 대부분 그렇다고 인정하지 않을 수 없습니다.

실제로, 우리나라의 경우 많은 문예지들이 여전히 쏟아져 나올 뿐만 아니라 이달만 해도 두 개의 문학 계간지가 새로이 창간되었으며 신문들은 문학 도서의 광고들을 이전의 어느 때보다 더 많이 싣고 있고 지하철 승객들의 상당수는 소설책을 읽고 있습니다. 방송에서도 이제는 독서 프로그램에 더 많은 시간을 할애하고 있고 서점은 대형화가 되고 있으며 하나의 문학책이 몇만, 몇십만 부가 판매됨으로써 한국의 문학 독서 수준도 선진국형으로 발전하고 있습니다. 대학의 곳곳에서 문예창작과가 신설되고 이 과는 학부제의 선풍 속에서도 높은 인기를 얻고 있으며 신문과 잡지의 장편소설 공모에도 백 편에 가까운 응모작이 투고되고 있고 50대 혹은 60대가 신인상을 받거나 시집 출판으로 문단에 데뷔하는 일도 자주 보입니다.

문학에 대한 이처럼 변함없는 열기 속에서 '문학의 위기' 운운하는 것은 지나친 비관적 진단이라는 말은 바로 이 대학에서 몇 해 전에 열린 심포지엄을 들으며 저 자신이 가진 생각이기도 했습니다. 우리가 위기라고 부르는 것은 변화에 대해 보수주의자들이 새로운 상황에 적응하지 못하는 데서 생긴 정서적 반응일 뿐이라고, 그러니까 문학은 여전히 존재할 것이며 문학적 감동과 감수성은 더욱 넓고 깊게 번질 것인데 다만 그 문학의 양상과 형태는 새로운 문화적 조건과 환경 속에서 변모하고 있을 뿐이라고 생각했던 것입니다. 그것은 중세의 문학이 구텐베르크 이후 근대 문학의 형식으로 변모하는 것, 혹은 한말의 우리 한문 문학이 서구 문명의 충격 속에서 한글 문학으로 변모하는 것을 바라보던 구세대들이 품었던 미래에 대한 비관적 견해와 어쩌면 비슷한 것일지도 모르겠다고 생각했더랬습니다. 그러니까 저 스스로 문학의 위기라는 말에 전적으로 동의한 것은 아니고 어쩌면 장기적인 전망에서 낙관하고 있었다고 기억되고 있는 것입니다.

그럼에도, 그때에도 지울 수 없이 의식의 뒷자리에 그림자처럼 남아 있던 회의적인 감정이, 시간의 흐름 속에서 그리고 저 자신이 디지털의 새로운 문명적 패러다임에 익숙해지고 있음에도, 여전히 남아 그 어둠의 깊이를 더하고 그 넓이를 더 넓히며 이제는 비관적 전망으로 번지고 있음을 깨닫고 있는 중입니다. 지난 몇 해 사이에 문명이든 문화든 특히 문학도, 크게 변한 것은 없었고 오히려 '새로운 세기의 도래'라는 엄청난 사태에서 예상되던 천지개벽과 같은 현상은 일어나지도 않았을 뿐 아니라 9·11테러가 증거하듯 구시대적인 국제적·민족적 혹은 종교적 갈등만을 크게 부각시켰을 뿐입니다. 새로운 문명권으로의 진입이라는 것이 그처럼 "어느 날 갑자기"라는 식으로 충격적인 돌변을 야기하는 것이 아니라는 사실은 20세기에서 21세기로의 전환이 제게 가르친 실상이기도 했습니다. 그런데 이 실상 속에서, 이번에는 거꾸로, 문학에 대한 비관적 전망이 그럼에도 여전히 상존할 수 있다는 논리도 발견되고 있음을 저 스스로 인식해야 했습니다.

해가 바뀌었다고 해서, 그러니까 서기 1999년에서 2000년으로 달력이 바뀌었다고 해서 하루아침에 모든 것이 변화할 수 없는 것처럼, 디지털 문명 세계로 우리의 삶이 옮겨졌다고 해서 문학도 갑자기 환골탈태의 급변을 만들어내는 것은 아니라는 사실을 저는 깨달았던 것입니다. 그러나 그 변화의 세력은 마치 우리가 모두 잠들어 있는 한밤중의 도둑처럼 뒷담을 넘어 슬그머니 들어와 집 안의 재물들을 조금씩 흠집을 내기 시작하는 모습을 가지고 있었던 것입니다. 우리는 무엇이 없어지고 어떤 것이 망가졌는지 알지 못한 채 여전히 평온과 풍요를 누리고 있다고 생각하는데, 어느 날 문득 생각이 나 재물 조사를 해보니 이것도 없어지고 저것도 망가지고 그래서 우리가 가지고 있다고 생각해온 것들이 사라지거나 훼손되었음을 뒤늦게 깨닫는 것과 비슷한 것이 아닐까 생각되는 것입니다.

그러면 간단한 재물 조사를 좀 해봅시다. 지금 상영되고 있는 한 영화는 3백만 명을 훨씬 뛰어넘게 관객을 동원하고 있다고 보도되고 있습니다만 웬만한 한국 영화로서 백만 명 이상의 관객을 끌어들이는 일이 이제는 그리 어려운 일이 아닙니다. 그러나 10여 년 전 백만 권 이상 팔린 책들이 더러 있었지만 지금의 이른바 최고의 베스트셀러는 30만 부 수준이고 게다가 그 대부분은 문학책이 아니라 경영이나 처세에 관련된 비문학 분야의 도서들입니다. 대학 졸업생들로서 가장 인기 있는 취업처는 방송사와 벤처 기업입니다. 하긴 전문 문학인을 위한 취업의 자리는 전에도 없었으니 새삼스러운 것은 아닙니다. 그렇지만 뛰어난 인재들은 작가가 되거나 문학을 선택하기보다는 비즈니스나 재테크, 컴퓨터 응용 산업을 우선적으로 택하고 있으며, 혹 그들이 문화적인 쪽으로 진출하려 한다고 하더라도 그 분야는 영상 예술이거나 문화 산업 쪽이라는 것입니다.

그러니까 이 현상적인 사례들은 아직은 미온적이고 물론 대단한 것이 아니지만 그것이 장래를 예단할 수 있는 추세라는 점에서 결코 무시될 수 없는 커다란 재물 손실인 것은 분명합니다. 우리나라 인구의 약 3분의 2는 휴대전화를 가지고 다니며, 청소년의 대부분이 가장 많은 시간을 할애하는 것은 입시 공부를 제한다면 단연 인터넷이며 가장 즐기는 것은 게임이고 가장 사고 싶어하는 것은 이미지 상품들입니다. 문학책은 이제 텔레비전에 크게 소개되어야 '뜨게' 되고 시집은 인기 드라마에서 한번 읽혀지면 애송 작품이 됩니다. 근래의 새로운 장르로 많은 독자를 가지기 시작한 환상소설은 모두 인터넷에서 조회수가 많아야 종이책으로 발간되며, 문학을 주종으로 하던 출판사들은 어린이 도서, 만화, 대중 도서로 경영을 유지하는 대가로써 그 출판사의 성격과 권위를 변질시키고 있으며, 작가들은 전통적인 본격 문학 작품에서 상업성을 더 크게 고려하는 대중 문학 쪽으로 창작 방향을 조금씩 옮기고 있습니다. 더구나 이제 사람들은 문학에서 '시간 죽이기'의 재미를 찾을 뿐 구태여 삶의 지혜나 계몽적인 사유를 기대하지 않고 있습니다. 기왕의 문학에서 얻을 수 있다고 생각되어온 이득들을 이제는 다른 데서, 가령 인터넷 같은 것에서 얼마든지 쉽고 풍부하게 구할 수 있게 된 것입니다.

한꺼번에 잡다한 현상들을 거칠게 늘어놓고 있습니다만, 오늘의 문학이 우리의 삶과 문화에서 자리하고 있는 위상을 큰 눈으로 큰 줄기를 잡아보면 대충 이렇습니다. 첫째로 문화의 주류가 문자의 문화로부터 영상의 문화로 옮겨가기 시작했다는 것, 둘째로 컴퓨터와 인터넷이 우리 일상을 주도하며 장악하기 시작했다는 것, 셋째로 문화 산업 분야가 급속하게 성장하고 있다는 것, 넷째로 새로운 시장 경제 체제의 논리에 문학을 비롯한 전통적인 문화 예술이 적응하기, 아니 굴복하기 시작했다는 것입니다. 이렇다는 것은 다시 말하면, 우리의 문명이 아날로그로부터 디지털 문명으로 전환하고 있다는 것, 세계는 거대한 자본-과학 복합체의 세계로 움직이고 있다는 것, 그리고 효용 가치보다 교환 가치가 압도적으로 지배하는 시대가 되고 있다는 것을 의미합니다. 이런 거대한 전환 속에서 전통적인 문자 문화가 쇠퇴하고 있다는 것, 인문주의의 미덕이 사라지고 있다는 것, 부익부 빈익빈의 사회적 갈등이 심화되리라는 것, 물신주의적 풍조 속에서 속도주의와 변화에의 추구가 강요되고 있다는 것, 문화의 생태적 다양성이 줄어들고 있다는 것 등등의 추세들이 이어지고 있습니다.

물론 이런 거창한 변화의 힘을 문학이라 해서 모면하게 되지는 않을 것입니다. 지금도 이미 그 징조가 드러나고 있지만, 문자 문화의 대종이며 아날로그 시대 예술의 중심이고 인문주의적 정신의 마지막 보루로서의 문학도 그 기초부터 흔들리고 있음이 나타나고 있습니다. 역시 큰 눈으로 요약하면 이렇습니다. 작가는 '인류의 스승'이라는 위엄 있는 자리에서 이미 퇴위한 지 오래거니와 창조자라는 그 영예로운 전문적 권위조차 상실되고 있는 중이고, 그러는 가운데 아마도 작가라는 신분의 위엄과 장인적 성격도 훼손될 것입니다. 그러니까 프랑스에서 말하는 고급한 의미에서의 '작가의 죽음'이 아니라 사회적 현상으로서의 작가의 추락이 이루어질 수 있다는 것입니다. 공무원이나 의사가 시인이 되거나 평범한 시민이 소설을 쓸 수 있다는 것은 분명 문학의 민주화라는 긍정적인 현상을 보이고 있지만 그 보기 좋은 양상 속에서 문학적 권위의 상실이라는 자기 파괴적인 현상을 감추고 있는 것입니다. 이런 추세가 강화되면 작가는 아마도 영화나 게임의 스토리 제공자라는 문화 산업의 한 아이디어 제공자, 그러니까 비창조적인 기능 지식인의 하나가 될 것입니다. 물론 전래의 문학가, 특히 소설가는 여전히 창작을 하고 발표를 하겠지만, 고통의 문학, 진지한 문학의 존중받는 창조적 행위로서보다는 예술적 자율성을 상실하고 부르디외가 말하는 시장 기능에 구속되는 소비 문학의 생산자로서 작업하게 될 것입니다.

장인적 창조자로부터 시장 경제에 예속된 문화 산업의 기능자에게 문학이 옮겨질 때 그 작품은 어떤 모습일까 생각해보는 것은 중요합니다. 그것이 곧 문학의 질적·위상적 변화를 보여줄 것이기 때문입니다. 디지털 문명 시대의 문학 작품은 그 주제가 성이나 스릴 혹은 환상과 같은 감정의 자극제이기 쉽습니다. 그것들은 마르쿠제가 말하는 바의 에로스 문명으로부터 섹슈얼리티의 일차원적 심성으로 독자들의 감수성을 획일화할 것입니다. 그 문체는 경쾌하고 서술적으로 흐를 것입니다. 그러니까 독자로 하여금 사유하며 반성하도록 유도하기보다는 재미에 젖어 빠르게 읽고, 읽고 나서는 잊어버리는, 그러니까 작품을 소비하도록 만드는 것입니다. 그것은 시장 조사를 통해 기획되고 광고와 유통 시스템으로 유포되며 그래서 지하철에서 한 번 읽고 버리게 될, 다 마시고 버리는 음료수 캔처럼 일회적인 소비품이 되겠지요. 이 인기 있는 문학 작품들은 인터넷을 통해 독자들에게 접속될 것입니다. 그것은 전래의 출판사와 서점의 비중을 상당히 떨어뜨리고 그 이용료도 오늘의 책값보다 훨씬 저렴할 것이며, 그럼으로써 리프킨이 주목한 바의 소유에서 접촉으로의 문화 상품이 될 것입니다. 독서의 텍스트 구입비가 싸면 쌀수록 그 전파의 위력은 그만큼 커지겠지만 거기서 얻어낼 것 역시 그만큼 싸구려가 되지 않을 수 없습니다.

요컨대, 문학은 문화 산업의 하나가 될 것이며 문학 작품은 비주얼과 오디오의, 혹은 이미지와 게임의 그 숱한 문화 상품 중 허약한 하나가 될 운명을 앞에 두고 있다는 것입니다. 여기서는 아날로그 시대의 독자들이 문학에 대해서 품었던 신비감, 진지성, 지혜에의 열망, 낭만적인 꿈, 비판적인 인식과 같은 덕성을 기대하기 어려울 것입니다. 저는 예술 작품에 대한 이러한 기대를 굳이 문학이 아니라 영화나 텔레비전의 프로그램에서 사람들이 얻어낼 수 있을 것이라는 데 동의하긴 했지만, 사실 그것은 문학에 대해 체념하기 위한 하나의 위안이었음을 인정하지 않을 수 없습니다. 문학이 더 이상 가능할 수 없는 시대에 사람들의 문화적 욕구는 문자가 아닌 다른 것으로 대치될 수밖에 없으리라는 우울한 전망을 그렇게 바꾸어본 것입니다. 그리고 아마도 우리는 이렇게 말할 수 있겠지요, 전시대적인 문학은 아니더라도 문학은 상존할 것이며 어쩌면 다른 형태로 더 왕성하게 요구되고 더 활발하게 수용될 것이라고. 혹은 저에게도 반박하겠지요. 당신이 말하는 문학은 과거의 구태의연한 시대의 문학이 아닌가, 시대가 바뀌고 인간과 그 삶도 변화하며 따라서 문화와 정서도 변모하지 않을 수 없는 것인데 당신이 과거의 아날로그적 문학만을 고집하고 있는 것은 시대착오적인 것이 아닌가.

그렇습니다. 저는 문학이라는 한 가지 말을 쓰면서 제가 피하고 싶은 문학과 고집하고 싶어하는 문학, 다가올 새로운 문명 체계에서의 문학과 전통 속에서 축적되어온 인류의 자산으로서의 문학, 일회적인 상품으로 소비되는 것으로 충분한 문학과 시대와 사회를 뛰어넘어 영원한 고전적 정신으로 우리의 내면 깊숙이 자리할 문학의 상반된 두 문학을 염두에 두고 있습니다. 그리고 제가 '그래도 문학이 있어야 할 이유'라고 말할 때의 그 문학은 시간의 때를 타지 않고 문명의 변화라는 파고를 이겨낼 수 있는 인류의 영원한 문화적 자산으로서의 문학을 가리키는 것입니다. 저는 이 엄숙하고 고통스러우며 인간으로 하여금 반성과 꿈을 키우는 문자 예술로서의 문학이 여전히, 살아남아야 하며, 살아남아 있음으로써 우리의 의식과 정신, 정서와 꿈으로 우리 내면 속에서 움직거려야 한다는 것을 고집하고 있는 것입니다. 이 문학을 구분하기 위해 진지한 문학이란 이름으로 불러봅시다.

이 진지한 문학이 그럼에도 상존해야 하는 이유는 세계와 문명 그리고 삶의 행태와 인간의 욕구가 진지한 문학의 존재를 그 뿌리로부터 줄기와 잎새와 꽃과 열매까지 두루두루 위협하고 있고, 그래서 그 생존이 위기에 닥쳐 있기 때문입니다. 그것은 그것을 허물고 짓누르려는 세력들에 둘러싸여 있습니다. 진지한 문학이 이런 처지에 놓여 있기 때문에 위험에 처한 사람을 구해내야 하듯이 그것도 구조되어야 합니다. 더욱이 그것은, 다시 말하지만, 불변하는 가치, 훼손되어서는 안 되는 의미를 가지고 있기에 이 구조의 작업은 보다 막중한 작업이 되는 것이며, 그 작업은 21세기의 새로운 패러다임으로 다가오는 문명적 힘들과의 싸움이 될 것입니다. 우리가 그래야 하는 것은, 마치 전체주의적 세력 앞에서 지켜내야 할 자유의 정신처럼, 시장 경제의 타락 속에서 추구해야 할 평등의 이상처럼, 문학은 인간이 인간이기 위해 불가결한 덕성과 창조에의 열정을 내장하고 있기 때문입니다. 그 문학은 인간을 사물화하는 기능주의, 사람을 기계로 전락시키는 속도주의, 인류의 다양성을 파괴하는 획일주의에 대항하는 아마도 거의 유일한 휴머니즘으로서의 역할과 소명을 가지고 있습니다. 진지한 문학이 우리에게 일구어주는 반성적 사유, 창조적 영감, 초월에의 꿈, 인간다움의 덕성은, 달리 그리고 어느 다른 곳에서는 얻어낼 수 없는 인류의 고결한 정신의 영원한 원천입니다.

그러나 슬프게도 이 21세기의 디지털 문명 속에서 이 진지한 문학을 추구하고 수행하는 장인적 예술가는 틀림없이 외롭고 가난하고 고통스러울 것입니다. 그의 작품에 진지하게 눈독 들이는 사람들이 없기에 외롭고, 시장 경제의 교환 가치 체계로부터 밀려나 있으니 가난할 것이며, 풍요와 쾌락을 즐길 수 있는 길을 두고 가난하고 힘든 길을 타고 있으니 고통스러울 수밖에 없을 것이 당연합니다. 그러나 그처럼 고독하고 빈곤하고 고난스럽기에, 바로 그렇기에, 그 길은 고상하고 명예롭고 의미 있는 것입니다. 다시 말하면, 문학은 그런 고상함과 명예로움과 의미 있음 그 자체로서, 그리고 그것을 위해, 존재해야 합니다. 진지한 문학으로의 험난함을 통해 그것이 왜 존재해야 하는가, 우리가 왜 그 길을 추구해야 하는가를 그 스스로 본보기로서 제시해주는 것입니다. 이 자리에 계신 여러분들이 야구장이나 영화관, 텔레비전이나 술집 대신 이 자리에 함께하고 있다는 것은 바로 이 고귀한 것으로의 작은 체험에 동참하는 것을 의미하고 있습니다. 여러분은 어떤 연유로든 이 동참의 작은 계기를 통해 문학은 그래도 있어야 한다는 이유를 실천하고 있는 것입니다. 〔2002. 5. 30. 계명대학신문사 주최 강연〕

제2부

병든 세상 껴안기
── 김원일 작품집 『물방울 하나 떨어지면』

김원일은 고생스러웠던 10대 중반의 소년 시절을 회고하는 자리에서 "빨리 늙은이가 되고 싶었다"고 쓰고 있다. "내가 살고 있는 현실을 절망과 비극의 세계로 파악했고, 나에게 가정적·사회적 책무를 지워 그런 일감을 감당해나가는 나를 지켜볼 주위의 시선으로부터 해방되려면 빨리 늙은이가 되는 길밖에 없다고 생각"(「자전 에세이 2」, 『김원일 깊이 읽기』, 문학과지성사, p. 58)한 때문이었다. 그리고 다른 자리에서 그는 자신이 예순의 나이를 넘길 만큼 살 수 있을까 예상하기도 했다. 그런 예상을 비켜나, 그는 작년(2002년) 봄에 회갑을 맞았고 두 외손자녀를 둔, 그래서 그가 바라는 대로 '늙은이'가 되었다. 그러나 그가 빨리 늙기를 바란 이유가 된 '가정적·사회적 책무로부터의 해방'에는 실패한 듯하다. 그 나이 또래의 다른 사람들처럼 그 역시도 여전히 가장으로서, 사회인으로서의 그의 책무가 그를 붙들고 있지만 작가로서의 그의 책무는 오히려 그 자신이 붙들고 놓지 않은 채 왕성한 필력으로 발휘하고 하고 있어, 빨리 벗어나고 싶다는 그 자신의 희망을 배반하고 있는 것이다. 그의 진갑에 나오는 이 창작집 『물방울 하나 떨어지면』(문이당, 2004)도 그 배반이 일구어낸 훌륭한 성과이다. 이 작품집에 수록된 다섯 편의 중·단편은 2000년과 2003년에 발표된, 그러니까 그의 갑년을 전후해서 씌어진 것으로 기록되고 있지만 그 사이의 세 해 동안도, 그는 놀기는커녕 오히려 더 정력적으로 집필하고 창작하는 데 시간과 정력을 바쳤다. 그동안 그는 죽음에 임박한 노인들의 내면 독백을 연작으로 서술하여 그에게 '황순원 문학상'을 안겨준 「손풍금」을 비롯한 연작소설집 『슬픈 시간의 기억』(문학과 지성사, 2001)을 상자했고 아홉 권짜리 대하소설 『늘푸른소나무』를 두터운 세 권짜리 총 1천9백 쪽으로 개작(이룸, 2002)했으며, 2백 자 원고지 3천 장으로 화가 피카소의 평전을 썼다(그중 1부가 『발견자 피카소』〔동방미디어, 2002〕로 간행되었고, 이 책의 수정본과 후속편을 한 권으로 한 책이 곧 나올 예정이라 한다). 그는 사석에서 "지난 한 해 동안 3천 매의 원고를 썼다"고 내게 말한 적이 있지만, 그의 딸마저 두려움으로 탄복하고 그 자신도 대견하게 여기는 이 '근면함'이 이순(耳順)의 나이에 오히려 더 집요하게 발산되고 있음은 '천천히 늙기'를 바란 내게 거의 기적적, 적어도 이례적인 사건으로 보인다. 그의 회갑을 맞아 간행된 『김원일 깊이 읽기』의 자료를 찾아보니 그때까지 그는 다섯 권의 중·단편집과 그것들을 묶은 다섯 권의 『김원일 중단편집』, 13편이지만 권수로는 30권에 이르는 장편소설들, 그리고 세 권의 산문집을 발간했는데, 그의 글쓰기의 욕망은 게으름을 피울 핑계가 되는 '늙은이'가 되고서도, 줄어들기는커녕 더욱 뜨거워지는 모양이었다.

그런데 내가 김원일에게 경탄을 하는 것은 그 창작에의 열의와 집필에의 집념에 대해서만은 아니다. 그에 대한 짤막한 소묘(「김원일의 내면 풍경」, 『김원일 깊이 읽기』)에서 이미 밝힌 바 있지만, 그의 대가풍의 문체를 마주하면, 마치 이런저런 예쁜 산, 재미있는 봉우리들을 압도하는 듯한, 덩치 자체가 엄청 크고 듬직해서 그 속에 세상의 갖가지 인간사들을 폭넓게 품어 안고 있지만 그 겉모습은 밋밋하고 대범한 마치 지리산 속으로 드는 듯한 인상을 갖게 된다. 그 구성에서도 그렇지만 그의 문장은 전혀 멋을 안 낸 듯한, 덤덤한 느낌을 준다. 가령 이 창작집의 첫 작품으로 수록된 단편 「미화원」의 서두부터 그렇다: "김씨가 사무실에서 일일 사납금을 맞추고 공용주차장을 나서기는 자정이 넘어서다. 종점 부근은 편의점과 술집 몇 군데만 불을 밝혔을 뿐 거리가 한산하다. 며칠 사이 날씨가 완연히 달라졌다. 밤바람이 한결 서늘해 반소매가 선뜩하다. 그 무덥던 더위가 물러가고 어느덧 가을이 성큼 다가왔다." 수식어며 부사는 거의 끼워넣지 않은 채 접속사 없이, 명사와 동사로 이어지는 이 무덤덤해 보이는 문장에서 '김씨'의 직업과 지금의 계절과 시간, 그리고 한밤의 고즈넉한 분위기가 한눈에 전개된다. 섬세한, 선병질적인, 현란한, 경쾌한, 멋진, 까다로운, 난해한, 실험적인······ 등등의 이른바 '현대적인' 문체를 등지고 객관적인 묘사로 일관하고 있는 그의 글쓰기는 아마도 사실주의적 묘사법의 훌륭한 모범을 보이고 있을 것이다. 아니, 그도 문체적 실험을 한 적이 있었다. 아우의 죽음을 서술한 작품에서는 판소리체를 활용하기도 했고 치매 노인들의 독백을 기록한 『슬픈 시간의 기억』은 대체로 내면적인 회고며 의식의 흐름 기법으로 이루어진 것이다. 그러나 그 특이한 수법은, 내가 보기에, 그 작품의 주제에 효과적으로 상응하는 문체를 선택하면서, 나도 이런 유의 글을 쓸 수 있다는 김원일식의 자기 확인으로 보일 뿐, 김원일 문체의 주조는 객관적 묘사체임이 분명하다. 이런 유의 문체는 염상섭에게서도 그런 것처럼 글읽기의 신선하고 혹은 자잘한 재미를 주는 효과를 버리는 대신 감정을 절제하고 객관적인 사유로 사건과 정황을 정시하며 그 사태의 내면을 바라보게 만드는 문학적 진지함의 성과를 유도한다. 그러기에 이런 문체는 쉽게 읽혀지는 것만큼 결코 쉽게 씌어질 수 있는 것이 아니다. 나는 그의 많은 원고를 교정 보면서 그가 문장 하나하나마다 얼마나 세심하게 공들이고 또 끊임없이 수정하는가를 지켜보았지만, 완벽한 묘사를 위한 그의 각고는 내가 황순원 선생의 작품을 볼 때 느낀 바로 그 장인 정신의 또 다른 표현임을 확인하지 않을 수 없었다.

앞서 나는 주제에 따라 김원일 역시 문체적 실험을 해왔다고 썼지만, 객관적인 사실주의적 수법으로서는 좀 비켜나는 시제와 시점의 교차를 그가 빈번히 사용하고 있다는 점도 환기되어야 할 것이다. 가령 이번 작품집에서 「물방울 하나 떨어지면」에서처럼 현재의 시제 안에 과거의 시제를 싸안는 방식은 흔한 수법이라 볼 수 있지만, 「4가 네거리의 축대」는 현재-과거-현재의 시간상의 교체로 진행되고 「손풍금」은 손자와 할아버지의 1인칭 시점 교대로 구성되어 있는 것이 그렇다. 이 수법은 우리 문학에서도 드문 일이 아니지만 김원일의 경우에는 중요한 작품에서 애용되는 방법이어서 그의 초기 대표작 『노을』은 40대의 현재의 나와 소년 시절의 나로 장을 바꾸며 전개되고, 한국일보문학상을 안겨준 문제작인 중편 「도요새에 관한 명상」은 네 가족의 시점으로 순환하며 서술되고 있다. 리얼리즘이 통시적 시제와 전지적 시점을 갖는 것이라면 문체의 사실주의를 유지하면서도 시점과 구성에서의 이런 변형은 약간의 변칙으로 보아야 할 것이다. 그러나 김원일은 이런 변칙을 통해 한 개인 또는 하나의 시공간을 택함으로써 빚어진 진실의 사상(捨象)을 구해내는 것이다. 그러니까 「손풍금」에서 손자는 작은할아버지의 생애에 대해 집요하게 알아내고자 하는 데 반해 할아버지는 그 동생과 겪은 사건들에 대해 끝내 함구한다. 이야기가 이렇게만 진행되면 할아버지는 왜 그런 고집을 부리는지 그의 동생은 어떤 사람이었는지의 숱한 사실들이 영원히 은폐되고 말 것이며 그럼으로써 그가 겪었던 한 시대의 진실이 사라져버릴 것이다. 작가는 그 사라져버릴 수 있는 진실의 진상을 독자가 인식해주기를 바란다. 그 딜레마를 해결해주는 것이 바로 할아버지 자신의 1인칭 시점을 통한 회고와 현재의 내면이다. 「4가 네거리의 축대」가 취하고 있는 시제의 교차도 이 비슷한 효과를 얻어내고 있는데, 주인공은 지능이 모자라고 나이까지 많아 기억이 몽롱한 노인이어서 자신의 생애를 결정적으로 구속하게 되는 소년 시절의 사건을 적확하게 독자에게 술회하기가 어렵다. 작가는 시제의 소급을 통해 50년 전의 이야기를 전지적 수법으로 서술함으로써 주인공이 말하지 못하는 부분을 독자들이 읽어주도록 장치를 바꾸는 것이다. 이 시제와 시점의 교체는 작가가 예컨대 『불의 제전』 같은 대하소설에서 취한 전지적 시점을 포기하면서 그럼에도 현실적 민족사의 경험을 소재로 끌어들이는 데서 차용된 대용법이긴 하지만 그 의미가 단순한 수법적 보완의 수준으로 그치는 것은 아니다. 그것은 그가 대면하고 경험한 현실과 역사는 전체적이고 보편적인 것이며, 그로 말미암아 치르게 되는 고통과 상처는 그 자신의 개인적 생애를 통해서임을 방법적으로 보여주고 있는 것이다. 김원일이 그의 대부분의 소설적 주제로 다루고 있는 전쟁 전후의 역사는 우리 민족 전체의 것이라는 객관적인 인식, 그 수난의 전형적인 예를 그의 개인적 운명으로 감당해야 한다는 것을 청년 시절의 실존주의적 감수성으로 수용함으로써 전체사와 개인사의 어긋남을 조정하여 상통의 효과를 거두어들이려는 의도가 이 방법론으로 실행되고 있는 것이다. 우리 모두의 총체적 경험을 개인적 운명의 하나로 받아들여 그것을 소설의 공간 속으로 형상화해야 한다는 인식이 시점·시제의 교차란 수법으로 발현된 것이다.

김현은 김원일의 '이야기의 뿌리, 뿌리의 이야기'(『김원일 깊이 읽기』)가 '가족'에 있음을 상세하고도 깊이 있게 해명하고 있다. 사실 그가 다루고 있는 소설의 이야기들은 식민지 시절이든 6·25 당시든 혹은 산업화된 현재의 시기이든 그 대부분이 가족을 중심으로 펼쳐지고 있다. 그는 전쟁의 참혹함이며 이념의 치열한 대결 혹은 자본주의 체제의 타락이라는 사회사적·정신사적 경험들을 작은 가족의 테두리 속으로 응축시킨다. 바로 그 집단적·민족사적 사건들을 견본처럼 보여주고 있는 그 자신의 가족의 역사가 물론 그의 소설을 위해서는 '불운한 다행'이었을 것이다. 그의 아버지는 해방공간기에 좌파 운동에 투신했고 그래서 집과 가족을 팽개쳐두고 잠복 활동하다 월북했고, 그런 남편 때문에 그의 어머니는 수사 기관에 끌려가 몰매를 당하는 고통과 네 자녀를 양육해야 하는 책임으로 억척같은 여인이 되어 지아비를 원망하며 근검과 절약으로 자식들을 모질게 키웠고, 그의 형제들은 가난과 굶주림으로 유아-소년기를 힘들게 살아내야 했다. 그의 가족 일가가 곧 한국 전쟁과 분단의 비극을 체현해내고 있었던 것이다. 출세작인 「어둠의 혼」 이후 자신의 사사로운 가족 이야기를 쓰면 그것이 우리 민족 전반의 역사적 사태의 중심에 가 닿는 것이고 사회적·시사적 논의거리가 곧 한 가족 구성원의 실제와 그들 간의 관계 속에 삼투해 있음을 아마 그 스스로 인식했을지도 모른다. 사회 구성의 가장 작은 핵단위로서의 가정과 그것에 투영된 사회적·집단적 문제성의 교삽(交揷)은 그의 또 다른 대표작인 『마당 깊은 집』으로부터 동인문학상 수상작인 중편 「환멸을 찾아서」를 거쳐 뛰어난 단편인 「미망」에 이르기까지 두루 나타나며, 지리산 공비 토벌 작전을 소재로 한 『겨울 골짜기』조차에도 양편으로 갈린 형제가 등장하고, 월남민 일가가 남한 사회에서 성공적으로 정착하며 오늘의 생활을 누리게 되는 과정을 묘사한 장편의 제목은 바로 『가족』이다. 「손풍금」의 박도수 노인 생일에 가족들 모두가 모여 벌이는 잔치에서 "가족 개념이 유별난"(p. 272) 한 집안의 현장이 묘사되고 있거니와 김원일에게는 가족이란 이 세계의 모든 것의 축도이며 그들의 성격과 삶 속에 이 세상의 갖가지 것들이 축약되어 있는 것으로 보인다. 그러니까 김원일에게 있어 가족이란 자본주의 사회 이후에 구조화한 가족의 사회적 관념이나 우리의 봉건 체제에서 기능한 가치 개념으로서의 가족이기보다, 우리의 현대사가 겪어온 모순과 갈등, 사랑과 증오, 의지와 배반으로 점철된 이 세계의 만화경 같은 민족사적·집단적 경험의 체현물이 되는 것이다.

   중·단편집 『물방울 하나 떨어지면』 역시 가족소설 혹은 가족이 결핍됨으로써 오히려 가족의 의미를 반추하게 만드는 작품들로 구성되어 있다. 「미화원」은 아버지와 아들, 「손풍금」은 손자와 할아버지 그리고 그 일가들의 이야기로 이루어져 있고, 표제작 「물방울 하나 떨어지면」은 고아여서 가족이 없음으로써 타인을 가족으로 껴안는 여자의 헌신이 기록되고 있으며, 「4가 네거리의 축대」는 자신의 친족이 없는 노인의 외로운 삶과 그와 동거하는 아빠-아기 가족을 축으로 전개되고 있다. 그러니까 김원일은 가족이 없는 사람의 경우에도 가짜-가족을 참여시켜 하나의 가족 공동체로 싸안고 있는 것이다. 그런데 극히 흥미로운 것은 이즈음의 김원일의 가족 구성이 그의 초·중기 시절 소설의 가족 구성과 다르다는 점이다. 장·단편 다섯 작품을 분석하며 김원일 소설에서의 가족적 성격을 도식으로 가름한 김현의 설명에 의하면, 이 작품들의 가족적 정황은 "1) 아버지는 없고 어머니가 생계를 꾸려나간다; 2) 그들을 도와주는 사람은 거의 없고 그는 집안의 장남이다; 3) 자기가 결국은 집안(어머니와 형제·자매)을 돌봐야 한다"(「이야기의 뿌리, 뿌리의 이야기」, 『김원일 깊이 읽기』, p. 225)는 것으로 되어 있다. 그리고 이 가족적 정황은 자신의 이력이나 회고를 통해 드러내는 바로 김원일 자신의 것이고 그것들이 변주·변형되면서 그의 이전의 소설에 미만해 보여주고 있는 이야기의 테두리가 이 가족적 구성 속에 그어지고 있었다. 그러니까 자신의 가족과 그 경험들을 술회함으로써 분단과 전쟁이라는 민족사적 비극의 구체적 실례를 그는 보여준 것이다. 그래온 그의 소설들에서 언제부턴가, 자전적 가족 구성이 바뀌기 시작한다. 시대를 당대 이전의 시기로 설정한 『늘푸른소나무』며 『사랑아 길을 묻는다』의 장편소설은 물론 현대 소설인 『가족』이며 『히로시마의 불꽃』 『슬픈 시간의 기억』 등의 장편과 근래의 중·단편을 모은 이 『물방울 하나 떨어지면』에서의 가족들은 기왕의 김원일 소설다운 가족 구성이 아니다. 전에는 야멸친 모상으로 보여준 어머니의 존재는 사라지거나 약화되고 기왕에는 없거나 가족적 불행의 원인이 되었던 아버지가 어엿한 부권적 존재로 들어선다. 그리고 그 가족들은 남을 돕기도 하고 타인의 도움을 받기도 하며, 그래서 화자는 어려서부터 집안의 생계를 책임져야 하는 가혹한 운명을 지고 있는 것이 아니라 오히려 아버지의 따뜻한 보살핌을 입고 있는 존재로 바뀐다. 이런 가족 구성은 김원일의 자전적 가정이 아니라 오늘의 우리 사회에서 흔하게 볼 수 있는 일반적 가족 형태인 것이다.

　이렇다는 것은 그가 자서전적 테두리를 벗어나, 민족사적 개념으로서의 가족에서 당대의 사회 구조적 가족으로의 이야기 틀의 변화를 이룩하고 있음을 지시한다. 그는 자신의 가족이 6·25 전쟁과 분단의 상처 자체임을 술회함으로써 오늘의 한국적 삶의 구조와 형태로서의 가족의 의미를 천착하고 있는 것이다. 아마 이럴 수 있게 된 것이 한국전쟁에 대한 대하적 접근을 성공리에 완성한 『불의 제전』 즈음부터가 아닌가 싶다. 탈자전적 가족 구성을 벗어나게 된 장·중·단편들이 이 대하소설이 진행되어가고 마침내 완결을 보게 될 전후해서이기 때문에 이 심증이 가능해진 것인데, 여기에는 현실적으로는 그에게 근원적인 억압체였던 어머니가 작고한 후의 50대 중반에 이르러 그스스로 사회적·문학적 성취를 충실히 이룩함으로써 마침내 소년기적 콤플렉스로부터 해방감을 얻게 된 점이 크게 작용했을 것이고, 물론 50대로 들어선 김원일 자신이 충실한 가장 노릇을 하고 있다는 자신감도 끼어들었겠지만, 무엇보다 문학적으로는, 『불의 제전』을 통해, 그의 평생의 현실과 내면에 응어리진 분단과 전쟁의 거대한 압력들을 마침내 카타르시스할 수 있게 된 것이 그의 의식과 무의식의 변화에 강하게 작동했을 것이다. 권오룡이 그와의 대담에서 지적한 것처럼 『불의 제전』은 "선생님(김원일) 개인에 대해서는 어려서부터 줄곧 선생님을 짓누르고 있었던 것, 즉 역사로부터 해방되는 계기로서의 의미"(「대담: 열정으로 지켜온 글쓰기의 세월」, 『김원일 깊이 읽기』, p. 41)를 그에게 깊이 있게 제공한 것이다. 그러고서, 그리고 그럼으로써, 그는 자신의 가족이란 울타리를 벗어나 외부 사회와 사람들에 대한 타자성을 새삼 발견하게 된다. 그 타자성의 발견 역시 여전히 가족이라는 매개를 통해서 이루어지고 있지만 이때의 가족은 그가 소속함으로써 괴롭힘을 당했던 역사적 비극의 자리로서의 자전적 가족이 아니라 이 사회의 현실적 모순과 불행의 투영체로서의 가족이다. 그 가족은 밑바닥 삶을 어렵게 감당해야 했던 아버지와 아들, 혹은 월남해서 힘들게 근면과 노력으로 일구어 마침내 성공한 가족으로 정착한 3대에 걸친 일가뿐 아니라 가족이 없기 때문에 전혀 피붙이가 아닌 사람을 맞아들여 가족으로 삼는 의사(擬似)-가정으로 번져나간다. 그것은 김원일이 자기로부터 타인으로, 과거에서 현재로, 비극적 인식에서 연민의 공감으로, 갈등의 싸움에서 사랑의 헌신으로의 인물들로 변화시키고 있음을 말해준다. 『물방울 하나 떨어지면』의, 이순의 경지에 다다른 작가의 중후한 문학적 성취가 이런 변화를 구체화시켜주고 있는 것이다.

『물방울 하나 떨어지면』에 수록된 다섯 편의 중·단편은 김원일이 그동안의 문학적 이력에서 이미 다룬 다양한 주제나 인물들을 여전히 다시 형상화하고 있다. 중편 「손풍금」과 「4가 네거리의 축대」는 그가 이제껏 가장 중요한 관심사로 짚어온 분단과 6·25의 이야기로, 「손풍금」의 가족은 장편소설 『가족』을 연상시키고 「4가 네거리의 축대」의 무대는 『불의 축제』의 일가가 서울에서 살고 있던 퇴계로 4가이다. 운동권에 관여했다는 이유로 구속되어 처형당하는 사건을 기록한 「고난 일지」는 이상문학상 수상작인 중편 「마음의 감옥」의 변주이며, 「물방울 하나 떨어지면」의 주인공 김금순은 그의 가장 긴 소설이며 뛰어난 성장소설인 『늘푸른소나무』 주인공인 '어진이 석주율'의 여성판이고, 한 편의 정갈한 단편을 보는 듯한 「미화원」의 인물은 엄마가 목욕탕에서 아들을 씻겨주는 「깨끗한 몸」과 한무숙문학상 수상작으로 자폐아의 성장과 모험을 따라가는 장편 『아우라지로 가는 길』을 불러들인다. 이 작품들이 기왕의 김원일 문학의 자장권 안의 것들과 연계되어 있다 해서 단순한 반복이나 변형으로 볼 것은 물론 아니다. 인물들은 새로이 설정되고 이야기는 전혀 달리 짜여지고 거기서 제시하고 있는 주제는 다시 따뜻한 눈으로 바라보게 된 이 세상 삶의 외롭고 안쓰러운 모습들이다. 그것이 어떤 소재이든 그 줄거리는 단순하다. 자신의 죽음이 임박하면서 자폐아 아들을 버스 터미널의 미화원으로 취직시키는 이야기(「미화원」), 중증 지체 부자유자를 남편으로 보살피면서 장애인 어린이들을 돌보아주고 보육 시설을 위해 재산을 내놓게 되는 과정(「물방울 하나 떨어지면」), 인혁당원으로 찍혀 체포되고 고문 끝에 사형되는 한 인물의 이력(「고난 일지」), 지능이 퇴화하여 후견자가 없으면 살 수 없는 사람이 고자가 되고야 말았던 6·25의 사건(「4가 네거리의 축대」), 그리고 한 사회주의자의 생애를 추적해보려는 손자와 할아버지의 흥정(「손풍금」)이 그 이야기들이다. 그 다섯 개의 이야기들이 중편과 단편으로 엮인 한 권짜리 작품집으로 발간될 수 있게 된 것은 그 기둥 줄거리를 옆에서 보태주고 밑에서 받쳐주는 '자질구레한 삽화들'이다. '자질구레한 삽화들'이란 말은 김현이 붙인 것이지만, 그러나 그는 그것을 무의미한 것이 아니라 오히려 "무서운 구심력을 보여 기본적인 줄거리를 더욱 강하게 느끼게 한다"는 매우 적극적인 의미를 부여하고 있다: "그 삽화들을 제거해버리면 앙상한 줄거리만 나타나지만, 그 삽화들의 덕택으로 그 줄거리는 그 앙상함을 감추고 풍부한 구체성을 획득한다"(「이야기의 뿌리, 뿌리의 이야기」, 앞의 책, p. 217). 실제로 기둥 줄거리보다 더 많고 잡다한 사건과 묘사들을 통해 6·25의 그 살벌한 장면이며 유신 독재기의 삼엄한 분위기, 교외 신도시의 개발 현장, 가난한 연립 주택 마을 등등의, 우리가 겪었고 지금도 관찰할 수 있는 시절과 공간과 사람들의 갖가지 모습들을 실감 있게 바라보고 따라가면서, 그 인물이 왜 그렇게 될 수밖에 없었는가의 사태와 사건의 필연성을 우리는 이의 없이 납득하게 된다. 가령「물방울 하나 떨어지면」의 김금순이 전혀 남자 구실을 할 수 없는 동수와 결혼하면서 평생 처녀로 늙을 수 있는 자신감을 가진 것을 우리가 순순히 받아들일 수 있는 것은 그녀가 고아원에서 성폭력을 당했다는 무심한 척 미리 깔아놓은 이야기 때문이며,「손풍금」의 할아버지가 많은 사건들에 대해 손자에게까지 함구하고 있는 것은 이 소설의 줄거리 속으로 간악한 황점술이 필요 없는 불청객처럼 끼어든 때문에 이해될 수 있는 정황이다.

무엇보다 이번의 창작집에서 내게 충격으로 다가오는 것은 육체적으로나 정신적으로 장애인이 작품의 내역을 압도하고 있다는 점이다. 그의 이전의 여러 소설에서도 이미, 가령『아우라지로 가는 길』의 마시우가 자폐아였던 것처럼, 많은 인물들이 저능이거나 불구였는데 그것이 다시 반복되고 있는 것이다.「미화원」의 아들 종수는 저능의 자폐아여서 혼자서 길도 못 찾는 정신지체아이며,「물방울 하나 떨어지면」의 동수는 자폐아에 층계에서 굴러떨어져 휠체어 생활을 하며 대화도 못하는 거의 식물인간으로 살고 있고,「4가 네거리의 축대」의 명구는 6·25 중의 인민군 사관이 하는 사격놀이에 하초를 잃고 고자가 된 데다가 그때의 충격으로, "장애인으로서 신체적 고통만이 아니라 정신마저 황폐화한 전쟁 후유증"(p. 166)을 앓아 이라크 전쟁의 피해자와 다름없이 혼자서는 생활과 활동이 어눌한 노인이다. 이들은 모두 누군가의 돌봄을 받아야 할 불구자들이다. 「손풍금」의 인물들과 「물방울 하나 떨어지면」의 주인공 김금순만이 육체의 불구를 면하고 있지만, 그러나 대신, 그들은 마음에 깊은 상처를 입어, 김금순은 고아원에서 학대받으며 자라면서 외부와 거의 차단한 "비애, 쓸쓸함, 애잔함, 슬픔 이런 따위의 감정"(p. 57)으로 스스로를 자폐적 상황으로 몰아가며 "비극 자체를 사랑한다거나 내가 비극의 주인공이 되고 싶다는 사춘기적 어떤 복수심"(p. 58)으로 응어리져 있고 「손풍금」의 박도수 노인 역시 동생 광수 때문에 간첩 불고지죄로 고문받고 2년 반 동안 옥살이한 후 "남북 문제라면 가위눌려 살"(p. 232)아가는 인물이 된다. 정신적으로나 육체적으로 이런 불구성을 면하고 있는 유일한 주인공 「고난 일지」의 김종호는 대신 1974년에 조작된 인혁당 사건에 연루되어 사형 언도로 처형을 받게 된다. 다섯 작품에 미만해 있는 이 장애와 '고난'의 인간상들은 이 세계가 고통받는 사람과 장애자들의 자리라는 형상을 드러내주고 있는데, "십대 중반에 벌써 내가 살고 있는 현실을 절망과 비극의 세계로 파악"(「자전 에세이 2」)하게 된 김원일의 때 이른 부정적 관점이 60대의 이제까지 그의 의식 바닥에 깊숙이 깔려 있음(아, 세계에 대한 원초적인 비극적 인식의 끈질김!)을 그것은 깨닫게 해주는 것일지도 모른다. 그는 20대, 그의 초기 실존주의적 작품들에서부터 보인 세계에 대한 절망적 인식이 오늘에도 여전히 유효하다는 것을 우리에게 확인시켜주고 있는 듯하다.

안타까운 것은, 장애인이거나 고난받는 그 인물들이 모두 선량하고 미덕을 갖춘 의로운 사람들이라는 점이다. 자폐아 종수는 수줍고 조용하며 청결벽을 가진 소년이고 말은커녕 어떤 감정도 좀처럼 표현하지 못하는 중증의 복합장애자 동수는 "너무 순수한, 어린아이같이 착한,"(p. 63) "더없이 선량한 무위자연인"(p. 67)이며 명구 역시 소심하고 부끄러움을 타는 사람으로 수줍고 순진한 인품의 공통성을 갖는다. 「고난 일지」의 김종호 역시 "매사에 회의적인 소심한 성격"(p. 119)이지만 "의리 있는 정직한 인간이 되자. 하층민 민중들의 복지 향상을 위해 그들과 함께 살아야 한다"(p. 119)는 사회주의적 이상을 품고 있으며 「손풍금」의 박도수도 근면과 성실로 넝마주이에서 집안을 일으켰으며 자신이 번 돈을 "언젠가 고향 땅을 다시 밟게 된다면 고향을 위해 쓰겠다"(p. 242)고 작심하고 있다. 이 주인공들 곁에서 이야기를 돕고 있는 인물들도 박도수를 괴롭히는 황점술을 빼고는 모두 선량하다는 점도 지목되어야 할 것이다. 김원일의 장애인들이 하나같이 '수줍고' '부끄러움 잘 타고' '소심'하며 착하고, 그래서 순진하고 순수한 인간형을 보여준다는 것은 어쩌면 김원일 자신의 고정관념일지도 모른다. 그러나 우리는 그가 감동받은 도스토예프스키의 『백치』의 주인공 미슈킨이 간질 환자이면서 김원일의 장애인과 같은 순수하고 수줍으며 지혜롭고 순결한 성품을 가지고 있다는 점에 상도하면, 그 장애인들이야말로 성서가 말하는 '가난한 마음'으로 '천국'을 자기들 것으로 만들 수 있는 아름답고 무구(無垢)한 인간상이라는 김원일의 믿음을 보여주는 것일 것이다. 뿐만 아니라, 그의 작품들에서, 「미화원」김씨의 직장의 동료거나 「4가 네거리의 축대」의 명구가 데려와 동거하게 되는 박군과 그의 아들 도량이, 「손풍금」의 박도수 영감이 역시 데려와 동거하며 동업자가 되는 곽씨 일가, 특히 「물방울 하나 떨어지면」의 김금순을 신부로 선택하여 중증의 아들을 맡기는 오 여사와 그의 딸 등 이름을 가진 인물들이 모두 따뜻하고 밝고 선량하다. 이렇게 착하고 아름다운 인간들이 모여 살고 있음에도 왜 세상은 병들어 있을까. 여기서 다시 김원일의 저 도저한 부정적 혹은 비관적 세계 인식을 아프게 확인하게 된다.

    그런데 내가 이 작품집에서 작가의 아픈 비관에 동조하면서 그것을 뛰어넘는 감동을 받는 것은, 인물들과 그들을 창조한 작가가 그 비극적 인식에 끝내 함몰되지 않고 마침내 그것을 극복하고야 마는 태도를 보여주는 데서이다. 그 태도는 관념적인 구원이나 초월적인 지양에서가 아니라 서로 몸을 대고 살이 맞닿는 구체적인 싸안음에서 발견되는 것이어서 어떤 유보 없이 우리에게 달려드는 사랑의 실천적 정감을 유발한다. 그 정감은 도움 주는 사람과 도움 받는 사람이 서로의 살갗을 비벼대는 데서 솟아나는 것이다. 「미화원」에서 죽음을 얼마 앞두지 않은 아버지와 누군가 돌보지 않으면 어찌 될지 모를 '순한 양' 같은 종수가 목욕탕에서 서로의 등을 밀어주는 장면과 「물방울 하나 떨어지면」에서 김금순이 장애아 보육원에 자원봉사하며 그 장애아들을 안아주는 모습들이 이렇게 아름답게 묘사되고 있다.

> 어쩌면 종수 몸의 때를 씻어주는 게 이것으로 마지막이 될지 모른다는 생각이 들자 김씨의 코끝이 시큰해진다. 손을 닿는 자식과의 피부 접촉이 김씨에게는 그 어느 때보다 정겹다. 내 죽으면 이제 누가 종수 목욕탕 데리고 다니며 몸 씻겨주랴 하고 생각하자, 김씨는 이 연약한 생명이 험한 세상을 어떻게 살아 나갈까 싶어 목젖이 아려온다. 그래서 그는 더 정성을 들여 종수의 여윈 몸을 골고루 씻어준다. (「미화원」, pp. 36~37)

> 나는 아이들 곁으로 다가가 하나하나 눈을 맞추고 안아주거나 뺨에 입을 맞춰준다. 누구 말처럼 애정은 말보다 행동으로, 특히 부모형제의 정을 모르고 자란 버림받은 장애아의 경우는 피부 접촉이 보다 확실한 사랑의 표현 방법이다. 나 역시 보육원에서 보낸 어린 시절에, 내 뺨에 입을 맞추어주거나 안아주었던 사람은, 그 짓이 비록 일회의 의례적인 형식에 그쳤더라도 지금까지 그 모습이 더러 떠오르곤 한다. (「물방울 하나 떨어지면」, p. 85)

두 중·단편은 그 주제며 배경이며 성격이 전혀 다르다. 「미화원」은 실직과 암을 겹쳐 당한 아버지와 순진하지만 세상 물정 모르는 장애아 아들의 불행하게 살아야 할, 마치 현진건의 「운수 좋은 날」을 상기시키는 한 가정 이야기이며,「물방울 하나 떨어지면」은 불구의 장애인들을 위해 봉사하는 한 여인의 이야기로, "한 알의 밀알이 땅에 떨어지면"의 성경 구절을 연상시키는 그 제목에서 이미 시사하듯이 복음서적 박애의 정신과 행동을 그린 작품이다. 뛰어난 단편적 성과를 획득하고 있는「미화원」은 어둡고 답답한 세상살이의 그늘이 드리워져 있고 기독교 정신의 훌륭한 현현인「물방울 하나 떨어지면」은 그 그늘을 걷고 봉사 행동에서 삶의 활기를 찾고 새 희망을 안겨주는 결말을 보이고 있지만 그 두 이야기의 화해적 동기가 '피부 접촉'에 있음을 위의 두 대목은 똑같이 확인시켜주고 있다. 그 '살을 맞대기'의 행위는 에로스가 아니라 아가페의 사랑이며 인간과 인간이, 그 관계가 부자의 육친 간이든 장애인과 정상인 간이든, 상호 소통할 수 있는 근원적 매개이다. 김원일은 여기에 진정한 사랑과 박애, 헌신과 유대가 살아 있음을 우리에게 보여주고 있는 것이다. 그것은 병든 세상을 껴안기이며 절망과 비극을 이겨낼 서로의 싸안음이다. 그는 이 싸안음과 껴안기의 윤리에서 카뮈의 '함께 배 타기'의 실존주의적 연대의식을, 혹은 중생이 아프니 나 또한 아프지 않을 수 없는『유마경』의 자비를 우리에게 손짓해주고 있는 것 같다. 그것이 이 허망하고 부조리한 세계를 위한 계시일지도 모른다. 김원일이 비극적 세계와의 싸움 끝에 다다른 다음의 깨달음을 보라:

 물방울 하나가 고요한 수면에 떨어지면 그 중량으로 파문이 겹으로 커지며 넓게 퍼지다가 스스로 넉넉한 물에 섞여 자취를 감춘다. 그 이치와 같이 베풂이나 선행, 우리네 삶 그 자체도 그런 물방울 하나이리라. 언젠가, 그이와 나도 물방울 하나로 떨어져, 끝내는 그렇게 이 지상에서 흔적 없이 사라지리라.
(「물방울 하나 떨어지면」, p. 114)　　　　　　　　　〔2004. 1〕

〔덧붙임〕

김원일의 내면 풍경

9시 뉴스가 끝나고도 담배 두어 대 피웠을 만한 시간인데 전화벨이 울린다. 때 아닌 김원일이다. 웬일? 그의 말은 짧았다: "형을 사랑해요." 아마 내가 잘못 들었을 것이다. 뭐라구요? "지금 술 한잔 하고 온 길인데, 형을 사랑한다구요." 그리고 그것으로 전화는 끊어졌다. 수화기로 들려온 목소리에서 술기는 맡을 수 있었지만 평소의 그다운 진지함이 빠져 있는 것이 아니어서 자신이 무얼 말하는지도 모를 만큼 술에 취해 있는 것이 아닌 것만은 분명하다. 전화기를 놓고 멍청하게 앉아 있는 내게 아내가 물었다. 무슨 일이에요. 김원일씨가 나를 사랑한대. 잠시 생각에 잠겨 있던 아내가 말했다. "무척 고독했던가 보네." 그래, 나도 그렇게 생각하고 있는 중이었다. 왜 누구에게나 그럴 때가 있지 않던가. 사랑하는 가족이 있지만 때로 그들만으로도 채워지지 않는 빈자리의 아쉬움, 열정을 다하는 문학이 있지만 그래도 끝내 그것이 남겨두지 않을 수 없는 허전함, 친구들과 어울려 술을 마시고 속마음을 다 풀어놓아도 그러고 나면 슬그머니 끼어드는 자신에 대한 안쓰러움. 그날 밤 그는 어쩌다 그런 경우에 부닥쳤던 모양이고, 술자리라면 거의 으레 빠지는 내가 문득 생각났던가 보았다. 반년 전의 어느 날 그 느닷없는 전화로 들려온 '사랑해요'란 그의 시니피앙을 나는 지금도 '나는 외로워요'란 그의 시니피에로 받아들인다.

그럴 이유가 있다. 나는 그날 밤, 오래전에 훔쳐본 그의 어떤 모습을 회상했다. 아마 그의 출세작 「어둠의 혼」을 발견하고 『문학과지성』에 재수록하면서 처음 만나 인사하고 그리고 어찌어찌해서 김현이랑 함께 종로의 어느 술집에서 어울렸을 때였으니까 30년 전 여름이다. 그는 물론 술을 많이 마셨을 것인데 나는 술로 숨이 차서 식식거리고 김현은 예의 그답게 낄낄거리며 재담을 하고 있었는데 문득, 김원일은 그렇지 않아도 흰 얼굴이 창백하게, 정확히 말하자면 어둡게 창백한 안색으로 변했고 표정은 갑자기 정지된 화면처럼 굳어져버렸다. 오직 손만을 움직여 맥주를 입 안으로 쏟아붓고 있었다. 내 보기에 그의 정신은 멈추어 있었고 아무 의식도 움직거리지 않는 듯했다. 술이 술을 마시는 단계 다음의, 술이 사람을 마시는 단계가 저런 것이 아닐까, 그때 내게 먼저 든 생각이 그것이었다.

그리고 그보다 훨씬 후였지 싶은데, 그날 그는 술이 술을 마시는 단계쯤에 이르러 내가 한번 추지! 하더니 문득 자리에 일어서 몸을 천천히 움직거리기 시작했다. 음악이 어떤 것이었는지 혼자 추는 춤이었는데, 그것이 '춤추다'란 가벼운 말로는 전혀 어울리지 않는 것, 차라리 몸으로 울부짖는 듯한 기괴한 동작이었다. 무겁게, 팔이며 몸을 천천히 하나씩, 조금씩 하나씩 움직거리며, 마치 위에서 억누르고 있는 힘에 버티며 꿈틀거리며 일으켜 세우듯, 그리고 다시 눌려 기우뚱하며 비켜나듯 뒤틀리고 그리고 그 무거움을 밀쳐올리듯 무겁게 밀어내는 힘겨운, 자신을 짓누르는 것에도 불구하고 속에서 완강한 힘으로 버티는 듯한 몸짓이었다. 격식도 없고 결코 가벼운 마음으로 볼 수 없는 그 기상천외한 춤은 마치 시지푸스가 자신의 운명에 저항하는 듯, 그것과 참담한 절망을 예견하며 벌이는 거인의 육중한, 고뇌가 짓이겨져 비어져 나오는 듯한, 야곱의 씨름 같은 것이었다. 그러는 그의 표정은 어딘가에 집념하고 있었고 그의 동작은 리듬을 거스르고 무시하며 무산시키고 있었고 그의 육체는 자기를 둘러싼 것들, 그것이 공기이든 어둠이든 소리이든 침묵이든 그 모든 것들에 항거하고 있었다. 그래서 그의 '춤'은 세계를 향한 실존적 항거처럼 보였다. 나의 이 묘사가 지금껏 잊지지 않는 그 장면에 충격받은 나의 현학적인 해석일까. 멕시코의 어느 술집에서, 그의 독무가 남미풍의 춤을 추며 즐기던 술꾼들을 압도하여 그를 둘러싸며 구경하던 사람들로부터 박수를 받았다는데 그때 춘 춤이 분명 내가 본 그 절규의 동작이었을 것이다. 그리고 그 자리에 내가 함께하지 않았다는 것을 다행스럽게 생각한다.

처절한 비극적 긴장을 겪는 일이란 내게 한 번으로 족한 것이니까.

그가 술에 먹혀들었을 때의 어두운 창백, 실존을 향한 그의 무거운 육체적 항거를 보며 나는 그것들이 그 자신도 모르는, 억제하고 숨겨온, 그의 가장 깊은 무의식적 정서의 표현이 아닐까 싶었다. 그 무겁고 저항적인 운명에의 버티기라는 그의 내면의 살벌한 풍경이 어디서 비롯되었을까, 차라리 고통스럽게 다가오는 그의 그런 모습을 보며 그때의 나는 궁금해했다. 그리고 그의 초기작들, 실존주의적인 한계 상황이며 부조리에 대한 시지푸스의 신화를 연상시키는 작품들을 읽고서 그의 내면 풍경이 대충 그려졌고, 그리고 「어둠의 혼」 이후의, 6·25를 겪는 그의 가족들에 관한 소설들에서 그의 심성을 그렇게 만들어준, 유년기로부터 청년기에 이르기까지 그가 치러내야 했던 아픈 삶의 이력을 통해 조금 눈치 챌 수 있을 뿐이다. 그럼에도 그의 술과 춤이 보여주는 그 막막한 절망이 결코 그 바닥까지 이해되는 것은 아니었다.

새해 들면서 좀 한가해진 아내가 뜻밖에 김원일의 『노을』을 손에 들고 있었다. 틈새 시간에 몇 쪽 보다가 다른 일로 일어서기도 하고 몇 줄 눈을 주다가 아주 누워 잠들기도 하면서, 그녀답게 느릿느릿, 그러나 끈질기게, 그 소설을 붙잡고 있더니 드디어 일주일 만에 '독파'를 했다. 아니, 때 아니게 웬 『노을』? 전에부터 읽어보겠다고 생각해오던 중에 문득 눈에 띄어 잡은 것인데, 보아가면서 그 수식에 신경 쓰지 않은 듯한 대범한 문장이 읽을수록 씹는 맛이 돋기도 하고 특히 경상도 사투리가 그렇게 감칠맛이 흥겨울 수 없어 그것을 끝내지 않을 수 없었다는 것이다. 말에 대해 유난히 민감한 그녀가 그녀의 시대 어른 말씨와 그리 멀지 않은 토속 말씨에 재미가 돋아 대화 부분은 몇 번을 되씹어보기 때문에 더 느리게 읽게 되었단다. 사실은 내가 그랬다. 그의 『노을』을 만들 때, 그리고 그 이후의 그의 작품이 문학과지성사에서 나올 때마다 나는 교정을 보았는데, 문장과 어휘와 표기에 세심하게 신경을 써야 하는 그 교정을 보면서 그의 문체에 감탄한 적이 많았다. '대가답다'

는 것을 느끼기 때문이다. 그는 문장에 멋을 내려 하지도 않고 관념이나 사변도 끼워넣지 않으며 까다롭거나 에두르거나 하지도 않는다. 그저 덤덤하게, 고심하지 않고, 글줄에 따라 그냥 이끌려 나오는 대로 묘사며 서술을 꾸려나간다. 그 범연함, 자연스러움, 무애스러움이 그의 문체를 움직이고 있다. 그래서 문득, 20여 년 전의 나는 그의 소설을 교정 보다가 아내에게, 이 친구는 제가 쓰고 싶은 대로 마음대로 쓰는 듯한데 그게 대가다운 무게와 맛을 주는군, 하고 감탄했다. 그런데 19세기적인 낭만주의 소설이나 영화를 좋아하는 그녀도, 정말 그래, 하고 동의했다.

   그의 40년에 이르는 왕성한 창작 생활에서 가장 중요한 주제는 한국전쟁이지만, 그런데 그에 못지않게 내가 그의 소설에서 정작 그의 인간다움을 확인하는 것은 그의 작품 속에 자주 등장하는 순진무구한 인물에 대한 그의 유다른 편애이다. 장·중·단편의 그의 소설 곳곳에 그런 인물들이 때로는 소년으로 때로는 청년으로 등장하는데 특히 『늘푸른소나무』는 그런 인격의 성장기이며 『아우라지로 가는 길』은 그런 젊은이의 방랑기이다. 그 인물은 백치의 모습으로 나타나지만, 그 백치가 가장 지혜로운 현자임을, 그러니까 도스토예프스키의 알료샤나, 특히 미슈킨 같은 지고의 지순한 인간형으로 묘사된다. 그의 소설에 으레 나타나는 이 고상한 인간상이 어떻게 그의 내면에 자리잡게 되었을까에 가끔 생각이 미친다. 어쩌면 그 자신이 유다른 애정을 가지고 있는 가벼운 자폐 증상의 아들 때문일 수도 있을 것이지만, 그것만으로는 설명될 수 없는 어떤 비밀이 있을 듯하다. 나는 그 비밀을 알 수 없지만, 그가 그런 인물을 이상적인 인간형으로 모시고 있다는 것만은 분명하다고 믿는다. 순결하지만 어수룩하고 맑지만 어눌하고, 지혜롭지만 결코 속되지 않은, 원천적으로 죄가 없고 더러운 세월 속에서도 결코 때 묻을 수 없는, 성경의 말씀대로 비둘기처럼 순결하고 뱀처럼 지혜로운, 천국에서 가장 귀염받을 그 구원(久遠)의 인간상. 나는 그의 이 같은 인간 신뢰 때문에, 파울 틸리히가 말하는 '종교적 인간'의 한 예를 그가 보여주는 것이 아닐까 생각한다. 비록 어설픈 신자이고 게으르게 교회를 다니고 있지만 그는 기독교적 구원(救援)의 핵심을 몸 안에 품고 있는 듯한 것이다.

아마도, 그의 젊었을 시절, 내게 보였던 그 고통의 표정, 항거의 몸짓, 육중한 존재와의 씨름이 없었더라면 그의 작품에서 품어 보이는 그 영원히 순결한 인간형은 어쩌면 태어나지 않았거나 묘사된다 하더라도 가짜이기 십상이었을 것이다. 그는 고뇌와 열정, 고통과 가혹의 심연을 온몸으로 씨름하고 이겨내 통과함으로써, 단순함 속에 세계의 진상을 투명하게 직관할 수 있는 고결한 영혼의 세계에 다다른 것 같다. 그것은, 그런 경지를 소망하면서도 결코 그 경지에 이르지 못할 내게 분명 한 편의 드라마틱한 비의로 다가온다. 〔2002. 3〕

자연에의 동화를 향한 꿈꾸기
— 김주영의 김동리문학상 수상작 『멸치』에 대하여

    김동리 문학상의 다섯번째 수상작 후보로 예심을 통해 제출된 작품들에 대한 우리의 소감은 거의 비슷했다. 소설가 강용준, 한승원씨와 나는 그동안의 네 수상자들의 면모와 그들의 수상작들을 비추어 이제 권위 있는 문학상으로 자리하게 된 김동리문학상의 격을 생각했고 그에 어울릴 후보작들의 품을 보았다. 물론, 이미 다른 상으로 결정된 한 작품까지 포함해 우리가 읽은 네 작품들은 동리 선생의 문학적 품격을 당연히 이을 수 있는 훌륭한 소설들이었다. 그러나 수상작은 한 편이어야 했고, 그래서 신중하게 논의했고, 더 나은 점들을 따져본 끝에 이의 없이 김주영씨의 장편소설 『멸치』를 수상작으로 선정하는 것에 의견을 모았다.

    김주영의 『멸치』는 그가 2년 전에 전작으로 발표한 『홍어』와 짝을 이루는 소설이다. 그것은 비슷한 길이의 소설 제목이 같은 바닷물고기 이름이기 때문에서가 아니라, 두 작품이 드러내고 있는 서사적 구조와 그것을 제시하는 문체, 그리고 거기에 깔려 있는 작가의 정서와 사유의 상통 때문이다. 『홍어』가 가출한 아버지의 귀가를 기다리는 어머니와 그 아들인 데 비해 이번 것은 역시 가출한 어머니의 귀가를 기다리는 아버지와 아들의 이야기이다. 『홍어』가 산골의 외딴집이 맞는 겨울에서 시작하는 것처럼, 그러나 『멸치』는 역시 벽지의 유수지에 닥쳐오는 여름에서 시작한다. 그리고 『홍어』에서의 서두가 폭설이 내리는 정경에 대한 뛰어난 묘사로 이루어진 것처럼 『멸치』는 너구리, 개동박, 직박구리, 오소리, 여우, 종달새 등 이제 도시의 일상에서는 잊혀지거나 볼 수 없게 된 자연의 생물들에 대한 싱싱한 추적으로부터 출발하고 있다. 작가 김주영에게 있어 그가 태어난 고장과 자라난 시절에 더불어 사귀어온 야생적인 자연의 모습이 노년이 되어가는 이제 더 풍성하게 다가오는지도 모르겠다. 물론 그가 『객주』며 『야정』 혹은 『아리랑 난장』에 이르기까지 그의 대작들의 세계가 이른바 문명적이란 것으로 염색되기 이전의 우리의 혹은 조상들의 자연스러운 삶으로 구성된 것이지만 『홍어』에 이어 『멸치』에 이르는 그의 근작들은 사람들의 토속적인 삶에서 시정(市井)적인 것, 일상적인 것까지 그 현실성을 지우며 자연 그 자체의 인간 모습으로 접근하고 있다. 그것에는 인간을 자연 속의 한 자연적인 존재로 환원하고 싶어하는 작가의 꿈이 서려 있는 듯하다.

가령 아버지부터 그렇다. 그는 동네 친구들과 마작을 즐기고 동네 여자와 정분을 나누기도 하지만 그는 끝까지 포수였고 멧돼지 큰 것 하나 잡는 것으로 자신의 포수로서의 품위를 얻어내려 한다. 화자인 나는 열네 살의 소년이지만 지금 학교에 다니고 있는 중도 아니고 공부를 하는 것도 아닌, 아버지의 집과 외삼촌의 유수지에서만 노닥거리며 그래서 그 또래라면 으레 가졌을 사회적인 역할이나 위치가 탈색되어 있다. 그 아버지와 아들보다 더 자연화한 사람이 유수지 가에 움막을 짓고 염소를 기르되 먹는 것도 구체적인 생활도 거의 보여주지 않는 외삼촌이다. 그는 짐승의 성질과 행동을 꿰뚫어보고 있지만, 그리고 사태의 움직임도 정확하게 짐작하고 있지만, 그는 물속에서 자맥질이나 하며 햇볕 속에서 좌선을 하거나 할 뿐이다. 그럼에도 이 인물은 이 소설에서 가장 많은 비중을 차지하고 있고 가장 구체적으로 묘사되고 있으며 그래서 아버지와 아들의 존재보다 더 실질적인, 이 소설의 주인공 자리를 차지하고 있다. 그가 동물적인 생태 속에서 은연중에 보이고 있는 탈속적인 삶의 방식은 어쩌면 도시 생활에 염증을 갖기 시작한 작가가 소망하고 있는 삶의 그것일지도 모른다.

아버지, 아들, 그리고 외삼촌은 모두 어머니의 귀환을 기다리고 있다. 어머니가 왜 남편과 아들을 버리고 가출해버렸는지, 아버지는 왜 어머니를 찾거나 포기하지 않고 있는지, 어머니와 외삼촌은 어떤 관계이며 외삼촌은 왜 그 이상한 방식으로 두 부자의 근처를 서성거리고 있는지, 소년은 그 나이에 어울리는, 가령 공부나 일과 같은 직분을 가지지 않는지 이 소설은 정확히 설명해주지 않는다. 그런데 이 소설은 그 '왜'를 독자로 하여금 굳이 묻게 하지 않는다. 우리를 자연 속으로 이끄는 작품 세계가 그 토속적인 문체와 직감적인 묘사법으로 일종의 설화적 공간을 마련해주고 있기 때문이다. 그리고 설화의 세계는 이유와 논리로 따지기보다는 분위기와 서정으로 젖어들게 하고 있는 것이다. 이 설화적 공간 속에서 소년은 외삼촌과는 친숙하고 아버지와는 격의를 두고 있으며 사라진 어머니에 대해서는 그리움을 갖고 있지만 그와 세 사람과는 등거리로 조종되고 있으면서 평상의 가족적인 모습보다는 이 세계의 어떤 세 모습과의 대면 관계를 상징해주고 있는 듯해 보인다. 외삼촌은 친숙하고 구체적인 삶의 실체로, 아버지는 억압과 권위로 다듬어주는 삶의 품위로, 그리고 어머니는 부재로써 그 존재성을 일구어주고 있는 그리움의 대상으로 소년 화자에게 대면되고 있다. 그러니까 소년은 삼각형의 중심에 세 꼭지점을 상대하면서 그 자신의 존재성을 희미하게 지우고 그 꼭지점의 의미를 살려내고 있는 중이다. 우리는 이 세 꼭지점의 성격을 굳이 라캉 식의 거울 단계로 분석할 필요까지는 없겠지만, 그럼에도, 삶의 구체적인 상과 상징계의 힘, 실현될 수 없는 진실한 것에의 그리움이라는 세 가지의 세계상을 김주영이 무의식적으로나마 드러내고 있다는 점에 대해서는 주목해볼 필요가 있을 것이다.

김주영의 이러한 세계 인식이 '멸치'라는 이름으로 대신하고 있다고 보아도 될지 모르겠다. 작품 속에서 '멸치'의 존재는 이 장편소설의 맨 마지막 페이지에 비로소 나타난다. 민물의 유수지에서 자맥질을 하던 소년이 문득 바다에서나 살고 있어야 할 분명 '멸치 떼'를 발견한 것이다. "잠시 부챗살처럼 흩어졌던 멸치 떼는 강강술래처럼 원무를 지으며 내 주위를 맴돌고 있다." 소년은 어쩌다 송사리가 아닌 짠물 어족인 멸치 떼를 보게 되고 작가는 왜 느닷없이 그 자리에 어울리지 않을 멸치를 마지막으로 출현시키고 자신의 작품 이름을 '멸치'로 삼았을까. 소년은 멸치 떼에서 "내장까지 환하게 들여다보일 만치 투명"함을 보고 있었고 작가는 이 소설의 머리말에서 역시 고래의 먹이 사냥이 되는 멸치도 '엄연한 척추동물'이며 "내장까지 들여다보이는 투명한 몸체로 일생을 살"고 있다고 설명하고 있다. 소년이 마침내 깨닫는 "강물 속에는 나와 멸치 떼뿐이었다"는 사실, 그리고 작가가 멸치야말로 "알을 밴 흔적만은 감추는 은둔자의 삶을 산다"는 지적이 작가가 이 작품에서 감추고 있는 자신의 작가로서의 지향일 수 있을 것이다. 그는 자연 속에서 자연으로 동화되는, 때가 끼지 않은 투명하고 은둔자적인 삶을 꿈꾸고 있지만 민물에서는 살 수 없는 멸치처럼 그것의 불가능성을 암시하고 있는지도 모른다.

그 꿈과 그 꿈의 불가능성이 이 작품을 설화적인 분위기로 접근토록 하고 아버지, 외삼촌의 기이한 삶을 자연스럽게 받아들이게 하며 보이지 않는 어머니의 존재를 확인시켜주고, 그리고 때로는 의젓한 소년 같기도 하고 때로는 학교에도 미처 못 들어간 유아처럼 보이게도 하는 소년 화자의 정체성에 대한 의문도 밀어내게 하고 있다. 김주영의 『멸치』가 보여주는 세계는 그 사실성에 있어 모호하고 일탈된 것이지만, 그것의 상징성에서는 투명하고 주류적인 것이다. 그는 모호함을 통해 투명한 꿈을 그리고 있고 일탈된 것을 잡아 삶의 기본이 무엇이어야 할지를 보여주고 있다. 그가 그럴 수 있는 것은 그 꿈과 삶을 소설을 통해 수행하고 있고 문학으로서의 소설은 그 문체와 상징으로 성취된다는 사실을 그 작품 자체로써 실현해주고 있기 때문일 것이다. 〔『문학나무』, 2002. 겨울〕

이념의 상잔, 민족의 해원
—— 황석영 장편소설 『손님』

황석영은 『손님』의 '작가의 말'에서 "과거의 리얼리즘 형식은 보다 과감하게 보다 풍부하게 해체하여 재구성해야 된다"고 적고 있다. 10여 년 전 베를린 체류 시절 동서독을 가로막은 장벽이 붕괴되는 장면을 현장에서 목격하면서 "문체나 구성에 대해서 이른바 '객관성'이란 무슨 의미를 가지고 있는가를 돌이켜보며 반성"하게 된 것은 그가 "삶은 놓친 시간과 그 흔적들의 축적이며 그것이 역사에 끼어들기도 하고 꿈처럼 일상 속에 흘러가버리기도 하는 것 같다. 역사와 개인의 꿈 같은 일상이 함께 현실 속에서 연결되어야 한다고 생각한" 결과였다. 아마도 그는, 극적인 상황과 사건들, 그것들이 가하는 충격적인 인식은 객관적인 묘사로도 여전히 미흡하며 인간과 삶의 내면적인 비의는 전통적인 리얼리즘의 한계를 넘어서 있다는 것을 객지의 외로운 생활과 사유 속에서 확인한 듯하다. 그렇다고 해서 이런 반성과 더불어 구상하기 시작했다는 『손님』에서 그가 리얼리즘을 버린 것은 물론 아니다. 정확히 말하면 그는 리얼리티를 획득하기 위해 리얼리즘을 버린 것, 그러니까 진실을 포착 재현하기 위해 전통적 사실주의 수법을 재고, 수정한 것이다. "삶이 산문에 의하여 그대로 재현되는 것이 아니라면, 삶의 흐름에 가깝게 산문을 회복할 수는 없을까 하는 것이 나의 형식에 관한 고민이다"(「작가의 말」, 『손님』, p. 261).

이 고민을 통해, 기왕의 리얼리즘적 수법을 수정하는 몇 가지 방법을 그는 사용하고 있다. 그의 설명에 따르면 '황해도 진지노귀굿' 열두 마당을 기본 얼개로 했다는 점이 그 하나다. 12장(章)의 구성과 그 제목이 그렇고 특히 마지막 장 '뒤풀이'는 한편의 무가(巫歌)로만 이루어져 망자의 저승 천도를 기원하는 말 그대로의 '넋굿'일 뿐이다. 20여 년 전에 완성된 그의 야심작 『장길산』에도 판소리체와 무가 형식이 도입되기는 했지만, 『손님』에서의 그 것은 보다 의도적이고 적극적이다. 그 다음의 방식은 시점의 자유로운 이동 이다. 이 소설의 체제는 '그'라는 3인칭의 서사체이지만 군데군데, 가령 8장 '시왕'에서는 느닷없이 외삼촌과 요섭이 '나'라는 1인칭 진술로 과거의 사건 들을 진행하고 있는 것이 그렇다. 그것은 혼령들의 1인칭 술회와 어우러져 6·25의 그 참담한 기억들을 그 기억의 당사자들을 통해 술회시킴으로써 그 현장의 감각을 더욱 생동감 있고 처절하게 전달하는 효과를 가져온다. 마지 막으로, 그러나 가장 중요한 탈리얼리즘적 수법으로 동원된 것이 혼령의 출 몰과 그들의 과거 소명(疏明) 방식이다. 그 혼령은 류요섭 목사가 북한을 방 문하는 첫 장에서부터 따라오기 시작해서 그의 고향 체류 중 끈질기게 그의 앞에 나타나며 드디어는 그 망령들의 격렬한 해명과 토론을 통해 50년 전의 참혹한 학살과 보복의 역사를 증언한다. 작가는 왜 굳이 망령을 통해, 그러 니까 전통의 사실주의 수법으로써는 허용하기 힘든 비현실적 존재들을 통해 역사를 기록하였을까. 그것은 그가 '작가의 말'에 기록한 것 같은 "역사와 개 인의 꿈"에 대한 관심의 표현으로도 보이고 "모든 등장인물들이 보여주는 생 각과 시각의 다양성으로 자수를 놓듯이" 그리고 싶어하는 수법적 개발임도 분명하다. 그러나 한켠으로 생각되는 것은 북한의 이념과 체제에 저항하는, 그럼으로써 남한 쪽 편이 되는 기독교인들의 가혹한 만행들에 대한 폭로를 효과적으로 수행하기 위한 방안이었을 것이기도 하다. 작가가 그 살육에 대 한 보복으로 고통받은 북한 사람들의 고발을 알게 된 것은 「작가의 말」에 의 하면 그가 북한 체류 중 방문한 '미제 학살 기념 박물관'의 자료와 뉴욕에서 만난 '류 아무개 목사의 목격담'을 통해서였다. 그 자료들은 남한에서 인정해주지 않는 것이거나 객관적인 사료로 이용하기 힘든 것들이며 그래서 작가가 혼령의 진술을 통해 자신의 상상력을 발현·치환한 것이 아닐까 추측된다.

그러나 '망령들'의 출현과 그들의 술회는 보다 깊이, 더욱 의미 깊게, 민족분단에 대한 황석영 자신의 인식론적 표현임이 강조되어야 할 것이다. 그는 전쟁이 종식된 지 반세기가 지났음에도 이 땅에는 여전히 당시의 원혼(寃魂)이 떠돌고 있으며 구천의 혼령들이 해원(解寃)하지 않는 한 진정한 통일은 그 모색부터 어렵다는 것을 이 망령들의 존재를 통해 드러내고 있는 것이다. 이 망령들은 숨은 과거가 환한 햇빛 속으로 밝혀지기를 요구하고 있으며 죄 있는 자들은 회개하고 사죄할 것을 소망하고 있다. 그런 후에야 그 귀신들은 원한을 풀고 구천으로부터 저승으로 천도할 것이다. 황당한 전쟁을 고통스럽게 치러야 했던 당시의 당사자들은 류요한 장로처럼 이제 대부분 죽어 혼령이 되었고, 그 장면들을 목격해야 했던 그의 동생 류요섭 목사 같은 사람들은 귀신들이 보이고 그 원성을 듣는 60대의 노년층이 되었다. 눈 있는 사람, 귀 있는 사람들은, 세상이 달라지고 사람들은 바뀌었지만 여전히 이 땅에 도사린 분단의 원령들이 짓는 참혹과 신음을 보고 듣는다. 황석영은 바로 이 억울과 하소의 영령들에 대한 진혼 없이는 통일의 꿈이 도모될 수 없다는 것을 뜨겁게 인식한다. "아직도 한반도에 남아 있는 전쟁의 상흔과 냉전의 유령들을 이 한판 굿으로 잠재우고 상생의 새 세기를 시작하자는 작자의 본뜻"(p. 262)은 이래서 그 문학적 표출을 획득하게 되는 것이다.

『손님』은 뉴욕에서 교회를 맡고 있는 류요섭 목사가 '이산가족상봉추진회'에 신청하여 북한과 자신의 고향인 신천을 찾아 가족과 친척을 만나고 미국으로 돌아오는 한 편의 북한 방문기이다. 그 여행의 처음과 마지막에 그는 꿈을 꾼다. 그러니까 이 소설은 꿈에서 시작하여 꿈으로 끝나는데 그러나 그 두 시기의 꿈의 성질은 전혀 다르다. 그가 북한으로 떠나기 전의 잇따른 꿈은 죽어가는 아기의 갈그랑거리는 울음소리와 「울밑에 선 봉선화」를 노래하는 바이올린의 떨리는 소리, 그리고 초라한 형이 배회하며 기도하는 듯한 모습들(pp. 7~9)이다. 마지막의 꿈도 많은 사람들이 말없이 무거운 것을 끄는 줄을 어깨에 걸고 한 방향으로 걸어가는 음울한 모습에서 시작하지만 문득 새가 되어 날아가 보게 된, 닭과 소가 먹이를 먹고 사람들이 모심기를 하며 어머니가 밥 먹으라고 아이를 부르는 평화스러운 장면으로 끝난다. 앞의 세 마디 꿈은 소설 속에서 전쟁의 참상과 만행의 회상에 전조가 되고 있지만 뒤의 마지막 장면은 고향에서 얻은 진혼과 화해의 꿈일 것이다. 류목사에게 변화가 온 것은 그 꿈만이 아니다. 그는 평양에 도착한 후의 첫 외출에서 "여기는 왜 이렇게 낯설까"(p. 72)라고 멈칫하며 "무슨 초현실적인 그림 속에 들어와 있는 듯한 느낌"(p. 74)에 빠져들고 첫날 밤의 잠자리에서는 "이 도시에 누워 있다는 것이 몹시 이상했다"(p. 83)고 여긴다. 물론 다른 땅을 여행하면 느낄 법한 것과 전혀 다른 낯섦, 이상함이다. 많은 도시들을 겪어본 류목사 자신도 그곳이 외지라는 이유 때문은 아니라는 것을 알고 있었다. 그리고 일정을 마치고 평양을 떠날 마지막 날의 호텔 방에서 그는 "유리창에 희끄무레하게 비친 자신의 모습"에서 "세상에서 가장 낯익은 사람의 모습"(p. 257)을 본다. 그것이 자기 얼굴이기 때문에 가장 낯익은 것도 물론 아니다. 고향마저도 낯설고 비현실적인 것으로 괴리되어 서먹하게 여겼던 그가 마침내 자기가 방문한 곳을 친숙한, 현실적인 것으로 받아들이고 자신의 내면과 동화되었던 것을 그것은 가리킨다. 그 꿈과 고향 방문의 느낌은 그렇게 달라진 그의 내면을 비춰준다.

류목사의 이 변화 사이에는, 조카와의 상면, 고향집과 형수와 친척을 찾아간 일, 형과 그 형이 학살한 순남이 아저씨, 이찌로의 영혼의 일련의 회고와 해명이 있고, 외삼촌과 류목사 자신의 회상들을 듣고 돌이켜보며, 아직도 잃지 않은 기독교 신앙을 같이 나누고 형의 유골을 고향의 산에 묻는 일련의 과정들이 진행된다. 그 과정은 해방 후의 북한의 정황, 기독교도와 공산당 간의 알력, 전쟁 중의 지주와 반동의 처리와 일시적인 국군-유엔군의 진주 후에 벌어진 공산당원에 대한 보복, 특히 신천 지방에서 자행된 양민 학살, 그리고 반공청년단원들의 순남이, 이찌로에 대한 끔찍한 처형, 요섭이 식사를 챙겨주던 인민군 패잔 여군의 사살 등등, 가혹했던 대결과 처절한 상잔의 역사에 다름아닌 것이었다. 그것은 악몽이었다. 기독교도와 공산당원, 반공청년단과 인민군 간의 싸움만이 아니라 같은 동네 사람들과 뜻이 한가지인 친구들과의 증오와 복수의 만행이 벌어지는 지옥이었고, 그 지옥에서의 살육은 더 이상 사탄과의 십자군 전쟁이 아니었다. 그 복수에 앞장선 훗날의 장로 류요한의 혼령은 이렇게 그 '지옥' 같은 시절을 회상한다.

> 나는 이제 우리의 편먹기는 끝났다고 생각했다. 더이상 사탄을 멸하는 주의 십자군이 아닌 것이다. 우리는 시험에 들기 시작했고 믿음도 타락했다고 생각했다. 나와 내 동무들은 눈빛을 잃어버린 나날이 되어갔다. 눈에 빛이 없다니 그게 무슨 소리냐고. 사는 게 귀찮고 짜증이 나서 그랬다. 조금만 짜증이 나면 에이 썅, 하고 짧게 씹어뱉고 나서 상대를 죽여버렸다. (p. 246)

> 이곳은 이제부터 마귀가 번성하게 될 지옥일 뿐이라고 생각했다. 〔……〕 우리는 그 악몽의 나날을 보내면서 안에 감추고 있었을 뿐 서로를 원수보다 더 미워하게 되었다. 〔……〕 당에 들거나 직맹에 들거나 어쨌든 조그만 핑곗거리만 있으면 죽일 수 있었으니까. 그래서 우리는 자기 자신까지도 증오했다. (p. 248)

이 광적인 살의와 무참한 만행들은 아마도 실제 자료로 '미제 학살 기념 박물관'을 방문한 작가에게 전달되었을 것 같은 김명자·조순원 등 일곱 명의 증언(pp. 108~111)에 사실적으로 폭로되고 있지만 요한이 어렸을 때부터 친하게 지낸 순남이 아저씨와 동네 머슴인 이찌로를 죽이는 장면에서 상상을 뛰어넘을 만큼 끔찍하게 묘사되고 있다. 일남이는 자기 딸이 "위로 쳐들렸다가 패대기쳐"지고 아내의 머리가 "퍽하니 깨져 땅바닥에 고꾸라지며" 갓난아기가 "뽈 차듯" 내질러져 공중에 떴다가 나동그라지는 참상을 보았고, 그리고 "코에 철사로 꿰여" 끌려다니다가 다른 사람들과 함께 기름불에 타 죽게 된다. 순남이가 올가미에 씌인 채 전봇대에 매달려 축 늘어져 버둥거리다가 요한의 총으로 살해되는 모습은 요섭이 어렸을 때 본 개잡이 장면 바로 그것이었다: "개의 모가지에 여러 겹의 새끼줄을 매어 맞춤한 나뭇가지에 걸고 당겼다. 팽팽하게 당겨올리면 개는 눈을 희번득이고 네 다리로 발버둥을 치기 시작했다. 〔……〕 모두들 살기와 식욕이 돌아 눈빛이 이상스럽게 번쩍였다"(p. 25). 그 45일 동안, 그야말로 "히틀러 악당이 감행한 만행보다 더 악독하고 더 무서운 만행" "가장 잔인하고 야수적인 방법으로 학살하는 천추에 용납 못할 만행"(p. 99)이 저질러진 것이다. 그 죄가 그처럼 크고 그 원한이 그만큼 깊기에 회개와 사죄도 그토록 크고 깊고 길어야 했다. 류요한이 월남하며 북에 남겨놓은 아내와 아들은 이후의 생애를 속죄와 사죄의 나날로 보내야 했고 천신만고로 공산당원이 되어 '장군님'에 대한 믿음을 더욱 부추기고 있었으며 그의 어머니와 외삼촌도 기독교 신앙을 향수처럼 가지고 있었지만 지난 세월의 야만적인 사건들에 대해 끊임없는 참회를 하고 있었고 요섭의 형수는 이런 과거를 돌이켜보면서 "하나님두 죄가 있다구"(p. 152) 생각하고 자기 남편이 이 북쪽 땅에 남겨둔 것이 처자가 아니라 "죄책감"이었으며 그 죄책감 때문에 "믿음얼 살려내지 못하"(p. 155)고 있음을 고백하게 된다.

요섭의 북한 방문과 가족 상봉은 그러니까 그 죄책감에 대한 용서로 발전하지 않을 수 없게 된다. 그는 가족 상봉이 "옛날 상처를 치유하자고 하는 놀음"이라는 북의 기관원에게 형 대신 "사죄드립니다. 제가 대신"(p. 89)이라고 고백하고 조카에게 "너이 아버지와 나 같은 사람들의 죄를 씻으려고 왔다"(p. 116)고 설명하며 형수 앞에서 "우리가 지난 세월 동안 서로 겪은 고난을 원망하지 않게 하소서. 그리고 서로 용서하게 하소서"(p. 154)라고 기도한다. 그리고 그는 그가 고향으로 떠나기 며칠 전에 작고해서 화장한 그의 형의 뼈다귀 하나를 고향 땅에 묻어준다. 그 행위는 형수가 말한 것처럼 "죄 많언 넋이 고향에 돌아왔시니깨 맞아줄 혼령덜두 씻김얼 해줄"(p. 156) 것이고 요섭 스스로 그 일을 마치고 "형님 이제야 고향에 돌아온 거요, 하고 〔……〕 말하고 싶어"(p. 255)진다. 그러나 사죄의 기도와 죄 많은 뼈다귀의 고향 땅 묻기의 상징적 행위로 해원과 화해가 이루어지는 것은 아니다. 황석영의 『손님』은 제5장 '맑은 혼'의 부제처럼 '화해 전에 따져보기'가 있어야 한다고 보면서, 구천에 떠돌던 원혼들을 통해 과거의 개잡이 같은 살육 보복의 만행들을 폭로한다. 혼령들은 그 전말과 진행을 모조리 밝혀놓고 나서야 "자자, 이젠 돼서. 그만들 가자우"라며 다른 남녀 헛것들과 함께 "벽에서 스르르 일어나 바람에 너울대는 헝겊처럼 어둠 속으로 사라지기 시작"(p. 250)한다. 그러고 난 후 외삼촌은 마치 살아남은 우리 모두에게 말하듯이 권고한다.

갈 사람덜언 가구 이제 산 사람덜언 새루 살아야디. 저이 태 묻언 땅얼 깨끗허게 정화해야디 안카서? (p. 251)

한국전쟁 50주년을 맞으며 집필이 시작되었다는 『손님』은 우리의 6·25 또는 분단의 문학에서 이색적인 점 하나를 제시하고 있다. 이 소설에는 남한의 이야기, 남쪽 사람의 이야기는 전혀 나오지 않고 북을 무대로 북쪽 이야기만이 서술되고 있다. 남한의 분단 문학에서 가령 최인훈의 『광장』에 북한의 권력 내부 이야기가 나오고 홍성원의 『남과 북』, 조정래의 『태백산맥』, 이문열의 『영웅시대』에 북한 인민군이 서술되며 염상섭의 『취우』로부터 김원일의 『불의 제전』에 이르기까지 적치하의 서울이 묘사되고 이병주의 『지리산』 이후 김원일의 『겨울골짜기』와 조정래의 『태백산맥』에 빨치산 내부가 소상히 소개되고 있지만, 북한의 한 지역 이야기만을 시종 한 것은 『손님』이 처음이며 남한 이야기가 간여되지 않은 소설 작품으로도 최초가 아닌가 싶다. 이것이 가능했던 것은 『지리산』 이후 상대적으로 활발해진 표현의 자유와 희귀 자료들의 노출에도 영향받았겠지만, 황석영의 『손님』의 경우 그가 북한을 방문하여 오랫동안 체류하며 그쪽 사정과 관점을 폭넓게 접했을 뿐만 아니라 그가 「작가의 말」에 쓴 것처럼 그 자신은 태어나지 않았지만 그의 아버지의 고향이며 미군의 '양민 학살' 현장인 황해도 신천군 일대를 자상히 돌아볼 수 있었던 점에 가장 큰 덕분이 있을 것이다. 그는 남한 작가로서 북한에서의 한국전쟁을 추체험할 수 있었던 희귀한 존재였고 거기서 얻을 수 있었던 소재를 십분 활용하며 자신의 상상력을 어떤 체제나 이념에 개의 없이, 그리고 남한 사람 대신 미국으로 이민 간 사람의, 그럼으로써 남쪽의 관점과 사유로부터 독립된 독자적인 시선을 통해 자유롭게 피워낼 수 있었을 것이다.

이런 때문에 가능해진 북쪽 시각으로서의 그의 6·25 전쟁 접근은 분단 문학에 또 하나의 지평을 연 것이 아닐까 싶다. 그 지평은 남쪽의 시각으로 염색된 인식을 벗어나 당시의 사건을 새로이 관찰하고 그 관점에서 재현한다는 인식의 또 다른 차원 개발을 가리킨다. 요섭 스스로 "그와 요한형이 생각하던 고향이며 당시의 참경까지도 자신들은 얼마나 다른 색깔로 그림을 그려놓았던 것일까"(p. 103)라고 자문하고 있거니와, 가령 전상국의 「바람난 마을」을 비롯한 많은 작품들이 그리고 있던 전쟁 중의 서로 죽이고 죽는 상잔의 비극들은 대체로 이쪽의 색깔로 칠해진 그림들이었다. 황석영은 그런 장면들을 미국 이민 지식인의 눈을 통해 새로운 색깔, 아마도 보다 진실에 가까운 그림으로 그려 보인다. 나는 10여 년 전 북한을 방문한 재미 한국인 학자들의 북한 실정 보고 논문들을 본 적이 있는데, 거기서 그 필자들은 과거 황해도와 평안도 일부를 초토화한 미 공군의 융단 폭격의 경험과, 스스로는 소련과 중국의 지원이 끊어진 가운데 미국의 막강한 후원을 받는 남한군과 주한 미군에 외롭게 대치하고 있음으로써 빚어지는 현재적 공포감 때문에 그 체제가 더욱 폐쇄적이고 유일 주체 사상으로 견고하게 정신 무장을 하며 대남 적대감을 키우고 있다고 설명했다. 아마도 이런 측면이 적어도 어느 만큼의 사실성을 가지고 있을 것이라고 내가 동의한 것은 북쪽의 정황과 사정을 통해 그들의 이러한 정황을 이해할 수 있었던 때문일 것이다. 황석영의 『손님』이 열고 있는 인식의 지평은 이런 방향에서이다.

 작가가 이 작품을 통해 우리의 인식을 전복시키고 있는 가장 큰 점은 가령 황순원의 『카인의 후예』에서처럼 고통스러운 박해를 받고 있는 수난자로 지목되어온 지주나 기독교인이 실제로는 혹은 어느 만큼은, 오히려 가해자일 수도 있었다는 점이다. 물론 해방 직후 김일성 정권이 먼저 실시한 토지 개혁이 지주들을 압박하고 땅과 재산을 탈취했을 것이지만, 잠시 동안의 국군 수복기에 반공청년단을 비롯한 우익들의 보복은 이 소설에 의하면 훨씬 가혹하고 광란적이었다. 그것이 어느 정도였는가 하면 무고한 아녀자들의 참살에 이르기까지 그 만행들이 중세의 기독교 십자군과 같은 소명감과 열정으로 이루어졌을 정도였다. 그들은 사탄이며 이단들을 처형하듯이 북쪽 사람들을 학살했고 여자들을 폭행했으며, 더욱이 살해하고서는 "둘러서서 기도를 올"(p. 199)렸다. 요한은 요섭이 숨겨준 여자 인민군을 그녀들의 애소에도 불구하고 괭이로 찍어 죽였는데, 훗날 요섭이 형에게 그때 그녀들을 죽이고서 기도를 했느냐고 질문하자 "기도를 올렸다고 대답"(p. 243)한다. 류목사가 처음 꾼 꿈 속에서 들려오던 「봉선화」의 바이올린 소리는 바로 이 슬픈 에피소드를 떠올린 것이다. 공산당원의 잔혹성을 우리가 익히 들어온 대로 자연스럽게 받아들이며 북한에서의 기독교도들이 종교를 마약이라고 신념하는 공산주의자들에 의한 수난자들이라는 선입관을 의심 없이 지켜온 우리에게 황석영의 이 기록들은 의외의 진실을 던져준다. 우리의 고정관념은 남쪽 편 사람들에 의해 남쪽 사람들에게 부어진 교육과 정보의 세례 결과이며 북쪽 사람의 경험과 기록과 관점에 의해 바라보면 갖가지 사건들의 진상은 그대로 반전되어버리고 만다. 물론 모든 것이 이렇게 반전시켜야 진상이 드러나는 것은 아닐 것이다. 그러나 황석영의 이 전복적인 서술은, 반공청년단의 만행은 더 진하게, 인민위의 순남이와 이찌로 등 버림받은 민초들은 한없이 선명하게 그렸음에도 불구하고 일방적으로 남쪽의 시각으로만 바라보던 우리의 인식 체계에 근원적인 반성을 가하기에 충분하다.

이 반성은 기독교와 마르크시즘을 '손님'으로, 그것도 천연두를 가져온 서병(西病)인 "마마"(p. 262)로 규정하는 황석영의 관점을 새삼 음미하게 만든다. 그는 「작가의 말」에서 "기독교와 마르크스주의는 식민지와 분단을 거쳐 오는 동안에 우리가 자생적인 근대화를 이루지 못하고 타의에 의하여 지니게 된 모더니티"(p. 261)라고 강조하고 있거니와 참된 의미에서의 훌륭한 기독교 신자일 외삼촌의 입을 통해 "야소교나 사회주의를 신학문이라고 받아 배운 지 한 세대도 못 되어 서로가 열심당만 되어 있었지 예전부터 살아오던 사람살이의 일은 잊어버리고 만 것"(p. 176)이라고 설명한다. 그리고 태어나면서부터 제 이름도 못 얻은 채 '버려진 항아리'처럼 한스럽게 살아야 했던 이찌로(박일랑)는 요한으로부터 참혹한 행패를 당하면서 "조선으 하나님얼 믿어라야"(p. 214)라는 권고를 신음 속에서 내뱉는다. 무엇보다, 작가는 목사인 화자의 시점을 통해 반기독교적인 혼령으로 진실을 밝혀내고 한 조각 뼈다귀로나마 고향 땅에 묻힘으로써 화해를 찾아낸다는 점에서 그로 하여금 기독교를 원천적으로 배반하게 하며, 그리고 천도를 향한 넋굿으로 마무리를 지음으로써 '손님'으로 들어온 '야소교와 사회주의' 대신 우리가 '살아오던 사람살이'로의 복귀를 요청하고 있다. '손님'으로 들어온 기독교와 사회주의가 우리 것이 아니기에 나쁜 것이며 그래서 우리 현대사에 그처럼 엄청난 비극과 죄악을 저지른 것인지, 그것들의 자기화에 우리가 실패해서 그 같은 불행이 닥쳐온 것인지, 1980년대의 그 북한 알기와 통일 운동, 사회주의와 진보적 주장들의 실천을 통해서도 그것들은 여전히 손님의 자리 이상의 존재로 우리에게 들어온 것은 아닌지, 그리고 이찌로가 마지막 말로 권고한 '조선의 하나님'이란 실제로 무엇인지, 그것이 샤머니즘인지, 그 샤머니즘 신앙으로의 복귀가 가능하고 바람직한 것인지 등등의 여러 가지 것들이 황석영의 사유에 대한 의문들로 떠오르는 것이지만, 중요한 것은 그게 아니다.

『손님』은 분단 당시의 사실들에 대한 진상을 새로이 밝혀야 할 뿐 아니라 그 밝혀낸 진상 위에서 속죄와 화해의 길을 모색해야 한다는 것을 우리에게 은근한 목소리로 권고하고 있는 것이다. 황석영은 이 특이한 감동을 이끌어주는 소설을 통해, 우리 민족의 터전인 한반도에 50년 전의 억울한 영혼들이 여전히 헤매고 있으며 구천을 떠도는 그 원혼들의 원통을 씻어주며 화해와 상생을 향한 새로운 굿놀이를 펼쳐야 한다는 것을 실감나게 호소한다. 그것이, 6·15의 정치적 선언보다 앞서서, 혹은 그것이 실효를 얻기 위한 기반으로서 실천되어야 할 일일 것이다. 정치가와 경제인, 학자들과 통일운동가들의 관심이 어디에 있든 문학이 생각해야 할 것은 해원과 진혼을 위한 정서적인 '넋굿'의 자리를 마련하고 우리로 하여금 그쪽으로 마음을 쓰도록 재촉하는 일이다. 황석영은 자신의 북한 체험을 통해 그것을 권하고 그것을 한 편의 소설로서 해원의 굿판 자리를 마련한 것이다. 그래서 얻게 된 『손님』은 분단 극복의 정서적 초석이 될 뿐만 아니라 분단 문학의 한 중요한 자산으로 자리할 것이다. 〔『문학동네』, 2001. 가을〕

품위와 연민
―― 고종석 소설집 『엘리아의 제야』

　고종석은 기자이며 에세이스트고 컬럼니스트이자 문화비평가이다. 나보다 근 20년 후생이지만, 그러나 기자였고 에세이스트이기를 바라며 칼럼도 쓰고 문화에 관심이 많은 내게 그는 선생이다. 그는 내 손이 닿지 못하는 곳까지 박학하고 내 눈이 가려내지 못하는 점에도 섬세하며, 그 통찰은 지혜롭고 그 태도는 관용적이고 문체는 부드럽다. 그럼에도 불구하고 그는 완강한 자유주의자이며 철저한 인문주의자이고 염결한 선비 정신을 품고 있다. 동학으로서의 내 부러움을 살 뿐 결코 그 경지에 도달할 수 없으리란 좌절감만을 내게 안겨주는 그의 그런 뛰어난 덕성들이 신문이며 잡지, 그리고 많은 저서들에서 활달하게 전시되고 있다. 그러나 그에 대한 나의 경의는 그것만으로 그치지 않는다. 그는 나로서는 도저히 엄두도 내볼 수 없이 능통한 언어학자로서의 실력을 갖추고 있고, 그리고 또, 그는 창조적인 정신만이 발휘할 수 있는 늠름한 소설가로서의 창작 활동을 하고 있다. 요컨대 그는 박람하면서 강기하고 휴머니스트인 동시에 예술가인 것이다.
　이런 자질은 볼테르나 루소 혹은 사르트르를 배출한 프랑스에서는 흔할 수 있을지 모르지만 우리의 경우 결코 쉬운 일이 아니다. 여러 분야에 대한 해박한 지식을 갖추고 그것들에 적절한 관점의 틀로 꿰어내며 거기에 인문주의적 정신으로 통합하기에는 우리의 지적 정서적 혼란과 갈등이 지나치게 가혹한 때문이며 그것들에 일관성을 부여하기에는 우리의 역사와 현실이 너무나 왜곡되어왔기 때문이다. 더구나 같은 글쓰기라 하더라도, 사실에 대한 투철한 인식을 요구하는 기자-에세이스트의 경우와 현실 너머의 세계를 향한 자유로운 상상력이 필요한 작가의 경우는 서로 근본적인 체질이 달라서 사유와 문체의 결을 따로 갖지 않으면 안 된다. 몇몇 비평가들이 소설과 시의 창작을 시도했지만 그것들이 별로 성공적이지 못했던 것은 그 결의 다름을 뛰어넘지 못했기 때문이다. 그런데 고종석은 그 다름을 교묘하게 해소하여 자신의 또 다른 글쓰기, 그러니까 소설 창작에 훌륭하게 성공하고 있는데 이미 간행되어 높이 평가받은 장편소설 『기자들』, 그리고 단편집 『제망매』는 그 훌륭한 예가 될 것이다. 이제 우리는 그의 세번째 문학적 성과로서의 창작집 『엘리아의 제야』를 만난다. 세기의 전환기에 씌어진 여섯 편의 중·단편을 수록한 이 작품집에서 우리는 "삶의 본원적 슬픔"(p. 111)을 헤집는 작가로서의 고종석의 또 다른 면모에 빨려들게 될 것이다.

앞서, 나는 고종석이 에세이스트와 소설가 간의 사유와 문체의 다른 결을 교묘하게 해소하고 있다고 평했지만, 그 해소의 방법이 그가 선택한 '에세이 소설'의 기법에 있음을 지적해야겠다. 수필적인 사유와 문체로 소설적 장르를 구성하는 방법은 박태원으로부터 최인훈에 이르기까지 우리 문학에서 아주 희귀한 것은 아니다. 대체로 지식인으로서의 자질과 현실에 대한 성찰에 자유로운 서술적 문체를 특징으로 한 에세이 소설의 전통을 고종석은 다시 되살리고 있는 것이지만, 그의 경우는 앞의 선배 작가들과 좀더 다른 모습을 보이고 있다. 박태원과 최인훈은 공-사 간의 현재적 상황에 대한 성찰이지만 고종석은 지나간 일들에 대한 회상의 형식을 취하고 있다. 작가는 유아기로부터 오늘에 이르기까지 줄곧 기억으로 떠돌고 있는 과거의 일들을 회상하고 추억하고 환기하고 있다. 그것은 "모든 이야기는 과거 이야기"(p. 202)라는 그의 확신을 되살려내는 그의 소설론적 정의일 수 있을 것이다. 또한 에세이 소설이 자연스럽게 취하는 1인칭적 서술법에서 다른 지식인 소설가들은 화자인 '나'가 박태원이나 최인훈이 아닌 다른 사람이라 해서 그 취의가 별로 달라지지 않을 어떤 보편적인 사유자의 자리에 있지만 고종석의 '나'는 어떤 특정한 개인, 그러니까 이 작품들의 작가 특유의 것으로 일관하고 있다. 그것이 그의 소설에서 일본풍의 '사소설'을 연상시키고는 있지만, 그의 '사소설'은 일본적인 내면의 문체로만 흐르는 것도 아니고 갈등의 심리학으로 제한되는 것도 아니다. 그의 개인적인 회상에는 이 땅에서 서러운 삶을 살아야 했던 '파두' 혹은 운명이 얽혀 있고, 사적인 기억에는 전라도 사람으로서의 분노가 서려 있고, 왜곡된 보수적 신문에 대한 신랄한 비판이 노출되고 있다.

그렇기에 그의 에세이 소설은 '회상소설'이라고 보다 좁혀 말해도 좋을 것이다. 일기체로 진행되는 「피터 버갓 씨의 한국 일기」나 서간체로 이루어진 「아빠와 크레파스」의, 덜 고종석적인 작품을 제외하면, 그의 이번 작품들은 『제망매』에서도 그랬던 것처럼 회상이 압도하고 있다. 그것이 어느 만큼인가 하면, 「누이 생각」은 대부분 이복 누이의 기구한 생애에 대한 회고이며, 「엘리아의 제야」와 「파두」의 이야기도 과거의 기억들이 압도하고 있고, 「카렌」은 화련이 나에게 '연애 계약서'를 파기하자는 제안을 하면서부터 전체의 67쪽 중 3분의 2에 가까운 근 40쪽에 이르는 두 사람 간의 옛날 이야기들이 계속된 끝에 본론의 현재 이야기로 돌아올 정도이다. 그 회상도 일관되기보다는, 가령 외숙 이야기가 나오면 그 외숙에 대한 소개로 여러 쪽을 할애하고 대학에서 일본문학사 강의실에 들어가면서 그 전에 외국어를 왜, 어떻게 공부했는지 그 에피소드를 길게 소개할 만큼, 하나의 회상이 또 다른 회상을 달고 나오도록 자유롭고 방만하게 펼쳐진다. 작가 자신만의 그 풍성한 회상들을 기록하기 위해(그리고 또 그런 때문에), 그의 문체는 묘사의 방법보다 서술의 기법으로 집중된다. "꼭 십 년 만이었다"(「파두」), "그해 마지막 날 우리는"(「카렌」)이라고 대체로 과거의 어느 시점에서부터 소설을 시작하는 그의 기법은 따라서 지난 일들과 그 일에 얽힌 사람들의 생애에 대한 이야기로 진술되고 있고 그 삶의 이야기들을 통해 추억 속에 빠져든 화자의 현재적 의식이 피어난다. 그래서 지금 인식되고 있는 상황이 과거 회상의 소설적 결론이 된다. 「엘리아의 제야」에서의 누이와의 포옹, 「누이 생각」에서의 누이와의 메일 교환, 「파두」에서의 친구들과의 뒤풀이, 「카렌」에서의 아내와의 사랑의 확인들이라는 마무리들은 모두 그 길고도 집요하며 방황하는 듯한 회상들이 마침내 끌어낸 현재적 상황으로 결말을 이룬다. 그 회상들은 그래서 지금의 진행형으로 묘사되기보다 지나간 일들에 대한 기억으로 술회되고 그 기억들은 화자의 내면에서 화자만의 것으로 익어 관념화하고 그렇게 윤색되어 고백되고 있다. 그리고 작가는 말한다:

시간은 현실을 기억 속으로 실어 나른다. 좀더 멋들어지게 말하자. 시간에 의해, 내 몸 바깥 현실의 물질성은 내 뇌 안에서 관념으로 해체되어 갈무리된다. 그러나 그 기억이라는 관념은 현실을 얼마나 일그러뜨리는 것인지……. (「누이 생각」, p. 43)

위의 인용문에서 첫 문장과 세번째 문장 사이에 "좀더 멋들어지게 말하자"라는 간투사형의 한마디 구절에 주목하자. 이 문장은 앞의 문장을 뒤에 되풀이하기 위해서, 그것도 현학적으로 재규정할 것을 예고하기 위해서 삽입된 문장이다. 그것은 앞과 뒤의 두 문장을 다리를 놓듯 접속시키면서, 일상적인 화법과 관념적인 화법의 두 차원 간의 거리를 지시하고 있고 그럼으로써 이 문체를 보다 풍부하고 자유로운 인상으로 독자에게 넘겨준다. 작가의 이 문체적 수법은 의외로 자주 애용되고 있다. 가령 「카렌」에서 화련이와의 초등학교 시절에 처음 만난 사건을 회상하면서 그녀로부터 강렬한 인상을 받았다는 이야기를 적고 난 다음 작가는 "다시 되풀이하건대"라는 구절을 삽입함으로써 이미 그때부터 그녀를 좋아하지 않을 수 없었던 경위를 밝히고 있고, 같은 쪽(p. 178)의 이 대목이 낀 문단의 마지막은 자신이 품었던 것 같은 "애틋한 감정"을 "아니, 분명히 그랬다"로 확실하게 강조하고 있다. '정확히 말하자면' '좀더 분명하게 쓰자면'과 같은 양보구적 혹은 강조구적인 성격을 가진 간투사형 구절은 「엘리아의 제야」에서 "아내, 아니 전 아내"라는 '아니'로 연결되는 되풀이에서 그것의 의미론적 내포를 독특하게 드러낸다. 그 '아니'는 "화가와 고객 사이로 만났다. 아니 예술가와 예술 애호가들로 만났다"(p. 22), "나는 사실 ㅎ의 그림을 그리 좋아하지 않는다. 정확히 말하자면, 이해하지 못한다고 해야겠지"(같은 쪽)에서의 의미의 재규정 형식을 지나쳐, 현재와 과거의 중첩 상태를 보여준다. "아내를, 그러니까 전 아내를"(p. 20)로 되풀이되는 '아내, 아니 전 아내'는 '아내/아니'의 가장 가까운 음가를 달아 쓰면서, 이미 이혼해서 남이 되어버린 아내를 지금에도 여전히 아내로 여기려는 착각, 지금도 아내라고 부르려는 화자의 숨은 욕망을 드러내고 있다. 이 같은, 현재에 중첩된 과거, 혹은 지나간 일의 지금으로의 삼투는 바로 고종석의 회상소설이 가지고 있는 성격에 다름아닌 것이다.

  이 수법에서 눈치 챌 수 있는 작가의 언어에 대한 민감성도 언급되어야 할 것이다. 다시 말하지만, 그의 문체는 자유롭고 구어체이지만, 그 문장은 치밀하게 구성되고 어휘들은 적실하게 선택된다. 그것이 그의 에세이들을 풍요롭고 쉽게 읽히는 특성을 지니게 하지만, 소설 작품에서도 그의 글은 화자의 방만한 회상 이야기들에게 저항 없이 딸려가고 그의 화법과 논지들에 모르는 새에 공감하게 만든다. 그럼에도 도처에서 그는 언어학자로서의 해박한 지식과 말에 대한 섬세한 민감성을 발휘하고 있다. 가령 '아말리고 로드리게스'라는 나도 그 노래를 들으며 감동한 적이 있는 포르투갈의 파두 가수 이름에 대해 경수를 통해 두 쪽에 걸쳐 현학적으로 설명하는 어원적 지식(pp. 112~13)은 화자가 경수에게 붙인 '백과사전적 박식'(p. 112)이란 형용을 작가에게 돌려주어야 할 것이지만, "성은 빼고 그냥 이름에 씨를 붙이는 호칭"(p. 108)에 저항감을 느끼고 화련이의 말이 지닌 경상도 사투리와 억양에서 "지적 표징, 정서적 표징"(p. 203)을 감지하는 대목에서 고종석의 언어에 대한 예민한 감각을 확인하게 되며, "여자들의 통상적 말투이기는 하지만, 누이가 부르는 '엄마'라는 말은 늘 정겨웠다"(p. 45)라는 구절에서 그가 얼마나 말에 대한 정감을 누리고 있는가를 확인하게 된다. 그가 "누이의 목소리에 담긴 '엄마'라는 두 음절"을 통해, "그 '엄마'는 현실의 엄마보다도 더 엄마다웠다"(같은 쪽)라고 느끼고 있기 때문이다. 시니피에를 풍요롭게 부풀려주는 이 시니피앙의 아름다움(!)에 대한 그의 인식, 그것은 작가가 언어학 박사이며 말과 언어에 대한 여러 권의 저서를 가지고 있고 영어·불어·독일어·스페인어를 능통하게 사용하고 라틴어와 그리스어·일본어까지 읽을 수 있는 언어의 귀재여서만 가능한 것은 아닐 것이다. 그것은 "예쁘다는 밋밋한 말밖에 고르지 못하는 내 가난한 한국어여!"(p. 180)라고 탄식할 수 있으면서, "문학이란 결국 말의 예술"(p. 112)임을 실현하고 있는 작가의 타고난 자산으로 보아야 할 것이다.

세계적인 미국인 학자로서 후진국인 한국을 방문하는 소감을 야유적으로 기록한 「피터 버갓 씨의 한국 일기」를 제외한 작품들은, 주고받는 서간문으로 현재적 진행을 서술한 「아빠와 크레파스」까지 포함하여, 주로 1인칭 화자에 의해 이야기들이 운영되고 있고 그 이야기들의 압도적인 비중이 회상에 두어져 있기 때문에 이 1인칭 화자인 '나'는, 물론 당연히 변주가 끼게 마련인 대로, 대체로 일관된 생애의 이력을 가지고 있다. 실명에 이르는 딸을 위해 프랑스로 이주하지 않을 수 없게 된 「아빠와 크레파스」, 아내와의 결혼에 이르는 과정을 회상하는 「카렌」을 제외한 세 편의 1인칭 소설들은 화자가 이혼했거나 결혼을 하지 않은 싱글이며, 남자 형제는 없거나 무시되고 자식은 딸만 한둘이며 그나마 실명하거나 소아 당뇨를 앓고 있고 소아마비여서 결혼을 포기한 누이동생이나 세 차례 기구한 국제 결혼을 해야 했던 누이에게 의지해야 하는, 무능하다고까지는 할 수 없지만 '주류'에 소속하지 못한 별 볼일 없는 사십대의 남자이다. '나'는 부모가 호남 출신이지만 그 자신은 서울의 마포에서 태어나 그곳에서 초·중등학교 공부를 하며 성장을 했고 아버지가 말단 공무원 혹은 어머니가 국밥 장사를 하는 가난한 중산층이다. 자신을 가장 많이 그리고 솔직하게 드러낸 「카렌」에 의하면, "남들 앞에서 기죽을 만큼 군색한 학교"(p. 185)는 아닌 대학에서 공부했고 "소심했고 모범적"(p. 186)이었으며 대학 생활 중 한 번도 여자와 잔 적이 없는 "순수하달까 순진하달까"(p. 187)한 성격이었으며, 그런 대신 "책을 읽는 것은 즐거웠"고 그 책들은 "어떤 실질적인 목적과는 거리가 있는"(p. 187) 것들이었다. 직장에서 밀려나기도 했고 외국(프랑스 혹은 뉴질랜드)에 이주하여 여러 해 살았으며 아내로부터 결별을 당하기도 했다. 그리고 무엇보다 그는, 시인(「엘리아의 제야」)이거나 기자(「카렌」), 프리랜서(「파두」) 혹은 무직자(「누이 생각」)로 지식인 집단에 속해 있다. 이렇다는 것은 그가 "세속의 변두리"(p. 17)에 살고 있는 이른바 '자유 지식인'으로서 '계급적 아웃사이더'이며 그래서 '정서적 아웃사이더'가 되지 않을 수 없음을 확인시켜준다. "물질적으로만이 아니라 상징적으로도 그들에 견주어 너무 가난하"(p. 18)다는 자의식, 그러나 "나는 시인이다. 나는 견자다"(p. 32)라는 자존심 사이에는 결렬의 긴장이 흐르게 마련이다. 잘나가는 '주류'(p. 20)의 그룹에서 밀려난 존재라는 자기 인식은 그러나 그에게 다행히 공격적인 투쟁심이나 소외된 자폐감으로 작용하지 않는 듯하다. 오히려 그는 '열등감' 혹은 '샘'을 느끼면서도 그런 자기 자신의 느낌을 '부끄러운 일'로 여긴다. 그러면서 그는 '플레야드' 일당과 진탕 술을 마시고 난 다음날 혼자 산책을 하며 다짐한다.

누군가의 가랑이 밑을 지나지 않았다는 건 내 자부심이다. 기품 있게 살자. (「엘리아의 제야」, p. 32)

'기품 있게 산다'는 다짐은 '천민성'과 '헤프다'는 말의 반대편에서 그 천박함을 거부하는 태도를 가리킬 것이다. 그래서 화자는 헤프다는 것, 천민스럽다는 것에 본능적인 저항감을 느낀다. '안티 한민일보'를 두고 경수와 토론을 벌이는 그가 '천민성'이란 단어를 들을 때 그랬다: "또 나왔군. 천민성이라. 바로 이 자리에 있는 우리들이 바로 그 태생적인 천민인데. 나는 잠시 우울해졌다. 〔……〕 이들은 자신들의, 우리들의 천민적 과거를 잊은 것일까? 아니 지금도 우리들이 천민일 가능성에 대해 생각하지 못하는 것일까?"(p. 126). 경수·미옥과 함께 고아원 출신인 '나'는 자신들이 '천민' 태생이라는 것을 결코 잊을 수 없다. 그러나 그가 못 견뎌하는 것은 자신의 태생이 아니라 사는 방식과 사고에서의 천민스러움이다. 그래서 그들에게 반박한다: "너희들은 한민일보의 논조가 천민적이라고는 생각하지 않니?"(같은 쪽). 그리고 그 신문에 글을 쓰고 신춘문예의 심사를 맡는 경수에게 그 관계를 끊으라고 충고한다. 천민성만큼은 아니겠지만 '헤프다'란 말에 대한 저항감도 마찬가지로 아프게 다가온다. 미옥이가 화가 이지숙과 사귄 지 서너 달 만에 말을 놓게 되었다는 이야기를 듣고 경수가 "참 헤프긴" 하고 빈정거린다. 이 말을 들으며 '나'는 혼자의 상념에 빠진다:

> 나는 경수의 말을 받아 속으로 곱씹어보았다. 헤프다…… 헤프다…… 헤프다는 말도, 천하다는 말만큼은 아니지만, 내가 싫어하는 말이다. 나도 내가 지나치다고는 생각한다. 하지만 그 말도 우리들의 유년기를 연상시킨다. 미옥도 그 말이 걸렸던 것일까?
> "응, 헤프게 태어났으니, 헤프게 살기로 했어."(「파두」, p. 110)

헤프게, 천민스럽게의 반대편에 서 있다는 것, 그래서 "기품 있게 살자"는 것이 에세이스트로서의 그의 삶의 태도일 것이다. 그 태도의 현실적인 표현이 그를 시인으로 만들었고 기자로 활동하게 만들었으며 프리랜서로 자신의 입지를 세우게 했고 '자유 지식인'으로서의 인문주의적 지향을 갖추게 했을 것이다. 이미 대학을 선택할 때 그는 "문과대학에 대해서 가지고 있던 이미지는 뭔가 실질적인 것과는 거리가 먼, 그래서 내 기질과 맞는 공간"(p. 187)

임을 확인했고 "자신을 인문주의자라고 생각"하면서 그렇게 되기 위한 "첫번째 과업"인 "언어의 탐구"(p. 189)에 대학 시절을 집중시킨다. 그리고 "세속의 가치에 〔……〕 전적으로 얽매이기보다는 공부나 일의 기쁨을 더 추구"(p. 104)한다. 가난한 중산층 출신이거나 혹은 의식상에서 고아와 다름없이 성장했음에도 불구하고 그 여럿의 '나'들이 한결같이 이처럼 일찍부터 인문주의자로서의 지적 체계를 세우고 스스로를 "별로 우아해 보이지는 않는, 심지어는 너무 힘들어 보이는 그 일을 자신이 직접 하고 싶어하지는 않는 쾌락주의자"(p. 104)로 자임하며 글쓰기를 통해 품위 있는 삶을 추구하게 된, 그의 생애에서의 연원은 무엇이었을까. 물론 나는 알 수 없다. 내가 분명하게 말할 수 있는 것은 에세이스트 고종석이 바로 그런 삶을 선택한 본보기를 보여주고 있다는 점이다.

그러나 작가로서의 고종석은, 어느 쪽인가 하면 비관적인 운명론자일지도 모른다. 아마도 삶이란 "안다는 것과 느낀다는 것은 다르다"(p. 176)는 것을, 아는 것이 아니라 느끼고 있기 때문일 것이다. 경수, 미옥과 함께 '숙명'이란 뜻을 가진 음악 장르의 '파두'를 들으면서 고아원 출신들이고 그래서 생일이 모두 같을 수밖에 없는 이들은 "우리 셋 다 운이 좋았군" "그럼, 운이 좋았지. 운, 숙명 말이야"(p. 116)라고 자평하며, 로드리게스의 노래는 "우리의 유년기를 닮은 노래였지, 서른이 넘은 우리들을 닮은 노래는 아니었다. 우리는 유년기의 숙명을 벗어났다. 그것이 또 다른 운에서든 우리들의 노력에 의해서든"(p. 116)이라고 '나'는 자위한다. 아마도 그들이 '숙명'에서 벗어났는지는 모른다. 그러나 그중의 '나'는 가난한 인문주의자로서의 운명을 수행 중에 있고 그 자신의 무력감 속에서 다리를 절며 앞으로 결혼은 하지 않을 것 같은 누이동생과, 혹은 실명을 해서 점자를 배워야 하는 딸이나 소아당뇨로 보살핌을 받아야 할 딸과 운명을 같이해야 할지도 모른다. 그 운명은 「파두」에서처럼 우애가 엮어놓은 연대일 수도 있고 「엘리아의 제야」에서처럼 연민에서 빚어진 포옹일 수도 있으며 「아빠와 크레파스」에서의 죄책감에

의한 화해이기도 할 것이고 「카렌」에서의 사랑이 맺어준 맹세일 수도 있을 것이다. 그 우애는 주의 주장을 뛰어넘는 우정으로 달라붙어 있고 그 포옹은 육친 간의 에로티시즘을 느끼게 할 정도이며 그 사랑은 중년의 나이에도 여전히 싱싱하고 향기로운 것이었다:

"〔……〕 나는 한 신문의 논조에 대한 판단보다는 너희들과의 인연이 더 소중해."
〔……〕
"아냐, 경수야. 네가 나와의 인연 때문에 한민일보에 글을 안 쓰는 건 바라지 않아. 나는 내 생각을 얘기했고, 내 얘기에 네가 설득되지 않았으면 그냥 지금까지 하던 대로 해. 우리 나이면 이제 두 발로 서야지."(「파두」, p. 133)

"〔……〕 호프집에서 아빠와 맥주를 마신 그날 이후에야 저는 아빠를 똑바로 쳐다볼 수 있었어요. 왜 그때 제 죄의식이 사라졌는지 모르겠어요. 아무튼 아빠가 제 죄를 예전에 용서했을 것 같다는 생각이 들었어요. 그날부터 한 달 정도가 제가 살아온 날들 가운데 가장 행복한 때였을 거예요."(「아빠와 크레파스」, p. 164)

"오빠가 새언니랑 헤어진 게 나한텐 다행인 것 같아."
뜬금없는 소리였다. 그러나 내 마음 깊은 곳에서 뭔가가 흐무러지고 있었다. 나는 누이의 볼에 입을 맞췄다. 그러자 누이는 제 입술을 내 입술에 가볍게 포갰다가 뗐다. 누이는 제 머리를 내 어깨에 기댔고, 나는 한 팔로 누이의 어깨를 감쌌다. 누이의 가슴 뜀이 내 가슴에 전해져왔다. (「엘리아의 제야」, p. 40)

나는 응큼한 마음으로 몸을 돌렸고, 카렌의 상체를 끌어당겨 입술을 훔쳤다. 마흔네 살 먹은 여자의 입술이었다. 그러나 그 입술의 맛은 이십 년 전 티티카카에서 내가 훔친 입술의 맛과 똑같았다. (「카렌」, p. 239)

친구와의 우정은 육친 이상이고 딸과의 대화는 종교적 화해와 닿아 있으며 누이동생과의 포옹은 관능적이었고 아내와의 입맞춤은 한결같은 사랑에의 믿음이었다. 그것들은 외국인 남편들 사이에 태어난 아이들에게 자기의 동생 이름자를 붙여 짓는 것 같은 일종의 가족주의로 환원될 수 있는 것으로, 그것이 지닌 한계를 부인할 수 없음에도 불구하고, 해체되어가는 오늘의 삶의 풍경에서 그 가족주의는 사람과 사람 간의 마지막으로 남은 인연의 끈일지도 모른다. 우리는 그것을 운명이라고 부를 수 있을까. 그러나 고종석은 자신의 소설 마지막을 그렇게 결말지음으로써 운명을 뛰어넘는, 연민을 통한 운명애(아모르 파티!)의 아름답고 관능적인 장면을 연출해내고 있다. 그는 마침내, 인문주의자에서 소설가로서의 운명을 이루어낸 것이다. 〔2003. 8〕

괴이한 기적에서 원초에의 기억으로
── 조경란 소설집 『코끼리를 찾아서』

조경란의 자전소설 「코끼리를 찾아서」는 작가 자신의 내밀한 모습 두 가지를 보여준다. 그 하나는, 그녀의 가족은 아니지만 매우 가까운 친척, 그러니까 할머니와 고모의 자살 그리고 삼촌의 죽음이다. 할머니가 왜 자살했는지는 밝혀져 있지 않지만 생일날 복어국을 끓여 혼자 드시고 자살했고 그 극적인 행위 때문에 작가는 "친할머니를 좋아하기로 했다." 작가와 별반 나이 차가 나지 않는 연숙이 고모는 남편과 이혼하고 아이들 학비를 벌기 위해 억척스럽게 돈벌이를 하다가 애인과 싸우고 난 후 아파트 5층에서 뛰어내렸다. 활달한 도성이 삼촌은 간암 진단을 받고 "염소처럼 까만 얼굴"이 되어 여수로 내려간 후 죽음을 맞는다. 조경란은 이 죽음들에 대해 어떤 소감을 갖는지는 밝히지 않는다. 그러는 대신 그녀는 "괴이한 기적"에 대해 이야기한다. 연숙이 고모가 죽자 그녀는 "찬 기운이 휙 얼굴을 스치고 지나가는" 듯한 괴이한 기척을 느껴야 하는 밤을 오래 겪는다. 삼촌이 죽고 나서 그 기척은 다시 그녀를 찾아온다. 새벽녘 자주 잠에서 깨어나면 "한 사람쯤 누울 수 있을 만한 공간인 방바닥에 몸을 꾸부리고 누워 있다는 느낌을 떨쳐버릴 수 없"(p. 203)게 된다. 조경란은 그런 어느 날 밤, '그'가 헤어질 때 선물한 폴라로이드로 어둠을 향해 플래시를 터뜨렸다. 사진에는 "죽은 친할머니도, 연숙이 고모도 그리고 도성이 삼촌의 모습도 아닌" "웬 커다란 코끼리 한 마리"가 있었다. 그녀의 설명에 의하면 코끼리란 "예민한 동물"이고 시력이 약하고 짧아 뒤를 돌아볼 수 없으며 청각과 후각이 뛰어난, 지상에서 가장 큰 동물이다. 그녀는 그와 헤어지면서 찾아온 '코끼리' 배에 "얼굴을 묻은 채 손바닥으로 입을 틀어막곤 읍읍읍, 울었"고 동물원에서 찍은 코끼리 사진을 보며 그녀는 "고독한 나의 코끼리"라고 부른다. 그녀의 소설은 바로 이 코끼리, 가까운 사람들의 죽음과 괴이한 기척과 더불어 찾아오는 '고독한 코끼리 찾기'일지도 모른다: "그가 전화를 해주었으면 하고 기다릴 때가 있다. 나의 코끼리 이야기를 이해해주고 귀 기울이는 사람은 그밖에 없으니까. 나는 수화기를 붙잡고 코끼리 얘기만 갖고도 한 시간쯤은 수다를 떨 수 있다. 이제 나는 더 이상 사진을 찍지 않는다. 그래도 보이는 게 있다. 이따금씩 집이 쿰틀, 움직일 때가 있다. 그러면 나는 아, 코끼리가 왔구나, 짐짓 생각하는 것이다"(p. 219). 이제 우리는 그녀가 수다를 떨며 우리에게 들려주는 코끼리 이야기를 듣고 그녀를 이해해주어야 할 것이다.

그녀는 그녀 자신의 말대로 수다스럽다. 그녀의 이번 창작집은 자전소설을 포함해 일곱 편의 중·단편을 싣고 있는데, 그 이야기는 한 미술학원의 여러 성인 수강생들간의 미묘하게 얽힌 관계들의 묘사이기도 하고 혼자 살고 있는 미술학도나 아프리카 박물관 안내원의 외로운 생활, 혹은 현란한 이벤트의 화재 사건이나 자살을 기도한 조카의 병상에서 늘어놓는 이모의 넋두리이기도 하며 자살한 친구와 그의 애인을 소개하는 것이기도 한다. 서로 다른 이야기들을 그 이야기에 적절한 화법으로, 그러나 그녀는 쉼 없이 재잘재잘, 수다를 떤다. '수다'라는 것이 으레 그렇듯이, 조경란은 그렇게, 사건의 진행이나 인물의 모습이나 행동을 중심으로 한 줄거리 이야기보다는, 슬그머니, 그것들을 둘러싼 정황, 그것들을 당하고 겪으며 치르게 되는 자리의 분위기, 사건의 느낌, 행위의 내면, 반응의 기미들로 우리의 관심과 궁금증을 미끄러뜨린다. 그래서 우리가 처음 만난 소재는 수다를 통해 흐트러지고 비껴나며, 그 수다로 비끼고 숨겨지는 주제로 슬그머니 그 무게를 옮겨놓는다. 중요한 것은 사건이나 인물이 만들고 있는 줄거리가 아니라 그것들에 관한 이야기 속에, 마치 짧은 스웨터 틈으로 살짝 보이는 배꼽처럼 그 모습을 가림으로써 비밀스레 드러내는 진정한 주제라는 것을, 그것이 우리를 감응시킨다는 것을 그녀는 방법적으로 제시해준다. 그 '수다'의 이 효과는 활달하면서도 자재로운 그녀의 독특한 문체에서 먼저 피어난다.

조경란의 문체는 90년대의 우리 문단에 일구어진 여성적 문체의 한 전형을 보여주고 있지만 그러나 그 줄기에서 그녀보다 약간 선배들인 가령 은희경의 외향적 수다와도 다르고 신경숙의 내향적 독백과도 거리가 있다. 그녀는 그 중간쯤에서, 아니 그 둘의 문체를 융합해서 외향적인 서술을 내면적인 독백으로 끌어들인다. 쉽게, 먼저 만나는 「우린 모두 천사」의 첫 대목 "칠월은 사슴이 뿔을 가는 달이다. 칠월은 천막 안에 앉아 있을 수 없는 달이며 옥수수 튀기는 달이다. 들소가 울부짖는 달이며 산딸기 익는 달이다. 열매가 빛을 저장하는 달이다"라는 풍요하면서도 아름다운 문장을 우리는 읽는다. 이 돌연한 첫 문장은 무엇을 서술하는 것일까. 그 다음 문단은 그것이 달력에 씌어진 인디언의 노래임을 우리에게 가르쳐주면서 그 문장을 읽는 김요옥이 "인디언처럼 두 다리에 단단히 힘을 주고 팔을 내려뜨"리는 모습이 소개된다. 그리고 지문으로 그녀의 내면 독백이 이어진다: "아무래도 달력 속의 나무들은 지나치게 까맣고 어둡다. 인디언들이 부르는 칠월의 노래를 연신 되뇌어봐도 적들로 가득한 한밤의 숲 속에 홀로 남겨진 듯 사뭇 두려워지기까지 한다. 천막 안에 앉아 있을 수 없다면 저 먼 곳의 인디언들은 칠월엔 어디로 떠날까." 그녀는 그러니까 "사뭇 두려워지기까지" 하는 느낌을 가지고 있는 중인데 그런 내면을 달력에 씌어진 인디언의 7월의 노래가 유도해내고 있다. 아마 신경숙이라면 인디언의 노래에서 떨어져 자신의 두려움을 속으로 반추하고 있을 것이며 은희경이라면 자신과는 떨어져 인디언의 어두움을 이야기할 것이다. 그러나 조경란은 나와 인디언의 노래 사이의 거리를 내면적인 문체로 지우면서 화자의 심중을 인디언이 노래하는 이미지로 발전시키는,

혹은 인디언의 가사로 자신의 내면을 조응시키는 방식을 취한다. 이 조응의 문체가 그럼에도, 놀라운 속도감을 발휘한다는 점에서 조경란은 그녀 특유의 힘을 보여준다. 이 문단의 마지막 "부족한 수면 때문일까. 가만히 서 있는데도 무르팍이 후들후들 떨린다"에서 그 앞의 김요옥이 왜 "두 다리에 단단히 힘을 주고 팔을 내려뜨렸는지"의 이유를 밝혀주는 데서도 그렇지만 가령 「나는 마을의 이발사」의 첫 대목에서도 그 속도감은 전형적으로 드러난다.

다음의 한 문단을 읽어보자: "그 소식을 나에게 전해준 사람은 가오리였다. 다소 통절하게 들리는 목소리이긴 했지만 아마 그녀는 콩깍지 같은 방에서 페티큐어를 바르고 있거나 아니면 손톱을 깎고 있을 것이었다. 그건 수화기를 들고 앉아서도 얼마든지 할 수 있는 일이다. 그가 죽었다. 죽기에는 아까운 나이라고 나는 생각했다. 나, 그만 일을 나가봐야 할 시간이에요. 가오리가 먼저 전화를 끊었다. 나는 수화기를 들고 그대로 서 있었다. 신호음이 모스 부호처럼 뚜, 뚜, 뚜뚜뚜, 불규칙적으로 울리고 있었다. 그가 죽었다는 게 정말 사실일까. 나는 냉장고에서 캔 맥주를 꺼내 풀링을 세게 잡아당겼다"(p. 223). 11개의 문장으로 이루어진 이 문단은 객관적인 서술과 주관적인 내면 술회, 직접 화법이 아무런 구분 없이 스타카토 방식으로 이어지고 있다. 그러나 이 짧은 몇 문장에서 그의 돌연한 죽음, 그녀의 무심한 전언, 그렇게 무심한 그녀의 모습에 대한 나의 무심한 추측, 그가 아깝다는 것이 아니라 그가 죽은 나이가 아깝다는 나의 무감동, 그럼에도 그의 죽음에 대한 의외성과 그것이 가져다준 약간의 분노 등의 여러 행위와 착잡한 심경이 압축되고 있다. 그 행위들은 객관적인 단문체로 처리되고 그 착잡한 내면들은 그녀가 전화를 하면서도 발톱 손질을 하고 있을지도 모른다는 짐작, 나이가 아깝다는 생각, 그리고 풀링을 세게 잡아당겼다는 행동으로 대치되고 있다. 돌연히 끊긴 전화의 뚜뚜거리는 신호음처럼 문장과 문장의 단절은 나-그-그녀(가오리) 간의 삭막한 관계를 암시하고 있는 듯하고 시점의 분방한 바뀜은 그 삭막한 관계를 빠른 시선으로 알아보도록 유인하고 있다. 그리고 이 속도감은 대체로, 사건의 진행을 **빠르게** 서술하고 있는 것이 아니라 하나의 화면을 구성하고 있는 이것과 저것들의 **빠른** 오고감, 시선의 분방한 움직임을 보여주고 있다. 그것은 접속사를 반복하여 사용할 듯한 신경숙과 다른 문체이고 접속사를 사용할 이유가 별로 없을 듯한 은희경과도 거리가 있는 수법인데, 시점만이 아니라 더러는 시제까지 바꾸어가며 우리의 손쉬운 읽기를 방해하는 이 문체의 지향은 그러니까 사건 혹은 시간의 공시태적 구성일 것이다. 그것은 이야기의 흐름을 하나의 평면 위에 몽타주 방식으로 공존시켜 펼쳐 그 장면의 다각적인 모습들을 한눈으로 보게 하면서 사건과 행위의 단순한 진행을 입체화시킨다. 그럼으로써 작가는 시간이 아니라 공간을, 줄거리가 아니라 이미지를 우리에게 제시한다. 그녀의 인물 중 많은 사람들이 그림과 관계가 많은 것, 그중에는 「우린 모두 천사」에서 색깔에 대한 전문적인 비평이 나온다는 점도 행위의 이미지화와 연관이 깊겠지만, 그의 아름다운 직유법의 묘사가 풍부한 이미지로 이루어지고 있다는 점은 강조되어야 할 것이다. "언제나 뛸 준비를 한 채 잠을 자는 토끼들의 눈처럼 붉게 충혈"(p. 49)된 네온 남자의 눈, 넋 없이 석고상처럼 앉아 있는 김요옥이 "밀물 때 바닷물을 따라 들어왔다 썰물 때 밀려나가다 그물에 아주 갇혀버린, 생을 포기한 물고기처럼"(p. 54) 보였다든가 찬 가을날의 공원 밖 향나무가 "길 잃은 키 큰 여자애의 머리칼처럼 서늘한 바람에도 건듯건듯거"(p. 136)린다는 것, 그에 대한 그녀의 결코 죽지 않는 사랑이 "고산 지대 사막의 죽지 않는 메마른 소나무처럼"(p. 17) 살아 있다거나 정미림의 모습이 "그늘 속에서 자란 보랏빛 붓꽃 같은 느낌"(p. 165)이 든다는, 얼마든지 쉽게 찾아볼 수 있는 예문에서 그 비유는 극히 아름답고 풍요하며 싱싱하게 생동한다. 조경란의 이 비유법은 흔한 상투적 직유처럼 굳어 있는 명사로 끌어오는 것이 아니라 그 명사를 살아 있는 움직임으로 환치함으로써 비유의 대상을 회화화(繪畵化)하는 데서 거두어지는 수법이다. 조경란의 이 생동하는 직유적 수법과 그것이 일구는 풍요한 효과가 결코 사소한 장식이 아니라는 것은 그녀의 소설들이 그가 다루고 있는 진지하고도 무거운 주제들에 대한 풍성한 시니피앙을 이루고 있다는 점과 관련될 것이기 때문이다. 구조주의가 말하는 것처럼 그 형식은 내용의 침전물이 되고 있는 것이다.

작가가 이야기의 전후 맥락을 중시하는 것이 아니라 그 이야기를 감싸고 있는 분위기를 묘사하는 데 기울고 있다는 것을 방증해주는 또 다른 수법이 몇 가지 있다. 그 하나가 생략법이랄 수 있겠는데 작가는 어느 단계에 이르러 불현듯 서술을 중단함으로써 그 다음의 진행에 대해 더 이상 설명하지 않는 것이 그렇다. 가령 「우린 모두 천사」의 유상진은 박순례의 집 담을 훌쩍 뛰어넘어 들어가는데 그러나 그후에 어떤 일이 벌어졌는지 아무런 언급이 없고(p. 97), 이미란은 박순례와 만나기로 한 다방에서 그녀를 기다리며 무슨 이야기를 할까 궁리하면서도 정작 그녀를 만나 어떤 대화를 했는지, 왜 그녀와 만나려 했는지 역시 아무런 치다꺼리 없이 돌연 서술을 멈추고 장면을 바꾼다(p. 102). 독자에 대한 작가의 불친절로 보일 수 있는 이런 크고 작은 미결 상태의 궁금증은 「우린 모두 천사」에서의 천사에 관련된 어사가 전혀 없다는 점, 그리고 김요옥이 왜 자살하는지에 대한 궁금증을 전혀 풀어주지 않는다는 점, 「김영희가 흘린 눈물 한 방울」에서 김영희란 이름이 한 번도 비치지 않는다는 점, "나는 손등에 떨어진 눈물 한 방울을 물끄러미 바라보았다"(p. 152)는 구절로 이 소설의 화자가 김영희라는 암시를 줄 정도에서 보이는 그 불친절은 「나는 마을의 이발사」에서 이 제목을 설명 또는 시사하는 대목을 찾아낼 수 없다는 데서 더욱 심해진다. 이것은 그의 작품을 읽는 독자에게, 중요한 것은 스토리가 아님을, 그래서 사건의 전개와 진행이 아니라, 그것들을 서술하고 묘사하는 정황과 분위기와 내면의식에서 작가가 제시하고 있는 은근한 주제를 느껴보라고 권고하고 있는 듯하다. 우리가 느끼기를 작가가 바라고 있는 그 분위기 혹은 정황을 작가는 자주 비현실적인 기척으로 서술하고 있다. 「김영희가 흘린 눈물 한 방울」에서 "누군가 다녀간 듯한"(p. 127) 흔적, 「코끼리를 찾아서」의 삼촌이 죽은 후 찾아오는 한밤의 '괴이한 기척' 혹은 어둠 속에 찍힌 사진 속의 코끼리가 그런 것들이다. 이 기척은 그러나 신경숙이 자주 끌어들이는 도구로서의 환상이 아니라 어떤 현실적인 상황 앞에서 화자가 느껴야 하는 심리적인 반응에 가깝다.

심리적인 반응이란 말을 썼지만 조경란의 많은 인물들은 심리적으로 결핍증을 가지고 있고 작가는 대체로 그 결핍증에 대한 친절한 해석을 가한다. 「나는 마을의 이발사」의 '그'는 시끄러움을 견딜 수 없어하는데 그것이 어느 정도인가 하면 그와 동침하는 가오리의 섹스 중에 지르는 소리 때문에 그녀와 헤어지겠다고 할 만큼이고 그래서 그는 늘 소음 때문에 불면증에 시달린다. 그의 소음에 대한 공포는 아마도 군대 시절 "연병장에 모여 있던 2천 명이 한꺼번에 와삭, 사과를 씹기 시작"할 때 돌연 터지는 듯한 그 '끔찍한 소리'(p. 229)에서 비롯되었을 것이다. 「김영희가 흘린 눈물 한 방울」의 나는 심한 건망증 때문에 괴로워하는데 스스로 몽유증이 아닐까 의심하는 그 건망증은 "간밤에 내가 무슨 일을 저질렀는지 떠올리지 못하는 건 정말이지 치욕에 가까운 감정"(p. 128)으로 여겨지는데 '나'의 설명에 의하면 건망증이란 "때로 너무 많은 것을 기억하려 애쓸 때 돌연히 찾아오는 것일 수도 있다. 아니다. 어쩌면 한꺼번에 너무 많은 것을 잊어버리려고 할 때 찾아오는 것이거나"(p. 123)인 것이다. 그녀의 경우 어떤 것이든 그리 고민하는 것은 아니었지만 '이현아빠'의 빈집에 들어 혼자 살면서 그 건망증은 몽유증의 수준으로 발전한다. 이와 더불어 그녀는 「코끼리를 찾아서」의 화자처럼 한밤의 기척을 느낀다. "그러나 나는 온몸으로 느끼고 있었다. 저쪽 어딘가에서 밤의 그들이 나를 지켜보고 있다는 것을"(p. 133). 심리적 결핍증이 가장 강하게 나타나는 것이 「우린 모두 천사」에서의 도벽이다. 김요옥이 운영하는 '팔월 미술학원'에 출입하는 거의 모든 인물들이 도벽을 가지고 있고 혹은 남의 것을 훔친다. 이미란은 유상진의 지갑을 훔치고 박순례의 아들 정훈이는 상습적인 도벽으로 문제아가 되며 그 때문에 고민하는 박순례 자신이 임신했을 때 슈퍼마켓에서 샴푸를 상습적으로 훔쳤다. 이미란의 남편 장이혁은 전날의 애인에게서 일기장을 훔쳐보았고 지금은 미술원장 김요옥의 사진을 지갑 속에 넣고 다닌다. 그리고 김요옥마저 이미란의 그림을 자신의 캐비닛에 숨겨둔다. 이 도벽에 대한 설명은 경우에 따라 다르지만, 그래서 "의지와 감각적인 욕구 사이의 갈등에서 의지가 약해진 경우에 나타나는 것이기도 하지만 때로 열등감이나 부족감을 채워가려는 심리에서도 발생"(pp. 55~56)하는 것으로 해설되기도 하고 '일과성 비행'이기도 하지만 "정서적 불안정과 인격 발달의 미성숙 같은 심리적인 원인이 행동으로 옮겨진 현상이거나. 그것은 그들이 사회에 적응하기 위한 일종의 왜곡된 자기 표현 양식"(pp. 66~67)으로 보이기도 하며 "지나친 소유욕을 억제할 때 기습적으로 찾아온다는 것을 부지불식간에 깨닫"(p. 82)게 되는, 요컨대 심리적 결핍 상태에서 나타나는 현상들이다. 미술학원의 수강생들은 김요옥의 시신 옆에서 바로 이 결핍의 심리학에 대해 토론한다:

"우린 왜 그렇게 남의 것을 훔치려고 했을까요."
"……!"
"……!"
"아마도 그건…… 내 것과 남의 것을 구별하는 능력을 상실했기 때문이 아닐까요."
〔……〕
"그러나, 그러나 말예요."
"……"
"……"
"가질 수 없다면, 훔치는 수밖에 어쩔 도리가 없잖아요."(「우린 모두 천사」, p. 110)

어눌한 대화로 이루어지는 이 토론의 결론은 도벽의 원인이 내 것과 남의 것을 구별할 능력의 상실에서보다 "가질 수 없기에"에 더 강력한 이유가 있다는 것이다. 그렇다면 그들은, 조경란의 인물들은 무엇을 가지지 못하고 왜 그것들이 결핍되어 있는 것인가.

조경란의 이 작품집에서 또 하나의 강력한 모티프로 설정되고 있는 것이 「코끼리를 찾아서」에서 할머니, 고모와 삼촌의 경우로 예감되고 있는 죽음과 자살, 혹은 사라짐이다. 그것이 죽음이라 할 때 「라메르 모델 하우스」의 화재에서는 5백여 명이 몰살당하고 있거니와 「동시에」의 윤슬의 부모 역시 동대문 시장에서의 화재로 목숨을 잃고 그녀 애인 병하의 죽음이 그녀의 자살 기도의 동기를 이룬다. 자살이라 할 때 조경란의 소설들에서는 의외로 빈번해서 그것을 기도한 윤슬만이 아니라 그녀를 딸처럼 키운 이모의 젊은 시절 연인이었던 정수규도 자살했다는 소식이고 「나는 마을의 이발사」의 '그도 자살했으며 누구보다도 「우린 모두 천사」의 중심 인물인 김요옥이 목을 매 자살한다. 비록 죽음은 아니지만 김요옥의 언니 다옥은 2년 전 홀연히 사라져 소식이 끊겨 있으며 「동시에」의 심한 화상을 입은 벌목꾼도 어느 사이 사라져 안부를 알 수 없게 되고 분위기는 다르지만 「마리의 집」의 정미림도 어느 날 갑자기 이사를 가 연락이 끊겨버린다. 사라짐은 비록 죽음은 아니지만 그럼에도 주변으로부터의 실종은 죽음과 다름없는 상실감을 야기한다. 살아 있는 것의 운명이 피할 수 없이 만나는 것이 죽음이지만 그것이 자연스러운 죽음이 아니고 더구나 자살이나 살인이라면, 그리고 그것이 빈번한 동기를 이룬다면 그 죽음과 자살, 그리고 실종은 사회적·문화적 혹은 그것들에서 빚어지는 심리적 문제가 되지 않을 수 없다. 조경란도 이 점에 대한 자신의 해석을 가한다. 김요옥이 녹음기에 일기 쓰듯 담아두는 말 속에는 "권좌를 빼앗긴 사자나 자유를 박탈당한 독수리, 또 짝을 잃은 비둘기들이 모두 심리적인 충격으로 죽게 된다고"(p. 83) 하더라는 설명이 들어 있고 아들이 어머니를 토막 살인한 사건을 소개하면서 범죄심리학자들은 그 범행을 '분노 폭발'로 분석하며 "소심하고 사회성이 적은 데다 평소에 공격성을 배출하지 못하는 사람에게 분노가 쌓여 있다가 한꺼번에 폭발한 것"(p. 93)이라는 설명을 끌어들인다. 자살이든 병사든 혹은 실종이든, 왜 이들은 공격성의 분노를 쌓고 또는 무엇을 상실했는가.

그것이 신경증적인 결핍으로 말미암은 심리적 결격이든 상실과 그것에서 빚어진 분노에 의한 자살과 죽음이든, 오늘의 우리가 겪고 보고 느껴야 하는 부정적 심리 현상들이 조경란이 고민하는 주제들이며 그녀가 이 소설들을 통해 폭로하고 있는 것이 이 병적인 상황과 그 상황에 묻어 병에 들린 사람들의 자학적인 정황들이다. 그의 7편의 중·단편들은 그 병리적인 상황에 대한 여러 증례들을 제시하고 있다.

「라메르 모델 하우스」는 할리우드의 영화를, 그것도 성대한 파티 중에 엄청난 화재를 만나 대소동이 벌어지는 「타워링」을 연상시키는, 그러나 소방수들의 영웅적인 활약으로 인명을 구해내는 것이 아니라 단 2명을 제외한 5백여명이 몰살하는 사건을 그리고 있다. 빌딩의 고층에서가 아니라 1층에 마련된 파티장에서 그 같은 엄청난 사태가 일어나기 힘들다는 의심이 들기는 하지만, 소설 속의 휘황한 망년 파티만이 아니라 그 장면들과 사람들과 움직임들을 묘사하는 문체와 문장까지도 그 망년 모임처럼 현란하고 화려한 이 작품의 주제는 그 사건의 원인과 결과가 아니라 그것들 속에 묻혀 있다 폭발하는 허위와 배반의 타락한 오늘의 세태이다. 당대의 예술 문화계 인사들을 초청하여 음악회, 패션 발표회, 미술품 경매 행사들을 겹쳐 새해 맞이를 위한 파티를 기획한 것은 상업적 전략 때문이며 그에 걸맞도록 파티 참석자들은 부부 혹은 연인 관계의 배신, 이기적 거래, 그리고 화장실에서 벌이는 섹스 등 오늘의 더러운 모습들을 한 곳에 모아 성대하게 잔치를 벌이는 것이다. 그런데 그 행사장인 '라메르'가 모델 하우스라는 데 이 소설의 야유가 발휘된다. "그냥 단순하게 집을 팔기 위한 데가 아니라" "최근 들어서 복합문화 공간으로 각광받고 있는" 이 모델 하우스는 그러나 "빨리 건축된 만큼 쉽게 허물어버릴 수도 있는"(p. 262) '가짜의 집'이다. "물론 이 집엔 지금 아무도 살고 있지 않죠. 앞으로도 누구도 살지 않을 겁니다. 여긴 그냥 보여주기 위한 공간일 따름이죠." 최의 이 설명을 들은 진은 "그럼 이 집은 가짜로군요. 아무도 살지 않는다면 말이죠. 하지만 믿을 수 없어요"(p. 270)라고 대답한다. 이 짧은 대화가 '라메르 모델 하우스'의 정체를, 거기서 열리는 화사한 파티의 진실을, 이런 것들을 횡행하게 만드는 현대 사회와 문명의 진상을 촌철살인적으로 폭로해주는 것이다. 작위적이긴 하지만, 그 정체와 진실과 진상을 깨닫고 있는 최와 진이 그 가혹한 떼죽음에서 살아남은 단 두 사람이라는 점은 시사하는 바가 크다.

허위라는 점에서는 「마리의 집」에서도 배면을 깔고 있지만 화려한 「라메르 모델 하우스」의 그것이 풍요 속에서 허황한 삶을 향한 구조적 상황이라면 이 우울한 작품 속에서는 외로움과 결핍에서 빚어진 허위를 받아들이게 되는 내면적 상황을 보여준다. 아프리카 미술관에서 안내원으로 근무하는 장말희는 그녀의 이름을 잘못 들은 이성현이 '마리'라는 예쁜 이름으로 부르는 것을 그대로 수락하며 그에게 자기도 먹어보지 못한 '루콜라'라는 채소를 가장 좋아하는 식품이라고 말한다. 하긴 이성현 자신도 감독도, 조감독도 아니면서 영화감독으로 자신을 소개하고 그가 초대한 그녀와의 식사 후 거짓을 둘러대 그 비용을 그녀에게 떠넘기기도 하며, 말희가 사귀는 앞집 여인 정미림은 그녀가 문득 사라지고 난 다음에야 그녀가 카페 주인이 아니라 노래방 접대부임을 알게 된다. 서로를 속이고 속는 이들의 관계는 그러나 슬프고 안타깝다. 그들은 가난하고 고독하고 그것들이 빚어내는 분노마저도 삭여야 하는, 이 사회에서의 패배자의 모습들을 한결같이 보여준다. 그들이 안타깝다는 것은 그 외로움의 칼날, 그래서 갖게 되는 분노의 칼을 묻어둘 수밖에 없다는 점 때문인데 정미림은 자신에게 기이한 방식으로 벌을 주는 교사에게 항의를 하기 위해 식칼을 사지만 결국 장독대에 묻어버리고 말며(p. 168) 장말희는 그런 칼에 강한 유혹을 받지만 그것을 직접 휘두르는 대신 한 남자가 미술관에 소장된 모로코 왕의 칼을 훔쳐가도록 방조하면서 "누굴 죽일 작정이라면 그 칼로 단번에 확 찔러버리세요, 이렇게, 여기, 심장 한가운데를 콱 찔러버리시라구요"(p. 191)라고 당부할 뿐이다. 그녀는 적요에 못 견뎌 전시품의 쇼케이스에 들어가 앉아 쇼케이스 유리를 두드리기도 하고(p. 174) 텅 빈 전시실에서 아프리카 가면을 쓰고 춤을 추기도 하며 난장판을 만들기도 하고(p. 187), 정미림은 지루한 것을 참을 수 없을 때 컴퍼스로 제 손등을 콱 내리친다지만(p. 174) 그런 '분노의 폭발'은 말 그대로 '찻잔 속의 반란'에 그치는 것이어서 자신의 자학감을 드러낼 뿐 고독과 분노를 결코 해소시켜주지는 못한다. 이성현이, 아니 그가 일하고 있는 영화의 감독이 쓰고 있다는 시나리오에서 주인공은 평생 화만 내며 살다가 마지막 장면에서 딱 한 번 웃게 된다는데, 그가 왜 웃게 되는가, 「마리의 집」 마지막은 그 대답을 듣게 되는 장면에까지만 서술되고 그 답은 말해주지 않고 끝난다. 외롭고 분노하지만 그러나 결코 그것을 해소할 수 있는 방법은 작가도 못 찾고 있는 것인가, 아니면 독자들에게 그 해답을 떠넘기는 것일까.

「김영희가 흘리는 눈물 한 방울」의 '나'는 「마리의 집」의 장말희의 변주이다. 그림을 그리는 그녀는 집이 없어 영화 촬영 때문에 일가가 중국으로 가 있는 동안 비우게 된 '이현아빠'의 집에 세들고 생활을 위해 불구로 목발을 짚어야 하는 화가의 모델이 되고 있었다는 점에서 「마리의 집」의 장말희와 다르고 이에 따라 작가가 두 여인의 삶에 대한 시각을 바꾸고는 있지만, 말희가 외로움에 지쳐 일종의 광증을 내연시키고 있는 것이나 김영희가 몽유증으로도 보이는 건망증과 그것을 빙자한 한밤의 혹은 혼자 있어야 하는 그녀에게 괴이한 기척으로 자신의 고독과 씨름하고 있는 것이 사랑을 상실한 고독한 여인의 내면을 보여주고 있다는 점에서 그 둘은 쌍생아에 가깝다. 장말희는 요리 견문을 위해 파리로 가서 돌아오지 않는 '그'에 대한 희망을 잃어가고 그 대신 감독으로 자칭하는 남자를 기다리고 있어 마이크로 '장마리의 이름'을 불러주기를 고대하는 외로움에 젖어 있었고 김영희는 불구 화가와의 사랑을 되찾는 데 실패하고 그의 흔적이 곳곳에 남아 있는 '이현아빠의 집'에서 "밤마다 무슨 일인가 일어나고 있"(p. 128)음을 인정해야 했는데 그 기척은 「코끼리를 찾아서」의 '나'가 느껴야 했던 기척과 아주 비슷하지만 그 정도는 훨씬 심하고 집요해서 "누군가 내 이마를 짚는 투박하고 찬 손의 느낌 때문에 첫 꽃을 피워내기 위해 안간힘을 쓰는 식물처럼 부르르 몸을 떨어대며 퍼뜩 잠에서 깨어나고는"(p. 125) 하면서 "이 집에, 누군가 또 살고 있다는 것을"(pp. 129~30) 깨닫게 될 정도이다. 그녀의 싸움은 불구 화가가 남긴 흔적들과의 싸움이고 그 흔적을 고스란히 느껴야 하는 그녀의 고독과의 씨름이며 누군가 만날 수 있기를 바라며 신발끈을 흩트러뜨리는 외로움과의 더불음이며 "1장의 납작한 LP음반이나 액자 속의 그림이 되어 숨어버리고 싶"(p. 133)은 자기 은닉의 자학이다. "오후 내내 나는 혼자 이 집에 있었다. 어제도 이 집엔 나 혼자뿐이었다. 별다른 일이 없다면 내일도 이 집엔 나밖에 없을 것이다." 이 확인에 이어 소설은 '그러나'란 어휘를 썼지만 사실은 '그렇기에,' "마루 문 안쪽에 걸어둔 마른 장미꽃 이파리가 파삭거리며 한 잎 떨어지는 것을 나는 유심히 볼"(p. 124) 수 있게 되는 것이다. 그러나 "눈물 한 방울" 흘리는 것으로 이현의 집을 하직한 후 김영희는 다행히 그림을 다시 그리기 시작한다. 그 그림은 거울로 보고 그리는 자기 얼굴인데 이렇게 자화상을 그리는 것은 오직 "그때 거기 내가 존재했었다는 사실을 확인하고 싶은"(p. 154) 때문일 것이다. 오정희의 어느 모습을 연상시키는 「김영희가 흘린 눈물 한 방울」은 조경란으로서는 드물게 작은 희망을 비추고 있지만, 그 다음에는 무엇을 그릴지 모르고 있는 그녀가 "어디든 사람이 살고 새가 울고 나무가 자라고 친구가 찾아온다면 그곳이 바로 집"(pp. 152~53)일 안식처를 과연 찾을 수 있을까.

김영희가 견디어내야 하는 것이 '괴이한 기척'이라면 「나는 마을의 이발사」의 '그가 싸우고 있는 것은 '소음'이며 세상이 시끄럽기 때문에 그에게 닥쳐오는 불면이다. 그는 도서관에 와서도 "시끄러워서 견딜 수 없어"(p. 226)하며 "새벽 2, 3시에도 이 도신 정말 시끄"(p. 228)럽다고 불평한다. 그는 꾸벅꾸벅 졸기는 하지만 소음으로 잠을 잘 수 없었고 그래서 "불안정한 정서 때문인지 가끔씩 격정적인 어휘들을 내뱉곤"(p. 228) 한다. 그는 '가오리(좀)'란 이름의 요리사와 사귀고 그녀와 관계를 맺지만 "허파나 간 어느 구석에 호두처럼 단단하게 뭉친 소음 덩어리들이 몸속을 둥둥 떠다니고 있는 듯"(p. 233)한 병적인 증상을 결코 씻어내지 못한다. 그는 성교 시의 가오리의 '교성'을 더 참을 수 없어 그녀와 헤어졌고 '나'가 데리고 간 야구장에서 그는 관중들의 응원 소리에 마침내 구토를 하고 만다. 그가 소리에 대해 그처럼 신경질적으로 반응하게 된 연유가 연병장에 모인 2천 명이 한꺼번에 와삭 사과를 씹는 "끔찍한 소리"(p. 229)를 들으면서부터라고 술회하고 있다는 점, 자신의 '과녁'이 "조용한 세상"(p. 230)이라는 점은 다분히 해학적인 터치를 보이는 문체와 더불어 이 소설의 현실 비판적인 성격을 드러내고 있을지 모르겠다. '모르겠다'고 한 것은 그가 자살하기 전 전화로 '나'에게 '한 가지 제안'을 했다는데 그 제안이 무엇인지, 그가 죽은 후 그녀에게 '마지막 질문'이 생각났다고 했는데 그 질문이 무엇인지 소설 속에서는 아무런 설명이 없고 우리로서는 그 불현듯한 단절 때문에, 그의 죽음이 어떻게가 아니라 왜 이루어졌는지에 대한 궁금증과 함께 이 작품의 여러 대목이 제기하고 있는 문제들을 풀 수 없는 수수께끼로 남겨둔 탓이다. 분명한 것은 그가 막대 풍선으로 목을 짓눌러 죽었다는 것과 거리의 폭죽놀이의 소음 때문에 '나' 자신도 괴로움을 당하는 부메랑 현상이 일어났다는 점이고 세상은 여전히 시끄러우며 그는 "정말로 깊이깊이 잠들고 싶어"(p. 243)한 뜻을 이루었다는 점이다.

「우린 모두 천사」의 김요옥 역시 「나는 마을의 이발사」의 '그'의 경우처럼 왜 자살했는지 구체적인 사연은 자세히 드러나지 않는다. 그가 유서처럼 남긴 마지막으로 녹음한 고백에서도 그 단서는 보이지 않고 그 앞에서도 그녀가 자살할 이유에 대한 어떤 분명한 시사도 나타나지 않는다. 다만, 그녀의 언니가 사라졌고 소식 없는 그녀를 꾸준히 그러나 허망한 기대로 기다리고 있다는 정황, "동공은 텅 비어 있었다. 〔……〕 생을 포기한 물고기처럼"(p. 54)이라는 구절로 그녀의 자포자기적인 심상을 엿볼 수 있다는 정도만 가지고 있을 뿐이다. 그런데 내면적인 문체로, 시점은 번갈아가며, 김요옥이 원장으로 운영하는 미술학원의 성인 수강생들의 이야기로 이 긴 단편소설은 주도되고 있다. 그리고 이 수강생들 모두에게 집요한 공통점으로 드러나고 있는 것이 앞서 소개한 도벽이고 그 도벽이 여러 복합적인 원인들 가운데 "열등감이나 부족감을 채워가려는 심리에서도 발생한다"(p. 56)면 이 수강생들과 함께 이미란의 그림을 훔친 김요옥도 어떤 '열등감이나 부족감'을 가지고 있음을 그녀의 침묵 속에서도 짐작해볼 수 있다. 아니 부족감-결핍감이라면, 그래서 그것을 채우기 위해서 남의 것을 훔치고 싶어한다면 김요옥만이 아니라 이미란-장이혁-유상진-박순례 그 모두에게도 공통된 심리로 작용하고 있음이 은근히 드러난다. 식당을 경영하는 이미란과 네온 간판을 만드는 장이혁은 부부임에도 그런 관계로 보이지 않는 것이 오히려 자연스러운 상태이며 박순례의 남편은 지방의 발전소에 근무하고 있고 아들은 도벽으로 곧잘 사고를 저지르고 있으며 유상진은 아르바이트를 하는 청년이며 김요옥도 물론 혼자이다. 이들은 조경란의 다른 소설들처럼 가정을 못 가지고 있거나 있다 하더라도 독신과 다름없는 처지이며 그래서 이들을 둘러싼 분위기들은 서로가 외롭고 서로가 단절되어 있는, 그래서 내면적으로 결핍된 정황에 놓여 있다. 더욱 불행한 것은 자신의 결핍을 채워줄 상대는 다른 대상을 향하고 있고 그들간의 관계는 『한여름 밤의 꿈』처럼 엇갈려 얽혀 있다는 점이다. 그런 그들은 한자리에 앉아서도 서로를 엇갈린 시선으로 바라본다: "김요옥은 유상진이 화실 문 쪽에서부터 안쪽으로 걸어와 이젤 앞에 가 앉는 동안, 그가 다시 일어나 사물함을 열고 붓과 팔레트를 꺼내는 동안, 오브제가 놓인 테이블 앞쪽에서 그림을 그리고 있던 이미란이 그를 줄곧 지켜보고 있는 것을 발견한다. 이미란은 유상진을 보고 김요옥은 이미란을 본다. 유상진은 물통을 들고 자리에서 일어나 문 쪽으로 다가가고 있는 박순례의 등허리를 바라보고 있다"(p. 82). 이런 묘한 장면은 화실에서만이 아니라 함께 갖게 되는 회식 자리에서도 반복된다: "장이혁은 자꾸만 붉어지고 있는 김요옥의 왼쪽 뺨을 보며 맥주 한 모금을 넘긴다. 박순례는 고개를 왼쪽으로 돌리고 맥주 한 모금을 마시고 있는 장이혁의 젖은 입술을 쳐다본다. 김요옥은 먹기 편하도록 훈제 치킨을 조각조각 찢느라 기름 범벅이 된 이미란의 손가락에 눈을 두고 있다"(p. 89). 장이혁은 지갑에 김요옥의 사진을 간직하고 있고 그의 아내인 이미란은 유상진이 화실에 오는 날에만 화실에 가 그림을 그리며 유상진은 박순례의 집 담장을 넘기도 하고 김요옥은 그녀가 집요하게 바라보는 이미란의 그림을 훔쳐두고 있다. 그러나 이들의 엇갈린 욕망들은 실제적인 행동으로 실행되지 않고 오직 시선으로만, 옅은 도벽으로 해소될 수 있는 숨은 갈망으로만 살아 있을 뿐이다. 그 갈망은 그들이 지금의 자신들에 대한 결핍감에서 돋아난 것들이다. 가령 네온 간판을 만들고 있는 장이혁에게 달려드는 자신의 왜소화에 대한 공포감이 그렇다:

> 한 개의 네온 작업을 마칠 때마다 장이혁은 자신의 육체가 혹한기의 기후를 견디기 위해 신체의 돌출 부분이 점점 작아지고 둥그스름한 체형으로 변하는 것을 목격하는 듯한 공포에 사로잡힌다. 관절이 구부러지고 소리 없이 살갗이 뭉그러져버리는. 나는 날마다 작아지고 있는 게 틀림없어, 이러다 언젠가 난쟁이가 돼버리지 않을까. 아니면 한 개의 돌멩이, 누구의 눈에 띄지도 않는 한 개의 작은 돌멩이. 완성된 네온사인은 한밤에 밖을 향해 빛을 뿜어낸다. 장이혁은 날마다 키와 체중이 서서히 줄고 있다는 착각을 떨쳐버릴 수 없다. (「우린 모두 천사」, p. 73)

장이혁은 이 절망감에 짓눌려 문득 한 번도 가본 적이 없는, "세상에서 가장 먼저 태양이 뜬다는" 차탐이라는 곳, 그곳이 너무 멀다면 강원도 철원쯤이라도 떠나고 싶다는 갈망을 갖는다: "여기만 아니라면"(p. 74). "여기만 아니라면!"의 낭만주의적 갈망은 장이혁에게 그러나 이상적인 꿈을 향한 도약이 아니라 이곳만은 벗어나고 싶다는 절박한 도피의 심리일 뿐이다. 그는 실직을 했고 내키지 않는 네온사인 디자인 일을 하고 있으며 5년 전 애인에게서 환멸을 보았고 그리고 아내 이미란과는 타인과 같은 소외감을 지우지 못하고 있다. 그는 졸아드는 자신을 확인하면서 "여기만 아니라면"이라는 외침을, 그러나, 속으로만, 갖는다. 장이혁의 이 절망과 갈망은 크든 작든 혹은 어떤 형태로든 이미란과 유상진, 박순례와 김요옥 모두에게 드리운 심상이며 그 절망이 타자를 향하게 만들고 이곳을 탈출하고 싶은 욕망으로 솟아나게 한다. 그러나 더욱 불행한 것은 그 탈출의 길이 막혀 있다는 것이다.

"그런데 이상한 건, 아직 우리가 그 별로 갈 수 있는 통로는 발견되지 않았다는 거죠."
"별로 가는 길이라……" (「우린 모두 천사」, p. 91)

그들은 박순례의 아들처럼 "자신에게 보다 주의 깊은 관심을 보여주길 원하는 심리" 그리고 "공허감을 떨쳐내는 수단"으로 물건을 훔치듯, 타인에게 눈길을 던지고 있는 것이고 자기 눈길을 받아야 할 타인은 또 다른 타인에게 눈길을 보내고 있는 엇갈린 관계로 갈등하고 있는 것이다. 어떻든 우리는 이들의 결핍과 절망을 '사랑의 부재'라고 바꾸어 불러도 좋을 것이다. 바로 그 때문에 스스로의 목숨을 거두었을 김요옥이 그렇게 설명하고 있는 것이다:

"어느 순간엔 정말이지 이 피곤함을 견딜 수가 없어요. 그러나 사랑이란 게 평범한 것들을 어떻게 변화시키는지 난 잘 알고 있죠. 그리고 사랑이 궁지에 몰리면 또 그것들은 어떻게 변화되는지도……" (「우린 모두 천사」, p. 84)

근래 읽을 수 있었던 어떤 소설보다 아름답고 비의적인 단편 「동시에」는 그 사랑의 아픔과 생명의 원천에서 비롯되는 사랑의 영원성에 대한 신비한 세계를 보여준다. 조경란의 다른 소설에서 보이지 않는 가족과 그들 간의 사랑의 의미가, 비록 이모와 조카의 관계일망정, 유달리 풍요하게 피어나는 이 소설은 어머니를 잃고 아버지는 떠나 이모 집에서 딸처럼 자란 윤슬이가 그녀의 사랑 한병하의 죽음을 따라 동맥 자살을 기도하여 치료를 받는 병실에서 그 이모가 대를 이은 상실한 사랑의 고통과 나무를 통해 이어지는 근원적인 생명의 공감을 술회하는 독백으로 이루어지고 있다. "아주 오래전부터 이 땅에는 나무들이 자라났고 그 나무들이 모여 숲을 만들었고 사람이 생겨났다"(p. 9)는 설화적 문체로 시작되는 이 소설에서 우리는 이모의 젊었을 적과 처녀인 조카가 비슷하게 경험해야 했던 사랑의 아름다움과 그 상실의 아픔을 읽을 수 있고 "천년이 지나도 썩지 않는 씨앗처럼"(p. 17) 견고한 사랑의 비밀을 누군가에게라도 고백하지 않을 수 없는 갈망을 보게 되며 그리고 추악한 벌목꾼을 통해 생명 있는 나무들의 종족 보존의 의지와 그것들 간의 보이지 않는 교신(p. 26)을 관찰하게 된다. 그것들을 읽고 듣고 보는 우리의 마음도 함께 아프고 간곡해지고 슬프다. 그 슬픔은 인간의 원형과 태초의 기억을 상실함으로써 빚어진 오늘의 황폐한 삶을 돌이켜보게 만든다. 이 아름다운 경구를 보라:

바람과 안개와 눈과 빗속에서 나무들은 자랐고 봄이 되면 나무의 씨앗 털들로 인해 세상은 눈가루를 뿌린 것처럼 희고 환해지기도 했다. 씨앗은 점점 더 멀리 퍼져나가 새로운 나무와 사람을 만들었으나 그들은 태초의 기억을 차츰 잊어버린 채 각각의 이야기를 만들며 늙고 병들어갔단다. 기억을 잃어버린 탓에 사람들은 제가 어디서 왔는지 숲은 어떻게 만들어지고 한 그루의 나무들은 어떻게 씨앗이 만들어졌는지 모두 잊어버리고 말았지. 그래서 숲과 함께 형성된 크고 작은 지역들은 한때 모두 큰 강의 하류였다는 것, 강 하류에는 원래 울창한 숲이 형성되어 있었으며 물이 풍부했었다는 사실도 까맣게 잊혀졌다.

그 지역들은 오늘날 모두 황폐해졌거나 사막이 되어버렸다. 숲이 사라졌기 때문이지. 곡식을 심고 경작하게 되면서부터 사람들은 숲을 파괴하기 시작했단다. (「동시에」, pp. 9~10)

생명의 황폐화의 역사, 인간의 타락의 역사 속에서, 그렇구나, 조경란의 많은 인물들은 불면과 도벽의 신경증세로 괴로워하고 괴이한 기척에 시달리며 오지 않을 사람을 기다리고 외로움에 스스로를 희롱하고 타인을 속이고 허황한 삶에 의탁하고 드디어는 자살을 하고 혹은 죽음을 당하게 되는구나. 그렇다는 것을 「동시에」는 비의적으로 깨우쳐주고 나무들의 신호 교환을 경험함으로써 우리는 "자연의 자기 보존 기능"이 인간의 영원한 사랑에도 작용될 수 있다는 희망을 붙잡게 된다. 이모가 자신의 슬픈 이력을 술회하면서 마지막 윤슬에게 주는 소망의 메시지는 바로 우리 자신이 거두어들여야 할 말일 것이다:

나는 고개를 젓는다. 아무것도 모른다고, 숲이나 나무에 관해서는 아는 게 아무것도 없다고. 나무는, 씨앗이 땅에 떨어져 뿌리가 내리고 잎이 나고 줄기가 자라고 꽃봉오리가 맺히고 수술과 암술이 자라고 꽃가루받이가 끝나면 꽃은 지고 열매가 열리고 종자가 성숙해지면 바람과 태양을 따라 씨앗은 멀리멀리 퍼져나간다는 것도 정말 모른다고. 얘, 윤슬아, 병하라는 청년은 죽지 않았다. 네가 부르면 그는 네 목소리를 알아듣곤 곧장 심장을 쿵쿵거리며 네게로 올 거란다. 나의 그가 그러했듯이, 나의 나무가 그러했듯이. (「동시에」, p. 44)

여기서 조경란은 원초적인 것에의 기억, 아마도 그것을 말해주고 있는 듯하다. 생명의 자연스런 의지, 그 생명들의 교신과 공감을 그녀는 나무의 끈질긴 생명력과 풍요한 열매를 품어내기의 비의로 설명하고 있는 것이며 그 원형적 생명의 형태를 기억하는 것이야말로 사랑의 실현임을 아름답게 제시하고 있는 것이다. 그러니까 그가 이제껏 그려온 인간의 고독과 실의와 자폐를 그 교신의 단절로 이해하고 있는 것이며 그런 상황을 극복하는 것은 사랑의 기억이라고 호소하고 있는 중이다. 아아, 소설이란 것, 문학이란 것이 바로 그 기억을 되살리고 그 기억을 보존하며 그 기억을 살기 위한 장치가 아니었던가. 조경란은 역시, 그리고 여전히, 소설가이며 원초적 삶에의 기억을 살려내는 영매인 것이다. 〔2002. 5〕

원한의 역사와 화해의 전망
— 류영국 장편소설 『만월까지』

2년 전 여름이었을 것이다. 나는 작가 김주영·이문열과 함께 부산의 국제신문이 대단한 야심을 가지고 1억 원의 고료를 걸고 공모한 장편소설의 심사를 하고 있었고 우리는 두어 편의 후보작에 대해 의견을 나누는 중이었다. 그중 논의가 활발한 한 작품이 어쩌면 상당히 나이 든 사람의 것이 아닐까 하는 데 의견이 모여 신문사 측에 그 작자의 연령을 알아보도록 청했다. 그리고 그 응모자가 우리의 예상인 40대이기를 훌쩍 넘은 장년의 세대라는 것을 확인했다. 우리는 동요했다. 새로운 세기가 시작되는 2000년의 첫 신인이 환갑에 이르는 노인이라면 그 인상이 고루한 것이 되지 않을까라는 의견이 당연히 나왔고, 신인이라면 앞으로의 활동을 기대할 수 있는 젊은 층이어야 하는데 노년 세대라면 이후의 활약이 어려울 것이어서 심사위원으로서도 그 점은 바람직하지 않다는 견해도 강한 공감을 얻었다. 그럼에도 결국 우리는 심사의 제일원칙이 우선 작품 자체에 있으며 그 작자가 노년이라는 이유로 당선에서 배제된다는 것은 적절치 못하다는 데 동의하게 되었다. 당선작 발표와 동시에 이 늦깎이 작가의 흥미로운 이력이 국제신문 사회면의 톱 기사로 보도된 것은 당연한 일이었다. 이 에피소드를 만들며 어렵게 당선의 영예를 획득한 작품이 바로 류영국의 『만월까지』였다.

세 권짜리 단행본으로 상자된 이 소설을 다시 읽으며 이 작품의 작자가 상당히 나이 든 작가일 것으로 짐작할 수밖에 없는 이유도 분명하게 보였고, 되도록 젊은 세대이기를 바라는 심사위원의 희망에도 불구하고 그것을 꺾고 당선작으로 선정되지 않을 수 없었던 까닭도 다시 확인할 수 있었다. 그것은 삶의 갖가지 아픈 내력을 깊이 체험하고 전통적인 생활과 어법과 감수성으로 숙성되지 않으면 결코 태어날 수 없는 상상력을 발휘하면서 전래의 한과 토속적 정서가 하나의 거대한 서사적 로망으로 짜여지고 있었던 것이다. 내가 우선 이 작품에 강하게 이끌린 것은 이 작품의 서두에서부터 만나게 된 뛰어난 문체의 묘사력이었다.

> 산골의 밤은 가랑잎도 제 소리에 놀랄 만큼 괴괴했다. 텃논배미 몇 마지기를 에워싼 소쿠리 속 같은 마을이다. 기러기 한 마리가 달빛에 물살을 이루고 지나갔다.
> 이십여 호의 인가가 달빛에 졸고 있는 뱀잿골. 연년생처럼 그만그만한 초가집들이 머리를 맞대고 달빛에 졸고 있는 마을이다. 그 가운데 한 채가 가운데에서 장형다운 체모를 갖추고 있다. (1: 9)

이 짧은 서경적인 서술에서 이곳이 작고 외딴 마을이라는 것, 때는 가을의 깊은 달밤이라는 것이 서정적으로 표출되고 있다. 내가 여기서 감탄한 것은 그 문체가 무릎을 칠 만큼 비유의 울림이 때와 곳의 성격과 정서에 아름답게 교감하고 있다는 점에서였다. "가랑잎도 제 소리에 놀랄 만큼 괴괴"하다는 묘사는 이 산골이 자연이 지배하는 공간이라는 것, "연년생처럼 그만그만한 초가집들이 머리를 맞대고" 있다는 서술은 이 마을이 가난한 사람들이 옹기종기 작은 무리로 모인 형상이라는 것을 멋들어지게 드러내고 있는 것이다. 우리는 처음의 몇 마디 묘사의 어느 결부터, 그것이 감추고 있음에도 비어져 나오는 연상을 통해, 이 작품의 무대와 시대를 어렴풋이 눈치채게 된다. 실제로 류영국의 어휘들과 문장들은 『만월까지』가 배경으로 하고 있는, 근대화와 그 문명이 볕들기 전의 호남의 한 농촌과 거기서 삶을 얽어가는 사람들의 삶과 정서들에 풍요로우면서도 아름답게 조응하고 있다. 내가 우선 감탄한 것은 작가가 사용하고 있는 순수한 우리말의 풍성한 어휘들인데 "우리말의 보고"라는 편집자의 소개처럼 그는 '고자누룩하다' '어정버정하다' '둥두렷하다' '머슬러보다' '어우렁더우렁' '약략스럽다' '간잔지런하다' '산돌림' '얼터귀' 등 국어사전에 수록되어 있지 않든가 수록되어도 거의 사용되지 않는 잊혀진 말들을 숱하게 발굴하여 뜻을 모르고도 그 내용은 짐작할 수 있게끔 극히 효과적으로 활용하고 있다. 모두 젊은 세대로서는 도저히 끌어올 수 없는 순수한 우리 국어의 어휘들이 우리 전래의 토속적인 정서를 풍성하게 일구어내고 있거니와 작가가 무심한 척 사용하고 있는 비유법들도 그 어휘들 이상으로 아름답고 풍요롭다. 가령 대충 제1권의 중간쯤에서만 짚어보더라도, 문 밖에서 들려오는 상희의 목소리가 "돌 틈으로 숨는 개울물 소리"(1: 161)로 들린다든가 병약한 서방님의 걸음이 "땡볕에 기어가는 지렁이같이"(1: 169) 보인다는 것, 정참의의 막내아들이 재산을 빼내가는 꼴을 "자벌레 알밤 속 파먹듯 알겨갔다"(1: 177)고 생각하는 것, 판돌네의 밀회를 훔쳐보는 장면에서 "실바람에 간지럼타는 뽕잎 소리에다 깔깔거리는 개울물 소리 사이로 무슨 말인가 분명치는 않지만 도란도란 속삭이는 소리"(1: 286)로 경쾌하면서도 에로틱한 울림을 자아내는 것 같은 직유는 절묘하게 전 시대의 농촌적 분위기를 생동감 높게 환기시켜주고 있다. 그리고 문체의 성과를 한껏 발휘하는, 얼마든지 쉽사리 집어낼 수 있는 이런 대목들을 보자: "희끄무레한 하현달이 수리재를 넘지 못하고 머뭇머뭇하고 있었다. 간밤에 부엉이와 함께 봉창 밖에서 넘싯거리던 달이다"(1: 37)의, 자연의 움직거림과 인간의 눈길이 하나로 되는 듯한 뛰어나게 아름다운 서정적 묘사들; "저런 창시 염장 빠진 놈 조께 봐. 여그 와서도 양반집 머심 노릇 할래? 아이고, 이 썩을 놈. 창시 빼서 빨랫줄이나 매라. 에라, 이 썩을 놈. 뼉다구 발라서 사골국 끓여줘라, 이 오사를 할 놈아"(1: 38)라고 중인댁이 아내를 거들어주는 병삼에게 퍼붓는 질펀한 욕설들; "밑구녕만 좁다고 좋아하는 것 아니디야. 밑에 누워서 째지는 소리 한마디씩 혀감서 발씬발씬 심을 써줘야 짱짱하니 좋다고 헌디야." "아이고 잡성아. 잿배기댁 말허는 것 보닝게 그 집 양반 왜 밤낮 시들푸들하는가 알것구만." "애먼 소리 말어. 그 빙신은 인자 오줌도 못 개려서 가랭이로 질질 흘린디야"(1: 289)의, 동네 부인네들이 주고받는 방자한 색담들; 그런가 하면, "까마귀보다 꾀꼬리가 아름답다? 누가 판단한 것인가? 사람 아닌 소나 돼지에게 물어보면 그들의 대답도 사람하고 한가지일까? 호랑이가 토끼를 집어삼켰다. 호랑이의 몸에 들어간 토끼가 어떻게 되는가? 호랑이의 피 속에 토끼 피가 흐르고, 살 속에는 토끼의 살이 보태지지 않았는가. 호랑이가 토끼를 이긴 것이 아니고 결국은 토끼와 호랑이가 하나로 화합한 것이 아닌가"(2: 181)로 이어지는 혜공의 설법은 깊은 지혜와 함께 불교의 높고 정결하며 세련된 담론으로 짜여 있다. 세 권짜리『만월까지』의 9백여 쪽은 이런 묘사와 서술, 구절과 어휘들로 충만한 문체들로 이어지고 있다. 풍부한 토속적인 말들, 싱싱하면서도 아름다운 비유들, 질펀하면서도 재치 있는 화법들, 상황과 분위기에 고조되는 묘사들, 그것들을 아우르는 다양하면서도 비옥한 문체는 그의 문학적 선배들, 예컨대 비슷한 문체를 개발하며 독특한 효과로 한국어의 또 하나의 문학적 성취를 이룬 이문구나 김주영들 못지않게, 아니면, 어쩌면 보다 더한 진경을 보이고 있는 것이다.

  우리가『만월까지』에서 작가가 이루고 있는 문체적 성취에 주목하는 것은 두 가지 이유에서이다. 우선 그의 해박한 토속적 언어 사용과 생동하는 문장 구성은 오늘의 우리 문학이 잃어버려가고 있는 한국어의 전통적 개성을 부활시키고 있다는, 그 문화적 성과 때문이다. 현대의 한국어는 전래의 우리말이 잊혀져가고 있을 뿐 아니라 그 말을 통해 드러나는 민족의 기층적 심성이 휘발되어가고 있음을 보여준다. 물론 말은 시대와 사회에 따라 변화하고 변질되지 않을 수 없다는 운명을 짊어지고 있지만, 그래서 현대화·도시화하는 삶 속에서 우리말의 고유한 정서와 미감까지 희석되며 오늘의 한국 문학이 이 풍부한 한국어의 자산을 상실하게 되는 것은 피할 수 없는 일일지 모르지만, 그렇다고 해서 풍요롭고도 생동하는 우리 민족 언어의 생태적 소멸을 방관하는 것은 아마도 한국 문학으로서 거대한 태만과 자학을 의미하는 것일 것이다. 류영국의 소설은 이런 우리의 안타까움을 위로하면서 한국어의 무한한 가능성을 새로이 인식시켜주는 뚜렷한 자산으로 기능하는 것이다. 그의 언어 형식은 우리의 근원적인 정서가 어떤 양태로 발현되고 있으며 우리의 역사적 삶이 어떤 모습으로 표출될 수 있는가를 실천적으로 보여주고 있는 것이다. 그것의 문화적 의미에 대한 새삼스러운 환기와 더불어, 그의 언어가 그가 대상으로 다루고 있는 시대적 삶의 실제와 하나가 되는 형식적 수법의 성과를 훌륭한 예로 제시해주고 있다는 문학적 의미도 뒤따라 나온다. 형식이 곧 내용이 되는, 그러니까 구조주의자들이 말하는 '침전된 형식이 곧 내용'이라는 논리를 『만월까지』는 뛰어나게 실현시켜주는데, 그것은 내용/형식이란 해묵은 소박한 양분법을 극복하여 그것의 하나됨을 소설적 과정으로 훌륭하게 수행해주고 있다. 류영국의 장편소설이 주제로 하고 있는 전 시대의 폐쇄적인 사회에서 뭇 인간들이 품고 드러내고 있는 숱한 욕망과 원한들이 그것들을 묘사·서술하는 바로 그 언어와 문체 그 자체로써 발현되고 있는 미덕은 문학이 문학다움을 지향해야 한다는 오늘의 관점에 호응하는 적절한 범례로 제시될 수 있을 것이다. 『만월까지』가 거두어들이는 문학적 성취의 또 다른 측면은 바로 이 같은 언어적 형식의 성과에서 발견될 수 있는 것이다. 작가가 농촌, 그것도 80년 전의 전근대적인 영농법으로 농사를 지어야 하는 농촌의 생활을 여물 끓이기, 길쌈하기에 이르기까지 그 세부에 다양하게 능통할뿐더러 특히 백정들의 풍속과 그들의 독특한 언어, 기우제를 드리며 벌이는 행사와 무당의 굿과 비손 드리며 읊는 사설, 불사의 일들과 불교의 깊은 가르침에 해박한 지식들을 가지고 있으며 그것들을 작품 속에 생생하게 녹여들여 활용하고 있다는 점도 여기에 덧붙이자. 그것들 역시 전통의 한국어처럼 오늘의 우리 생활에서 잃어버려가고 왜곡되어가는 역사적 유물들이며 그래서 역시 보존을 촉구하는 풍속적 유산으로서 우리 문화의 생태적 다양성을 비옥하게 만들어주는 아름답고 그리운 자산들인 것이다.

　식민지 시대의 우리 민족사를 주제로 한 소설은 지난 한 세대 동안 활발하게 발표되어 현대 한국 문학의 뛰어난 성과로 축적되어왔다. 가령 동학 농민 전쟁에서부터 출발하는 박경리의 『토지』는 일제 식민 통치의 역사를 가로지르며 지역과 계층을 넘나드는 시대적 변화의 총체사를 구성하고 있고 홍성원의 『먼동』은 기호 지방의 양반과 노비 일가의 성쇠를 추적함으로써 근대화 과정을 재현하고 있으며 김원일의 『늘푸른소나무』는 한 소년의 성장기를 통해 전근대와 식민 통치기의 정신사적 흐름을 일구어내고 있고 조정래의 『아리랑』은 호남의 농촌을 배경으로 하여 일본의 조선 농촌 착취의 역사를 그리고 있으며 최명희의 『혼불』역시 호남의 반상 일가가 시류에 따라 변하지 않을 수 없는 풍속의 역사를 재현하고 있다. 류영국의 『만월까지』는 여러 권으로 되어 있는 기존의 이들 대하소설들과 어느 부분들을 겹쳐 가지면서 그 나름의 독자적인 소설적 공간을 마련하고 있다. 그것은 종이었던 한 집안의 이야기를 다루고 있다는 점에서 여러 집안 혹은 반상의 여러 계층을 중심으로 한 사회사적 변화 전반을 대상으로 한 것과는 다른 일종의 가족소설이며, 장기간 혹은 여러 세대의 변천이 아니라 추산컨대 소설적 시간은 7, 8년에 불과하며 주인공의 생애 중 한 시절만을 다루고 있다는 점에서 대하소설적 성격을 갖는 것은 아니다. 그렇다는 것은 민족사적 대하소설이라면 으레 가질 역사 변화의 시대사적 성격을 『만월까지』는 강조하지 않고 있다는 것을 뜻한다. 기미 만세 사건이 일어난 지 몇 해 후부터 이 소설이 시작되고 그래서 '불온한 운동'에 물들어 순사들의 추적을 받고 있는 덕례의 오빠인 정훈이와 월산·혜공이 숨겨주는 박치술이 잠시 소개되고 있고 총독부의 토지 조사를 빌미로 조선인의 땅이 수탈된다든가, 주재소의 순사들이 농민을 연행해서 조사하거나 지주의 가족이 서울로 유학하거나 이사하는 대목들이 나오지만,

1920년대의 민족사적 사건이나 사회사적 움직임 혹은 문화적 변화들은 이 작품에 직접적으로 드러나거나 작용하지 않고 소설 진행에 어떤 적극적 기능도 맡지 않고 있다. 그렇다고 해서 가령 노비 제도의 폐지와 반상의 계급적 차별의 해이 등과 같은 제도적·풍속적 변화가 외면되고 있는 것은 아니다. 그러니까 정확히 말하자면 이 소설은 역사적 사건이나 시대사적 변화가 마치 잠재의식처럼 소설의 공간 속에서 침전되어 있는 것이고, 이야기는 병삼 일가의 삶과 가운의 변화로만 집중되어 있는 것이다. 그 삶과 변화는 소설 밖의, 병삼의 어머니 중인댁의 어린 시절부터 싸안은 수십 년의 시간 속에서 이루어지는 것이지만 소설 속의 시간은 머슴 병삼이가 주인 지주의 딸 덕례와 함께 야반도주하여 자식을 낳고 집안을 일구어 일으키기까지의, 그의 생애에서 길지 않은 기간의 것이다. 그래서 이 소설은 세 세대 전의 우리 민족의 역사를 그리되 그 공간이 전북 완주의 농촌으로 한정하듯이 그 역사도 한 집안의 성장 시기로 제한되고 있으며 여기서 기도되고 있는 소설적 주제도 그 집안의 숨겨진 과거의 상흔과 거기서 준비되고 있는 새로운 전망이 응축된, 가족들의 한 시기의 삶의 양상으로 집중되고 있다. 그것은 이 소설이 시대와 변화를 축으로 한 한국인의 민족사적 전개를 따라가기보다 시대와 변화가 개인적 인식과 의지로 잠재된 세계에서의 인간의 원초적인 욕망과 지향을 추구하고 있음을 말해주는 것이기도 할 것이다. 이 소설에 다양한 계급이 출현하지 않고 그럼으로써 한 시대의 총체적인 상을 보여주지 않고 있다는 점, 혹은 양반-지주 계급의 타락하고 부정적인 측면에만 집중함으로써 이 계급이 지니고 있는 품위 있고 긍정적인 성격이 전반적으로 부인되고 있다는 점 등 심사 당시에 제기된 지적들은 가족사를 통한 보편적 인간상의 추적이라는 이 작품의 성격에 비추어 비판이 아니라 충분히 변호받을 수 있는 특색이 될 것이다.

그럼에도 이 장편이 역사소설적 성격을 갖는다는 점은 분명한 사실이다. 병삼을 중심으로 한 일가의 가족사는 근대적인 문화가 젖어들기 전의, 그러니까 봉건적 체제가 그들의 삶을 여전히 주도하고 있는 시대를 배경으로 하고 있다. 이 장편의 서사가 시작되는 1920년대의 전반은 이미 일본의 식민 체제가 정착되고 서구적 문물이 왕성하게 수용되던 시절이지만 그 거대한 근대로의 변화가 병삼 일가가 살고 있는 완주의 산골까지는 크게 미치지 못하고 있었다. 병삼의 어머니는 양반집의 종이라는 신분의 멍에 속에서 성장하고 자식을 낳아야 했으며 병삼 자신도 머슴살이를 하는 처지였다. 반상의 차별은 엄연했고 농민들은 지주를 섬겨야 했으며, 법적으로는 노비가 해방되었지만 호구책을 가질 수 없었던 그들은 여전히 지주의 머슴살이를 해야 했고 물론 삼강오륜의 봉건적 풍속은 엄격하게 고수되고 있었으며 백정들은 전과 다름없이 천민으로서의 가혹한 처우를 받아야 했다. 그럼에도, 이 완고한 봉건의 사회 속에서도 시대를 거스를 수 없는 변화의 조짐들이 조금씩 일고 있었고 『만월까지』는 이 폐쇄적인 농촌 사람들이 어떻게 자신들의 정체성을 깨달아가고 신분의 변화를 추구하며 근대적 풍조에 젖어들어가는가를 섬세하게 반영해주고 있는 것이다. 가령 머슴 병삼이가 지주 윤초시의 딸 덕례와 상관을 하게 된다는 서두의 사건부터가 그렇다. 물론 전 시대의 양반 세계에서라도 이 같은 반상의 경계를 범하는 일이 있었을 것이고 당장 중인댁의 부모들에게서도 그런 일들이 일어났으며 씨내림의 비밀스런 전례도 이어지고 있긴 했다. 그러니까 병삼이와 그의 할아버지는 같은 일을 저지르지만 그럼에도 그 사건의 처리가 바로 시대의 변화를 알려주고 있는 것이다. 할아버지는 멍석말이로 장살을 당하고 그 시체도 유기되어버리고 말지만 병삼이는 야반도주가 묵인되었을 뿐 아니라 후에 덕례 어머니로부터 새경과 돈을 받음으로써 그들의 혼례를 인정받는 것은 그의 앞세대와 세상 풍속이 얼마나 달라졌는가를 보여준다. 『만월까지』는 그러니까 머슴 병삼이가 아씨 덕례에게 "왜 그렇게 정떨어지는 소리를 혀, 사람 맥빠지게시리?"라며 "자기도 모르게 반말" (1: 14)을 씀으로써 반상의 경계 허물기를 수행하면서, 섬기던 지주 집을 나선 후 부지런히 땅을 갈고 일하여 재산을 일구고 자식을 낳으면서 '장(場)'씨성(姓)을 창씨하고 마침내 '뱀재양반'으로 출세하기까지의 과정을 추적하는 것이고, 그 과정 속에서 시속의 변화를 조금씩 우리에게 감지시켜주고 있는 것이다.

폐쇄적인 봉건 사회의 가장 큰 특징 중 하나는 신분의 세습이며 그 세습에 대한 숙명으로서의 감수일 것이다. 누대로 종살이를 해온 중인댁은 아들 병삼이를 머슴으로 들여보내면서 "지지리 복도 못 타고난 것들. 애비가 넘의집 살이허면 자식도 넘의집살이허기 마련이라더니 그게 빈말이 아니구면"(1: 43)이라고 탄식하며 며느리에게 베짜기를 가르치며 "여자는 평생을 실오락지허고 사는 뱁"(1: 215)이라면서 "씨가 모자란다고 삼베올에 모시올 씨를 갖다대면 삼베도 모시도 아닌" 것처럼 "타고난 대로 제 분수에 맞게 살아야 한다"(1: 216)는 점을 '설교'하고 있다. 이런 숙명관은 중인댁의 둘째아들인 월산 스님의 불교적 윤회관으로 세련된 인생관과 나란히 서 있으며 이것들은 현실 체제에 대한 체념과 종교적 세계관이라는 근원적으로 차원이 다른 사유이지만 운명의 반복을 수락하는 전 시대적 인식이라는 점에서는 서로를 감싸고 있다. 그럼에도 『만월까지』에서 이러한 세계관이 해이해지고 훼손됨으로써 근대적인 인간 의식이 싹트고 있음이 주목된다. 봉건적 사유 체계의 동요는 이 작품에서 아마도 가장 강한 주제로 강조되고 있다고 보아도 좋을 것이다. 그 부당한 체제에 대한 비판은 "말끝마다 양반 트집"(1: 36) 잡는 중인댁이 "양반님네도 아랫것들허고 붙어서 그러고저러고 허는 걸 보면 상것들허고 도진개진이데요 뭐"(1: 97)라는 야유에서도 두드러지고 이 같은 부당한 현실에 대한 도전은 덕례를 위로하는 병삼이의 "사람 팔자 하루아침에 달러지는 거여. 두고 보라지. 내 자식만은 견마 잽혀서 외갓집 찾어가게 헐 팅게"(1: 99)라는 각오에서 다짐되고 있다. 그러나 무엇보다 전근대적인 체제와 실제가 흔들리는 과정은 이 소설의 가족사적 운명의 변이에서 또렷이 수행되고 있다. 머슴 병삼이와 지주의 딸 덕례 간의 인연이 금제의 틀을 깨뜨린 예외적 사건임에도 그들이 오히려 새로운 삶을 개척하며 중농으로서의 성공을 이루고 있는 반면 그들을 혹사했던 양반과 지주인 정참의와 송참봉 일가가 몰락하고 있다는 것이 그렇다. 양반의 몰락과 천민의 상승은 세 아들이 일찍 죽거나 병신이 되거나 하는 정참의 집안에 대해 중인댁이 "그 집 씨라는 건 쭉젱이뿐"(1: 181)이라는 지적과 첫눈의 축복을 받으며 "대숲집의 대들보 감"(2: 9)으로 태어나는 아들 갑룡의 출생에 대한 병삼이의 남다른 각오로 강하게 대조된다. 그리고 병삼이는 "대를 이어오면서 짐승처럼 팔려가고 끌려다녔다는 종의 자손"이었던 자신이 "왕대밭에서 왕대 난다고 하지만 거름이 좋으면 산대도 왕대 될 것"이라는 신념을 키우며 자신은 "새싹을 탐스럽고 곱게 키우기 위해서 썩어야 할 두엄"(2: 11~12)이 되겠다는 각오를 가지며 "바가지를 차도 자식은 가르칠"(3: 224) 준비를 한다.

다시 말하지만 『만월까지』는 전근대에서 근대로, 봉건 체제의 제도와 풍속이 와해되어가는 시대적 이행기를 그리고 있다. 그러나 작가는 이 변화의 역사를 중인댁과 두 아들이 이루는 한 가족의 신분 이동 과정 속으로 가라앉히며 세계와 인간, 삶과 내면이 어떻게 각성되고 개발되며 변모하고 발전하는가를 인물들의 말과 행동과 생각 속으로 투영시키며 그들의 삶의 이력 속에서 그 진의를 확인시키고 있다. 그러니까 류영국은 인물들을 통해 시대의 변화를 재현하기보다 변화 속을 살아가는 인간들을, 그 속에 각인된 운명과 선택의 삶으로 추적하고 있는 것이다. 역사와 시대에 침윤된 인간상들, 월산이 "비수가 꽂혀 있던 어머니의 눈초리, 탐욕이 그득한 형 병삼의 눈빛, 오뇌와 비원이 서려 있는 형수의 얼굴 표정"을 돌이켜보며 "천만 가닥의 가시덤불 속에 갇혀 있는"(1: 147) 삶의 뿌리를 이 소설은 드러내면서 그들이 어떻게 자신들의 사유와 의지를 변화시켜 간난한 삶을 바꾸고 고통스러운 현실을 극복해내며 그런 세계와 싸움싸우고 있는가를 보여주고 있는 것이다. 어머니가 품고 있는 원한과 아들 병삼이가 다지고 있는 욕망, 그리고 그 원한과 욕망을 뛰어넘는 자리를 구원의 길로 찾고 있는 월산 간에 이루어지는 『만월까지』의 서사는 바로 근대화 과정의 이 시대가 깨달아가고 있는 한의 역사이며 이로부터 불붙기 시작한 욕망의 점화이고 그것의 성취로 치닫는 변동의 과정이며 이 모두의 부정적 의식을 벗어나고 벗겨내며 화해를 모색하는 구원의 이야기이다. 그 얼굴들은 한 시대의 얼굴들이며 그것도 모든 계층의 얼굴들은 아니지만, 우리 모두가 한과 욕망과 초월의 의지로 얽혀 있다는 것, 그 얽힘이 화해와 사랑의 길로 찾아들고 있다는 전언은 지난 1980년대 우리 문학에서 강조되던 민중문학의 뒤늦은 뛰어난 성과로서 21세기의 우리에게 새삼 주어진 민족문학적 감동의 원천이 되고 있는 것이다.

『만월까지』에는 송참봉을 비롯한 몇몇 양반 집의 식구들과 그들의 노비, 덕규와 판돌네를 포함하는 상민의 동네 사람들, 혜공 휘하의 스님들 등 많은 사람들이 등장하고 있지만 소설의 중심은 중인댁과 그녀의 두 아들 병삼과 월산(병록)의 세 인물로 집중되고 있다. 그러니까 세 명의 가족 외에는 서사의 바깥에서 소개되거나 이야기의 틈 사이에서 그것의 진전을 돕는 양념 정도에 불과하다. 병삼의 아내 덕례나 중인댁의 숨은 아들로 마지막 부분에서 중요한 역할을 하게 되는 판돌이, 그리고 병삼과 불륜의 관계를 맺는 신딸 판돌네 등이 이 세 주인공과 밀접한 관련과 중요한 기능을 맡고 있음에도 그들이 중심 화자로서의 비중으로 발전하지는 않는다. 작가는 중인댁 세 모자에게 그들의 삶의 이력과 행동을 통해 '만월까지' 이르는 거대한 서사의 주류를 맡기고 있고, 그럼으로써 변화의 시대를 살아가야 하는 인간의 보편적인 세 유형으로 그 인물들을 전형화시키고 있다. 그 세 유형은 중인댁에서 신랄하게 드러나는 원한과 증오의 심성, 병삼이가 보여주는 세속적 성취를 향한 욕망, 그리고 월산을 통해 아름답게 추구되는 구도와 화해의 정신이다. 혹은 중인댁이 가혹한 역사로부터 부당하게 낙인찍힌 상처받은 여인이라면 병삼이는 그럼에도 그 역사를 극복하려는 현실주의적이며 진취적인 도전자로 가름할 수 있을 것이고 월산은 그 같은 시대와 세계를 뛰어넘어 영원한 가치를 추구하는 초월의 인간상으로 바라볼 수 있을 것이다. 그리고 아마도, 이 세 유형이야말로 전날의 전근대적 시대의 인간들이 품고 있었을, 아니 오늘의 우리에게도 그대로 발견될 수 있는 세 가지 전형적 인간형일 것이다.

중인댁에게 '낙인'이란 말을 붙였지만, 실제로 그녀는 시집가는 아씨를 따라가는 몸종이 될 때 아씨의 서방으로부터 눈길을 받지 않도록 양반으로부터 얼굴에 추악한 화상을 입어야 했고 그 상처는 "평생을 지녀야 할 낙인"(1: 72)이 된다. 그럴 만큼 그녀의 종으로서의 생애는 참혹하고 가파른 것이었다. 그녀가 양반들에 대해 그처럼 격렬하게 저주하고 며느리가 된 덕례에게까지 서슴없이 폭언과 욕설을 해대는 것은 종으로서의 자신들의 존재가 "웃전의 밑씻개"(1: 59)밖에 안 된다는, 그녀가 실제로 당해야 했던 설움과 원한들에서 빚어진 것이었다. 그녀의 아버지는 애매한 누명을 뒤집어쓰고 멍석말이로 죽어야 했고 그녀 자신도 거친 종살이를 감당해야 했으며 이 모든 억울과 고통이 모두 양반들 때문이라고 확신하며 그래서 양반 출신인 며느리에게 "서슬이 퍼렇게 날이 서 있는" 충고를 한다: "양반네들은 큰기침만 혀도 먹고 살지만 우리네는 소맹키로 뻭다구를 바숴감서 일혀도 끄니가 간디없어. 이 집에서 눌러살자면 피눈물께나 쏟을 거여"(1: 34~35). 월산이 보기에 "비수가 꽂혀 있던 눈초리"의 중인댁이지만 그녀도 판돌이에게만은 연민의 손길을 보낸다. 그 아이가 자기 소생임에도 그것은 밝힐 수 없는 비밀이기에 그 연민은 그녀에게 '한'이라는 또 하나의 무거운 짐이 된다. 병삼이는 양반집 딸을 데리고 들어오면서 얻어들인 약간의 재물과 악착같은 노동, 약삭빠른 계산으로 재산을 늘리고 자식들을 생산하며 종의 신분에서 어엿한 가문을 일으키는 현실적 가치 추구의 전형으로 성공한다. 그의 탐욕은 땅과 재산, 자식들의 교육에 대해서만이 아니라 판돌네와의 관계에서처럼 육체적 욕망으로 드러날 뿐 아니라, 나아가, 정참의의 손주며느리에게 자신의 씨를 뿌림으로써 "개개비 둥지에다 뻐꾸기가 알을 낳아놓"(3: 258)음으로써 그 양반 집을 자신의 자손의 것으로 확대시키는 데까지로 발전한다. 그의 엄청난 생명력은 자신이 자부하듯 "질바닥에서 웬수처럼 짓밟힘서도 살아남은 종자"(2:

149)일 것으로, 식민 통치를 이겨내고 전쟁과 빈곤과 독재 속에서도 오늘의 우리를 일으킨 한민족의 민초다운 다부진 삶을 병삼은 살아내고 있는 것이다. 그의 존재야말로 그의 부모 세대가 봉건 체제로 말미암아 입어온 상처에서 그 낙인을 지워내고 새로이 싱싱한 생명력으로 자라날 속살이 될 것이다.

한편의 원한과 또 한편의 욕망을 바라보며 그 세속적인 증오와 탐욕의 타락한 심성을 벗겨내기 위해서는 월산의 구원에의 의지가 필요하다. 그는 떠돌이 장삿길로 나선 중인댁이 송방의 심부름꾼으로 맡긴 둘째아들 병록으로, 자진해서 화주승을 따라 송광사로 입산하여 계를 받고 스님이 되어 불도에 정진한다. 혜공 스님 밑에서 도를 닦으며 운봉 · 경오 · 정암 등의 여러 동료 스님들의 생각과 행각을 통해 자신의 불교적 사유를 넓히고 무기력한 불교의 현실에 비판적이기도 하면서 "마음에 만월이 떠오를 때까지는 이 염주를 놓아서는 안 된다고" "아픔을 참고 마음을 다스"(1: 87)리며 수도의 길을 걷는다. 그런 그도 박처사의 조카 상희에게 품은 연정으로 번민 끝에 자신의 손가락을 불에 지지며 극기하는 데 성공한다. 어머니에게 전날의 원한을 벗어나게 하고 형 병삼의 탐욕을 다독거리며 형수의 설움을 위로하기 위해 노력하는, 소설의 중반 이후 그 역할이 커지는 월산의 구도를 향한 어려운 길과, 그와 혜공을 중심으로 하여 보여주는 대화와 그들 세계의 묘사는 우리의 소설 문학에서 볼 수 있는 아마도 가장 빼어난 불교적 사유의 정수를 이룰 것이다. 가령, "솔숲을 스쳐가는 바람 소리"가 '솔잎이 부는 피리 소리(송뢰: 松籟)'인가 '파도치는 소리(송도: 松濤)'인가로 문답하며 "월산이 내게 마음을 두었다면 나는 바람 속에 사라져도 월산에게는 그림자로 남아 있을 것이고 마음에서 털어냈다면 옆에 있어도 없는 사람이지. 그러니 부처님은 또 어디서 찾는단 말인고"(2: 25~26)에 이르는 것과 불교적 담론은 그런 예 중의 하나이다. 월산은 극기와 초월을 통한 자신의 구도의 길을 고집하면서 가난과 고통에 신음하는 중생들의 제도를 향해 헌신하는, 이 소설에서 유일하면서도 우리가 그려볼 수 있는 것 중 가장 긍정적인 인물로 등장하고 있다.

심성과 지향이 다른 이 세 모자가 판돌이라는 소년을 통해 의외의 화해가 실천되고 있다는 점은 이 소설에서 매우 주목할 부분이다. 중인댁과 덕규 사이에서 태어나 판돌네 밑에서 자라는 판돌이는 생모가 누구인지도 모르는 채 계모의 냉대 속에서 자라면서 그녀와 사련을 맺는 병삼에게 줄곧 증오의 시선을 보내고 자신을 팽개친 세상에 대해 독기를 품다가 끝내 가출하고 만다. 눈 속에 기진한 그는 월산의 구조로 목숨을 건지지만 동상에 걸린 두 다리를 잘라내게 되는데 이 병신의 생명을 어떻게 할 것인지의 문제가 이들 가족에게 제기된다. 이때 판돌이를 맡겠다는 월산의 각오에서 우리는 한 불자의 엄숙한 제도의 가능성을 발견하게 된다: "저 하나 성불하자고 들어앉아 있어봤자 진흙 속에서 연화대에 올라앉기를 꿈꾸는 것이나 한가지일 것 같습니다. 차라리 이 애 하나 수발하는 것으로 제 일생을 마치려 합니다"(3: 308). 아우의 청을 받아들여 월산과 판돌이가 지낼 암자를 지어주는 병삼이도 그 출생이 의심스럽기에 유달리 못마땅해했던 판돌이에 대해 "아내와 월산이에게만 미안한 게 아니고 아이에게도 용서받지 못할 죄인이라는 것을 깨달"(3: 324)으면서 그의 발작을 이해하고 휠체어를 만들어주며 그와 화해를 찾기에 이른다. 그리고 판돌이 스스로 월산과 병삼 내외로부터 돌봄을 받으면서 자신의 독기를 풀기 시작하며 "원망으로 원망을 갚으면 원망은 끝내 쉬지 않는다. 오직 참아야만 원망이 쉬나니 이 법은 영원히 변하지 않는다"(3: 325)고 월산이 가르쳐준 염불을 왼다. 세상에 대한 가족들의 원망과 탐욕이 어머니 중인댁의 '업보'였던 판돌이를 통해 해소되는 이 과정은 기독교의 '속죄양'을 떠올리게 하는데, 독기의 덩어리였던 그가 다리를 잘라내야 하는 불행을 통해 가족들의 한이 해소될 뿐 아니라 그 자신도 월산의 감화를 입어 독기를 풀고 이들과 어울리게 되는 것은 구원의 길이란 희생물을 통해 얻을 수 있다는 보편적인 진실을 드러내주는 것일 것이다. 그리고 마침내 화해의 대단원이 가족의 중심인 중인댁의 임종에서 이루어진다. 스스로 짠 베로 수의를 마련하여 죽음을 준비하던 그녀는 그처럼 저주로 타박만 주어오던 며느리에게 이

마로 흘러내린 머리카락을 쓸어올려주며 거기에 묻은 실오라기를 떼주는 자상한 손길로 다독거려주고 판돌이에게는 원한을 사위라고 월산으로부터 받은 죽근을 넘겨주며, "지내고 보닝게 잠깐인디⋯⋯ 뒤돌아보닝게로 암만 생각혀봐도 이게 꿈속인 것만 같다"라며 "내사 인자 귀양살이 풀렸다"(3: 329)고 스스로와도 화해한 후 "종이라는 죄로 제 얼굴도 지니지 못하게 만든 사람들에 대한 한"을 지우는 유언을 남긴다: "원평⋯⋯ 원평⋯⋯ 그것들한티⋯⋯ 응어리들⋯⋯ 풀어. 가닥⋯⋯ 가닥 잡어가다 보먼⋯⋯ 늬들하고는 한⋯⋯ 한가닥이어"(3: 330). 그리고 이 소설은 이렇게 끝난다:

"극락왕생하소서. 나무관세음보살."
월산의 발원을 알아들었는지 흉터에 일던 물비늘이 차츰 가라앉고 그 자리에 덩실한 만월이 떠오르면서 숨소리가 멎었다. (3: 331)

이제 드디어 이 장엄한 서사의 제목이 되는 '만월'을 우리는 만나게 된다. 그 만월은 중인댁의 얼굴에 찍힌 낙인의 물비늘을 가라앉히는 환한 빛으로 세상을 밝힌다. 그러니까 『만월까지』는 원한의 역사로 말미암아 찢긴 상처가 화해와 이해의 빛으로 승화되기에 이르기까지의 드라마인 것이다. '만월'은 세상과 해원할 수 있게 된 중인댁과 종의 자식으로 머슴에서 중농이 되어 이제는 "치자빛 도는 들판으로"(3: 331) 눈길을 돌릴 수 있게 된 병삼에게 빛을 비추게 된 월산에게 드디어 떠오른 것이다. "미혹한 중생을 비추는 달빛이 골짜기 구석구석까지 가득 찬 산"(1: 87)이 되라고 큰스님으로부터 법명을 받은 월산은 그러나 "초사흘달도 못 되"어 "어두워 보이는"(1: 148) 긴 방황과 고뇌와 구도의 어려움을 거쳐 마침내 판돌이라는 무거운 짐을 맡게 되면서 그의 얼굴에 "어느 구석에도 그늘 하나 없이 해맑은 달빛 같은 것이 어려보"(3: 310)이게 된다. 월산 스스로는 "만월이 되기보다는 〔⋯⋯〕 차라리 어둠 속에서 제 몸뚱이 하나 밝히며 헤매는 반딧불이라도 될까 합니다"

(3: 312)라고 생각하지만 스승 혜공은 판돌이와 지낼 암자의 이름을 지어달라는 월산의 청을 받고 '인월암(印月庵)'으로 지어주며 이렇게 말한다:

"아무리 두옥이라고 해도 그 속에서 마음만 밝히면 저절로 달이 차오르겠지. 달이 어찌 하늘에만 있는가? 물에도 있고 나무에도 사람 마음에도 있는데. 더구나 그 속에 들어앉은 사람이 온 산을 달빛으로 채울 월산이 아닌가. 언제나 달이 비출 테니 인월암이라 할 거야. 인월암, 어때?" (3: 313)

원한의 역사를 이겨낼 화해와 빛의 전망은 여기서 비춘다. 작가는 그 전망이 초월과 구도의 정신, 헌신과 사랑의 덕성에서 그 빛이 솟아나며 그 빛이 "온 산을 채울 것"임을 밝히고 있는 것이다. 이렇게 해서, 『만월까지』는 그 진한 토속의 언어와 정서를 통해 어둡고 막힌 전 시대의 응어리진 한과 욕망과 씨름하며 증오와 갈등의 독기들을 씻어 화해와 빛의 세계로 구도의 삶을 찾아갈 것을 권고하는 강한 문학적 메시지로 우리를 감동시킨다. 그 감동은, 21세기라는 새로운 문명 체계에 들게 된 이제의, 세상을 경쾌하게 즐기도록 만드는 시속이기에 오히려 더 값지고, 60세의 신인으로 전통의 정서를 통해 첨단 문명을 즐기는 오늘의 우리 내면에 강하게 솟구치는 것이어서, 더욱 새삼스럽다.

[『실천문학』, 2002. 가을]

존재의 허구, 그 불길한 틈
── 김경욱 소설집 『누가 커트 코베인을 죽였는가』

    김경욱은, '풍요한 90년대'의 작가임에도, 뜻밖에도, 그 세대가 즐길 풍요로움을 즐기지 않고 있다. 아니, 즐기지 않는 정도가 아니라 그것의 허구를, 어쩌면 '이물감'까지를 느끼고 있는 것 같다. 그의 인물들은 아마도 서울에서 살고 있고 당연히 인터넷을 통한 채팅을 하고 있으며 그 주인공들이 대체로 작가이거나 사진가이고 혹은 학원 강사나 금융 딜러이기도 하지만 그들이 당면하고 있는 세상은 황량하고 그들이 부닥치는 삶은 결렬된 관계들이며, 무엇보다 죽음이 이야기의 중심을 이루고 있고 더욱이 그 타나토스에 대해 심상한, 오히려 냉담한 태도를 취하고 있다. 나는 그의 이른 소설들부터, 눈에 띄는 대로, 그러니 띄엄띄엄 산만하게 읽었으며 그때마다 마치 영화「바그다드 카페」에서 보는 듯한 생소한 황막감을 느껴왔었는데, 그의 근작들을 모아 집중해 보면서 기왕의 내가 가졌던 그의 소설에 대한 인상은 더욱 강하게 확인되었다. 그러면서, 『누가 커트 코베인을 죽였는가』를 통해, 그가 어떻게 세상을 바라보고 있고 왜 그처럼 암담한 눈을 갖게 되었는지 탐색해보고 싶었다. 그러나 한 인간, 한 작가가 품게 된 세계에 대한 인식의 비밀스러운 근원을 어떻게 해명할 수 있겠는가. 나는 다만 그가 묘사하고 있는 불길한 삶의 모습들을 따라다니며 한 세대의 격차를 넘어 그의 불행감에 공감하게 될 뿐이었다.

우선 그 황량함. 그가 먼저 우리를 인도하는 길은 "잿빛"의 거리이다: '아저씨'가 소녀티를 미처 못 벗은 '고양이'와의 환락을 기대하며 찾아가는 교외 도시의 "건물들은 모두 비슷비슷한 모양인 데다 색깔마저도 잿빛 일색이어서 어디가 어디인지 분간할 수 없을 정도였다. 마치 그 도시의 모든 건물들은 늙으며 닮아가는 부부처럼, 그렇게 엇비슷한 분위기를 풍기며 영락하고 있는 듯했다"(「고양이의 사생활」, p. 18). 기형도의 시를 즐겨 읽는 또 다른 화자는 "내 정신의 모두를 폐허로 만들면서 주인을 기다렸다"는 구절에 "이 얼마나 멋진 표현인가"(「누가 커트 코베인을 죽였는가」, p. 52)라고 감탄하면서 그가 가진 '장미'의 휴대전화에서 벨소리를 듣고 열었지만 아무 말이 없음을 보고 전원을 끄면서 느닷없이 "폐허, 폐허"(p. 53)라고 중얼거린다. 이 화자는 장미를 유괴한 뒤 살해하여 묻어버리고서는 "4월의 포도밭은 버려진 공동묘지 같았다"(p. 61)는 소회를 밝힌다. 공동묘지 같다는 느낌은 교외의 포도밭에서만이 아니라 "아침부터 그늘이"(p. 67) 지는, "만리장성 너머 붉은여인숙"에 기숙하고 있는 나의 수첩에서도 그랬다. 거기에 적힌 이름과 전화번호는 10년이 넘은 것들이어서 이제는 전화번호로서는 기능을 상실한, 그러니까 "죽은 전화번호들의 무덤"(p. 69)이 되어버린 것이다. 「토니와 사이다」의 '토니'와 '사이다'를 데리고 동해안으로 간 또 다른 화자는 재규어에서 내린 바닷가에서 "압도적인 황량함"을 느낀다: "그곳은 마치 세상의 끝처럼 황량하고 을씨년스러웠습니다. 이런 표현이 어떨지 모르겠습니다만, 압도적인 황량함이었습니다"(p. 170). '공동묘지' 같은 황량함은 부부 사이에서는 불임으로 펼쳐지고 있다. 이 소설집 전체에서 아이들이 나타나지 않고 그중의 「선인장」에서는 새로 이사간 아파트 단지에 아이들이 뛰어노는 모습을 볼 수 없다는 사실을 새삼 깨닫게 되며 이 주인공의 아내는 결혼 후의 열망에도 불구하고 '상상' 외에는 임신하지 못하고 있고, 혹은 「고양이의 사생활」의 화자는 결혼해 있는 몸임에도 "가족은 없는 거나 마찬가지"(p. 20)라고 술회하며, 「거미의 계략」의 김주은을 버린 여자도 "결혼한 지 5년이 되도록 여태 아이가 없"(pp. 113~14)다. 김경욱이 우리를 안내한 곳은, 인간이 살고 있는 도시의 거리거나 그들 가운데 하나가 쓴 전화 수첩, 교외의 포도밭이거나 바다가 한눈에 내려다뵈는 언덕 그 어디이든 '황량함'이 압도하고 있고, 그 불모성은 부부간의 불임성까지로 확대되고 있다. 무엇이 젊은 소설가를 그처럼 압도적인 황량함의 세계로 이끌었을까.

 이 작품집에 수록된 12편의 소설에 등장하는 숱한 인물들의 대부분은 제대로의 이름을 갖지 못하고 있다. 그들의 호칭은 C이거나 Q, H 혹은 R, L의 알파벳으로 표기된 이니셜이거나, '박'이거나 '김모' '김형'이고 좀 친절해보았자 '붉은여인숙'에서 도박을 하는 동네의 '부동산 중개업자 이씨' '정육점 박씨' '세탁소 김씨' '목욕탕 정씨' '보신탕집 최씨' 따위이다. 그렇지 않으면, 그 생김새로 얻게 된 가령 '붉은원숭이'나 동인들의 작품을 마구 할퀴어 갖게 된 별명 '늑대인간'으로 부르거나 텔레비전 드라마 제목을 따 그 여주인공 역의 탤런트에게 '장미'의 이름을 붙인다. 그러나 이 같은 익명화나 별명은 결코 새로운 것도, 희귀한 것도 아닌 익숙한 수법이다. 그러나 「고양이의 사생활」과 「토니와 사이다」의 주인공들이 '아저씨' '고양이'와 '토니' '사이다'가 "본명보다는 아이디가 더 익숙"(pp. 156~57)하기 때문에 채팅 아이디로 불린다는 사실은 그것이 인터넷의 풍물을 반영하고 있다는 점 이상의 암시를 던져준다. 이니셜이든 별명이든 전래의 별칭법들은 그 본명을 가렸되 주인들의 실체를 드러내는 고유 명사적 기능을 여전히 가지고 있지만, 인터넷의 채팅 아이디는 설령 그 고유성을 인정받는다 하더라도 그 고유성은 가짜거나 은폐되었으며 적어도 임시적이고 유동적이다. 그래서 그 아이디는 자신의 신원을 감추고(혹은 버리고) 있어, 그것에 다른 누구로 대치해도, 혹은 거꾸로 그 이름을 자재롭게 바꾸어도 관계없다(시니피앙과 시니피에의 이 무책임한 결렬!). 그러니까 '토니'의 본명은 한진수이고 '사이다'의 실제 이름이 강수민이지만 그들이 '토니'와 '사이다'로 불리는 한, 그 실체는 한진수나 강수민일 수도, 그들이 아닌 다른 누구일 수도 있고 그가 바로 나 자신일 수도 있다. 그럴 수 있다는 것을 작가는 다른 이름 붙이기에서도 암시하고 있다. 「거미의 계략」에서 시체로 발견되는 소설가 김주은의 유품에는 많은 액수의 전화 사용료와 신용 카드 사용 고지서가 끼어 있는데, 그것은 다른 누군가가 그의 신분증을 도용하여 전화와 카드를 만들어 쓴 것이었다. 이름은 같지만 사람은 다른, 그러나 '동명이인'의 경우와는 근본적으로 다른, 혼란이 일어난 것이다. 「만리장성 너머 붉은여인숙」에는 바로 이런 일이 아무렇지도 않게 일어날 수 있다는 사실을 방주(傍註)처럼 확인해주고 있다. 그 여인숙에 기숙하는 사내가 숙박부에 "아무렇게나 휘갈겨 쓴 이름이 김경욱," 바로 이 작품집 저자의 이름(!)이다. 중요한 것은 이 기발한 아이디어 자체가 아니라 거기에 붙인 작가의 해설이다: "아무도 그것이 그 사내의 본명일 것이라고 생각하지는 않는다. 숙박부를 내놓은 붉은여인숙의 주인 노파도, 다른 투숙객들도, 심지어 그 이름을 쓴 사내 자신도 이름 따위는 아무래도 상관없다고 생각할 터였다"(p. 68). 고유 명사에서 고유성과 그 소유자의 정체성을 지운다는 것은 현대인의 개성 상실을 의미하는 것이지만, 이름과 실체가 유리될 수 있다는 것, 그 관계가 서로 미끄러지고 결렬될 수 있다는 것은 무엇을 뜻하는 것일까.

　김경욱의 작품에서 정황의 황량함과 인물의 개인성 상실이란 성격 못지않게 강력한 모티프로 나타나고 있는 것이 죽음이다. 살해, 피살, 자살, 그리고 사체는 그의 이번 소설집 대부분에 미만하고 있다. 「누가 커트 코베인을 죽였는가」란 엽기적인 제목의 소설에는 탤런트 장미의 유괴와 살해가 일어나고 「만리장성 너머 붉은여인숙」에서는 '김경욱'이라고 자칭하는 기숙자가 스스로를 '살인자'라며 '완전 범죄'에 성공한 전말을 고백하며 그 고백을 듣는 상대 남자는 잠수교에서 한강 물줄기를 따라 흘러오는 유아 시체를 걷어내 중국집의 식탁에 제공하고 있다는 끔찍한 일을 암시하고 있고, 그 여인숙의 벙어리 소녀는 동네의 단골들에게 윤간당해 임신했고 끝내 유산을 하고 연못에 빠져 죽는다. 「거미의 계략」은 소설가 김주은이 서두에서부터 이미 시체로 발견됨으로써 그 사인을 찾아가는 이야기인데 어이없게도 그는 아사(餓死)했던 것이고,「Insert Coin」의 영문 제목 소설은 성기에 5백 원짜리 동전이 박힌 한 여인의 시체를 발견했다는 뉴스 보도로부터 시작된다.「토니와 사이다」는 자살 안내원인 화자가 경찰에게 자살을 자원하는 토니와 사이다를 동해안으로 데리고 가 자살에 성공시키는 이야기를 진술하고 있으며,「늑대인간」에서도 화자의 친구 C가 자살한 사건을 다루고 있다.「토성에 관해 갈릴레이가 은폐한 몇 가지 사실들」이란 길고도 재미있는 제목을 붙인 소설에서도 화자 '그'의 친구 H가 자살로 처리되어 있고「선인장」의 화자 '그'도 보일러실의 프레스기에 압살되어버린다. 이처럼, 죽음들이 이 작품집 전반을 휘감고 있지만, 그리고 자살을 지원하거나 실행한 사람들이 그들의 반 이상을 차지하고 있지만, 작가는 죽음 자체에 편향하거나 타나토스적인 열망을 가진 것도 아니다. 전통적인 심성으로 씌어진 작품이라면 대체로 죽음이라는 사태는 서사의 클라이맥스를 이루며 사건의 전개에서 극적인 대목으로 구성되겠지만, 김경욱의 소설에서는 이야기의 진행에서 특별한 감정 없이 끼어드는 사건의 단서일 뿐이며 그래서 그 죽음들은 전혀 드라마틱하지 않다. 이렇다는 것은 작가가 죽음에 대해 오히려 냉담하며 범상하게 생각하고 있음을 보여준다. 살해는 기계적인 동작으로 진행되며(「커트 코베인」) 살인 사건을 '완전 범죄'로 성공시킬 수 있음이 술자리의 자랑거리로 술회되고 있고(「붉은여인숙」) 자살은 그럴 수밖에 없는 뜨거운 원인을 가지고 있지 않으며(「토니와 사이다」) 굶음으로써 이룬 자살에의 동기는 여전히 밝혀지지 않고(「거미의 계략」) 남편의 실종에 대해 아내는 전처럼 여행을 떠난 것으로 간단히 치부해버린다(「선인장」). 열정도 비탄도 없이, 슬픔도 분노도 없이, 절망도 구원도 없이, 살인과 자살이 상투적인 일상의 일로 보고되고 있다는 것 ── 중요한 것은 그의 소설에서의 죽음의 빈번한 출현보다, 죽음에 대한 이 같은 작가의 냉정한 태도이다. 인간의 가장 근원적이고 고통스러운 테마에 대한 이 같은 냉정한 접근이 오히려 우리에게 죽음에 대한 소외감이란 주제를 거듭 생각하게 만드는데, 그에게 죽음을 이처럼 탈신비화하도록 만든 것은 무엇일까.

김경욱이 그의 작품들을 통해 공간의 황량함, 인간의 실체성 상실, 그리고 죽음에 대한 냉랭함으로 보여주는 도저한 비관, 비관이란 개념조차 헛된 장식으로 보이게 만드는, 그렇다는 것을 의식하는 것 자체가 이미 그 비관으로부터 비켜나 있는 것으로 생각하게 하는, 그 스스로가 비관 바로 그것으로 즉자(即自)인 것으로 짐작하게 하는 그 태도는 어디에서 비롯된 것일까. 『누가 커트 코베인을 죽였는가』에는 그 양상은 다양하게 나타나지만, 그래서 그 진전의 모습들이 드러나고는 있지만, 그 기원에 대해서는 뚜렷한 증거를 보여주지 않는다. 다만, 소설의 형태를 띠고는 있지만 그 실제에서는 거기서도 밝히고 있는 '후기,' 그것도 자신이 왜 소설을 쓰게 되었는지를 적고 있는 자전적인 술회라고 해야 할 「미림아트시네마」에서 그 단서가 비죽이 솟기는 한다:

글을 쓰게 된 그는 10여 년 전의 그날을 평생 잊지 못할 것이다. 가을에서 겨울로 넘어가는 어느 날이었다. 날씨는 더없이 맑아서 대기는 투명했고 하늘은 청명하기 이를 데 없었다. 그 무렵 그의 마음은 지옥이었다. 실연의 고통은 시간이 지나도 결코 희미해지지 않았고 스스로 지쳐버린 스물둘의 몸과 마음은 그 어떤 위안도 구하지 못했다. 한마디로 최악이었다. 그날 저물어가는 캠퍼스를 걸어내려오며 그는 묘한 기분에 휩싸였다. 들끓는 회한으로 가슴은 터져버릴 듯했지만 머리는 서늘하도록 명징했다. 그 기분이 나쁘지는 않았다. 오히려 맘에 들기까지 했다. 마치 오래전부터 그러리라고 마음먹었던 것처럼 그는 녹두거리의 문구점에서 노트 한 권과 모나미수성플러스펜 한 자루를 샀다. 〔……〕 하숙방 책상 앞에 앉아 그는 노트를 펼쳐놓고 뭔가를 적어내려가기 시작했다. 그의 글쓰기는 그렇게 아주 사소하게 시작되었다. (pp. 331~32)

이렇게 해서 그의 글쓰기가 "그렇게 아주 사소하게" 시작되는 그 '어느 날'의 충격이 그러나 얼마나 심각했을 것인가는 짐작은 하면서도 그 깊이를 헤아리기는 어렵다. '실연'의 고통 속에서 겪게 되는 '지옥' 같은 경험은 웬만한 사람들이라면 으레 치렀음직한 일이다. 그러나 여기서 비롯되는 그의 처절한 상상력은 이 세계와 그 안에서 제각각의 삶을 살고 있는 사람들에 대한 관점을 지옥을 바라보는 듯한 부정과 불신과 결렬의 어두운 색깔로 착색해버린 것 같다. 아마 그럴 수 있으리라. '투명한 대기와 청명한 하늘'은 더없이 아름답고 평화로운 풍경이다. 그러나 그것을 바라보는 내 마음은 '지옥'이라는 것. 더없이 신선하게 보이는 세계 속에서 자신의 내면에 들끓고 있는 '지옥 같은 고통'은 그 고통을 앓고 있는 자신을 이 조화로워 보이는 세계에 박힌 하나의 '틈'이란 자의식으로 일깨운다. 그래, 그 틈은 이 세상의 허점을 폭로하는 불길한 구멍이고 존재의 검은 허무가 비어져 나오는 블랙홀이다. 그가 그 틈을 처음 발견할 때만 해도 그것은 '이물감'으로부터였다:

담배를 태우던 그는 다시 한 번 이물감을 느꼈다. 아내의 피가 모세혈관처럼 키위의 섬유질 사이로 스며들던 그 장면을 보았을 때, 베란다에서 텅 빈 놀이터를 슬쩍 보았을 때 느꼈던 바로 그 이물감이었다. 그의 집을 제외한 모든 집의 베란다에는 버티컬 블라인드가 무대를 가리는 휘장처럼 늘어뜨려져 있었다. [⋯⋯] 말하자면 그의 집으로 인해 거대한 무대를 가리는 커튼에 작은 구멍이 뚫려 있는 셈이었다. 아주 작고 왜소한, 그래서 더욱 눈에 거슬리는 틈이었다. (「선인장」, pp. 295~96)

이 세상과 격리되고 있음을 일깨워주는 그 '이물감'은 마침내 자신의 집을 커튼에 뚫린 "작은 구멍"으로 인식토록 하고 그 "작고 왜소한, 그래서 더욱 눈에 거슬리는" 그 틈을 확인하면서 그는 자기 존재를 입증하는 데 난망해하지 않을 수 없는 입장에 처하게 되고 드디어는 지하 보일러실에서 실종당하는 결말에 이르게 된다. 그 '틈'은 「늑대인간」에서 친구 C가 자살했다는 한밤중의 연락을 받았을 때도 달려든다: "한동안 나는 물끄러미 어둠을 응시했다. 장롱 문이 빠끔히 열려 있었다. 누군가가, 혹은 그 무엇이 그 작고 어두운 틈으로 나를 노려보고 있는 듯했다"(p. 205). 자기가 바라보든 혹은 누군가가 자기를 바라보든, 그 시선에 포착되는 '구멍'은 "무(無)를 향해 벌어진, 불길하게 째진 틈"(「Insert Coin」, p. 134)이다. 다리 위에서 비명 소리를 듣고서는 자신의 삶의 진행을 전복시키게 되는 카뮈의 『전락』처럼, 김경욱의 '틈' 역시 의외의 계기에 충격적으로 달려든다. 「Insert Coin」의 '홈리스'는 작중의 화자에게 "무를 향해 벌어진, 불길하게 째진 틈"의 경험을 고백하면서 자신이 잘나가던 시에프 감독으로 신인 배우와 화장품 광고를 찍는 "작업이 끝나던 날 밤, 어쩌다 보니 저는 그 여자와 자게 되었습니다. 부끄러운 얘기입니다만, 안고 있던 제 자신이 너무 초라하게 느껴져 화장실에서 샤워하다 주저앉아 울었습니다. 그런 여자는 처음이었습니다. 그때를 생각하면 지금도 등골이 서늘해지고 몸서리가 쳐집니다"(p. 135)라고 회상한다. 그는 왜 갑자기 "너무 초라하게 느껴져" "주저앉아 울"게 되었을까. 화자는 그 이유를 말하지 않는다. 그러나 아파트 단지에서 자신의 집만이 커튼이 쳐지지 않아 '눈에 거슬리는 틈'으로 보게 되듯이, 그는 그녀를 통해 자신이 '초라한 틈'임을 깨달은 것이고, 그 틈이 자신을 '삼켜'버려 자신의 삶이 영락되어버리고 말았음을 술회한다:

"그리고 어느 날부터인가 머리가 빠지기 시작했습니다. 자고 나면 베갯잇이 빠진 머리카락으로 새까맣게 뒤덮일 정도였습니다. 결국, 그 틈이 저를 삼켜버린 것입니다."(p. 136)

통상의 우리에게 그 '틈'이란 "다만 하나의 추상"(p. 134)이겠지만, 어떤 연유로든 그 틈을 보았고 체험한 사람은 '실존의 함정'이 되어 입을 벌린 치명적인 '존재의 허구'의 입을 벌려 '삼켜'버린다. 그래서 "시스템을 거부하고 있는"(p. 127) 노숙자가 된 그는 그 틈을 발견한 이후부터 "소멸하려는 경향, 혹은 존재하지 않으려는 경향"(p. 133)으로의 강인한 유혹에 젖어들면서 "이상하게도 저는 더 이상 시에프를 찍을 수가 없었습니다. 모니터를 들여다보고 있으면 모든 게 가짜라는 생각이 들었습니다. 허깨비 말입니다. 도무지 저는 생산을 할 수 없었던 것입니다. 아니, 생산을 하고 싶지 않"(pp. 135~36)게 되어버리는 참혹한 절망으로 빠진다. 김경욱은 어느 '투명한 대기와 청명한 하늘'을 바라보며 '지옥 같은 고통'으로 이 세계의 틈을 발견했던 것이고, 그래서 가짜의 세계로 "무를 향해 벌어진, 불길하게 째진 틈"이라는 가혹한 허무의 시선을 걸치게 되었지만, 그러나 천만다행히도, 그는 시에프 감독처럼 생산을 포기한 것이 아니라 그 대신 '노트 한 권과 모나미수성플러스펜'을 사서 글을 쓰기 시작한 것이다.

"문제는 존재가 아니라 태도"(p. 35)라면, 존재라는 허구의 '틈'을 규시(窺視)하는 사람의 숨은 태도는 이 세상에 대한 '부끄러움'이 아닐까. 그것은, 꼭 짜인 시스템으로 운행되고 있는 이 세계에 불현듯 숨겨진 작은 구멍을 발견하고 더구나 그 자신이 구멍 그 자체가 되고 있다는 것, 이 번듯해 보이는 삶들에 대해 그 틈으로 쪼개보아 어둠의 세상을 훔쳐보고 스스로를 부재와 허무의 진상으로 삼아버린다는 것은 자기 존재를 지우고 싶고 소멸하고 싶은 유혹의 부정적인 표현일지도 모른다. 김경욱은 '부끄러움'에 대해 자주 언급하는데, 그 부끄러움에 대한 처리는 두 가지이다. '늑대인간'의 혹평 때문에 문학을 포기한 일을 "불행이라고 해야 하나 다행이라고 해야 하나" 머뭇거리면서 "문학이라는 단어만 들어도 나는 지금도, 어쩔 수 없이 부끄럽다"(p. 208)고 「늑대인간」의 화자가 고백하는 것이나 작가가 자신의 글이 인쇄된 잡지를 받아보고 "덜컥 작가라는 이름을 얻게 된 그는 자신의 피 속에 숨어 있던 그 부끄러운 욕망"(「미림아트시네마」, p. 330)을 신기해하는 등의, '문학에 대한 부끄러움'은 대상의 구체성으로 인해 대체로 '부끄러움'의 정황을 이해할 수 있다. 그러나 「고양이의 사생활」의 '고양이'가 '아저씨'에게 자신의 말을 믿지 못하는 태도에 대해 "부끄러운 줄 알아"라고 힐난하는 데서 회상되는, 화자의 아버지가 "죽는 순간에 '부끄러워할 줄 알아야 한다'"(p. 22)라고 남긴 말에서나 「순정아 사랑해」의 '안'이 고등학교 시절에 '참 좋아한 문구'가 다자이 오사무의 소설에 나오는 "참 부끄러운 삶을 살았습니다"(p. 243)였다는 점에 대해서, 그 대목에 부닥친 우리도 "약간 어리둥절"(p. 22)하도록, 그 앞뒤의 전말이 소명되지 않는다. 아버지는 왜 '부끄러움'에 대해 유언으로 남겼을까, '안'은 어쩌다 '부끄러움'이란 말에 공감하게 되었을까. 작가가 소명하지 않은, 아버지나 다자이 오사무가 언급한 '부끄러움'은 삶에 대한, 세계에 대한 원초적인 태도가 아니었을까. 그리고 그 스스로가 구멍임을 의식하는 사람의 내면은 원천적인 '부끄러움'으로 정향되지만, 그 틈으로 세계를 바라보면 이 세상의 삶이 근원적으로 배반과 결렬로 구성된 것임을, 작가는 되풀이 소명하고 있다.

자전적인 소설 「미림아트시네마」에서 작가 자신이 '실연'당했음을 고백하고 있지만 그 실연이 상대의 '배신'에 있지 않을까 하는 것은 그 동기를 여러 작품에서 반복하고 있기 때문이다. 가령 「누가 커트 코베인을 죽였는가」의 '장미'는 자신의 출세를 위해 자기를 발견한 남자를 버림으로써 "욕망을 위해 영혼을 팔아버린 살덩어리에 지나지 않"(p. 57)게 되어버리며, 「거미의 계략」의 소설가 김주은은 대학 시절의 문학 서클에서 만난 애인이 자기를 버리고 '돈 많은 집안의 외아들'과 결혼하는 배신을 당하며 결혼 후에도 두 사람은 자주 밀회하는 불륜의 관계가 맺어지고, 「늑대인간」의 C는 애인 L이 '늑대인간'과 동침한 것을 알면서도 결혼하지만 결국 자살하며, 「순정아 사랑해」에서 태식이의 결혼식에 참석하기 위해 고향으로 내려간 친구들은 신부 순정이가 그들이 고등학교 시절에 돌아가며 육체적 교섭을 한 바로 그 여자임을 알게 되고, 「토성에 관해 갈릴레이가 은폐한 몇 가지 사실들」의 화자 '그'는 군에 입대한 친구 H의 애인 Q를 유혹하고 포커로 H에게 그녀를 걸게 한다. 포커로 인생을 걸기 혹은 새끼 거북이의 경주로 승패를 내기하기, 그럼으로써 배신이 미만해 있는 관계 속에서 풍기는 '불온한 냄새'는 "적자생존의 세계, 그 냉혹한 게임에서 패배한 자들이 공유하고 있는 무력감"(「Insert Coin」, pp. 126~27)에 다름아닙니다. 그 무력감의 주인공들은 친구와 애인으로부터 배반당한 사람들, 그 사건들을 통해 존재의 검은 구멍에 자신의 실존을 빠뜨려버린 사람들이며 그들이 그 틈으로 보는 세계는 황량한 풍경을 면할 수 없는 것이다. 이 황량한 세계에 살고 있는 사람들의 삶은 우연이나 내기로 운명을 결정하는 게임이 지배하는 세계이다. 그것도 '레밍 게임'이다. 그 게임은 공주를 구하거나 보물을 찾는 대부분의 게임과는 달리,

'세상의 끝'이라 불리는 절벽을 찾아가 뛰어내리는 것이 목적으로 설정되어 있습니다. 자살이지요. 요컨대 죽기 위해서 온갖 고난을 극복해내는 것입니다. 심지어 죽음의 길에 방해가 되는 것들을 해치우기도 하면서 말이죠. 기막힌 아이러니가 아닐 수 없습니다. 죽기 위해 살아남는다. 그런 의미에서 이 게임은 들통 난 불륜만큼이나 교훈적인 데가 있습니다. 자살하는 것이 얼마나 어렵고 힘든가를 가르쳐주기 때문입니다. (「토니와 사이다」, p. 151)

30대 전반의 젊은 소설가 김경욱의 『누가 커트 코베인을 죽였는가』가 끝내 드러내고자 하는 이 세계에 대한 소감은 바로 레밍 게임이 함축하고 있는 '자살하기 위해 살아남기'의 '기막힌 아이러니'에 있는지도 모른다. 그는 끊임없이, '믿을 것'을 요구하면서도 배신을 이야기하고 있고 '사실'을 강조하면서도 그것이 '내기'로 결정되도록 이끌며 '행복해하면서도 불안'을 예감(「누가 커트 코베인을 죽였는가」, p. 44)한다. 요컨대 그는 이 세상을 비관하고 삶의 의미에 허무해하며 그것의 사실성을 부정한다. 그렇다는 것을, 그는

리얼리즘으로 더 이상 추궁할 수 없는 사실의 모호성을 보여주는 탈사실주의적 수법으로 드러낸다. 가령 「고양이의 사생활」에서 '아저씨'가 '고양이'와의 약속 장소를 찾아 묻고 되돌리고 하는 길찾기가 문득 중도에서 단절되고 휴대전화에 그곳에 가는 길을 가르쳐주는 문자 메시지가 다시 뜸으로써 암시하고 있는 결과의 무의미성, 「누가 커트 코베인을 죽였는가」와 「거미의 계략」에서 텔레비전 드라마와 소설 속의 사건과 소설 속의 소설이 중복해서 진행되는(그래서 "소설의 스토리와 현실이 그럴듯하게 맞아떨어졌다." p. 112) 서술법이 보여주는 상상과 현실 간의 분리 불가능성, 그리고 「누가 커트 코베인을 죽였는가」와 「Insert Coin」과의 연작소설적 구성이 시사하는 사건과 사건의 연계성은 필연이 아닌 우연, 혹은 사실적인 진행과의 무관성, 허구와 실제의 혼란스러움, 애매함과 해결 불가능성, 낮에는 '붉은여인숙'이 밤에는 '붉은여인'이 되는 시니피앙의 미끄러짐이 오늘의 세계상을 주도하고 있음을 암시하고 있다. 우리는 그 수법들을 편하게 포스트모던적 기법이라고 부를 수도 있을 것이다. 그러나 김경욱의 그 수법은 물론 '침전된 형식'으로서의 그의 세계관을 감추고 있다.

김경욱의 소설 세계는 그보다 몇 해 연상이거나 그 또래일 가령 김영하나 백민석의 그것들과는 당연히 다르다. 그의 문체는 죽음마저 게임하듯 드라이하고 인물들에게는 열정이 거세되어 있다. 그러나 바로 그렇기 때문에, 그가 그려내고 있는 이 세계의 냉혹성은 더욱 치열해지고 그런 세계를 대하는 냉담한 그의 태도는 오히려 진지하다. 『누가 커트 코베인을 죽였는가』에 수록된 12편의 단편소설들은 한결같이, 이른바 오늘의 우리 시대가 펼치고 있는 황량한 세계 속을 살고 있는 인터넷 세대의 쓸쓸한 내면 풍경들이다. 그 자신의 말대로 그 풍경은 "감상적이고 허무주의적"(p. 334)이지만 그 풍경을 바라보는 내게 그것들은 아프게 다가오면서도 반갑게 맞아들여진다. 그럴 수밖에 없을 것이, 세계에 대한 그의 인식이 나의 세대와 다름없이, 그리고 그것을 문학적으로 형상화시키는 태도가 나의 세대와의 시간적 간극을 뛰어넘어 여전히, 상통하고 있기 때문이며, 그럼에도 세계는 이제에 이르러서도 여전히, 황량하고 쓸쓸하며 불길하다는 그의 전언에 우리가 동의하지 않을 수 없기 때문이다. 세대가 바뀌고 풍경이 변하더라도, 그것을 살아가야 하는 사람들의 속 정서, 삶에 대한 허망함은 바뀌지 않고 변하지 않는 것인가. 이런 사유의 반추는 세계는 영원히 황량하며 인간은 여전히 고통스럽다는 결코 만회되지 않을 쓸쓸한 감회를 남겨준다. 〔2003. 5〕

가난한 시대의 서러운 삶*
── 오상원, 이호철, 이문희, 박순녀, 조해일의 소설들

전쟁의 후유와 인간성의 회복: 오상원의 「백지의 기록」 「황선지대」

오상원(吳尚源)은 전쟁의 의미에 대해 가장 진지하게 고민하는 작가의 하나다. 그에게 있어 전쟁은 격렬한 행동양식이나 사상의 비참함, 고된 생활의 피로함이란 즉물적인 관찰을 훨씬 넘어선 형이상학적인 비극의 추상으로 발전한다. 6·25 동란 중에 대학에서 불문학을 공부하고, 다른 모든 당시의 지식인들처럼 실존주의의 암담한 분위기 속에서 자신의 내적 갈등을 부조리한 세계에의 고뇌로 이해해온 그는, 전쟁에서 인간의 근원적인 가치의 파탄을 발견하며, 전쟁이 휩쓸고 간 폐허에서 카오스의 모든 악덕을 목격하는 것이다. 전쟁은 결코 인간적일 수 없는 벽이고, 그 벽에 내팽개쳐져 쓰러진 인간은 모든 것을 상실한 절망의 소상(塑像)을 그린다. 그는 전쟁 또는 전후의 혼란 속의 인간보다 전쟁 또는 전후 카오스 그 자체와 인간과의 관계에 대한 관념적인 파악을 통해 짓눌린 휴머니즘의 통증을 진단한다. 그것은 좋은 의미로든 나쁜 의미로든 전후 인텔리겐차의 상황 파악법이다. 한국전쟁은 역사로서나 개인에게서나 하나의 분명한 단절의 위치에 서고, 그 단절이 빚는 가치의 차압은 추상의 개념으로 표현된다.

---

* 오상원, 이호철, 이문희, 박순녀의 작품에 관한 네 편의 글은 삼성문고 『한국문학전집』의 별권 『수록작가 · 작품해설집』(1972)에 수록된 글이며 마지막 조해일의 『왕십리』 해설은 서음사의 『한국대표문제작가작품』(1978)에 수록된 것임.

오상원이 1955년 「유예」로 데뷔한 이래, 정력적인 작품 활동을 전개하면서 「균열」「분신」「모반」, 또는 「애상(哀像)」「잔상」「사상(思像)」「난영(亂影)」, 혹은 『백지의 기록』「무명기」「황선지대」와 같은 비구상(非具象)의 표제를 애용했다는 것은 당시의 지적 감수성과 지식인의 발상법에 대한 뚜렷한 전형을 보여주는 것이다.

장편 『백지의 기록』과 중편 「황선지대」는 전쟁에 짓밟혔던 지식인과 부랑인이란 두 가지 카테고리 인간들의 전쟁 수기다. 전쟁 전체의 의미를 질문하는 데는 전쟁의 현장에서보다 거기서 우러났을 때 좀더 명확하게 밝혀지며 전쟁의 피해는 포연의 와중에서보다 상처 입은 심신이 욱신거리는 고통을 느낄 때 더욱 절실하게 느껴질 것이다. 오상원은 부유한 가정의 제대한 두 아들의 육체적·정신적 질환의 두통기를 통해 전쟁이 할퀴고 간 상흔을 해부하는 한편으로 기지촌에 기생하는 저변 군상의 묘사를 통해 전후의 참담한 삶의 좌절을 진단하고 있다. 오상원은 6·25의 후유를 추적함으로써 백지의 이미지가 강요하는 단절의 원인으로서의 전쟁, '황선(黃線)'의 이미지가 던지는 격렬한 혼란의 실체로서의 전쟁을 포착하고 있다. 전쟁은 모든 부정적인 상황의 동기이며 현장인 것이다.

"모두가 직접적으로 또는 간접적으로 전쟁에 의하여 나가떨어진 얼굴"을 묘사하는 『백지의 기록』은 이 장편에서 빈번하게 사용되는 어휘 '어두운' '암울한' 의 이미지가 보여주는 우리 시대에 가장 절망적인 한 시기를 포착한다. 그것은 전쟁이 끝나면서 불구의 몸으로 귀환한 두 아들을 맞아들이는 한 가정의 음울한 초상으로부터 시작한다. 큰아들 중섭은 의대 재학 중에 입대했고, "장교건 일개 병졸이건 간에 계급에 의하여 치료의 순위가 운위될 수 없다"는 철저한 인도적 의사도에 의해 부상 사병을 구하려다 그 스스로 포격을 받고 오른손과 한쪽 다리가 잘려나가는 불구의 몸이 된다. 동생 중서는 상대 재학 중에 입대, 발가락을 약간 다친 채 비교적 성한 몸으로 귀가했으나 절망적인 자학에 빠진 형 옆에서 그 자신 일그러지지 않을 수 없었다. 다복한 이 집안에 "살벌한 어둠만이 떠돌고" 있었던 것이다. 두 아들의 아버지는 말한다.

"너는 전쟁으로 인하여 커다란 상처를 입었다. 정신적인 상처이건 육체적인 상처이건 그것은 마찬가지다. 그러나 전쟁에 갔다 온 너희들만이 상처를 입은 것은 아니다. 너희 어머니를 보렴. 너희 어머니는 직접적으로는 아니지만 간접적으로 너희들을 통하여 너희들보다도 더 큰 전쟁으로 인한 상처를 입고 있는 것이다."

전쟁 속에서도 온전할 수 있는 사람은 아무도 없다는 상황 판단은 아프레게르의 단절감이 갖는 피해의식의 정직한 관찰이다. 작가는 "모두가 전쟁의 피해자"라는 테마를 이 소설 곳곳에서 술회하고 있는데, 실제로 기억 상실의 정신 이상에 걸린 정연이나, 애인에게 몸을 바침으로써 불치의 성병에 걸려 자살하는 수기 속의 형란이, 온전한 몸으로 돌아왔으나 이제는 이미 옛날과 같은 정신적 사랑으로 결코 만족할 수 없는 형란이의 애인, 그리고 이 수기를 중서에게 읽히면서 그의 요구를 거절하는 순희 등 모두에게 전쟁은 지울 수 없는 상처를 남겨주었던 것이다.

중섭 형제의 전상은 대위법인 관계를 통해 전쟁이 끝나고 학교는 피난지에서 개교할 때부터 구체적인 양상으로 드러난다. "인간이란 무의미한 것"으로 통감하는 상이군인 중섭은 자신의 행복했던 시절의 사진을 불태우고 자살을 기도했다가 실패한 후, 광기를 일으키며 자기 학대를 자행하고, 마침내 "허물어져버린 얼굴"로 정신병원에 입원한다. "수많은 학설과 논리들이 무미건조한 한낱 휴지로 돌아가버리게끔" 된 중서는 다방과 술집과 사창가로 무기력한 배회를 계속하며 "무디어버린 지성과 병들어버린 정열" 속에서 자포자기의 생활로 타락한다. 아마 중서가 고백하듯이 "육체적으로 파괴된 형보다 정신적으로 파괴된 동생이 더 비참"할 것이다. 형제는 육체적 불구가 정신의 질환으로 옮겨가든, 정신의 뒤쫓김이 일상생활의 파멸로 몰고 가든 다 같이 전쟁으로 인한 인간다움의 상실이란 방향으로 몰리고 있었다. 그러나 이들에게도 "어둠을 헤치고 희부연한 여명 같은 것이 다가오고" 있었다. 상처의 양상에 따른 상이한 치료법으로서 그들의 인간 복귀가 시작되는 것이다. 형은 준서가 안내한 전상자들의 자활원 '우리들의 마을'에서 병신의 몸으로 제 몫을 찾아 재생하는 불구자들의 건강한 의지에서 "과거의 나만을 생각"하는 자신의 오류를 발견한 것이다. 그는 현재의 자기에 충실하는 데서 자기 나름의 상황의 극복이 이루어질 수 있다는 바람직한 결론에 도달하여 "빙그레 웃는" 얼굴로, 자신이 있어야 할 세계 — '우리들의 마을'에 입원한다. 정신의 부상을 입은 중서는 잃었던 애인 정연이의 출현으로 회복된다. 그는 일선 지대에서 군인들에게 강간당하고 착란을 일으킨 정연이에게서 자기보다 더 큰 상처를 발견한다. 자기보다 더 심한 불구에게서 삶의 의욕을 찾아낸 중섭이처럼 그는 "한가닥 옛 모습도 찾아볼 길 없이 부서져버린 정연이"로부터 "무너져버린 서로의 얼굴 속에서 다시 몸을 마주 대고 시작되어야 할" 각성을 얻는 것이다. 그의 극진한 애정 어린 간호로 기억을 되찾는 정연이가 "자신의 행복을 무자비하게 가로막는" 전쟁이 남긴 상처에 굴복하며 자살을 택했음에도 불구하고 그녀를 통해 일구어진 인간에의 각성은 중섭과 준서의 격려로 다시 찾아오는 무거운 공허를 극복한다.

『백지의 기록』의 해피 엔딩과는 달리 「황선지대」는 실패의 기록이다. "전쟁과 함께 미군 주둔지에 더덕더덕 서식된 특수지대" 속에서 "무섭게 번창하는 곰팡이"들은 물론 '전쟁의 산물'이다. 그들은 '더럽고 추한 곳'에 살기 때문에 『백지의 기록』의 부유한 지식인 주인공들처럼 무기력한 좌절에 주저앉을 여유가 없이 맹목적인 삶의 본능에 매여 맹렬한 삶의 투쟁을 벌인다. 미군 부대의 보급품을 밀수하고, 술을 팔고, 몸을 팔고, 몸을 판 여자를 등쳐 산다. 그들의 삶 그 자체가 전쟁이 만든 환부이며 그들은 그곳의 병균처럼 가혹하게 싸우며 산다. 그것은 일종의 단말마적인 몸부림이며 모든 것으로부터 버림받고 끝나 있는 상태에서 움직이는 윤리도 정의도 질서도 무의미한 삶의 양식이다.

"누구에게나 저마다 끝장은 이미 다 나 있는 거야. 너에게도 나 있고 나에게도 말이야. 다만 있다면 이미 나버린 끝장에…… 즉 끝장이 난 자기를 어떻게 처리하느냐가 문제지."

그들은 끝장난 자리에서 저마다 저 나름의 새 출발을 찾는다. 그들은 모두 전쟁이 입힌 상처를 입고 이 '황선지대'로 몰려들었지만 자기대로의 소롯한 꿈을 이루려는 소박한 소망을 갖고 있었다. 두더지는 자기가 처음 더럽힌 사창가의 소녀를 지키려는 소망을, 곰새끼는 시골로 돌아가 소박한 시골 처녀와 결혼하여 조출하게 살고 싶은 소망을, 정윤이는 포악한 짜리의 학대로부터 전날의 애인 영미 남매를 구해주고 싶은 소망을 안고 있다. 이러한 소망을 합쳐 대규모의 보급품 절도를 계획하고 지하로 땅굴을 판다. 그러나 세 사람을 그처럼 황홀하게 만든 새 출발의 기대는 성공 일보 전에 와르르 무너진다. "세 사람의 눈앞으로 들이닥친 것은 기대했던 그것이 아니라 공허, 그것이었다. 텅 빈 속에 남아 있는 것이라곤 먼지와 어둠과 휴지 조각뿐이었다." 그들 스스로 끝장과 출발을 반복해야 하는 시지푸스의 절망이었던 것이다.

우리는 여기서 『백지의 기록』과 「황선지대」가 그리는 '어두운' 정경이 '암담한' 전쟁의 비인도적 성격과 그에 짓눌린 인간의 파탄과 회복을 효과적으로 포착하는 데 성공했다고 만족하지는 않는다. 『백지의 기록』의 경우, 중섭과 중서의 고민과 자학의 과정, 특히 인간성 회복의 결단이 안이하게 도식화되어 있으며, 「황선지대」에서는 그 전체적인 톤에 비해 인물의 성격이 불투명한 여운을 남긴다. 이것은 작가의 꺼칠꺼칠한 문체 탓도 많을 것이다. 그러나 그렇다 해서 오상원의 문학적 의미가 결코 감쇄돼서는 안 될 것이다.

그는 전후 지식인으로서 도저히 감당하기 힘든 무거운 역사의 부담에 억눌려 있었으며 자기를 탄압하는 사회의 부조리에 대해 지극히 진지하고도 고통스러운 고민을 하고 있었다. 그리고 때로, 역사와 사회가 주는 충격은 정당하고 침착한 사고 능력보다 격렬하고 직설적인 반감에서 더 잘 대변될 수도 있다. 오상원의 이런 미덕이 갖는 약점은 따라서 그가 괴로워하던, 황량했던 시대에 자신을 희생시킬 수밖에 없었던 그 세대의 불행에 돌려져야 할 것이다. 〔1972〕

풍자된 현실의 치부: 이호철의 「서울은 만원이다」

해방 이후 신문의 연재소설로서 아마 이호철의 『서울은 만원이다』처럼 많은 독자를 거느린 소설도 드물 것이다. 도회의 지식층으로부터 시골의 미용사에 이르기까지, 이제는 노경에 접어들어 무료하게 소일하는 복덕방 주변의 영감들로부터 막 사춘기에 접어든 소년들에 이르기까지 그것은 만원의 인기를 모으고 있었다. 1966년 동아일보에 이 풍자소설이 유행될 때 대학가에는 히로인의 이름을 빌린 '길녀촌(吉女村)'이란 유행어까지 생겼다.

『서울은 만원이다』가 그처럼 많은 독자를 이끈 것에는 손쉽게 읽을 수 있는, 그것도 발행부수가 가장 많은 신문에 실렸다든가, 이호철이 '동인문학상'의 수상 작가라든가 하는 외적 원인의 작용도 없지는 않았을 것이다. 그러나 이 장편이 갖는 순수한 소설적 재미에 비하면 그것들은 너무도 하잘것없는 정도다. 『서울은 만원이다』는 재미있다. 대학 교수에게도 재미있고, 남대문시장 점원에게도 재미있다. 그가 마련해준 이야기들은 다방 마담에게도 고급 공무원에게도 진지한 목사와 판사에게도, 그리고 다른 작가에게도 두루 화젯거리가 된다. 『서울은 만원이다』는 그냥 웃어넘기는 것으로 그쳐서는 안 되게끔 찌르는 그 무엇을 갖고 있지만 그렇다고 조금도 어려운 이야기를 하는 것이 아니며 심각한 표정으로 고민하며 읽을 필요도 없지만 결코 속되고 야한 잔기는 찾을 수도 없다. 그것은 나이와 성, 학력과 직업의 차이 없이 모든 사람에게 골고루 친숙하고 유쾌한 재미를 돌려주는 것이다. 그렇다고 이 소설이 개성 없는 만담이라든가 독자를 유혹하기 위해 부분부분에 객담을 늘어놓았다든가 하는 것도 아니다. 오히려 사정은 전혀 그와 반대다. 그것은 견고하게 짜여졌고, 면밀한 구도 아래 일체의 방담을 허락하지 않는 절제 속에 작자가 말하고 싶은 것, 읽혀야 할 것들을 뚜렷한 맥으로 술회하고 있다. 그것은 우수한 소설이 갖추어야 할 내용과 형식의 행복한 결합을 이루면서 본래의 소설이 노리고 있는 재미를 넘쳐흐르게 만든 것이다. 그렇다면 그의 재미는 어디서 오는가.

먼저 『서울은 만원이다』에 등장하는 숱한 인물들이 바로 우리 주변에서 너무나 쉽사리 발견되는, 그리고 이 소설을 읽는 독자 자신일 수도 있는 그 흔한 인간형들이라는 게 첫 이유가 될 것이다. 물론 그 흔한 인간들이란 딱딱하고 오만한 상류층도, 엄숙하고 세련된 지식인도 아니다. 길에서 시장에서 혹은 대폿집에서 손쉽게 인사하고 헤어질 수 있는 재미있는 이웃 사람들이다. 가난 때문에 서울로 뛰어올라 다방 레지 하다가 쿡에게 몸을 뺏기고는 이리저리 거치다가 비록 몸 파는 직업으로 떨어졌지만 상냥하고 천진하고 다정한 길녀, 허황하고 사기성도 농후하며 이마는 벗겨지고 직업도 없이 동가식서가숙의 떠돌이이지만 입담 좋고 넉살 좋고 이것저것 많이 알고 악의 없고 물렁한 남동표, 넉넉하고 점잖은 서울 토박이 노인답게 소심하고 줏대 없고 젊은 여자에게 속절없이 빠지는 서린동 영감, 촌때를 벗지 못하고 비실거리며 남에게 놀림은 곧잘 받지만 꼼꼼히 실속 차리며 집념으로 돈을 모으는 기상현, 열심히 공부하고 진지하게 사색하며 항상 공명정대하지만 세상 물정 모르고 이용당하기 십상인 숫보기 법학도, 어수룩하고 예쁘지도 않지만 간교하고 욕심 많은 복실 엄마, 덜렁덜렁하고 남상스럽지만 속 좋고 다감한 미경이, 그리고 석구복, 금호동집 딸과 두 오빠, 서린동 마님, 피부비뇨기과 의사, 목사…… 모두가 조금도 격의 없이 마주칠 수 있는, 조금도 주저 없이 떠올릴 수 있는 우리 서민의 얼굴들이다. 그들은 어려운 사회학적 군중의 한 모습들이라기보다 언제나 우리 주위에 함께 지내온 그 흔한 사람들의 한 모습들인 것이다. 그것은 바로 우리가 아는 바로 옆사람의 모습이며, 또 그 사람이 아는 우리 자신의 모습이기도 하다. 그리고 우리는 실상은 나 자신일는지도 모르지만 직접적으로는 내가 아닐 듯한 사람에 관한 이야기에는 항상 흥미를 느끼게 마련이다. 우리는 그것이 내가 아니라면서도 나 자신과 무관하지는 않을 듯한 구설(口舌)에 스릴까지 느끼며 경청하게 되는 것이다.

이런 인물들을 사건으로 얽어내면서 작자는 풍자소설 문체의 효과를 십분 발휘하고 있다. 그것이 재미의 두번째 요소인데 『서울은 만원이다』는 『태평천하』나 「치숙(痴叔)」에서 정평을 얻은 채만식의 그것에 못지않은 풍자의 맛을 풍긴다. 어떤 점에서 이호철의 풍자가 더 큰 성과를 얻는다. 그가 몇 가지 특이한 수법을 가미했기 때문이다. 하나는 대화에서는 물론 지문에서도 서슴없이 거의 완벽한 구어체를 활용했다는 점인데, 좀더 정확히 말한다면 다른 소설들이 취한 것이 구어체라면 『서울은 만원이다』는 구어, 바로 그것이다. 구어가 일으키는 효과는 소설이 인쇄된 지면의 한계를 넘어 바로 작자와 직접 이야기하는 직접 어법의 묘미인데, 이것이 독자의 방심을 허락하지 않는 것이다. 풍자 문체의 두번째 수법은 각 지방의 방언을 한꺼번에 재치 있게 통솔한다는 것이다. 근년 우리 소설에서도 토착어의 개발과 도입이 활발하며 또 성공도 거두고 있지만 『서울은 만원이다』는 다른 소설의 방언과는 달리 경상도·전라도·충청도·평안도, 그리고 서울의 사투리가 모두 동원되고 있으며 더욱이 사투리의 어감이 풍기는 이미지가 그 화자의 개성과 유효적절하게 걸맞아 들어가고 있다. 가령, 시원스런 미경이의 "속이 시원하겠능교?" 우악스런 금호동집 아들의 "어케 맘먹고 이래," 음충맞은 복실 엄마의 "아니, 시골갔이유? 그랬이유?"와 같은 화법은 어투가 곧 개성이라는 것을 실감시켜 준다.

이호철의 풍자 문체에서 가장 효과적인 수법은 작가의 발언이 소설의 지문에 직접 나타나 분위기의 극화에 직접 가담하고 있다는 점이다. 가령 "의형님 좋와한다, 그 사장이란……" "남자가 애교는 있어 무엇하는가, 차라리……" 마침내 작가는 서울의 '우국지사'를 희화화하면서 이야기를 곁길로 밀어넣다가 문득 작가 자신에게 "야야, 너도 우국지사야? 논문 쓰니? 기상현이는 어떻게 됐니?"라고 핀잔을 주기까지 한다. 작가의 이러한 직접 개입과 발언은 사건에 대한 독자의 흥을 돋우는 적극적인 간투사 역할을 담당한다. 이 같은 풍자들의 효과는 인물과 사건들에서 음흉한 악의나 비참한 슬픔들을 증발시키고 천진하고 발랄하며 장난기로 변화시킨다. 허풍 치고 사기를 하고 절도를 하며 그러고도 무책임한 남동표에게 우리가 갖는 인상은 추함이나 혐오감이 아니라 유쾌하고 귀여운 악동이며 구질구질한 기상현마저 측은하고 애틋한 호감을 불러일으키고 따분한 법학도는 안쓰럽고 지저분한 복실 엄마도 측은하게 보이며 금호동집 아들의 억지도 들어주고 싶은 심정이 되어버린다. 하물며 선량한 길녀나 미옥이의 윤락에 대해 어떻게 비난할 수 있겠는가. 오히려 그들 편에 서서 그들을 이렇게 만든 세상을 미워하고 욕해주고 싶을 정도다. 이호철은 귀여워하지 않을 수 없는 악한, 연민을 갖지 않을 수 없는 추태를 묘사하는 탁월한 능력으로, 원래는 음산하고 답답한 분위기였을 인물과 사건을 더없이 낙천적이고 건강한 시선으로 바라보도록 만든다.

그러나 『서울은 만원이다』의 재미에 묻혀 그것이 휘두르는 날카로운 현실 비판을 무심히 지나친다면 우리는 이 소설을 전혀 잘못 보는 것이다. 모든 우수한 풍자소설이 그렇듯, 이호철은 유머와 해학을 통해 '서울'로 총집결되어 있는 이 사회의 구조적인 모순과 허무맹랑한 추태들에 대해 신랄한 공격을 가한다. '서울'은 확실히 한국의 수도이며 한국이 갖고 있는 악덕과 추잡, 엉뚱함과 광기의 집산지이고, 지방에 남아 있는 한국인의 미덕과 건강성마저 모두 꺼멓게 물들인다. "시골서 상경하는 사람에게 있어 시궁창이나 술술 빠져드는 수렁과 다를 바 없는" 서울은 돈을 향하여 총동원된 370만이 예외 없이 제가끔 서로 적(敵)이 되는 아비규환을 이룬다. "위로는 국회의원에서부터 맨 아래로는 하다못해 교회당으로만 돌아다니는 성서도둑에 이르기까지 가지각색의 방법이 구사된다. 게다가 골치 아프게 야금야금 벌이는 정상적인 룰보다는 비정상적으로 한꺼번에 땡잡기를 더 바란다. 돈 버는 데 정상·비정상이 어디 있노, 이 판에. 어금니를 악물고 입에서는 거품들을 내뿜는다." 이런 황금만능의 세상에서 "서로가 아웅다웅하면서" 물고 뜯고 미쳐 돌아가는 것이다. 미경이가 길녀에게 말한다.

"하긴 미치기야 모든 사람들이 다 미쳤지 머. 이러고 누워 있는 니도 나도 다 미쳤을기라. 왜들 모두 이렇게 살꼬? 사내놈들이나 계집년들이나……."

서울은 "남산에 올라가 내려다보면 그럴듯하지만 이렇게 속속들이 돌아다녀 보면 다 그렇구 그렇고, 세상 되어가는 꼴이 엇비슷이 알 만할 정도"다. 그럴듯하게 간판을 건 회사란 것도 "빈 껍데기뿐, 전무·상무가 주로 공갈과 아이디어로 생돈을 벌어들이는 판"이며, "무교동 어느 요릿집"처럼 "번드레한 껍질"만의 사기에 약삭빠른 장사치들도 속아넘어간다. 이런 황당한 서울살이 속에 "사는 놈은 형편 무인지경 잘살지"만 "흥망도 다양하고 빠르다." 사람들은 "자의 반 타의 반"으로 줏대 없이 오락가락하고 "행세깨나 한다는 축들이 뒷구석으로 가서는 더 지저분"하며 교회는 "어린이와 노파만으로" 득실거리고 지식인이라 했자 "소위 삼척동자라도 척척 지킬 줄 아는 자명한 금기(禁忌)를 척척 해대고, 그것을 자기들 나름으로는 현대적 운운하며 도덕적 감정이나 도덕 의식은 더 형편없이 빠져 있는" 꼴들이다.

그러나 이 허황한 사람들의 뜨내기적인 생활 — 그것이 오늘의 한국인들이 취하고 있는 삶의 방식이다. 그들은 그들 나름으로 모두 속절없는 쓸쓸함에 시달리고 "가지각색으로 불행한 사람들"이다. 돈을 훔치고 도망가는 길녀도, 종삼에서 자살하는 미경이도, 황당무계한 생활을 못 벗는 남동표도, 모두가 그런 불행한 사람들이다. 그들은 잘못된 한국, 잘못된 서울의 희생자들이다.

"원체 한국세상이 엎치락뒤치락거리고 불과 이십 년 동안에 별의별 희한한 일을 다 겪었으니 이 속에 사는 사람들은 얼마나 복닥였겠으며 이 속을 살아가자니 얼마나 말로 다 할 수 없이 복잡하였을 것인가."

서울은 이런 사람들로 만원이다. 『서울은 만원이다』는 허황함과 뜨내기스러움의 사람들로 만원이고, 그 속에 숨겨진 쓸쓸함과 불행스러움으로 만원이다. 이호철은 이 세태소설을 통해 한국인의 허황과 불행이란 동전의 양면을 드러냄으로써 우리에게 가장 아픈 사회와 의식의 치부를 풍자하는 것이다. 그것은 결코 재미있는 풍경은 아닌 것이다. 〔1972〕

탕자의 배회: 이문희의 「흑맥」

"저는 깜부기입니다. 아시죠?"

이문희(李文熙)의 장편 『흑맥(黑麥)』은 흑수병에 걸린 보리 ― 전란에 집을 잃고, 부모와 헤어지고, 굶주림에 시달리고 주먹에 허둥대고 거리를 방황하며 혐오의 뭇 시선에 뒤쫓기는, 모든 것으로부터 상실된 인간의 세계다. 전투는 끈적끈적 끈질기게 계속되며 혼란이 전체를 지배하던 6·25 동란의 뒷부분에서 서울역 주변의 뒷골목을 무대로 한 양아치·똘마니, 그리고 깡패의 부랑아 세계는 폭력과 배신, 절도와 매음의 파렴치로 미만되었고 술과 완력, 욕설과 은어가 난무하고 있었다. 그것은 한국전쟁이 빚어낸 카오스의 맨 밑바닥, 정상의 궤도로부터 비껴나간 한 사회의 벌거벗은 악들이 가라앉아 뒤엉킨 지하의 세계다. 그늘진 소외 지역에서 침전된 범죄를 자양분으로 하여 자란 생명은 어떤 풍화에도 쉽사리 꺾이지 않는다. 그들은 그들대로의 불문율적인 질서를 유지하고 그들 나름의 억척같은 우정을 견고히 지키며 그들 특유의 음산한 감정으로 쾌락과 비애를 발산한다.

이 포악스런 독초의 왕초가 『흑맥』의 주인공으로 등장한다. 그는 목사인 아버지를 잃었고, 눈앞에서 포탄에 찢겨 처참히 목숨을 잃은 누이동생을 내버린 채 단신 월남했고, 똘마니로서 잔혹한 왕초에게 저돌적으로 도전, 그를 쓰러뜨림으로써 스스로 어깨들의 두목으로 군림했다. 그는 석 달 동안 형무소살이를 한 우직한 깡패 외팔이와 자신의 생일도 모르는 뱀장수의 아들 키다리를 부왕초로 하여 거리의 신문팔이·구두닦이·껌팔이·펨프 등 수많은 양아치와 똘마니를 지휘하고, 직접 규모가 큰 절도·강도·날치기의 범죄 행위를 자행하고 다른 왕초를 견제, 그들의 침범을 경계하며 서울역과 용산 일대의 지하 왕국을 통치한다. 그의 왕국은 주먹으로 지배되고 비어와 은어로 의사가 소통된다. 법 이전의 폭력, 방어 아닌 신호로 견고하게 지탱되어오던 왕초 독술이의 세계는 결국 시름시름 앓으면서 무너지기 시작하여 마침내 와해된다. 자학에 빠진 왕초가 부하들로 하여금 도주·배신 또는 체포되게끔 만들고, 자신을 경찰에 자수시킬 살인 행위를 부질없이 저지름으로 해서 스스로의 함정을 판 것이다.

소설 『흑맥』은 이 지하 왕국의 독술이가 자기 파탄으로 자멸하는 와해의 기록이다. 그러나 암흑 세계의 범죄가 명분으로 하고 있는 악의 자기 와해는 무엇을 의미하는가. 악인의 내적 자폭은 무엇을 말하는가. 물론 아무런 역설 없이 그것은 선으로의 전환을 가리킨다. 좀더 정확히, 본래의 인간은 착하고 아름답다고 믿는 사람에게 그것은 선으로의 복귀를 뜻한다. 모든 것으로부터 상실된 인간이 모든 것을 획득할 수 있는 인간성의 회복으로 돌아서는 것이다. 이문희의 『흑맥』은 다시 말하면 인간 회복의 기록인 것이다. 깜부기로 뿌리뽑혀져야 할 독술이의 인간 환원은 서울역 광장과 남산의 판자촌, 양동의 사창가와 원효로의 대폿집을 방황하면서 집요하게 따라다니는 세 개의 모티프를 통해 길을 연다. 이름, 신, 그리고 사랑.

곽영호군이라 씌어진 장형사의 편지 — 이 순간처럼 그가 자기의 이름이라는 것에 대하여 믿을 수 없을 만큼 충만된 희열과 혐오를 동시에 느껴본 일이란 없었다.

　주검이 있는 곳에 독수리가 모이리라 — 그러니 어쨌다는 거냐. 돼지 앞에 진주를 던지지 말라 — 무슨 말씀을, 없는 건 돼지가 아니라 진주 목걸이다. 엘리 엘리 라마 사박다니 — 돼지 앞에라도 진주만 있으면…… 아버지시여, 어찌하여 저를 버리시나이까.

　……장형사의 냉소, 그리고 미순이의 현신(現身) — 생전 처음으로 남이 하자는 대로 한번 해보는 것이다. 웃어라, 미순이도 실컷…… 네 뜻을 좇아 잡혀 들어간다. 쎄리깐에서만 내 앞에 보이지 말아다우. 따는 이유가 문제겠니, 너무 뜻밖이라 그런다. 아니 사랑하니까 그런다. 그 더러운 년의 사랑이……

　독술이의 세 가지 독백은 자조적인 반발과 그럼에도 어쩔 수 없이 영원한 고향으로 돌아가야 할 탕자의 그리움과 같이 숨겨진 애정으로 범벅된다. 그것은 "허공에 잠시 뜬 무슨 종이비행기나처럼 위태위태한" 자의 절박한 종말론적인 감상과 반항에 연유한 것이리라. 그는 세계로부터 버림받았고, 자기를 버린 세계를 쉽사리 용납할 수 없다는 절망적인 반감과 그럼에도 불구하고, 아니 그렇기 때문에 "자기가 자기를 올곧게 단죄할 수 없는 절대의 어떤 힘이 빈틈없이 항상 작용하여왔다"는 사실의 인정 사이에서 정서적 갈등을 일으킨 것이다. 독술이는 빼앗긴 이름, 잃어버린 신, 놓친 사랑에 대한 열망을 강렬하게 느낄수록 "자기가 탈을 벗고 깜쪽같이 땅속으로 자지러든다거나 또는 땅속으로 두더지 발을 움직여 그쪽 세계로 숨어들어간다는 종류의 심보는 먹지 않겠다는 떤떤한 반발"을 고집했다.
　'이름'은 자기가 자기임을 확인하는 명분이다. 이름을 잃었다는 것은 곧 자기를 상실했음을 의미한다. 독술이·외팔이·키다리·송충이·함지박…… 무수히 등장하는 '흑맥'들은 모두 별명에서 자신이 뿌리뽑힐 존재임을 의식한다. 정작 제 이름이 불렸을 때 "이젠 내 이름 같지도 않다"면서 사뭇 즐거워한다. 그들의 본명이 자신도 인간임을 확인시켜주기 때문이다. "송충이는 제가 무엇 때문에 누나를 이렇게 가끔 방문하는 건지 곰곰이 생각해 보았다. 그러나 생각할수록 화가 나는 것은 다만 자기의 본명 명철이라는 두 글자뿐이었다." 독술이가 그처럼 곽영호란 자기 본명을 학대하는 것은 자기 확인의 발버둥일 뿐이다. 그는 신에 대해서도 '이름'처럼 증오하면서도 결코 거기서 뿌리쳐 나오지 못한다. 그것은 그에게 있어 순결하고 아름다운 영혼의 그릇이며 '이름'과 함께 '인간'이란 동전의 또 한쪽 면이기 때문이다. 그는 무심코 콧노래로 찬송가를 부르며 길에서 들은 종소리에 무한한 향수감을 느끼고 성경 구절로 독백하며 예수의 비유로 생각을 진행한다. 그는 고향 교회 장로의 거절 때문에 왕초의 자리로 돌아섰고, 성경을 인연으로 미순이를 만난다. 그는 스스로 '탕자'라고 말하는 또 한편으로 "자기는 그리스도이고, 앞서 가는 김장로는 요한"이라고 생각한다. 그는 신을, 탕자가 돌아갈 고향집을 찾고 있었다. "현기증과 피로와 허탈감 속에 실의의" 생활이 그로 하여금 신을 원망하고 또 그리워하게 하는 것이다.

 독술이와 미순이의 사랑은 이문희의 데뷔작 「왕소나무의 포효」이래 많은 아름다운 단편에 등장하는, 놓친 사랑에 대한 뒤늦은 열망으로 직조된다. 독술이는 단편 「우기(雨期)의 시」에서처럼 여인이 떠나고 난 뒤에야 그녀를 찾아 몸부림친다. 그러나 『흑맥』에 있어서의 사랑은 단순한 정서적 번민을 넘어서 이름과 신에 대한 갈구의 동기를 합류시키면서 인간에의 복귀란 커다란 주제의 실체로 발전한다. 그는 "무엇인가 종잡을 수 없는 연민감"을 일으키는 미순이를 집으로 데려온 이후 "집에서 노닥거리"며 "한탕 뛰는 데"까지도 않고, "배짱을 부리며" "거만"해진다. 심지어 전 같으면 "아, 기분좋게 카악 빨아라"고 했을 권주사가 "한잔 들어"로 말투가 바뀌었으며 미순이에게 "댕고머리니 깔때니 하는 은칭(隱稱)을 붙이는 것조차 용납하지" 않을 정도였다. 그에게 있어 미순이는 눈앞에서 폭사한 누이동생의 혈연감을 일깨워주고 성경의 세계를 환기시켜주며, 정상적인 가정의 생활을 마련해주고, 인간으로서의 양심에의 복귀를 호소하는, 그가 갈망하는 삶의 내용 그것이었다. 그러나 오래지 않아 독술이는 갈등을 느낀다. 여기에는 '왕초'의 무기력에 비판적인 외팔이 등의 훼방이 개입되어 있기도 하지만 그 근본적인 원인은 사랑이 폭력과는 배리 관계에 있어 독술이가 주먹의 세계에 주저앉아 있는 한 사랑은 항상 위태로운 상태에 놓여 있다는 것(그의 이러한 심적 동요는 "허공에 잠시 뜬 종이비행기"란 미순의 말로 잘 지적된다), 더구나 독술이는 교회에 대해서처럼, 갈망하는 사랑에 대해서조차 "떤떤한 반발"로 거부의 자세를 취하고 있다는 점이다. 미순이는 이러한 독술이의 불안한 사랑을 키우기 위해 눈물겨운 노력을 한다. 그녀는 자기 집 안에 깡패의 손길이 들어오는 것을 견제하는(부하들의 방문에도 그녀는 '들어오라'고 스스로 권하지 않는다) 한편, 정상적인 세상에의 틈입도 거절하면서(독술이의 외출 권유를 뿌리친다) 독술이만의 세계에 자기를 고착시키고 그의 모든 지시에 순응하며 증오하는 도둑질에까지 따라나선다. 이러한 사랑의 형식은 그것이 그들 속을 결코 벗어나지 못함으로 해서 하나의 도피적인 함정으로 떨어질 수밖에 없게 되며 도피적인 사랑은 본래 소망했던 것과는 달리 또 다른 탐욕적인 세속성으로 타락하게 된다. 두 사람은 부부 관계를 정(正)자로 횟수를 계산하게끔 된다. "애정이 숭고한 관념의 범위에서 벗어나 세속화하자 처음에는 그것이 맹목적인 동조의식으로 나타나고 다음에는 바를 정자로 나타났다." 독술이의 방기가 자극이 된 미순이의 출분은 이런 타성적인 사랑에의 거부였으며, 사랑 때문에 갈등을 느껴온 독술이 역시 그 같은 결과를 조용히 받아들인다. 그러나 정작 미순이가 아주 나타나지 않을 때 그는 놓친 사랑에 대한 절망적인 집념에 휘말리며 본래 바라온 사랑의 진정한 고통에 빠져 파탄적인 자기 학대로 줄달음친다. 그것은 처절한 연가이며 혹독한 자기 시련이었다. 그의 백고래와의 부질없는 대결, 그리고 자수는 폭력의 세계에서 자폭함으로써 놓친 사랑의 그림자를 찾으려는 마지막 안간힘이었다.

이문희는 유창한 문장, 화려한 어휘, 명쾌하고 재치 있는 대화법에서 누구도 따르기 힘든 천부적인 역량의 작가다. 특히 『흑맥』에서 효과적으로 활용한 은어는 생생한 현장감을 부여하면서 똘마니들을 활기차고 명랑하며 귀여운 동물로 바꾸어놓고 있다. 이러한 탁월한 수사법은 음험한 부랑아의 세계를 따뜻하고 아름다운 시정으로 차고 넘치게 한다. 6·25의 혼탁한 사회, 그것도 가장 밑바닥 인생을 묘사하면서 역겨움이나 분노보다 재미있고 신선한 독후감을 주는 것은 이문희에게서만이 발견되는 유려한 문장의 체취 때문일 것이다. 그것은 어떤 점에서 그의 한계가 될 수도 있지만 전쟁으로 버림받은 인간들의 지하 세계 역시 우리와 혈맥을 이을 수 있는 우리 자신의 일부였으며, 그런 만큼 그러한 세계에 따뜻한 조명을 가하는 것이 우리의 애정 있는 태도라면 전쟁의 카오스에서 낭만적인 소설 문장을 획득한다는 것은 오히려 즐거운 일일 것이다. 더구나 그것은 그 자신 때문이 아니라 이 사회 때문에 어쩔 수 없이 타락했던 한 탕자가 영원한 본향으로 되돌아가려는 끊임없는 배회의 기록인 것이다.　　　　　　　　　　　　　　　　　　〔1972〕

분단된 현실의 애가: 박순녀의 「영가」

박순녀가 단편 「어떤 파리(巴里)」로 비평계의 새로운 관심을 획득하고 1970년도 『현대문학』 신인상을 탔을 때, 그녀는 개인적으로 중견급 신인으로서의 관록을 확인시켰으며 그보다 더욱 중요하게, 남북 분단의 폐쇄성이 빚는 인간의 비극이라는 심각한 소재를 한국 문학에 개척하는 기여를 한다. 해방 이후 분단의 비극에 대한 직·간접의 소설적 구성이 상당한 분량으로, 그것도 끊임없이 이루어져왔다는 것은 사실이다. 그러나 그 대부분은 김동리의 「실존무」가 대표가 되듯, 이산가족 또는 월남민의 정서적 파탄으로 묘사되거나 최인훈의 『광장』에서처럼 이데올로기의 대립과 선택의 강요에서 오는 이념적 파멸로 지향해왔다. 박순녀의 그것은 현실적 고난과 이념적 고민 사이에 서서 양자의 역학 관계로 갈등을 일으키는 인간을 기술한다. 분단의 현실이 인간과 양심을 제압하고 이념적 차원의 궁지로 몰아넣는 비인간화의 구조를 그녀는 분석하는 것이다. 그녀에게 있어 이데올로기적 대립이란 오늘의 한국이 기본 속성으로 하는 정치의 명분이며, 그 무기체(無機體)적인 정치가 삶의 현실로 압착해오고 인간은 정치가 쌓아놓은 현실의 벽에 부딪혀 좌절하지 않을 수 없게 된다. 이것은 현대의 세계 문학이 공통적으로 의식하고 있는 정치소설의 카테고리를 이룬다. 박순녀는 「어떤 파리」에서 분단이 한국인의 의식과 생활을 정치화하는 메커니즘을 포착한 것이다.

중편 「영가(靈歌)」는 「어떤 파리」에서 보여준 정치소설적 편향과는 상당한 거리를 갖는다. 그것은 일상적인 현실의 차원 위에서 개인과 개인 간의 관계적 또는 인간의 내적 측면에 감성적인 접근을 하는 것이다. 생활과 예술, 사랑과 고독 간의, 또는 예술과 사랑, 생활과 고독 간의 갈등이 묘사된다. 그러나 「어떤 파리」에서처럼 낭만적인 표제를 사용한 이 「영가」에서도 갈등의 종착점은 분단의 정치적 비극으로 귀결된다. 이북에서 월남한 유강식이 도달하는 광기, 진세가 방황하며 뒤쫓기는 고민은 모두 남북의 정치적 대결이 빚는 한국의 특수한 폐쇄적 상황에서 야기된 것이며, 그것은 행복하여야 할 유강식과 진세 부부의 어두운 그림자로 불화를 일으키고, 정진되어야 할 유강식의 예술에 파탄을 일으킨다.

당초부터 이 진세 부부에게 문제되었던 것은 북에 남겨놓은 가족이라든가 분단의 정치학이 아니었다. 대학 시절에 한 번 실연당했고 그때 유산의 경험을 가진 진세로서는 "어쨌든 아내를 사랑했다는 사나이는 사랑하지 않았다는 사나이보다 훨씬 좋은 법"이란 관점과 "돈에도 매력을 느끼지만 재능을 더 사랑"하는 성격으로 해서 유강식의 구혼을 받아들이며 이름은 별로 알려져 있지 않지만 실력과 의욕을 가진 화가 유강식은 "가정의 구속·책임, 그런 것이 싫어 지금까지 혼자 죽 지내왔지만" 마치 "이남에는 진세를 만나러 온 것" 같을 만큼 사랑하게 된 그녀에게 결혼을 요청한다. 따라서 이들 부부는 제 나름의 불행했던 과거의 그림자에 대해서는 아무런 개의 없이 오직 예술과 사랑의 요소로만 결합되었다. 유강식은 진세로부터 그 두 가지를 행복하게 조화시킬 약속을 받는다.

그들은 가령, 진세에게 애정과 우정이 뒤섞인 미묘한 감정으로 접근해오는 형주나, 유강식에게 결코 무심하게 보이지 않는 특이한 관계를 가진 송영이의 간섭을 피하면서 예술 창작에 어김없이 끼어드는 '이기·독선'의 자기 중심 성향인 고독과, 그것을 용납하려 들지 않는 사랑과의 위태한 공존을 이룬다. 진세는 소중한 태아(胎兒)를 위해 몸을 조심하고 유강식은 새로 생겨날 아기를 위해 돈을 위한 전시회를 준비한다. 두 사람 사이의 이 위험한 곡예는 사랑과 예술을 위한 일상적 자유의 마찰에서가 아니라 전혀 다른 쪽에서, 그 두 사람이 벗어난 줄로 알고 있었던 불행의 그림자에서 적신호가 울리기 시작한다. 유강식과 월남한 친구 아들 종렬이를 만나고 돌아오면서 진세는 현실로 다가오는 그의 북에 둔 본처의 존재를 의식한다.

진세는 걸으면서 이상한 생각이 들었다. 한 사나이를 두고 두 여자가 저마다 자기 소유라고 생각하고 있다. 저 사람은 분명히 자기를 사랑하는 것이라고. 한 여자는 그 사람을 위해 아들딸을 낳고 생활을 설계했었다고 자부한다. 지금은 비록 남과 북으로 갈라져 있지만 자기야말로 그 사람의 진정한 아내로 마음속의 영원한 아내라고 믿는다…… 그러나 다른 한 여자에게는 또한 자기대로의 해석이 있다. 애정이란 보증 수표는 각서도 아니다. 생활과 함께 흐르는 것, 그것은 어떤 특정 인물의 것일 수 없다. 사랑하는 사람들만이 오직 서로를 소유하는 것이다. 그날 밤, 진세는 유강식이 숨겨온 그림을 본다. 그것은 한 사나이가 세 마리의 단단한 새를 보는 모습이었다. 그 새는 물론 그의 북에 둔 아내와 두 남매 ─ 그 그림을 벽에 걸어놓았을 때 진세는 유강식에게서 "정아, 경학이 잘 자라, 그리고 당신도"의 기도를 읽는다. 그녀는 마음속에 하나의 앙금을 만든다. 두 사람의 사랑과 예술에 대한 이해심은 두 사람 사이만으로 자존할 수 없었다. 한국의 역사가 참담히 겪어야 했던 상흔이 되살아나 그들의 관계에 훼방을 놓는다. 그것은 물론 두 사람의 탓이 아니다. 그러나 두 사람의 명명백백한 현실이다. 진세는 생각한다. "어느 날 갑자기 한 가정이 무너졌다. 당자들의 의사와는 관계없이. 그리고 다른 가정이 생겨난 것이다. 무너진 데 대한 책임이 그 누구에게도 없는 것처럼 생겨난 데 대한 책임 역시 아무에게도 없다."

본부인과 두 남매 때문에 두 부부 사이에 일기 시작한 그늘은 조산한 아기의 죽음, 연기된 전시회와 겹쳐 진세는 형주와, 유강식은 송영이와 위험한 관계로까지 발전할 뻔하다가 가까스로 위기를 넘긴다. 그런 소강 상태에서 유강식을 광기로 몰고, 이 가정에 새로운 비극을 일으킬 결정타가 들어온다. 이데올로기를 위해 진세를 버리고 일본으로 도주한 기표가 그림자로 출현한 것이다. 조련계(朝聯系)의 거물로 활약하는 그는 두 사람에게 상이한 반응을 일으킨다. 일본 기자의 전언을 형주를 통해 받은 진세는 공포와 전율을 느낀다. 기표의 소식을 듣는 순간 "쉬! 소리를 낮춰요"라고 형주를 조심시키면서 무의식중에 사방을 둘러보며 기표의 소식을 들었다는 데서 실정법적인 '죄'를 생각하고, 일본으로 들어오라는 기표의 말에 "그런 소리 제발 말라"고 완강하게 거부한다. 그녀는 형주가 기표와 만나 "학생시절부터 오늘까지의 회포를 풀고 솔직한 심정을 털어놓는다. 거기에는 공감되는 것도 있고 용납이 서로 안 되는 것도 있겠지. 그러나 이야기가 다 끝났을 때 너는 네 신념에 살고 나는 내 신념에 살 수밖에 없겠지만 우리의 우정은 영원하다고 말하리라!"는 온건하고 개방적인 태도를 용납하지 못한다. 그러나 피아노를 공부하다 자살을 기도했던 딸의 소식을 받는 유강식에게 그것은 강렬한 유혹으로 다가온다. "집에 가자"는 한 여인의 말은 그에게 환영으로 끈질기게 늘어붙어 불행한 딸에 대한 뜨거운 애정과 그렇게 할 수 없는 정치적 현실 간에 맹렬한 갈등을 느낀다. 그는 기표를 통해 딸에게 전해달라고 "정아야, 아버지와 함께 살자!"는 메모를 보내면서 그것이 가져올 처벌을 두려워한다. 그는 실재로서의 진세와 또 하나의 현실로서의 딸 정아에의 애정 사이에서 고민하고 그 어느 것에도 정직할 수 없다는 데서 자신을 '청산'하고 싶어하는 파멸감에 젖어든다. 그는 그림을 찢고 버리고 하며 광증에 빠져들어간다.

유강식이 헤어나지 못하는 비극은 그 자신이나 "그에게 안으로 뛰어들지 못하고 슬픈 표정을 짓는" 진세로부터 연유하는 것이 아니다. 한 가족을 남과 북으로 갈라놓은 불행한 역사, 애인을 버리고 밀항해야 했던 이데올로기의 충돌, 그리고 남과 북, 이데올로기와 사랑을 화합시킬 것을 거부한 정치적 현실에 있다. 그들은 북에 둔 가족을 만난다거나 '빨갱이'인 옛 애인의 소식을 듣는다는 그 자체에 공포감을 갖는 것이다. 그리고 그러한 공포감이 지속되는 한, 인간은 자기에게 정직할 수가 없으며, 그 같은 '거짓'으로는 진정한 사랑과 예술마저 성취될 수 없다. 진세와 유강식이 파탄으로 내리막길을 뛰는 것은 오늘의 한국이 벗어나지 못하고 있는 분단의 정치적 폐쇄성에 근본적인 원인을 두고 있으며, 이 근원적인 문제가 극복되지 않는 한, 「영가」를 부르는 슬픔으로부터 해방되지 못할 것이다. 〔1972〕

가난한 사람들의 가난한 사랑: 조해일의 「왕십리」

조해일(趙海一)은 그의 첫 창작집 『아메리카』를 상재한 후 어디에선가, 이제 아름다운 연애소설을 써보고 싶다는 희망을 밝힌 적이 있었다. 그의 이 같은 희망이 어떤 동기에서 나왔는지는 분명치 않지만 그의 기왕의 소설 대부분은 어떤 형태로든 남녀간의 사랑의 관계를 주축으로 펼쳐지는 것이 아니었음은 확실하다. 일련의 소설에서 묘사되는 아름다움은 여인이나 사랑의 모습이 아니라 장인(匠人)의 경지에까지 이른 노동하는 자의 순수함에서, 예컨대 "엄격함과 자유로움을 한꺼번에 가진…… 그리하여 생명의 아름다운 본성에 이른 자기의 양식(樣式)을 찾아낸 사람들의 아름다움"이었다. 그의 또다른 유의 소설들 ── 가령 「전문가」 같은 창작들은 벌거벗은 폭력에 대한 전율들을 예시하고 있으며, 따라서 다분히 정치적 우화소설의 성격을 발휘하고 있다. 그의 출세작이자 첫 중편인 「아메리카」에는 미군 기지촌에 기생하는 숱한 여인들이 등장하고 주인공 청년과의 어설픈 행위가 극히 육감적으로 묘사되기도 하지만, 그러나 여기서 조해일이 기도하는, 그리고 독자들이 호소 받는 주제는 역시 사랑이나 섹스가 아니라 비참한 현실들에 주눅 든 이웃과 더불어 살고 있음의 윤리적 책임감이었다. 요컨대 70년대 대표 작가의 한 사람으로 지목돼온 조해일의 문학 세계는 궁핍한 시대에 정치적 폭력과 경제적 식민성으로 시달리는 이 사회를 폭넓게 조명하며, 이 같은 간고한 상황에서 인간이 어떻게 아름답게 살 수 있는가란 매우 진지한 문제를 제기하고 있다 (이에 대해서는 그의 창작집 『아메리카』에 붙인 해설 「호모 파베르의 고통」을 참조할 것).

『문학사상』지에 연재된, 그가 희망하여 의도적으로 제작한 연애소설 『왕십리』는 잃어버려야 했던 과거의 여인에 대한 집요한 회상, 그녀와의 관계가 빚은 허허로움의 상처, 그리고 그 상처를 다듬어주기 위해서는 모든 것을 바칠 각오를 가진, 창녀와 다름없는 여인의 순수함이 오버랩된 사랑의 이야기임에도 불구하고 곳곳에서 조해일적 테마의 편린이 번뜩인다. 이미 '왕십리'란 지명이 그렇다. 「아메리카」의 '브리'가 GI에 기생하는 새로운 경제적 식민 상태의 기지촌 표본이 되는 곳이라면, 왕십리는 "얼마간 석탄가루가 섞인 듯한 회색빛 나는 먼지가 풀썩이던 곳," 다시 말하자면 경제적 후진성과 정체성, 따라서 빈곤과 친화가 감도는 변두리 삶의 견본이다.

우선 시야에 나타난 것은 길 좌측에 보이는, 규모를 짐작할 수 없는 거대한 저탄장이었다. 그리고 그 저탄장의 전체 색깔을 닮은 지붕 낮은 판잣집들이 길 오른쪽으로 어깨동무라도 하듯 줄을 이어 지어져 있었다. 미나리밭이나 논들이 있었던 흔적은 아무 데서도 찾아볼 수 없었다. 길바닥도 저탄장의 그 석탄 빛깔이었으며, 공기조차 석탄 빛깔인 듯했다. 판잣집들은 나무판자도 모자라서인 듯 천막 조각이나 헝겊 누더기, 또는 종이 상자 같은 것까지 이어붙인 게 보였고, 어떤 것은 준태 자신의 키보다도 지붕이 낮았다.

마치 그의 「아메리카」 중 한 부분을 읽는 듯한 이 풍경을 보고 준태가 "감전이라도 당한 사람처럼 〔……〕 꼼짝 않고 서 있었"고 이런 참담한 곳에서 한시바삐 물러서고 싶어하는 윤애에게 "정말은 나도 도망치고 싶어, 하지만 도망친다고 이런 동네가 없어지는 건 아냐……"라고 외치는 것 역시 앞서의 중편소설의 주인공을 연상시킨다.

준태의 몸은 다시 한 번 공중에 떴다. 그리고 그의 몸은 잠시 공중에 가만히 드러누워 있는 것같이 보였다. 잠시 휴식을 취하고 있는 것 같았다고나 할까. 그러나 다음 순간 그의 수평으로 뻗은 두 발이 자전거의 페달을 밟듯 사내들의 얼굴을 슬쩍슬쩍 밟고 지나갔다. 사내들은 모두 휘장 밖으로 퉁겨져나가 쓰러졌다. 준태는 다시 자리에 앉았다. 그의 이마에는 땀방울 몇 개가 맺혀 있었다.
"아름다운 솜씹니다."

육체의 움직임이 보여주는 순수한 아름다움에 대해 조해일의 찬탄은 「임꺽정」 「뿔」 「내 친구 해적」 등 중요한 작품에서 집요하게 노출되고 있지만 『왕십리』에서 민준태가 깡패들과 어울려 일격으로 패퇴시키는 이 '아름다운 솜씨'는 「전문가」의 아이들이 구경하는 "그 얼빠진 어른이 보여준 눈부신 몸놀림"의 재현이다. 그리고 아마 『왕십리』의 주인공 민준태는 「전문가」의 주인공의 재판일 것이다. 그들의 싸움 솜씨가 그렇고, 얼빠진 듯한 표정이 그러하며, 깡패들의 유혹을 거부하는 결연한 자세에서도 그렇다.

그러나 『왕십리』의 민준태가 「전문가」의 '단도 아저씨'와 다른 점, 혹은 '단도 아저씨'에게는 감춰졌지만 민준태에게 상세히 나타나는 점은 여인에 대한 그의 사랑이다. 좀더 정확히 말하자면 작가 조해일이 희망하고 또 기도한 것처럼 「전문가」의 주인공을 통해 이 '왕십리' 바닥에서 애틋한 사랑을 펼치는 것이다. 이 소설의 줄거리는 조해일의 다른 소설처럼 단순하다.

가난한 막벌이꾼의 딸 정희를 사랑하던 대학생 민준태는 부모의 완강한 반대로 그녀와의 결혼은 물론 작업 중에 부상한 그녀의 아버지 치료비를 염출하는 데에도 실패하자 집에 방화하고 밀항선으로 도일한다. 일본의 암흑가에서 목숨을 건 싸움 끝에 웬만큼 성공을 얻은 그는 14년 만에 귀국, 이 소설의 서두에서 묘사되는 것처럼 자기의 성장과 사랑의 추억을 담은 왕십리로 찾아온다. 여기서 정희의 흔적을 찾아 과거의 상흔을 처리하려는 그에게 여관에 든 첫날밤 만난 창녀 윤애의 슬픈 구애가 호소된다. 그는 겨우 아는 사람의 부인이 된 정희를 만났고 그녀를 정신적으로 청산하여 윤애와 살림을 시작하기로 하지만 그 동거의 첫날밤, 그와 한패거리가 되기를 요구했다가 거부당한 안경수의 부하들로부터 집중 공격을 받고 격투 끝에 목숨을 잃는다.

왕십리를 달리는 기동차를 매개로 하여 연변에 뿌리는 정희와의 애틋한 회상, 라이벌과 대결하여 육체의 한계 끝까지 다다르는 치열한 격투의 기억이 윤애와의 육감적이면서도 산뜻한 사랑과, 안경수 일당과의 살벌한 싸움에 몽타주된다. 음울한 왕십리를 무대로 펼쳐지는 이 소설은 다소 멜로드라마적 호기심을 유발하며 영상적 효과에 크게 성공하고 있지만 특히 우리의 주목을 끄는 것은 조해일이 이 소설에서 은연중에 부조시키는 가난한 사랑과 고독한 장인의 운명에 대한 예감이다. 여기서 '가난한 사랑'이란 퍽 주관적인 표현을 썼지만 그것은 가엾음을 더불어 나눠 가지고자 하는 비타산적 사랑을 의미한다. 현실의 모든 이(利)·불리(不利)의 조건을 사상(捨象)시킨 후에 나타나는 이런 유의 사랑은 단순히 그리고 오직 사랑하기 때문에 사랑한다는 것과도 다르다. 그것은 현실적으로 고단한 사람이 자기처럼 고단하게 살아온, 살고 있는 사람에 대한 공감 sympathy이어서 맑은 샘물처럼 솟아오르는 사랑이다. 따라서, 그것은 일방적인 헌신도 아니며 현실을 무관하게 팽개친 순애(殉愛)도 아니다. 우연히 마실 물을 찾다가 만난 정희에의 준태의 사랑도 그렇고, 피곤하게 잠자는 준태의 얼굴을 본 순간 전격적으로 느낀 윤애의 준태에 대한 구혼이 그렇다.

어저께 새벽에 잠이 깨서 선생님의 주무시는 모습을 처음 봤을 때예요. 왠지는 모르지만, 내가 떳떳이 시집을 갈 수 있는 신분이 못 된다는 게 갑자기 아무 상관 없는 일처럼 여겨졌어요. 이 사람한테라면 나 같은 여자두 시집을 갈 수 있겠다는 터무니없는 생각이 들었어요. 왜 그랬는지 모르죠. 하지만 아무튼 나 같은 여자로서두 무얼 도와드릴 게 있는 분같이 여겨졌어요.

윤애의 이 잔잔한 구혼은 '차마 말할 수 없는' 준태의 '가엾어 보임'에 대한 공감에서 자연스럽게 우러난 것이다. 그리고 그녀가 "선생님은 저 같은 여자가 청혼을 해두 거만하게 구실 분은 못 된다"고 말한 것처럼 준태는 끝내 그녀에게 자기를 맡기기로 유도된다. 이것은 이 세상을 '가엾은' 모습으로 살아가는 사람들만이 통할 수 있는 '예정적 친화'일는지 모른다. 평온하게 살아가는 정희를 재회하고 돌아온 날 밤 준태의 고독한 폭루(暴淚), 그리고 당구장으로 그를 찾아온 그녀를 매정하게 되돌려 보내는 그의 참담한 억제가 가난한 사랑의 엄격한 변주를 보여준다. 이들의 가슴 저릿한 사랑이 현실적으로는 완성되기 어렵다는 것은 아마 운명적일 것이다. 이 운명적인 예감은 고도로 단련되어 도(道)의 경지에 이른 사람이 단순한 감수성 속에 직감으로 획득하는 예측과도 통한다. 조해일의 소설에서 자주 사용되지 않던 '예감'이란 어휘가 무척 많이 나타나는 이 『왕십리』에서 준태는 많은 것을 직감하기도 하고 예감하기도 한다. 그것은 윤애를 처음 볼 때부터 갖는 슬픈 인상으로부터 자신의 죽음이 임박했음을 본능적으로 느끼는 것에 이르기까지 음울하고 비감스런 분위기 속에 미만해 있다. 준태가 이처럼 예감에 민첩한 것은 육체의 단련이 고도의 경지에 이르렀을 때 갖게 되는 본능적인 위기 감각(危機感覺)과도 통하는 것이지만 그보다 앞서, 현실적인 욕망과 미련을 포기한 자의 예리한 감수성에서 비롯되는 것이 아닌가 싶다. 그것은 윤애의 경우에도 마찬가지이지만 준태는 '뱀처럼' 혐오감을 일으키는 안경수의 합작 제의를 거부하거나, 정희를 매몰스레 되돌려 보내는 것과 같은 결정적인 국면에서의 치열한 선택을 제외하고 일상적으로는 그가 항상 방심(放心) 상태에 놓여 있었다는 것으로도 부연될 수 있을 것이다. 그러고 보면 준태나 윤애가 갖는 예감도 성서에서 말하는 '가난한 사람'의 지혜여서, 가난한 사랑이 기르는 가난한 감수성에서 나온 것일는지도 모른다.

그리하여 조해일의 『왕십리』는 가난한 사랑으로 모인다. 이것은 조해일의 침착하면서 아무런 오차도 허락하지 않는 문장력의 도움을 받아 그처럼 흔한 멜로드라마의 함정에 빠지는 것을 예방하고 있다. 거의 아집(我執)으로 느껴질 만큼 끊임없이 따라다니는 준태의 잃어버린 사랑에 대한 집념, 그리고 현실적으로 거의 불가능한, 준태의 초인적 무술(武術)은 너무 애틋하고 혹은 너무 신나는 모습이긴 하지만 독자들에게 충분한 신뢰를 받기는 어려울 것이다. 그러나 이러한 약점은 이 소설을 읽는 데 혹은 의미를 부여하는 데 별로 중요하지 않다. 조해일은 사랑 이야기를 썼으며 그 사랑이 오늘의 궁핍한 현실에 뿌리박았기 때문에 가난한 운명을 벗어날 수 없다는 것으로 하여 그 소설의 아름다움을 더욱 부양시킨 것이다.

『아메리카』를 비롯한 그의 많은 작품들을 읽은 우리에게 그의 『왕십리』가 다소 의외의 소감을 주는 것도 사실이다. 기왕의 그의 관심사가 이 중편에서 은연중 깊이 반영되고 있음에도 불구하고 그의 사랑 이야기가 자기 포기(自己抛棄)의 심리 상태에 이른 사람의 자학(自虐)으로 얽혀들었기 때문이다. 이 말은 우리가 조해일에게서 연애소설을 기대하지 않는다는 뜻이 아니다. 그리고 소설이 반드시 현실의 참혹함과 대결해야 한다는 뜻이 아니라 조해일이 사라져가는 것에 감상적(感傷的)인 아름다움을 느끼기에는 너무 일찍 안도(安堵)하지 않는가 하는 의구심을 갖게 하는 데서 발해진 것이다. 그는 그보다 진지하게, 그리고 정직하면서도 야심차게 삶과 사랑에 대결해야 할 의무를 우리에게 지고 있다. 아마 『왕십리』는 그의 창작의 역정에서 간주곡(間

奏曲)의 소산일지도 모른다. 그리고 우리는 간주곡이 길지 않다는 것도 알고 있다. 〔1978〕

만인의 얼굴, 그 민족사적 벽화
— 고은의 『만인보』 16~20권

 나는 지난 세밑의 여러 날 동안 참 많은 사람들을 만났다. 아마도 1천 명은 넘을 듯한 그 사람들의 반 이상은 내가 이름도 얼굴도 모르는 사람들이고 그들 거의는 이미 유명을 달리한 분들이다. 가장 밑바닥에서부터 지상의 권력을 휘두르는 사람에 이르기까지, 고대 설화의 주인공들로부터 지금 남대문 시장 바닥에서도 흔하게 만날 수 있는 인물들에 이르기까지, 이렇게 내가 한꺼번에 숱한 그들을 만날 수 있었던 것은 물론 고은의 『만인보』를 통해서였다. 내가 읽은 신작의 이 연작 시집 5권은 이미 나온 15권의 『만인보』의 후속 작품집이지만, 나는 이것만으로도 압도되고 있었다. 거기에는 한국인이라면, 아니 인간이라면, 지을 수 있고 짓지 않을 수 없는 숱한 표정들이 늘어서 있고 그들의 천태만상의 갖가지 삶의 모습들이 벅적거리고 있으며 절망과 한, 운명과 열정, 기구함과 서러움의 삼라만상적 인간상들이 복작거리고 있었다. 그것은 피카소의 「게르니카」보다 더 착잡하고 내가 멕시코시티의 정부청사 안에서 보았던 디에고 리베라의 벽화보다 더욱 거창한 서사를 담고 있는 우리 한민족의 벽화를 이루고 있었다. 그래, 시인 고은은 20여 년 전부터 한국사에 드러나고 숨겨진, 스러지고 태어나는, 추앙받고 경멸당하는, 아름답고 추악한, 떳떳하고 비굴한, 그 수많은 사람들을, 붓 대신 언어로, 그림 대신 시로, 거대한 민족사적 벽화를 그리고 있는 중이었다.
 이 벽화를 보는 내 시선은, 가리키는 손가락을 보지 말고 그것이 가리키는 달을 보라는 부처님의 가르침을 거슬러, 달을 가리키는 손가락으로 향한다. 그 손가락이 어떤 모습의 무엇을 가리키는가를 본다는 것은 그것을 가리키는 이의 마음과 생각, 속과 뜻을 알아보겠다는 것이며 그 알아봄을 통해 시인이 재구성한 한국 민족사 혹은 한 시대의 세계에 대한 진상을 짐작할 수 있을 것이다. 중요한 것은, 더구나 그것을 가리키는 이가 역사와 현실에 대한 상상력이 한없이 풍성하게 부풀어나는 시인이어서, 그가 가리키는 대상보다 그것들의 어떤 것이 참모습인가를 보여주는 손가락을 바라보는 것이 벽화의 구도와 그 주인공들의 삶에 대한 또 다른 통찰을 일구어내주고 있다는 점이다. 고은은 자신이 제작하고 있는 『만인보』라는 민족사 벽화를 통해 우리의 고통스러운 역사를 되새김질하며 그 역사를 만들어오고 혹은 그것에 짓밟힌 만상의 인간들을 사랑하며 껴안고 뺨 비비며 삶의 진의와 세계의 진수를 손가락으로 끄집어내고 있는 것이다. 손가락으로 쓰는 그의 언어는 당연히 서사적이기도 하고 점묘적이기도 하며 때로는 시라는 형식의 틀을 넘어서기도 하고 건조한 문체의 이력서일 경우도 있지만, 그 인물들의 마땅한 특징들과 그들의 섬뜩한 운명, 그들을 고통과 배반, 슬픔과 죽음으로 몰아넣는 시대의 부조리, 창과 칼의 영원히 화해할 수 없는 싸움싸우기의 구조를 짚어내며 개인과 민족, 시대와 인간, 정신과 현실의 첨예한 관계를 형상화하는 데 뛰어난 직관으로 빛난다. 나는 고은이 그려준 '만인상'들을 통해, 잊어버렸고 잊어버리고 싶어한 우리의 간난스러운 근·현대사의 아픔들을 전율로 다시 떠올리면서 내게 이런 참담한 기회를 안겨준 고은에게 감사와 함께 인간의 열정이란 것에 대한 소스라칠 듯한 감정을 갑신의 새해의 소감으로 안아들이지 않으면 안 되었다.

이번에 그린 고은의 벽화 다섯 폭이 집중한 화제는, 그의 어린 시절과 그 시절의 고향에서 만났던 사람들과 그가 민주화 운동에 전폭적으로 투신하던 시절에 부닥쳤던 사람들 사이의 공간, 그러니까 그의 청년기에 보고 겪고 당하고 치른 사람들의 이야기이다. 그중에도 식민지 시대와 해방 공간을 지나 한국전쟁이 폭발하며 우리에게 치욕의 역사를 만들어준 시기의 인간 군상들이 『만인보』 16~20권의 주인공들이다. 우리 역사에서 근대의 것과 당대의 것이 맞물리며 한국사 최대의 비극이었던 민족상잔의 전란이 휩쓸던 시대를 살아야 했고 또 그렇게 살 수밖에 없었던 숱한 사람들의 비장한 생애들이 언어로 만든 이 캔버스에 재현되고 있는 것이다. 이 시대가 더할 수 없이 가혹했던 것은, 6·25라는 민족 내적 전란에 우리 모두가 생애의 획기(劃期)를 감당해야 했으며 그 때문에 삶의 길이 기구하고 허망하게 반전을 되풀이해야 했고, 더구나 남과 북의 체제와 동과 서의 이념이 한민족의 속살을 마구 헤적이며 찢어놓아 사람들과 사람들을 이간질하며 겨루게 했기 때문이다. 이 시기, 생명들은 전방에서나 후방에서 덧없었고 집과 거리는 폐허가 되었으며 모두가 가난했고 대부분이 허기졌으며 그래서 끝없는 허망함과 마지막 안간힘에 삶이 소진되고 있었다. 이 살벌한 정황의 일단이 「현재」(권 20)에서 거침없이 드러난다:

삼천리 금수강산!

아 이렇게도 보복해야 할 증오더냐
아 그렇게도 복수하고 또 복수해야 할
원한이더냐

해방 후 한반도는 피의 반도였느니라
한반도 방방곡곡은
누가 누구를 기필코 죽여야 하는
저주받은 곳이었느니라

천년 촌락의 정(情)은 이제 끝장

1945년 이후
어느새
소년이 청년이 된 정태
너도
네가 아니라
네 적의 적이다
너는 미국의 적이냐 소련의 적이냐
어느 나라 자손이더냐

정태는 술 먹으면
우익 아버지 보고 싶고
또 술 먹으면
좌익 외삼촌이 보고 싶었다
어린 시절
그를 사랑했던 사람들

 이 시의 주인공 정태는 우리가 모르는, 몰라도 좋을 그 숱한 장삼이사의 한 사람일 뿐이며, 술 마시면 우익 아버지를, 또 술 마시면 좌익 외삼촌을 보고 싶어할 사람이 굳이 정태 한 사람일 이도 없다. 어린 시절, 모두가 서로 사랑했지만 1945년 해방의 감격 이후 그들 모두가 적이거나 적의 적이 되어 보복, 복수가 되풀이되는 참담한 역사 속에서 정태라는 한 무명인의 개별성이 남북 전쟁의 이념적 실제적 대결 속에서 한민족의 한 보편적인 인물이 되고 있다는 것이 우리 근·현대사의 유다른 성격을 이루었다. 이승만·신익희·조소앙·박헌영의 정치인들, 선우휘·이중섭·임화·권진규의 예술가들, 현인·남인수·김정구에 이르는 한 많은 가수들 등 우리의 기록에 현앙(顯仰)된 인물들만 우리 역사의 공인이 아니었다. 전방에서 죽어간 사병들, 한라산에서 목숨을 잃은 산사람들, 그들을 토벌한 경찰들, 동대문시장의 장사꾼, 굶주리는 시골 농사꾼, 완월동의 창녀들 모두가 바로 우리 민족사의 증인들이었다. 그들의 삶이 어떤 궤도를 그리며 개인사적 이력을 만들었다 하더라도, 그들을 그렇게 만든 것은 역사의 무게였고 현실의 틀이었으며 시대의 구조였고 우리 민족 모두가 함께 치러내야 할 공동의 운명이었다. 명망가든 범인이든 그 모두는 "전혀 개인적일 수 없는," 그래서 "궁극적으로 공적인"(권 1, 「작자의 말」) 존재이다. 위 시에서 '정태'가 가진 소감은 그 개인의 것이지만 그를 그렇게 만든 것은 바로 이념으로 민족이 갈라져 총부리를 맞대고 보복과 복수를 자행하게 된 그 시절의 우리 민족 모두에게 공통된 상황이었고 그럼으로써 그는 "개인적 망각과 방임으로" 묻혀둘 개인이 아니라 '서사적 숭엄성'을 내장한 '공공성'의 인물로 떠오르지 않을 수 없는 인간이다.

이처럼 숱해 많은 사람들을 통해 고은은 우리 역사의 갖가지 모습들을 섬세하게 직조하면서 역사의 진행을 거대한 양감으로 재구성한다. 가령, 1950년 6월 25일의 이 비극적 전쟁이 일어난 날을 맞는 네 사람의 행동이 권 18에 잇달아 묘사되고 있다. 「이태랑 중령」은 전날인 토요일 밤 미제 검은 금테안경을 쓰고 포마드 기름 냄새를 뿌리며 육군본부 장교클럽 신축 축하파티에 참석하여 무희들과 지르박, 블루스를 추며 한바탕 즐긴 다음 "전쟁이 시작된 시각/춤과 정사 뒤/세상 모르고 곯아떨어진" "춤의 중령, 알몸의 중령"이란 타락한 고급 국군장교로 희화되고 있다. 그러나 「이원섭 대위」는 일요일인 6월 25일 수도극장에서 영화 「애원의 숲」을 보고 있었다. 그는 꿈같은 사랑 장면에 빠져 있는 중에 "국군 장병은 속히 원대 복귀하라"는 마이크 방송을 들었고 당장 그 자리를 빠져나와 트럭으로 태릉 육사로 갔고 "포천지구 전선에 배치되었다/영화고 연애고 다 때려치우고/99식 총을 메고/철모를 썼다."

'국군 장병은 속히 소속 부대로 복귀하라'는 방송은 그날 연희대와 고려대의 대학 축구 결승전이 벌어지던 서울운동장에도 울렸다. 고려대 주장 겸 골키퍼인 「홍덕영」은 이 결승전 경기가 중단되면서 "간밤 꿈이 떠올랐다/꿈속에서/그가 군복 입고 군마를 타고 달렸다." 이미 "늙수그레한 남정네 소 한 마리 몰고 피난길 가고 있었다"(「홍덕영」). 그날 새벽, 「어느 장교」의 정영삼 중위는 "쾅!/첫 포성에 잠이 달아났다/쾅!/어쩌다 들리는 박격포 포성이 아니었다." 여기서 시작된 첫 교전에서 "단번에 중대 병력 140명 중 59명이 전사"하고 "정중위는 첫 상이군인이 되었다 피범벅 종아리가 없어졌다." 이 네 사람의 모양을 통해, 전쟁이 발발하던 날 공격당하는 우리 군대의 혼란스런 모습들이 겹친 화폭으로 완성된다. 이들을 바라보는 시인의 시선은 야유와 비분, 안타까움과 허망함을 담고 있지만 그 묘사는 객관적이고 그 평가는 공정하다. 그는 전쟁의 옳고 그름이 아니라 인간의 옳고 그름을 다듬고 있는 것이고, 그 태도는 가장 충격적인 비인간적 장면을 폭로하면서도 그렇다.

권 19에 묘사되고 있는 인류를 극악하게 배반하는 네 경우를 보자. 「오라리」에 주둔한 제주도 토벌대원 셋이 "한동안 심심"해서 장난을 시작했다. 잡힌 노인 임차순과 그의 손자를 불러내 조손 간에 서로 따귀를 때리도록 시킨 것이다. 차마 그 짓을 할 수 없는 그들을 마구 차고 발길질해서 "쎄게 때리라"고 강요했고 마침내 "할아버지와 손자/울면서/서로 따귀를 쳤다." 그러고는 "그뒤 총소리가 났다." 시인은 더 이상 말할 수 없었으리라. 다만, "제주도 가마귀들 어디로 갔는지 통 모르겠다"고 이 시를 맺음으로써 미물도 돌보지 않는 이 만행의 결과를 처연하게 돌려 보일 뿐이다. 아들을 수색하기 위해 아버지를 말이 되어 엎드리라고 하고 어머니를, 그리고 아내를 그 사람말에 타도록 강제하고 며느리의 옷을 벗겨 시아버지에게 보이라 하여 마침내 숨은 아들을 자수시킨 「홍문봉의 집」(권 20) 풍경에서 우리는 시인의 "인간의 끝이 치욕인가"라는 고통스러운 질문에 합세하지 않을 수 없게 된다. 「9·28 수복 직후의 어느 풍경」은 상상할 수 없을 정도로 참담하다. "아내가 빨갱이에게 학살당한" 강기환 치안대장은 빨갱이 김백철과 그의 장모를 끌어내 치안대원들이 둘러선 가운데 장모와 사위의 상관을 강요했다. 몽둥이매를 맞으면서 시작된 이 육체적 교섭은 이윽고 "장모와 사위가 절정을 이루었다/멍든 등짝/핏물 튀긴 엉덩이를 들썩이며/절정을 이루었다." 강대장은 자신이 강요한 이 장면을 보며 "이런 짐승은 살려둘 수 없어"라고 외쳤고 "그의 총탄이/눈감은 장모와/눈감은 사위 김백철에게 박혔다." 그들이 죽자 그는 화를 낸다: "이새끼들/왜 이렇게 빨리 뒈져 쌌!" 「송호식 모자」는 이보다 더한, 천인공노할 장면을 연출한다. 완도가 적치에서 수복되자 좌익 송호식과 그의 어머니가 체포된다. 치안대는 송호식을 죽이고 "아들의 간을/어머니의 입에 물으라 했다//어머니는 고개를 흔들며 부르짖었다." 목총 개머리판으로 치고 또 치는 형벌을 받고서야 "어머니는 아들의 간을 물고/동네를 돌아다녔다." 그 어머니는 5년형을 받았고 실성해서 "감방에서/발가벗고 소리쳤다/문둥이들이/내 간을 꺼내 먹으러 달려온다고." 이 상상할 수 없는 추문을 서술한 뒤 시는 아무 감정 없이 그저, 그 어머니가 "한밤중 벌떡 일어나 소리쳤다/소리치다가 죽었다"라고 에필로그로 마감한다. 그러나 시인은 이 대목에서 절규했을 것이다. 이 미친 세상아!

사람들이 실성하지 않을 수 없고 세상이 미쳐 날뛰며 시대가 착란했던 것은 어쩌면 우리 근·현대사를 가로지르며 한결같이 드러내는 이 같은 인류의 패덕이며 역사의 저주 때문일 것이다. "하나는 일제 말 징용으로 가서 오지 않고/하나는 국군 쫄병으로 가서 오지 않아" "두 아들 잃고 미쳐" 짖는 똥개에게 잘못했다고 손 비비며 굽실대는 「미친 노인」(권 18), "미친 노인과 미친 청년 티격태격하며 국밥집에 함께 들어서는" 「실성한 사람」(권 20), 이 모두가 시대의 사생아들이지만 바로 그 시대가 정신착란의 역사였기에 그들의 불행은 곧 우리 자신의 비극으로 착색되는 것이다. 고은이 많이 소개하는 제주도 사람들은 아마도 그가 제주에 체류하면서 만나고 얻은 이야기들일 것이다. 4·3사태 때 양전한 교사 이승진에서 빨치산 지휘관이 되었고 사살되었다는 소문 속에서 '전설이 된'「김달삼」(권18), 서북청년단의 건달에서 국방경비대원이 되어 제주도에 상륙하자 "성욕과 살의가 치솟아" 빨갱이로 몰아 마구 죽이고 비바리들을 겁탈하고서도 서울로 돌아와서는 "아무런 추억도 없이 학살의 기억도 없이 가을부채 외톨이"가 된「김재복」(권18), "지는 해 등지고 서 있기"를 즐겨해 별명이 '비석'이 되어「마지막 수업」(권18)을 마친 후 한라산 빨치산 총지자가 되어 "벌집 총알 박힌 시체"로 나타난 이덕구, 그리고 그들이 그럴 수밖에 없도록 만든 제주도의 한 서린 역사를 들추는「무남촌 제사」(권18),「임창호씨 제삿날」「한라산」「누가 씨부렁댄다」「유해진 지사」「9연대장 김익렬」「이청일」「좌달육」(이상 권20) 등 모두가, 실성한 시대의 한 모습을 폭로한다. 그리고 그 미친 세상은 제주도만이 아니었고 한반도 전부에, 거기에 살아 숨을 이어가야 할 우리 모두에게도 함께한 것이었으리라.

    그러나 우리는 절망만 하는 것은 아니다.『만인보』의 시인은 9천9백 명의 주검 앞에서 그러나 "꿈틀거리는" 생명을 발견한다: "여자 시체 옆/아기 시체 있더라/시체가 아니었다 꿈틀거렸다/오호 어린 목숨 하나 꿈틀거렸다"(「아기」, 권19). 그 생명들을「이장돈 마누라」(권19)와「이삼봉이 마누라」(권19)가 씩씩하게 기른다. "신당동 이장돈 마누라/억척이라/수복 후/대한민국에서도 떡장수였고/후퇴 후/다시 인민공화국에서도 떡장수"로 "공습에도 눈썹 하나 까딱 움직이지 않았던/그녀/어떤 공포도 불안도 알 바 없는" 여인이었고 생선 행상하는 이삼봉 마누라는 "서방 죽고/아예 아낙이/걸쭉걸쭉 남정네가 되어" 산길에서 강도를 만나면 강도 꾸짖고 멧돼지 나타나면 멧돼지 쫓아내며 "잠든 세 새끼 있는/봉정사 밑 오막살이로 가는 길 성마르다/마음 바쁘다." 강인한 이 어머니들, 그 민중적 생명력이야말로, 이 실성한 시대를 버텨내고 패덕한 사람들과 싸우며 착란의 세계를 이겨내어, 새로운 삶을 열어갈 새로운 생명들을 키워낸 것이다. 그 아기는,

이렇게 살아 있다
이렇게 자라나고 있다
그 포성 속에서
그 폭격
그 굶주린 후방에서
이렇게 어여쁘게 자라났다 ——「국민학교 운동장」(권 20)

 그 아기들이 자라, 『만인보』의 앞선 벽화들에 씩씩한 얼굴들로 등장하는, 70년대 우리 산업화의 역군이 되고 민주화의 전위가 되며 평등 운동의 선봉이 되고 통일 운동의 일꾼으로 되었을 것이다.

 고은은 신자하의 「난초 그림」(권 17)을 보며 이렇게 찬탄한다:

사람을 그리는 데 한을 그리기 어려워라
난초를 그리는 데 향기 그리기 어려워라
향기 그리고 한마저 그렸으니
오죽이나 애 끊겼을라

 나는 고은의 이 '오죽이나 끊겼을' 애를 느끼며 그가 그린 사람들에게서 한을 듣고 그가 그린 세계에서 향기를 맡으며 그의 만인화(萬人畵)에서 세계와 시대를 읽는다. 그는 내게 사마천의 『사기』를 보라고 권하면서 '청사(聽史)'란 과람한 호를 지어주었다(권 12,「김병익」). 그리고 이제, 나는 멀찍한 『사기』 대신, 여기 그가 그려준 거대한 벽화를 보며 분노와 치욕, 절망과 한, 그리고 운명과 사랑이 점철된 그의 '역사'를 듣고 오늘의 삶을 생각한다.

〔2004. 1〕

기억으로 짓는 마법의 성
── 복거일 시집 『나이 들어가는 아내를 위한 자장가』

　근래의 복거일은 '마법'에 들려 있는 것 같다. 최근 간행된, 그로서는 드문 현대 소설인 『마법성의 수호자, 나의 끼끗한 들깨』(문학과지성사, 2001. 이하 『마법성』), 그 소설의 화자의 딸이 쓰고 있는 동화 『은자 왕국의 마지막 마법사』, 그리고 이 시집 『나이 들어가는 아내를 위한 자장가』에서 그는 두루 '마법'이란 말과 소재를 사용하고 있는 것이다. 우리 시대에 볼 수 있는 가장 철저한 이성주의자로서 튼튼한 논리 위에 해박한 지식과 명쾌한 사유의 글들을 통해 우리에게 합리적 사고를 권고하고 있는 그에게 웬 마법? 그가 그의 출세작 『비명을 찾아서』에서 '대체의 역사'를 형상화하고 『파란 달 아래』와 미완의 『역사 속의 나그네』에서 미래를 꿈꾸었지만 그러나 그것들은 '마법'이 아니었다. 그럼에도 그는 이제 소설로, 동화로, 그리고 그에 이어 시로 '마법의 성'을 그리고 있다. 이 시집까지 포함한 그 작품들이 보여주는 마법은 그러나, 요즘의 젊은 독자들에게 새로운 인기의 주제가 되고 있는 '환상'의 그것도 아니다. 그렇다면? 복거일은 『나이 들어가는 아내를 위한 자장가』에 앞서 발표한 『마법성』에서 자신의 '마법'의 실체를 구체적으로 제시해준다. 15년 전에 헤어진 젊은 날의 여인과 다시 만난 남자의 한순간의 사랑 이야기인 이 소설에서 그는 "진정한 마법성은 기억"(p. 267)이라고 말하는 것이 그것이다. 그가 그 말을 통해 확인하는 것은 딸이 쓴 동화 속에서 "한 사람의 아름다움은 다른 사람들의 기억 속에 살아 있거든"(p. 266)이란 노인의 아름다운 말을 되풀이 수긍해서이며 그렇게 확인하는 가운데 그는 기억 속의 '나의 끄끗한 들깨' 정임의 "보얀 모습으로 마음이 환해"지기 때문이고 마침내 그리던 정임을 현실 속으로 끌어내 여관방에 들어가면서 "마법적 세상의 은은한 기운"을 느끼고 "이곳이 우리의 '마법성'"(p. 303)임을 거듭 피력하기 때문이다.

낯선 방에서 그녀와 단둘이 대면하며 '마법성'을 연상하는 그가 다시 재우치는 "운명의 컴컴한 아가리에서 훔쳐낸 우리만의 세상"(p. 303)이 가리키는 것은 우선 한도린과 정임이 제각각의 운명 속에서 한시나마 벗어나 기억 속에 묻힌 옛사랑을 다시 길어내는, 그래서 불륜임에도 전혀 불륜스러움을 느끼지 않게 하는 아름다운 사랑으로 꽃피어나는 공간이다. 그러나 그 '우리만의 세상'이 더 큰 함의로 우리에게 울려오는 것은 그것이 "궁극적인 압제자"인 "시간"(p. 155)에 맞설 수 있는 '마법성'이기 때문이다. 이 '마법의 성' 안에서는 "시간이 흐르지 않아서, 사람들이 나이를 먹지 않는"(p. 166) 세상이다. 그것이, 동화 속이 아닌 세계에서 실제로 가능할까. 복거일이 소설과 동화 그리고 시에서 추구하고 있는 주제가 바로 문학이야말로 "시간이 멈춘" 마법의 성이라는 것이다. 그는 "아무리 엄숙한 약속이라도, 시간이 지나면, 바래"지고 그래서 영원히 사랑하겠노라는 다짐도 시간은 "부도"(p. 156)로 만들어버리는 세상에서 "작은 진실들을 망각에서 구해내는" "시간의 압제에 맞서는 길"(p. 157)이 '기억'이며 그의 작품은 바로 이처럼 "시간의 압제에 맞서는 사내의 이야기"(「작가의 말」, p. 331)라고 쓰고 있다. 문학은 우리의 지나간 모든 것들이 바래지는 것을 막고 기억으로 그것의 영원한 현존성을 보장해주는 언어적 공간이며 황폐한 현실 속을 치달으며 달려야 하는 인간 "운명의 컴컴한 아가리에서 훔쳐낸" 순수와 진실의 세상이기 때문이다. 그러니까 복거일이 들려 있는 '마법'이란 시간의 흐름에도 결코 지워지지 않는 기억을 위한, 그 기억들의 생생한 재생을 위한, 그리고 그 기억들의 아름다운 저장을 위한, 문학이라는 마술을 가리키는 것에 다름아니다. 그는 소설의 안에서 옛사랑을 향한 기억의 부활을 통해 사실의 영원한 현존성을 추구하고 있었고 그 현존성의 기도 자체가 문학의 마법적 존재성이며 오직 그것만이 시간의 압제로부터 인간이 벗어날 수 있음을 일깨워주는 것이다.

시집 『나이 들어가는 아내를 위한 자장가』에 들어가면서 소설 『마법성』에 많은 시선을 돌린 것은 두 작품 간의 깊은 연관성들을 이어주기 위해서인데 그 연관성의 표면은 소설 속에 인용된 많은 시들이 바로 이 시집에 수록되었다는 사실로 덮인다. '서언'에서도 이 점을 밝히고 있지만 실제로 시집의 첫 시 「가을 사람」이 소설 속에서는 화자 도린이 혼자 찻집에 앉아 문득 언젠가 시골 찻집에서 등산복 차림의 앳된 그녀 정임이와 마주했던 기억을 되살리는 장면에서 인용되고 있다. 여기서 혼란이 일어난다. 시인의 '서언'은 이 시집의 작품들이 시인의 30대 중반에 씌어진 것임을 밝히고 있는데 이 시들을 인용한 소설은 2년 전인 1999년에 신문에 연재된, 그러니까 작가의 50대 중반에 집필되었다. 혼란은 젊은 시절의 시를 '초로'에 든 시절의 소설 속에 인용함으로써 생긴 시차를 이 소설이 무시했다는 것이 아니라 이 시집의 시들이 이미 초로에 든 시적 화자의 심경을 보여주고 있다는 점이다. 그러니까 우리는 30대에 쓴 50대의 정서를 이 시집에서 느끼고 있는 것이다. 시인은 30대에 이미 초로의 정서로 시적 상상력이 나이 들어 있었던 것일까? 아니면 20년 전에 쓴 시들을 지금의 나이로 고쳐 쓴 것일까.

이를 알아보기 위해 대조한 시집의 시와 소설에 인용된 시들은 상당한 수정을 자주 보여주는데 가령 한 예를 보면 이렇다. 도린이 정임이와 방에 들어 그녀와의 젊은 날의 추억들을 되살리며 문득 시상이 떠올라 읊는 시는 5연으로 나뉘어 읊어지고 있는데 같은 주제를 다룬 시집의 시 「유별(留別) 3」은 3연으로 구성되었다. 그래서 "지난 봄철의 자운영이/ 취한 벌들을 부르게 하고/ 가을 잎새는 가을 어깨 위에/ 내려앉게 하지 않으려나" "참나무들 굵게 낙수하는 사이로/ 느릿한 어스름 들게 하고/ 우리 얘기 속 겨울 거리들은/아직 너그러운 저 눈발이/포근히 덮게 하지 않으려나"(p. 304)의 소설 속 시의 두 개 연은 시집의 시에서 "지나간 봄철에서 붓꽃들 피어/옛 나비들 부르고/가을 잎새들은 가을 어깨 위에 내리도록./여름 저녁은 상수리나무 가지들에서/굵게 낙수하게 만들고/우리 겨울 얘기 속 마을은/눈으로 포근히 덮고"의 1연 7행으로 심상은 같지만 그것을 구성하는 수식과 구조가 달라진다. 그러나 우리가 더 주목하게 되는 것은 소설 속의 시 1연과 5연의 마지막 행으로 반복되는 "지난날들을 지난날들로"가 시집의 시 1연과 3연에서는 "기운 햇살을 기운 햇살로" "기운 세월을 기운 세월로"로 바뀌고 있다는 점이다. "지난날"과 "기운 햇살"은 다 같이 이 시집에 자주 등장하는 시적 화자가 '초로'의 나이임을 가리키지만, 그 두 어사는 내면적 회상으로서의 과거를 돌이켜보는 지금과, 현재의 자신의 나이를 객관적으로 확인하게 되는 정황이란 미묘한 내포의 차이를 가지고 있다. 그러니까 "지난날"은 그것을 되돌아보는 지금으로부터의 과거를 가리키지만 "기운 햇살"은 그 은유의 시선을 통해 그것을 돌이켜보는 현재의 초로를 지시한다. 그럼으로써 지나간 사랑을 "이제 되살리지 않으려나"의 이 서술은 소설에서는 과거의 것을 과거의 것으로 되살려내기를 갈망하는 것이며 시 「유별 3」 속에서는 과거의 것을 과거의 것으로 수락하는 현재의 자세를 보여준다. 그런데 이 시제상의 차이가 근래 씌어진 것과 20년 전에 씌어진 것으로 비추어 본다면 시에서는 지난날의 되살림에 체념하고 있는 정황이지만 소설에서는 그 되살림을 욕망하고 있음을 드러낸다. 이렇다는 것은, 「유별 3」은 그녀와의 재회가 무망했던 20년 전에 씌어진 것이고 소설 속의 시는 그것을 지금의 구체적인 욕망에 맞추어 수정한 것으로 보이게 한다.

그런데 중요한 것은 그 수정 혹은 원본이 어떤 것이며 언제 씌어진 것인가가 아니라 이 시집의 서사적 구성이 바로 소설 『마법성』의 이야기와 상응하고 있다는 점이다. 다시 말하면 오래전에 헤어진 옛사랑의 아름답고 순수한 기억이 이제 다시 실제의 만남으로 실현되는 과정과 그 감회, 그리고 그것이야말로 "운명의 컴컴한 아가리에서 훔쳐낸" 마법임을 이야기하는 객관적 서술이 『마법성』이라면 화자의 그 내면과 욕망, 정서와 꿈을 진술한 것이 이 시집이며, 다시 말하면, 그래서 이 시집은 시로 쓴 『마법성』이 된다는 것이다. 이렇다는 것은 작가가 우선 암시하고 있다. 『나이 들어가는 아내를 위한 자장가』의 시들이 바로 『마법성』에 빈번히 사용되고 있다는 점 못지않게, 「늙어가는 연산(燕山)」의 7이 그의 첫 시집 『오장원(五丈原)의 가을』(문학과지성사, 1988)의 「연산일기(燕山日記) 3」이라고 밝힌 점이 그렇다. 그는 왜 13년 전의 시집에 수록한 시를 다시 끌어들였을까. 그것은 「늙어가는 연산」이 서사적 구조를 가지고 있으며 그 축조를 위해 창작 시집에서는 기피하는 '재수록'을 단행했던 것이다. 그 서사는 「가을 사람」으로부터 제1부 '바람의 마법'의 마지막에 이르기까지 『마법성』 줄거리에 대응한다. 그러니까 오래전의 그녀와의 헤어짐, 그녀와의 재회를 위한 기다림, 그리고 그녀와의 뜨거운 사랑, 그리고 아내에게로의 돌아옴을 이 시들은 서사적 줄거리로 구성하고 있는 것이다. 그의 상당히 긴 시, 가령 「되짚어가는 처용(處容)」은 소설 속에서 옛 동료의 결혼식장에서 해후할지도 모를 정임을 두고 가슴 설레는 기대와 그녀에의 추억을 되씹는 고뇌의 밤을, 「늙어가는 연산」은 다시 만난 정임이와의 뜨거운 사랑, 그 사랑 속에서의 욕망의 환희와 애틋한 위무, 늙어가는 몸의 자각 등 일련의 육체적·심리적 사건의 과정을 그리고 있다. 그리고 그 사랑, 그 기억, 그것들을 위한 시와 소설이란 문학 공간, 이 모두가 그는 '마법의 성'임을 이 서사의 마지막 시에서 다음과 같은 짤막한 상징적 묘사에서 암시하고 있다.

아득한 부적의 나라
이끼 파릇한 고성
스러지지 않는 노을 속
아직 젊은 두 사람.　　　　　　　　　　　　—「마법성」 전문 우리는 이제, 복거일의 소설에서 벗어나 우리가 읽어야 할 그의 시집으로 들어가는 것이지만 소설의 여운은 여전히 남아 이 짧은 4행시를 읽는 데도 그의 소설이 단박 참조의 텍스트가 되어버리곤 하는 것을 깨닫는다. 그렇다, "아직 젊은 두 사람"은 "이끼 파릇한 고성"의 "부적의 나라" 속으로 들어가는 도린과 정임 두 '정인(情人)'이다. 그들은 "노을"의, 그러니까 젊은 시절을 다 보내고 이제는 늙은 나이에 들어섰지만, 그 노을은 "스러지지 않는" 것이기에, 그래서 시간은 멈추어 있는 것이기에, 여전히 "아직 젊은" 사람들이다. 이것이 바로 마법이며 그들은 이 '마법성'에 들어와 있는 한 이렇게 여전히 '젊은' 사랑이다. 그러나 마법의 성에 들지 않은 현실에서는 이미 그녀도 전날의 모습과 달라졌지만, 누구보다 그 자신이 "초로의 자잘한 욕심들"(「되짚어가는 처용」 2)과 "굴욕을 맛본 초로"(같은 시 7)가 되어 "침침한 눈"(「늙어가는 연산」 1) "무거운 살"(같은 시 4)로 "넋의 늦가을"(같은 시 11)을 맞아들여야 했다. 앞에서도 그 혼란을 말했지만, 이 시들이 30대 중반에 씌어진 것이라면 복거일은 너무 일찍 자신의 노화를 의식하고 있었다. 왜 그는 그랬을까. 아마도 육체의 나이보다, 그녀와 헤어진 이후의 그의 삭막한 삶이 그의 내면의 나이를 지레 늙게 했을지도 모른다. "돌아올 때/ 둥글다는 지구를 빙 도는/ 먼 길을 골"(「일곱번째 봄」)랐고 "목마른 넋이 잎 끝에서 타도/ 나는 다른 사막을 헤맸"(「파초」)으며 그러는 동안 "내 이리 그대 위에 기원하는/ 포근한 눈으로도// 부드러워지지 않을 만큼 모진/ 세월의 손길"(「雪暮」)을 아파해야 했기 때문이다. 그럴 만큼 그는 자신과 유별(留別: 이별은 보냄이며 유별은 떠남이다) 해야 했던 사랑에의 회한이 진했던 것 같다. 그 회한은 그녀와 헤어짐의 어리석음이며 다시 만나면 끊긴 인연의 실을 이으리라는 다짐이며 그럼에도 그 다짐은 희망 없는 인연임을 깨달음이다.

다음 세상에서 만나면

끊긴 인연의 실을 찾아

저승 어느 호젓한 길목에서
문득 마주 서면

내 어리석음이 조금은 씻겨
그때는 헤어지지 않으리.

나는 아느니.
아득한 내 가슴은 아느니.

어디에고
다음 세상은 없다는 것을.　　　　　　　　　　──「유별 2」 전문

　다음 세상에서라도 인연을 잇고 싶다는 욕망, 그럼에도 다음 세상이란 없다는 깨달음이 시인을 "이제 되살리지 않으려나,/얼굴 감춘 사람아,/기운 햇살을 기운 햇살로"(「유별 3」)의 이 세상에서의 새로운 소망으로 솟아나게 만드는 것이리라. 그는 '되짚어가는 처용'이 되고 마침내는 '늙어가는 연산'의 욕정에 빠지는 것이다. 7편의 시로 구성된 「되짚어가는 처용」과 14편으로 이어지는 「늙어가는 연산」은 상당히 긴 시일 뿐 아니라 『마법성』의 감동에 여전히 매여 있는 우리로 하여금 이 두 장시를 서사적으로, 아니 돌출하는 몇몇의 어사와 이미지들을 밀쳐놓고 한 편의 소설적 운문으로 읽도록 유혹한다. 사실 이 시편들 하나하나는 서정적 구조로 이루어져 있지만 그 시편들의 진전은 사랑에 대한 시인의 욕망과 갈등을 표출하고 있다. 그 욕망은 「처용」의 경우 "내 뇌수를 갉아 포식한/한 마리 자줏빛 생각"이고 「연산」에서는 "무거운 살의 눈먼 욕정"이며 처용의 갈등은 아내에 대한 "가슴 저리는 사랑

에 이르지 못한/아릿한 연민" 때문에 솟고 연산의 갈등은 "젖은 연기 흘리는 이 살덩이가/네 보얀 살결을/그 속에 깃든 산뜻한 넋을/그슬지 않고 핥는 법"을 모르기 때문에 일어나는 것이다. 그러니까 이렇다: 시인은 「되짚어가는 처용」에서 "다리 많은 그 벌레/내 두개를 뚫고 나오는" 한밤 아내와 자식을 옆에 뉜 채 "부푸는 욕정으로 문득 열릴/넋의 속살"을 찾아 몸을 뒤챈다. 그 "엉뚱한 꿈"은 "마음을 칼날로 세워도" 결코 '버혀지지' 않는다. 그러나 "아는 자는 안다"며 "세월의 바람에 검불이 날리면/무엇이 남는가"를 깨달으면서 그는 '벌거벗은 생각'을 쓰다듬는다. 이 한밤의 깨달음은 '세월'의 무게가 가르쳐준 것이고 『오장원의 가을』 해설을 쓴 성민엽이 지적한 시인의 지혜에 이름이다. 그는 아내에 대한 연민을 이때 확인한다.

    어둑한 저 세상에서 온
    얼굴 없는 使者
    잿빛 눈발이

    가볍게 창을 두드리는
    섣달 한밤
    혼자 깨어 있노라면.

    이젠 세월이 무겁게 앉는가,
    입을 조금 벌리고
    아내가 코를 곤다.

    서글픈 것이다
    가슴 저리는 사랑에 이르지 못한
    아릿한 연민.   ―「되짚어가는 처용」 4, 부분이 '연민'에 의한 아내로의 돌아옴은 「나이 들어가는 아내를 위한 자장가」에 이르기까지는 아직 유예되어야 한다. 시인은 "꿈의 언덕 위"에서 "다시 오기 어려울 봄"을 위해 "무거운 살의 눈먼 욕정"을 뿜어내어야 할 것이다. 젊은 사랑과의 열락을 묘사하는 「늙어가는 연산」의 여러 시편들은 "되새기는 욕정은 늘 슬프리./아픈 살 지그시 열고서/차라리 가쁜 열락으로 찔리리./거푸 찔리리"처럼 섹시하기까지 하고, "이리 와보렴./젖은 머리 더운 숨결로 말려주마./꺼지려는 불꽃이/얼마나 뜨겁게 타오를 수 있는지/네가 알 수 있다면"에서 보듯 관능적이며 "서럽도록 맑아/다칠까 조심스러운 봄날의 꽃./가만히 입술만 대어도/내 비릿한 숨결에/기어이 포도줏빛으로 물드는 저 살결"처럼 에로틱하고 "참새처럼 뛰는 가슴/내 마른 손에 따스하고/맑은 눈 속엔 그늘 파릇이 잠기고"에서 보듯 아름답다. 그러는 가운데 늙어가는 연산이 끊임없이 자각하는 것은 그녀의 "젊은 살"에 대한 자신의 "메마른 살"의 슬픔이다. 그녀의 싱싱한 사랑에도 불구하고, "젊은 살의 풋풋한 냄새를/시원한 즙으로 들이"켬에도 여전히, 그는 세월의 매서운 눈길로부터 숨을 수 없고 "검버섯 피는 살결"을 진저리치며 보지 않을 수 없는 것이다. "이젠 돌려다오/푸르렀던 목청을./질투의 불길에 그슬린 넋에/침묵이 무겁게 고인 살에/맑은 노래를 돌려다오"라고 외치며 나눈 그들의 사랑에도 불구하고, 그래서 "메마른 살 속으로/한때 불었던 선선한 바람"이 불어왔음에도 불구하고,

> 너무 늦었을까
> 꽃핌의 은은한 신비로도?
> 발그레한 살과 풋풋한 숨결로도?
> 마른 줄기를 감싸서
> 지난 봄철을 불러오기엔? ——「늙어가는 연산」 6. 부분

그의 회춘의 가능성은 이렇게 도로 살려낼 수 없는 것이었다. "벽은 여전히 거기 있고" 그가 견디기 어려운 것은 "벽으로 선 자신을 보는 일"이었다. "붉고 푸른 분장을/한 꺼풀씩 지워나가면/거울 속에서 드러나는 얼굴"에서 "관객 없는 무대에서" 선 광대, "왕국이 없"는 지친 폭군이 허망한 그 자신을 돌아봄은 "붉어붉어 핏기 가신 모란이" 지는 슬픔이며 "판소리 한 마당 가득/모란이" 지는 한스러움이다. 그러나 '지혜로운' 시인은 "품이 넉넉"해져 이 슬픔과 한스러움에서 '시적'인 서정을 거두어들인다: "나이 든 사람은 이런 자리에서도 시적일 수 있다.//그러고 보면,/가쁘게 몰아세우는 세월에 밀려/얼마나 많은 다리들을 끊었던가?/그리고 어찌어찌 되건넜지.//그것이 솟구치는 서정이 아니라면,/날개 긴 새들도 뜨지 않는 이 자리/무엇이 기랴?"(같은 시 13). 젊은 사랑과의 열락이 있었기에, 거기서 그의 젊음이 돌이킬 수 없는 것임을 깨달았기에, 그 사랑을 "육신의 감옥 단청 고운 문루에/벌건 깃발로 나부끼게 하고"(같은 시 14) "마른 목소리"로 그에게 이르는 "떠나라"는 권고에 따라 이제 드디어, 그는 자신의 아내에게 돌아간다. 잠든 아내에게 불러주는 「나이 들어가는 아내를 위한 자장가」는 처용이 되짚어가며 느꼈던 '연민'을 넘어, "셋집에서 셋집으로 이어진 그 굽고 고달픈 길"을 "함께 걸어온" 아내와 자신의 생애를 동반자적 애정으로 따뜻하게 끌어올려준다. 이 「자장가」가 "옛날옛날 아주 먼 옛날"의 설화로 감쌈으로써 시인은 또 하나의 '마법의 성'을 쌓으면서 '나이 들어가는 아내'를 위한 기원을 드린다. 그는 헤어진 젊은 시절의 사랑의 되살림보다, "세월이 무겁게 앉은" 아내의 '깊은 주름살'에의 아스라한 삶의 의지(依支)가 포근하다는 것을 "새삼 깨닫"게 된 것이다. 그래서 '기억의 눈발'을 기원하는 시인의 심정은 젊은 사랑에의 욕정 이상으로 처연하고, 그러나 아름답다.

아쉽고 안타까운 마음에
주름살이 잠시나마 가려지도록

사내는 기원했습니다

아내의 꿈속에 포근한 눈이 내리기를.

간절히 기원했습니다

마치 무슨 큰 것이라도 걸린 것처럼.

마침 어느 너그러운 세월이 거기 있어

정말로 눈이 내리기 시작했습니다

쉰 줄에 들어선 아낙의 얼굴에

그녀의 고단한 꿈속에.

그 기억의 눈발을 하염없이 바라보던 사내는

문득 깨달았습니다

메마른 자기 가슴에도 눈이 내리는 것을.

그리고 아득해진 가슴으로 들었습니다

자욱한 눈발이 들려주는 옛얘기를.

——「나이 들어가는 아내를 위한 자장가」 부분

    이 시집의 제1부 '바람의 마법'이 '시간의 압제'에 맞선 기억이란 마법을 부르고 있다면 2부 '흙의 마법'은 우리가 살고 있는 이 땅, 삶을 영위해야 할 이 세상의 압제에 맞서야 할 마술을 찾고 있다. 시인은 그것을 '화해'에서 발견한다. 그 발견의 과정은 1부보다 느슨하지만 역시 서사적인 구조로 진행되고 있다. 시인이 이 세상에서 먼저 확인하는 것은 덕이 높은 선비가 유배당하거나 사약을 받고(「벼슬」) 신의 이름으로 적을 없애기 위해 그들을 감싼 자기편 신도들까지 몰사시키는(「악마의 못」) 등 교회의 불빛은 밝지만 "구원받을 수 없는 깊이"에 구원의 별은 보이지 않는(「성탄절, 서력 1982년」) 불의와 죄의 세계이다. 시인이 이 땅에서 발견하는 것은 그뿐이 아니다. 그는 묵정밭에서 보게 된 망초꽃에서 전후의 가난했던 시절을 회상하면서 이 귀화식물의 끈질긴 생명력에 '섬뜩함'을 느껴야 했고(「원주민」) 폐허가 된 절에서

"정복자들의 비문이 문득 목청을 높인다./바다 너머 옛 나라/낯선 군사들을 부"르는 소리를 들으며 "화해할 수 없는" 미래의 전쟁을 예감한다(「定林寺址에서」). 이즈음에서 시인은 '폐허'의 정경에 젖어든다. "목련 한 그루 없는 절터" 정림사에서 얻은 그 폐허의 정서는 "폐농한 들판"이었다가 다시 「문 닫은 폐차장에서」, "벌써 지붕을 뚫은 荒蕪"가 무성한 「버려진 집에서」, "하수구 옆 쓰레기터"(「値春麻浦東」)에서, 특히 "쉴 자리를 어리석도록 크게" 한 무덤(「이룸」)과 "너머 어느 아득한 구천길을 떠나시는" 어머니를 묻는 공동묘지(「한국인, 서력 1990년대」)에서 시인은 버려진 세계, 잊혀진 사물들 속을 배회한다. 아니 세상의 버려짐은 이미 시인 자신의 내면에 들어와 있다. 그는 "나이 든 가슴"이 "슬픔을 감춘 가슴"으로 시든 꽃잎들을 눈 속으로 날리고(「여생」) 그래서 "껍질의 품을 어설프게 벌"리는 가장이 되어(「껍질로서」) "짐작도 어려운 위험들이/곳곳에 입을 벌린 뭍에 나가" 어린 새끼들에게 먹이를 물어다 주어야 하며(「食口」) "돈 없고 권세 없는 늙은이"로 전락해버리고(「老慾이라지만」), "바래가는 서기의 꿈 위로/〔……〕/피둥피둥한 아내가 비웃는 눈길을 던지는/마른 둥치"가 되어 있는(「늙어가는 서기의 사랑 노래」) 것이다.

그런데 시인은 이 버려지고 사라지며 껍질이 된 것들에 대해 폐허의 설움에 젖는 것만은 아니다. 그는 "잊힘과 부질없음 사이에서/뜻밖에도 미묘한 균형"(「이룸」)을 발견한다. 삼국 시대의 무덤에서 그는 '야심의 부질없음'을 탄식하지만 그러나 그 부질없음은 "잊힘보다 훨씬 단단하다"는 사실을 깨닫는 것이다. "온전한 잠"을 자려는 무덤 주인의 야심은 부질없는 것이 되어버렸지만 "바쁜 관광객들"의 "사진기"를 통해 그는 '잊힘'의 존재로부터는 벗어나기 때문이다. 세월의 무상함으로 망각되는 존재가 되기보다는 그것의 부질없음을 깨우쳐주는 기억의 존재가 되는 것이 삶의 의미를 건져내는 일임을 시인은 확인하게 된 것이다. 이 깨우침 속에서 시인은 "야심이 지워진 자리는 넓다./그냥 없었던 것보다 훨씬 넓다"(「문 닫은 폐차장에서」)는 넓은 시선을 얻게 되고 "돌쩌귀 하나로 걸린 문짝"의 폐가가 보여주는 '절망'이 "허무의 흐릿한 선과는 다른,/든든할 만큼 단단한 얼굴"(「버려진 집에서」)을 가졌음을 인식하게 된다. 폐허의 것에서 잊힘보다는 부질없음을, 허무보다는 절망을 찾아낸다는 것은 세월의 풍상을 서럽게 받아들여야 할 허망한 감수성이지만 복거일은 그 허망 너머, 그 서러움을 넘어, 희망과 화해의 전망을 얻어낸다. 그것은 "이른 봄 조그만 풀꽃들은/나이 든 가슴이 먼저 보"(「여생」)는 나이의 지혜일 수도 있겠지만 시인이란 존재는 "자신들의 종족이 사라져가고 있음을 느끼는 고래들"의 외침을 "혼자" 듣는 "핵 추진 공격 잠수함"의 "병사"(「知音」)이기 때문일 것이다(게오르규였던가, 시인이란 "잠수함의 토끼"라고 말했던 것이). 시인은 "먼 바닷길을 헤친 선조들의 웅장한 서사시, 때로는 젊은 연인들의 즉흥시"(같은 시)를 알아듣는 존재인바, 「겨울」 「봄바다에서」 「맨드라미」의 아름다운 서정시들에 이어 빈 하늘의 물새 한 마리에서 그는 삶의 '인연'을 건져낸다.

개울에 뜬 노송
벗은 가지 끝
흰 물새 한 마리.

문득 들리느니
지나온 어느 솔숲
뒤늦게 이는 바람.

누운 가지 위
다시 빈 하늘,
길이 바빴나.

이름 없는 자리에서
무심히 건진
물새 한 마리.　　　　　　　　　　　　　　—「인연」 전문

　물새 한 마리와의 인연 속에서 그는 세계와의 화해를 위한 고리를 발견한 것이다. 할아버지 무덤 앞에서 할아버지의 뜻을 저버린 쓸쓸한 아들, 그를 닮아가는 딸의 심각함이 따뜻하게 묘사되고 있는 「화해 2」는 세대와 세대, 인간과 인간 간의 인연으로부터 결코 자유로울 수 없는("사람은 과연 얼마나 자유로운가?"라는 화자의 자문!) 존재의 연대감을 드러내준다. 이 화해의 연대감이 "햇살은 새로운 욕망들을 깨"우고 있음을 '또렷이' 보게 하고(「버려진 집에서」), "넝마로 또는 녹으로/제각기 몸을 푸는 길목" "마포 동쪽에서 이렇게/한 포기 봄을 다시 만나"(「치춘마포동」)게 하며 껍질이 된 자신의 품에 뛰어드는 자식을 "천방지축 달려오는 알맹이"로 껴안게 하며(「껍질로 서서」), 이에 이르러서야 그는 자식이 "마른 깃대 끝에서/뾰족한 모자를 쓴 싹"이며 녀석의 "야아, 봄이다"라고 봄을 외쳐 부르는 소리를 듣게 된다(「마른 깃대 위의 봄」). 황폐한 세상에서 "어설픈 평생"에 봄을 안겨주는 '흙의 마법'은 바로 여기에 있다. "돗자리 깔고 누워/아내와 시답지 않은 얘기를 하는데/그녀가 문득 깔깔 웃었다.//한순간 거기 있었다./분명히 있었다./스물 몇 해 전에 본 맑은 얼굴"(「마법사의 휴일」)에서 시인은 '바람의 마법'에서 다다른 아내와의 동반적인 삶의 마법을 다시 확인한다. 그 확인은 따뜻하고 포근하며 여유 있고 단란하다.

　시인의 마법이 바로 우리의 내면에 작용하고 그래서 우리 스스로 '시간의 압제'로부터 벗어나 "운명의 컴컴한 아가리에서 훔쳐낸 우리만의 세상"을 만들어갈 수 있기를, 그의 시집을 덮으며, 젊은 사랑에 대한 애틋한 동경과 더불어, 나는 꿈꾼다.　　　　　　　　　　　　　　〔2001. 11〕

시간의 슬픔과 소멸의 아름다움
── 김윤배 시집 『부론에서 길을 잃다』

　서재랄 것도 없는 내 이층 방의 한쪽 벽에는 작고한 언론인이자 사학자인 천관우(千寬宇) 선생이 써준 글씨로 만든 편액 한 점이 걸려 있다. "逍遙一世之上 睥睨天地之間"의 그 글은 『후한서(後漢書)』에 나오는 것으로 그 뜻은 한문에 무식한 나도 대충 짐작은 가지만 '비예(睥睨)'란 어휘가 낯선 것이었다. 천선생에게도 들었고 사전을 찾아보아 그것이 '흘겨본다'는 뜻임을 알 수는 있었지만 그 흘겨봄은 '눈을 가로 떠서 노려보다'라는 나쁜 뜻이 아니라 대상에서 조금 떨어져 그것을 지그시 내려다본다는 좋은 뜻이라고 했다. 그러니까 그 구절은 세상을 느긋하게 슬슬 돌아다니며 만물을 거리를 두고 비스듬히 바라보며 음미하는 태도를 말하는 것이 아닐까라고 짐작은 하면서도, '비예' 혹은 비스듬히 바라본다는 말의 구체적인 모습은 쉽게 떠오르지 않았다. 아마도 그래서 김윤배의 이번 시집에서 「세상을 비스듬히 살아보지 않았다면」이 먼저 눈에 띄었을 것이다. 시인이 이 구절을 알고 쓴 것인지 어떤지는 모르지만 이 시는 분명 '소요'와 '비예'로 오늘의 우리 삶의 여러 정경들을 살려 전해주고 있다.

　세상을 비스듬히 살아보지 않았다면 창마다 입김처럼 피어오르는 따스한 불빛이 얼마나 큰 슬픔인지 알 수 없습니다

세상을 비스듬히 살아보지 않았다면 마지막 전동차의 브레이크 소리 빈 가슴 울리는 사당이나 구파발 종점의 어둠이 얼마나 아픈 상처인지 알 수 없습니다

세상을 비스듬히 살아보지 않았다면 할 일 없는 봄날 마음 그늘 흐드러진 진달래꽃 무덤이 얼마나 사무친 밥그릇인지 알 수 없습니다

세상을 비스듬히 살아보지 않았다면 미명, 아내 유리 그릇 부딪는 잔잔한 울음이 얼마나 기막힌 위안인지 알 수 없습니다

세상을 비스듬히 살아보지 않았다면 새벽 3시 서울역 대합실 노숙의 꿈이 얼마나 속 쓰린 사랑인지 알 수 없습니다

시인은 비스듬한 시선으로 밤거리를 헤매고 혹은 지하철을 타고 종점에 이르며 봄 언덕에도 오르고 아내의 부스럭거리는 소리를 듣고 서울역의 노숙자들을 연상한다. 그가 바라보고 자신의 내면에 담는 정경들은 "창마다 입김처럼 피어오르는 따스한 불빛" "전동차의 브레이크 소리" "진달래꽃 무덤" "아내 유리 그릇 부딪는" 소리, "노숙의 꿈" 등 가지가지이며 빛과 소리, 정경과 꿈으로 서로 다르지만 그것들을 가로지르는 시인의 정서는 따뜻하면서, 그래서 스며드는 슬픔이다. 그것은 "따스한 불빛"이지만 "큰 슬픔"이고 "빈 가슴 울리는" "아픈 상처"이며 화사한 진달래꽃 무덤은 "사무친 밥그릇"이고 아내가 유리 그릇을 만지며 내는 소리는 '울음'으로 들려오지만 그렇기 때문에 "기막힌 위안"이 되고 노숙자의 고된 꿈은 "속 쓰린 사랑"에서 빚어진 것으로 받아들인다. 슬퍼서 아름답고 정겹기에 고통스러우며 울음이기에 위안이고 따스함이 상처가 되는, 엇갈림의 감정이 하나의 측은한 긍정의 정서로 피어나는 내면적인 모습이 '소요와 비예'로 갖게 되는 시인의 세상에 대한 시선

인 듯하다. 그 시선이 봄날의 화사한 햇빛 속에 진달래꽃 무덤을 바라보는 맨 가운데의 제3연을 중심으로 하여 한밤과 새벽으로 나뉘고 있어 그의 소요와 비예는 대체로 어둠 속에서 진행되고 있음을 보여주는데, 김윤배 시인의 근원적인 서정의 뿌리는 바로 여기에, 어둠 속에 자리잡고 있음을 예시해주고 있는 듯하다.

김윤배의 이번 시집이 서사적 구조를 가지고 있다고 볼 수 있을까. 그럴 수도 있겠다 싶게 만드는 것이 제1부의 마지막에 자리한 시 「아나바스 스칸덴스를 꿈꾸다」이다. 도대체 나로서는 처음 보는 이 단어는, 사전을 찾아보니, 동남아나 인도·아프리카에 서식하는 농어 비슷한 민물고기를 가리키는 것이었다. 그 뜻대로 육지를 돌아다니는 물고기 climbing fish 아나바스 스칸덴스 anabas scandens를 끌어온 이 시에서 시인은 제사(題詞)를 통해 "강물의 흐름에 맡겨 사색의 집을 짓던 나는 왜 갑자기 바람 부는 언덕에 서고 싶었을까" 자문하면서도 그 앞의 시들과 제2부의 시들을 갈라놓고 있다. 시인이 고백한 것처럼 제1부에서 "강물의 흐름에 맡겨 사색의 집을 짓던" 시의 화자는 "강물을 나"서 "언덕을 향해/가슴지느러미를" 미는 아나바스 스칸덴스가 되어 "죽음의 벌판"을 헤맨다. 물을 떠나 너무 오래 소요했으므로 지쳤을까, 이 죽음의 벌판에서 함께 "몸이 부패"했을까, 화자는 "비린내를 맡으며 더 이상 움직이지" 못한다. 그래서 제3부에서 "나는 잃어버린 나를 찾아 나선다"(「잃어버린 나는 이미 그곳에 가 있다」). 그는 강가로 가고 숲으로, 절로 배회하며 때로 길을 잃고(「부론에서 길을 잃다」) 또 때로는 "평생 치유되지 않는 상처"(「침묵은 숲이 견디고 있는 상처이다」)를 입으며 스스로를 다독거린다. 다시 일어선 그는 제4부에서 그의 길이 혼자만의 것이 아니라 가족과 친구, 사람들과 '동행'하며 "밀고 써는 바다, 또는 생성과 소멸을 두고" "더 오래고 견고"한 그의 원래의 자리 "해안의 침묵"으로 돌아온다(「동행」). 이 시집은 그러니까 강물 속에서 세계의 슬픈 존재론적 상황으로 우수에 젖은 한 경건한 시인이 오욕의 육지를 배회하고는 탈진한 자신의 영혼을 되살리기 위해 다시 물로 돌아오는 순례의 길로 읽어도 좋을 것이다. 실제로 시인은 '순례'란 말을 자주 쓰며 "낡은 사원을 순례"(「순례자」)하는 '순례자'로 자처하기도 한다.

  당연히, 아름다운 영혼이 '순례'하는 죄 많은 세상은 넓고 황막하다. 시인은 "굴종과 배반의/아름다움"(「서안에서는 사람이 빛난다」)을 드러내는 "황토 분진의 서안"을 지나, 러시아와 이탈리아를, 그리고 이 나라 이곳저곳, "사원을 강물처럼 흘러간 기원들/몸 곳곳에 미라로 누워 있"(「순례자」)는 땅들을 순례한다. 그리고 그 '첫 경험'은 "참혹한 눈물"(「빨강 침대」)이었다. 그는 송탄의 양부인 제니의 집에서 "점액질의/삶이었으므로 비굴한 분노"(「빨강 침대」)를 느껴야 했고, 러시아의 여인들과의 "더럽고 황홀한 순간"에서 "참혹한 분노"(「백야를 건너며」)를 되씹어야 했으며, 평택에서는 "열네 살 미혼모"의 '비명'을 들어야 했고(「열네 살의 봄」), 폼페이의 화산 유적에서는 "성애 속으로 숨은 도시의 비탄을/페티는 납 중독으로 파랗게 변한 입술을"(「페티의 집」) 보아야 했다. 이 땅은 "처참한 육신의 해체, 피난 행렬이 무너지며 쏟아진" "오, 절망하는 모든 것들이 열고 들어가는/저 비탄의 문, 모든 기억 속의 전장"(「절망하는 눈」)인 것이다. 그 세상은 "우리도 어린 날 아메리카를 꿈꾸며/추잉껌 구걸하다 주먹감자를 먹"인 수치스런 역사가 지금도 "낮술 취해 아메리카를 노래"하는 "달맞이꽃들 노랗게 웃"는 웃음으로 되풀이되는(「달맞이꽃이 있는 풍경」) 땅이며 "적개심이 역류"하고 "매복의 밤 하얗게 질려 있는"(「철새를 꿈꾸는 총구들」) 남북이 대치한 전선이며 금 그을 수 없는 바다조차 "보이지 않는 경계선을 넘나드느라/바람의 등은 퍼렇게 멍이" 드는 "물목 턱없이 가팔라 보이는" 휴전선 바다(「백령 뱃길」)였다. 이곳들은 "바람은 강철 같아 겨울 내내 쇳소리를" 내는 '동토,' "너보다 먼저/시간 속을 달려와 언 땅 껴안고 뒹"구는 "바람의 땅"(「겨울 양수리에서」)일 뿐이다.

그렇기에, 아나바스 스칸덴스처럼 물에서 유영해야 할 시인 김윤배는 강 또는 호수와 바다에 머물러서야 섬세하면서도 깊은 상상력으로 이 세계와 삶의 속을 지느러미질한다. 그러나 그의 물은 그가 그 안에서 그것의 육체성을 껴안으며 관능적인 쾌감을 찾는 물이 아니라(김윤배는 물이 아니라 오히려 아나바스 스칸덴스가 배회하는 육지에서 관능을, 그것도 타락한 성의 부패를 발견한다), 그로 하여금 그 물을 바라보며 그 물의 존재성에서 세계의 근원적인 운명, 그러니까 시간과 그 시간이 같이하는 소멸에의 인식을 깨우쳐주는 물이다. 그가 끊임없이 서해의 해안선을 타거나 한강 지류의 국도변을 달리며 바다와 강과 호수를 찾는 것은 그 물들의 위를 흐르는 시간의 존재성이며 그 존재의 스러짐을 통해 조명되는 존재의 소멸이다. 그래서 그의 시는 바다와 호수 혹은 강물에 익몰하는 나를 보여주는 것이 아니라 그 물들을 예비하고 있는 해안과 강변, 혹은 섬과 포구, 계곡과 호반에서 보는 물과 그 정경이며 거기서 가혹하게 감동당하게 되는 시간에 대한 각성의 고백이다. 그래서 그가 물을 만나는 시간은 그 시간의 흐름에 대한 정서를 충격해주는, 해가 지는, 어둠이 드리우는, 그래서 일몰의 잔광이 빛나고 밤의 고즈넉함에 젖어드는 즈음이다. 이즈음과 정황, 그러니까 해가 지고 어둠이 다가오는 이 시간의 노을과 돋아나는 별을 바라보는 것에서 시인은 시간의 움직임을 가장 선명하게 깨닫고 그 시간의 흐름에 대한 발견 속에서 저절로, 삶과 죽음, 생성과 소멸을 명상하며 존재의 기미를 느끼고 그 모든 것들을 바라보며 욕망을 잠재우고 근원적인 존재성에 대해 통회하게 만든다. 그의 아름다운 시 「도비도의 일몰」은 그런 그의 시세계를 전형적으로 보여준다.

붉은 해는 생각을 멈춘 듯 주춤거린다
녹안리의 하늘 불타고 붉은 적막이
가파른 해안을 들불처럼 번져간다

한 세기가 끝나기 전
도비도의 일몰 보아야 한다는 듯
오랜 시간 바닷바람에 마음 내던진다
일몰의 순간 펄럭이며 떠나는 물길에 얹혀
시간이 끼룩끼룩 갈매기처럼 운다는 걸
어찌 몰랐을까 이제는
되돌아가야 할 먼 길을 염려하며
어두워지는 바다를 본다
검붉게 타오르는 물비늘에 얹혀
온갖 욕망들 거대한 구렁이처럼 꿈틀대는
일몰의 바다는 참회조차
오욕으로 바꾸어놓는다
서해의 물빛이 부드러워지는 시간을 헤아려
이곳 도비도를 떠난다 해도 가슴 아래
숨어 흐르는 먹먹한 시간들은
언젠가 환하게 아플 것을 안다

도비도에서의 참회는 짧고 깊다

이 시를 읽으며 시인이 묘사하고 있는 정경에 들면서 우리는 시인과 함께 일몰의 바닷가에서 이루어지는 한 편의 엄숙한 정화의 성사를 치르는 것 같다. 시인은 세기가 바뀌는 순간의 마지막 해를 보기 위해 도비도로 달려간다. 바다는 진한 노을로 붉게 타오르고 바닷바람을 맞으며 시인은 조금씩 어두워지는 바다를 하염없이 바라본다. 그 하염없음에 두 개의 물상이 '얹힌다.' 하나는 시간이 "물길에 얹혀" 갈매기의 끼룩끼룩 우는 소리와 함께 흐르고 있고, 또 하나는 "온갖 욕망들"이 "물비늘에 얹혀" 꿈틀대고 있다. 시인이 50

여 년 동안 살아온 20세기가 가고 있고 이제 새로이 살아가야 할 낯선 세기가 다가오는데 어찌 욕망과 참회의 감회가 부풀며 솟구치지 않을 수 있을까. 그는 거대한 시간의 흐름("펄럭이며 떠나는 물길")을 눈으로 바라보며 구렁이처럼 꿈틀대는 덧없는 욕망이 지는 해와 함께 스러져가는 것을 느낀다. 이 장엄한 장면에 부닥치면서, 그렇다, 시인은 참회조차 이에 이르러 '오욕'이 되는 것을 깨닫는다. 이 숙연한 체험을 치르면서, 그제야 바다와 더불어 그의 마음이 "부드러워"진다. 이 성결(聖潔)의 경험은 '짧지만 깊고' 그의 내면 깊숙이 '환한 아픔'을 줄 것이다. 여기서의 욕망과 참회는 실제의 삶에서 저질러온 타락과 죄악이기보다 우리가 살아 있다는 그 자체, 시간에 압력을 당해야 하는 우리의 존재 자체가 처한 근원적인 상황에 대한 시인의 가장 깊은 원죄적 고백일 것이다. 그 참회와 고백, 회한과 슬픔들은 이런저런 계기마다 강화되어, 소래포구에서 바닷바람을 맞으며 그 바람에 "남루한/하루가 펄럭인다 저 바람 앞에/남루하지 않은 생이 있겠는가"(「소래포구」)고 탄식하게 하고, "산 바다와 죽은 바다를 가르는" 해안선을 달리며 "이 욕망의 길 끝에 무엇이 나를 기다려/바다를 향해 추락하고 있는/장엄한 일몰을 본다는 것인지" "소멸하는 영혼끼리/불태울 마지막 슬픔"(「조용하고 무거운 슬픔」)을 조용하고 무겁게 받아들인다.

　김윤배의 심성을 주도하고 있는 바다와 호수, 강의 모티프, 그가 그것들을 만나는 일몰의 순간은 다시 보면 소멸과 침묵의 은유이고 이 은유는 '바람'으로 대유되기도 하는 '시간'이란 것의 우주적 운명과의 조우를 드러낸다. 다시 말하지만, 그는 끊임없이, 바다에서나 숲에서, 강에서나 절에서 시간을 만나고 시간이 가져오는 소멸을 발견하며 시간과 더불어 이 세계를 바라보고 느끼고 살고 있다. 바다의 일몰에서 시간의 소멸을 발견하는 시인은 그러나 물이 아닌 곳곳에서도 마침내 "시간의 폭력"(「시간들의 풍경」)들에 압도당하며 그것을 견디기 겨워한다. 그 시간은 여름날의 작은 저수지 물처럼 "느리고 무거"(「작은 저수지에서 생긴 일」)우며, 그렇게 고여 있고 "침묵처럼 잠들"

(「시간들의 종말」)지만, 그럼으로써 그것은 "서러운 불덩어리"로 "쿵 하고/가슴에 박"(「조용하고 무거운 슬픔」)히며 "내 생애를 관통하는 화살"(「가문비나무숲에 대한 기억」)이 된다. 보이지 않는 시간은 왜 이처럼 '광포한 힘'이 되는가. 그것은 그것이 "소멸하는 영혼끼리/불태울 마지막 슬픔"을 가졌기 때문이고 "소멸하는 빛의 두려움"을 일으켜주기 때문이다. 그래, 시간은 소멸이다. 그것은 고통이고 슬픔이지만 소멸하는 시간은 그 고통과 슬픔까지 소멸시켜준다. 그것을 섬세하게 바라보고 고통 없이 지켜보는 시인의 슬픈 시선은 감동적이다. 그 시를 읽는 우리의 가슴 속에 그것은 또 하나의, 우리 내면을 "관통하는 화살"이 되어 소멸하는 시간의 불멸성을 고통스럽게 인식하게 된다.

> 밀어올림과 끌어내림 사이에
> 깊은 잠 같은 시간이 고여 있다
> 시간은 해변에 깔려 있는
> 조약돌 사이에 소리 없이 스민다
> 고여 있는 시간의 소멸을
> 나는 고통 없이 지켜본다
> 저 고여 있는 시간의 삼투 속에
> 내 생의 상처받은 시간들이 따라 스민다 ―「안면도 시편」 부분

> 소멸하는 빛의 두려움 먼저 읽었던 너를
> 그 숲길에 묻으며 나는
> 소멸하는 것들의 광폭한 힘을 꿈꾸었다
> 죗값이라면 평생
> 멀리 있는 별 하나 품고 살 것이다
> 가문비나무숲에 고여 있던 시간이

내 생애를 관통하는 화살이 된다 ──「가문비나무숲에 대한 기억」부분

시인은 가문비나무숲에서 시간이 쏜 화살을 맞은 듯하다. 가문비나무숲에서 무슨 일이 있었던가. '너'가 누구인지, 그가 사랑한 사람인지 시인 자신인지 혹은 그 어느 다른 것인지, 만해의 '님'의 경우처럼 그 모두를 가리키는 어떤 추상인지 우리는 알 수 없지만, 시인은 이 숲에 드는 길에서 "너를 묻고 떠나"며 거기서 그 '너'를 묻어버리고 그 참사가 벌어진 기억만을, 그 기억 속에 생생하게 살아나는 "소멸하는 빛"만을 "별 하나"로 품는다. 그 가슴 아픈 일이 그에게는 그의 "생애를 관통하는 화살"로 남는다. 사건은 시간이란 것의 추상이 되고 그 추상은 화살과 같은 아픔으로 그의 삶을 지배하며 그 삶이 존재하는 세계를 향한 시선이 된다. 그리고 불행히도, 시간이란 화살은 죽음의 경험이 안긴 상처처럼 모든 것을 그 시선으로 바라보고 그것을 통해 인식하며 그에 따라 세상을 살게 된다. 시인은 이 시간의 화살을 맞으면서 모든 존재를 시간의 각성제로 인식하고 공간의 장면까지 소멸하는 시간의 눈으로 받아들인다. 그것은 슬프지만 아름답다. 다음 시를 보라.

석남사 솜양지꽃 물속 같은 세월 지키고 있다

그 조용한 시간의 켜 속에
길고 느린 그림자 절집 오른다
허물고 다시 세우기를 거듭하는 절집
시간이 소멸로 가는 정적 깊게 쌓는다
느린 그림자 정적에 들어 움직이지 않는데
봄 석남사에는 꽃잎이 시간을 밟는다   ──「봄」전문

「봄」, 석남사의 절을 찾은 시인의 걸음은 느리고 그림자는 길다. 정적과

소멸, 조용함과 움직임-없음의 이 옛 절은 곧 시간이란 것이 지닌 존재성의 구체적인 물상이다. 그런데 거기 문득 피어 있는 솜양지꽃! 그 꽃잎이 "시간을 밟는다"는 것은 무엇을 가리키는 것일까. 봄꽃이 시간을 이겨낸다는 것일까, 아니면 시간의 움직임 속에서 더불어 피고 있다는 것일까. 첫 행의 "물속 같은 세월 지키고 있다"는 것으로 보면 뒤의 해석이지만 "시간을 밟는다"의 윗행 마지막의 "움직이지 않는데"를 보면 시간의 정적 속에 꽃잎만은 살아 움직이고 있음을 말해주는 듯하다. 해석은 그 어느 한쪽에 있는 것이 아니라 시간에 저항하면서도 시간에 귀속하고 있는 두 양태를 동시에 품고 있을 것이다. 분명한 것은 소멸하는 절집의 공간 속에 피어나 있는 꽃도 시간의 운행을 밟고 있다는 것이고 시인은 이 모든 것들을 시간의 움직임, 그것의 양상 속에서 바라보고 있다는 점이다(「석남사 가는 길」에서 그에게 시간의 은유가 되는 침묵은 "바위꽃 피우기도 하고 돌계단 허물어/세월 에돌아 가게도 하지만/솜양지꽃 피는 봄 막지는 못한다"고 생각하고 있다). 시인은 이렇게, 우리가 시간과 더불어 살고 있음을 「호탄리의 시간들」은 보여준다: "시인은 물소리와 함께 나타나/시간의 얼굴을 들여다보다가 미소를 짓기도 하고/시간의 얼굴에 수염 자란 자신의 얼굴을 대보기도 한다/시간은 시인의 몸으로 스며 시인을/붉은 해 떨어지는 산자락 아래 눕히기도 하고/침묵들이 쌓이는 거룩한 언덕에 세우기도 한다." 시인은 그러니까 시간과 동행하며 시간과 하나가 되어 시간이 눕히고 세우는 대로 시간을 살아가고 있는 존재이다. 그래서 시간은 '두려움'이고 '상처'이며 내 "육신 찌르고 들어"오는 '폭력'(「시간들의 풍경」)이지만 그러므로 그것은 세계이며 존재이고 운명이며 침묵이 된다. 「시간들의 종말」은 그 구체적인 물상을 통해 시간의 형이상학적 양상을 이렇게 뛰어난 형상으로 그려주고 있다.

    시간들의 늙은 웃음 소리 쌓이는 골짜기에 와 있네
      언약의 피멍 흘러온 강물들 조용한 몸짓으로

내 안에 와서 누우며 시간들의 낡은 몸 끌어안네
풀잎 한 잎의 고요한 흔들림 위에 시간들이 얹히고
시간들이 침묵처럼 잠들고 시간들이 저 홀로 깨어
달빛에 몸을 맡길 때 풀잎은 시간들이 쓸쓸해 보였네
쓸쓸한 시간들, 웃음 소리가 시간과 함께 늙어갈 때
시간들은 내 모든 것을 조용하게 만들었네

시간과, 그것이 데불고 오는 소멸은 슬프고 그 슬픔을 바라보는 이는 그것으로써 상처가 되고 회한을 안게 된다. 김윤배는 이 과정을 우리에게 보여주어 설명하는 것이 아니라 그가 자리하여 바라보는 정경 속에 우리를 함께 앉혀놓고 그가 느끼는 정서와 하나가 되도록 공감의 자장을 펼쳐놓는다. 그것은 보들레르의 「교감」이 일으키는 상징주의의 시적 효과이며 자연과 시인의 서정이 동화하듯이 시인과 우리가 서정적으로 동화당하고 있음을 의식하게 만든다. 그렇기에, "고여 있는 시간의 삼투"에 이은, "달빛이 나를 삼투"(「안면도 시편」)하고 있음, "열매는 (……) /더 많은 바람을 보내며/스스로 바람이"(「바람 속의 열매」) 되고 있음이라는, 대상과 자아 간의 시인의 동화가 우리 자신의 동화로 되고 있음을 우리는 자연스레 동의하게 된다. 그것이 김윤배 시의 힘이고 우리로 하여금 감동하게 하는 시적 자산이다.

김윤배의 시는 아름답고 정밀(靜謐)하다. 홍정선은 10년 전의 그의 시집 『강 깊은 당신 편지』에 대해 "언어들의 소리와 빛깔과 형용들이 만들어내는 분위기를 중요시하고 있는" 점에 주목하고 있지만 이번에는 거기에 시의 핵심적인 덕성인 은유의 아름다움을 더하여 뛰어난 시집을 만들어냈다. 나는 그가 근래 깊이 매여 있는 '시간'이란 것의 존재성을 형상화하는 데 시선을 모았지만, 그의 따뜻한 서정이 찾아가는 곳곳과 사람들, 처음에 든 '소요와 비예'의 시들에 대한 감동을 고백해야 했을 것이다. 가령 "오랜 세월을 두고 깊어져/바이칼 호수처럼 장엄"해진 "아내의 시간"에 대한 시인의 시선(「깊고 슬픈 강물」), 시인 김명인을 보러 간 곳에서 복사꽃의 낙화를 보며 "꽃눈 밀어올리던 힘은 이처럼 허망하여/낙화로 더러운 세상 미쁘게 건너야 한다는 것"을 생각하게 된 슬픔(「조치원」), 아마도 김지하의 시를 읽으며 느꼈을, "뭉텅 잘린 가지에 슬픔 뭉쳐 새순 돋고/뭉텅 잘린 가지에 분노 솟구쳐/죽음 부르는 저 극단의 선택/그것이 꽃이고, 열매"임을 깨닫는 전율(「무화과나무의 힘」), 그리고 할머니·어머니·동생 등의 혈육(아버지는 전혀 나타나지 않는다. 왜일까?)에 대한 애정과 연민이 그렇다. 그리고 시간과 소멸이 가져다 주는 슬픔의 정서들과 쓸쓸한 정경들, 그러니까 칼국수 파는 가게만 있을 뿐 이제는 사라져버린 "배론, 슬픔 많은 땅"(「배론을 찾아서」)을 비롯한 시인의 순례지들도 방문하여 나의 감동을 고백해야 했다. 그러나 나는 "사과나무 전정을 하며"「상실이 오랜 후에」힘이 되는 것을 깨닫는 시의 마지막을 다시 읽는 것으로 이 시집이 일구는 소멸에의 슬픔에 대한 나의 감동을 대신해야겠다.

> 분신으로 한 시대를 꽃피웠을 때
> 상실이 오랜 후에 힘이 될 것을 의심하지 않았던
> 그대 죽음 기리는 일이란
> 그대 다녀간 이 세상은 봄이면 온갖 꽃들 피어
> 긴 겨울 눈꽃 생각케 하지만 상실이
> 더 오랜 후에 소멸인 것을   〔2001. 11〕

문학의 원래와 회통의 정신
—— 최원식 평론집 『문학의 귀환』

　국제 질서가 근본적인 변화를 전개하고 세계화가 강요되며 그러는 가운데 '문학의 위기'에 대한 자의식을 피할 수 없게 된 지난 세기말의 거대한 동요 속에서 최원식은 많은 고민과 모색을 해온 것 같다. 그 사유와 탐색의 결실인 이번 평론집 『문학의 귀환』은 문학의 원래는 어떤 것인가의 근본적인 질문으로부터 문학이 본래의 자리로 '귀환'하기 위한 방법론의 추구, 그리고 그 문학을 새로이 진수시켜야 할 우리의 상황에 대한 진단, 그 상황이 긴밀하게 연계되는 아시아적 체제 속에서의 한국의 지정학적 위상을 위한 구상에 이르기까지 폭넓게 움직이며 우리 문학의 작가·작품 들에 대한 실증적인 검토까지 수행하는 진지한 성과를 보여주고 있다. 이처럼 거시적인 조망과 미시적인 분석, 외재적인 비평과 내재적인 평가를 아우르기 위해서는 박람과 강기, 조밀과 섬세가 요구되는데, 실제로 최원식은 동양의 고전으로부터 현대의 진보주의적 사상에 이르기까지, 그리고 우리의 전통 사상과 서구의 문화사뿐 아니라 일본의 역사와 그리스의 신화까지 자재롭게 참조·인용·비교하고, 혹은 시의 리듬과 어휘의 내포에 심층적인 형식 분석을 가해가며 자신의 사고와 논리를 전개하고 있다.
　25편의 무게 있는 글들을 모은 430면의 이 두툼한 저서에서 이렇게 전개되는 최원식의 비평 작업을 주도하는 대강(大綱)은 '회통의 상상력'을 제기한 「책머리에」에서 잘 요약되고 있거니와 제1부의 네 편의 글은 원효가 말하는 바의 '회통'을 통해 그 정신과 상상력을 오늘의 문학적 위기를 극복하는 대안으로 제시하고 있다. 그런데 그의 '회통'은 관념적인 것이 아니라 실천적인 것이다. 이 책의 표제로서 권두를 장식한 논문 「문학의 귀환」은 "화려한 수사의 범람에도 불구하고 80년대와는 또 다른 층위에서의 문학의 위기"(p. 13)를 진단하면서 '문학'이란 용어의 기원을 캐내어 우리 "소설(즉 작은 이야기)에서 유래하여 '대설'적 계기를 품어 안음으로써 진정한 문학의 반열에 참여하는 소설의 탄생," 그러니까 "'소설'과 '대설'의 회통"(p. 23)을 요청하고 있다. "'문'과 '학'의 아슬아슬한 균형, 그 미묘한 기틀"에 대한 사유를 권함으로써 "문학과 문학을 넘어 문학으로! 80년대와 90년대를 가로질러 문학의 귀환을, 그 오묘한 출현을 기다"(p. 41)리는 그의 소망은 이 시점의 우리 문학을 위해 성실하게 경청하며 작가들의 대담한 실천을 통해 수행될 수 있기를, 나도 공감하며 바라는 주제이지 않을 수 없다.

　'큰 이야기'와 '작은 이야기'의 회통에 이어 저자는 「리얼리즘과 모더니즘의 회통」을 제의한다. 그는 김수영에게서 "통상적 모더니즘과 통상적 리얼리즘을 가로질러 그 회통에 도달하는 경지를 보여준"(p. 52) 보기 드문 예를 발견하면서 그 이후 신동엽과 민족문학에 의해 양자가 분리되었는데 이제 다시 "김수영상(像)의 회통을 실현하는 새로운 작품의 출현을 대망"(p. 59)하는 것은 단순한 기법적 통합의 문제가 아니라 "현실과 환상을 넘나드는 동아시아 고전 문학의 전통을 민중적 관점에서 해체·재발견·쇄신하는 한국발(發) 대안의 모색"이 여기서 가능할 것이기 때문이다. 그는 이 문학적 구성으로써 "낡은 사회주의의 붕괴와 브레이크 없는 자본주의 질주를 가로질러 창조적인 우리식 어법을 탐색"(같은 면)하는 긴 여로의 첫걸음을 삼고 있는 것이다. 황지우·황석영·고은의 시극·소설·시의 세 장르 작품을 통해 "나와 우리를 근본에서 재조정"(p. 66)하려는 예술 정신을 평가하는 「나와 우리, 그리고 세상」, "병든 비관주의와 천박한 낙관주의의 양변(兩邊)을 여읜" 중국의 루쉰에 기대어 "간난한 한국 현대사의 도정 속에서 '지상의 길'을 모색하던 그 진지성이 홀연 사라져버린"(p. 93) 오늘의 한국 문학이 나아갈 길을 사회의식과 문학의 자립 "양자의 균형을 예술적 실천 속에 온몸으로 밀어나가는 치열성의 회복"(p. 95)을 제창하는 「지상의 길」은 그가 주장하고 있는 '문학의 귀환'과 그를 위해 제시하고 있는 방법적 정신으로서의 '회통의 상상력'의 발전적 적용이 될 것이다.

저자가 제기하고 있는 또 하나의 문제적 인식은 동아시아적 의식이다. 제5부의 「한국발(發) 또는 동아시아발(發) 대안?」에서 중국의 중화주의와 일본의 동양주의 간의 세력 경쟁의 역사를 서술하면서 "한반도 안에서 '동아시아'는 '중화'와 '동양'을 넘어서는 발진점"이 되어야 한다고 고찰하는데 그러기 위해서는 중국중심주의와 일본중심주의의 각축장이었던 한반도에서 "중심주의 자체를 철저히 해체함으로써 중심 바깥에, 아니 '중심들' 사이에 균형점을 조정"해야 할 것이 전제되어야 할 것이다. 여기서 '동아시아적 의식'이 구체적으로 어떤 것인지, 어떻게 한반도가 그 균형을 확보할 것인지의 문제들은 저자의 탐색과 함께 아시아의 질서, 나아가 세계 체제에서의 중심적인 구상으로 우리가 함께 진행시켜야 할 과제가 될 것이다. 저자는 이와 더불어 마지막의 글 「세계 체제의 바깥은 없다」에서 한국의 앞으로의 진로에 대해 매우 흥미롭고 주목해야 할 전략을 제시하고 있다. "자본주의 세계 체제 안에서 비자본주의적 발전의 길은 없다"(p. 418)는 온당한 전제하에서 저자는 서구자본주의의 변종인 유교자본주의를 넘어 '진정한 아시아적 가치'를 숙고(p. 425)할 것을 절실하게 생각하면서 "대국주의를 반성하고 소국주의를 재평가하되, 국제 분업의 주변부에 안분하는 소국주의로 전락하지 않는 것"(p. 428)을 요체로 삼을 것을 제안하는 것이 그것이다. 이럼으로써 우리는 "한반도의 역사적 운명을 괄목상대하며 자유 시장의 방종을 공익적 차원에서 개입해가는 민주적 통로를 확보"하게 되고 "분단 체제의 위기를 그 극복의 단서로 바꿀 새로운 가능성이 비로소 열릴 수 있을"(p. 430) 것이다.

오늘의 우리 문학에 대한 원론적 사유에서는 형이상학적 이론가의 틀을 제시하고 한반도를 중심으로 한 아시아 혹은 세계 체제에 대한 모색에서는 사회과학적 전망을 가지고 있지만 작가와 작품에 대한 접근에서는 실증적이며 현장 비평적인 깊이와 날카로움을 저자는 활발하게 보여주고 있다. 그것이 제3부의 소설론과 제4부의 시론 작업들인데 해설과 서평을 주축으로 한 11편의 글에서 저자는 김정한과 김학철, 신상웅과 박완서, 이문열과 윤영수 그리고 고은과 이가림, 유안진과 최영미의 원로로부터 젊은 창작가에 이르기까지 두루 다루고 있다. 이 작품론들이 반드시 엄격한 것은 아니지만 작가의 문학적 성과에 대해 높은 평가와 솔직한 비판을 가함으로써 평론가로서의 높은 격조를 드러내 보이고 있다. 그런 가운데 특이한 것은 「동지에 대한 단상」에서 황진이의 시조를 면밀하게 읽고 대조하면서 서화담을 중심으로 한 '화담 서클'을 관찰한 점이다. 그는 서화담의 한시를 『주역』을 동원해가며 해석하고 '동지'에 대해 긴 사유를 한 끝에 황진이의 "부재하는 님에 대한 갈애(渴愛)를 서늘하기 짝이 없는 고전적 격조로 노래"(p. 329)한 것이 1920년대의 만해와 소월, 70년대의 김지하와 민중시로 전이, 부활된 것으로 봄으로써 "동지에 대한 사유는 정녕 혁명적 씨앗"(p. 329)이 되었다고 평가하는데, 이는 음미해볼 만한 대목이다.

이론가와 비평가 사이의 문학사가다운 저자의 모습이 약여하게 나타나는 것이 제2부의 글들이다. '21세기를 위한 학습노트'라는 부제가 붙은 「한국 문학의 안과 밖」은 '국어'란 용어의 역사적 전개를 살피고 중국·일본의 그것과 대조하면서 우리의 경우 유길준의 『서유견문』에서 '국한문체 계몽주의,' 서재필의 독립신문에서 '한글체 계몽주의'의 두 연원을 발견하고 둘 사이의 경쟁을 검토한다. 이제 보면 한글체의 승리가 확정된 것 같지만 실제로는 "지구화의 물결 속에 영어가 내습"(p. 106)함으로써 국어와 국문학이 새로운 위기에 부닥치는데, 저자는 이 위기감 속에서 김지하와 엘뤼아르의 시를 대조함으로써 다시 '회통'의 정신을 환기시켜 그것으로써 이 위기를 타개해갈 것을 제안하고 있다. 이 회통은 매우 다면적이어서 고전 문학과 현대 문학, 한국

문학과 외국 문학, 국어학과 국문학에 두루 걸쳐 있는데 그것은 곧 "한국 문학의 안과 밖을 잘 살펴서 한국 문학의 실상에 기쁘게 다가서는"(p. 131) 길이 된다. 이렇게 안과 밖을 잘 살피는 실천적인 작업이 일본의 저명한 비평가로 한국 문학에 많은 영향을 주고 있는 가라타니 고진 읽기(「야누스의 두 얼굴──일본과 한국의 근대」)이며 펄벅의 『대지』에 대한 중국·미국 및 한국의 반응과 비평들의 추적(「전경 뒤에 숨은 신」)이고 이상의 모더니즘에서 일본의 근대성에 대한 비판을 발굴(「서울, 東京, New York」)하며 채만식 등 30년대의 대표적인 작가들의 소설을 조감(「1930년대 단편소설의 새로운 행보」)하고 동학농민전쟁의 문학적 수용의 역사를 살피는 일(「동학과 농민군」)이다. 이 작업을 하는 저자의 시선은 넓고, 생각은 깊으며, 표현은 열려 있고, 그 학문적·비평적 성과는 국문학계와 문학비평계에 크게 번질 것이다. 그의 거시적 안목에 대한 선망을 지우지 못한 가운데 다시 이 같은 문학사적 연구의 풍요로움이 닥쳐옴으로써 좁고 얇은 나의 공부를 자탄하지 않을 수 없게 만든다. 나는 아무래도 "삼독심(三毒心)의 뿌리를 다스려 원융(圓融)"(p. 6)하려는 그의 의지와 지혜를 배워야 할 것이다. 그런데, 속 좁은 내가 정말 그럴 수 있을까. 아니 게으른 내가 과연 그에게 '소박한' 그런 꿈이나 꿀 수 있을까. 다만, 저자가 회통의 상상력을 강조하는 일련의 글들에서 자주 사용하고 있는, 기다린다, 소망한다, 권고한다와 같은 희망들이 실재화될 수 있기를, 그래서 그것들로부터 나도 큰 혜택을 받을 수 있기를 바랄 뿐이다.

〔『작가들』, 2001. 겨울〕

제3부

민족, 분단 극복, 그리고 세계 시민의 길
── 그 개인적인 소감

　가벼운 에세이풍으로 써달라는 이 원고를 청탁받으면서 내게 가장 먼저 떠오른 모습은 몇 해 전 '한국문학포럼'의 참석을 위해 방문한 부에노스아이레스에서 본 한 교포 청년의 고민하는 얼굴이었다. 우리는 우리나라의 한반도와 지구상에서 정반대의 땅에 도착하자마자 일정에 없던 한 단체로부터 저녁 초대를 받았는데 그 단체가 몇만 명의 한국인들 가운데 뜻있는 분들이 조직한 '한국문인협회'였고 이 이역만리의 땅에도 한국인들의 문학 조직이 있다는 점에 감동을 받으면서 50명쯤의 참석자들과 간담회 형식으로 서로의 안부와 심경을 묻고 듣고 했다. 그런데 서른 살 안팎의 한 청년이 일어나 자신의 괴로운 심정을 고백하며 우리의 의견을 물어왔다. 거의 울 듯한, 울먹울먹한 그의 고백은 자신은 소년 시절에 부모를 따라 이곳으로 이주해왔고 여기서 고등 교육을 받았으며 백인들 사회에서 스페인어를 사용하면서 생활하고 있는 중인데, 그럼에도 자신은 한국인이라는 자의식을 결코 버릴 수 없으며 한국어에 대한 그리움에 젖어 한국어 책을 열심히 읽고 이 한국문인협회에도 가입하며 한국어로 무언가 써보려고 하고 있지만 자신을 둘러싼 삶의 실제는 대부분 한국인이기를 버리기를, 한국어를 잊기를 요구하고 있다; 그렇다면 나의 정체성은 어디에 있고 또 나는 어떻게 해야 할 것인가. 그의 이 발언으로 우리는 숙연해 있었지만 너무 진지한 그의 고민과 쉬운 대답을 허락하지 않는 그의 고통스러운 질문에 우리가 할 수 있는 말이란 무책임하고 상투적인 것들의 밖으로 나갈 수가 없었다.

  이 비슷한 고민과 심정은 러시아에서 교포 지식인을 만났을 때나 미국에서 오랜만에 옛 친구들과 어울렸을 때 그리고 연길에서 조선족 문인들과 이야기할 때도 느끼고 확인한 것이었다. 다만 아르헨티나의 교포 청년은 직설적으로 고백한 것이었고 그의 이주 기간이 상대적으로 짧아 스스로 느껴야 했던 갈등이 보다 생생했을 것이며 더구나 교포 사회의 규모가 아직 작고 성숙되지 못한 데다 조국과의 지리적·심정적 거리가 너무 먼 나라에서 살고 있기 때문에 그의 소외감은 더욱 진했을 것이다. 그때의 나의 대답이 어떠했든지 간에 그 이후 그 청년을 떠올릴 때마다 내게 더불어 진행된 생각은 이런 것이었다: 그가 괴로워하는 것은 자신의 땅을 버리고 모든 것이 낯선 고장에서 살아야 하는 실향감일까, 혹은 유럽어를 사용하는 남미 사회에 적응하기 어려움일까. 그가 그리워하는 것은 같은 민족이 어울린 공동체의 익숙함일까, 아니면 소년 시절까지 보내며 즐기던 어린 시절의 고향에 대한 추억일까. 그가 고이 간직하며 아끼려 애쓰고 있는 모국어란 그에게 무엇인가. 그것은 그의 개인적 정체성의 확인 기제인가, 민족이 공유하고 있는 문화적 자부심의 대상인가. 그의 심리를 분석해보려는 나의 노력은 그러나 사실은 헛된 것이리라. 그의 심정은 그 어느 것도 부인되거나 포기될 수 없는 괴로움과 그리움의 복합적인 것일 것이며 아르헨티나 사회에서 한국인도, 아르헨티나인도 아닌, 아니 그 둘인 삶을 살아야 하는 운명의 자의식일 것이기 때문이다. 그런 상황에 처하지 않은 우리로서는 객관적인 사유나 분석은 해볼 수 있겠지만 그의 내면을 그것으로 달래줄 수 있는 것은 아닐 것이다.

  그런데 그렇게 객관적인 사유나 분석을 해보겠다는 나 자신에게 시선을 돌려보면, '민족'이란 어휘가 주는 착잡한 심정은, 비록 그 양상과 방향은 다르지만 아르헨티나의 그 교포 청년과 그리 먼 거리에 있는 것이 아니라는 생각이 들곤 한다. 서구어인 '네이션'이 우리말로 번역될 때 '민족'과 '국민' 두 가지로 옮길 수 있는 양가적 의미를 갖고 있지만, 우리에게, 적어도 내게, 그

'민족' 역시 양가적인 내포로 다가오는 것이다. 개인적인 것과 공적인 것, 다정함과 두려움, 적극적인 것과 폐쇄적인 것, 본능적인 것과 당위적인 것, 자부심과 패배감, 지향해야 할 것과 지양해야 할 것…… 그것들은 서로 얽히고 끌어당기며 밀어내고 벗어나야겠다 싶으면서도 결국 되돌아오게 하며 정서적인 편향과 논리적인 결론과의 당착을 일구어내곤 하는 것이다. 그 양가적 착종은 가장 구체적이고 일상적인 것으로부터 가장 이념적이고 거시적인 것에 이르기까지, '민족'이란 어사나 어의가 붙은 거의 모든 것들에 달라붙어 있는데, 그것들의 육친적인 낯익음과 그럼에도 거기에 배어 있는 싱싱함을 상실한 구태의연함, 이른바 '신토불이'라는 것과 '쇼비니즘' 같은 것, 그래서 우리 것이어서 좋다는 편안함과 자연스러움 뒤에 숨어 있는 촌스러움과 어쩌면 국수주의적 위압감 같은 것이 그렇다.

왜 이럴까 하는 자신의 심리 분석을 하면서 나는 내 개인적인 선호 못지않게 우리가 받아온 학교 교육과 사회 교육이 민족에 대한 이 같은 양가적 정서를 길러준 것이 아닐까 하는 데 생각이 미쳤다. 해방과 더불어 초등학교 수업을 받기 시작한 나는 자연히 한글로 된 교과서와 책으로 공부했고 국어와 국사를 배우고 우리 말과 글로 읽기와 쓰기를 했으며 당연히 우리 민족을 식민 지배한 일본을 비판하고 항일 운동가를 존경하는 교육을 받았다. 그러는 다른 한편으로 우리의 교육은 서구식 민주주의와 보편적 인간 가치를 함양하는 쪽으로 설정되었고 반장을 투표로 뽑는 일부터 안데르센 동화집에서 얻는 감동에 이르기까지 민족이란 경계를 뛰어넘는 정서적·지적 훈련을 닦아야 했다. 물론 애국심이라든가 자국의 역사와 문화에 대한 존경과, 초국경적이고 범세계적인 인간관과 가치관이 반드시 서로를 훼손하는 것은 아닐 것이다. 그럼에도, 나의 내면에서는 민족, 민족주의란 것은 인류의 보편적인 것, 시대를 뛰어넘은 근원적인 인간성과 상충하고 있었다. 대학 시절에도 이 사정은 마찬가지여서 예컨대 한스 콘이나 최문환 교수의 민족주의에 공감하면서도, 서구의, 그래서 '보편적'인 것으로 생각된 학문과 이론을 배우며 마땅히 이 범세계적인 가치 체계를 지향해야 할 것으로 생각했고, 게다가 당시의 우리를 둘러싸 영향을 준 조류도 "존재가 본질에 선행한다"는 실존주의였다. 그러니까 우리는 '민족'이란 단어가 내포한 모든 가치를 선호하는, 적어도 선호해야 한다는 당위감을 기르면서 다른 한편으로는 민족의 테두리를 벗어나는 인류적·보편적 가치를 존중해야 한다는 지적 판단을 키워온 것이다. 다시 말하지만 이 양가적인 지향은 병존할 수 있는 것이기도 하고 혹은 선/후의, 또는 높고 낮음의 계열체일 수 있기도 한 것이지만, 우리나라의 경우 그 양자는 한 사람의 내면 속에서 그 각각의 특화된 감정으로 공서하고 있고 경우에 따라 어느 하나를 선택하는 동시에 다른 하나를 얼마든 포기할 수 있어야 하는 것이었다. 더 난처한 것은 그런 비논리적인 개념과 감정의 공서에 별달리 까다로운 반성을 하지 않아왔으며 그래서 말과 행동, 논리와 정서가 상반된 표현을 쉽사리 보인다는 점이다. 가령 이런 식이다: 아이언 부르마란 극동 사정에 밝은 미국의 저널리스트가 1980년의 광주민주항쟁 후 그 사태를 취재하며 한 광주 시민의 증언을 들었다. 반일·반미적인 감정까지 거침없이 토로한 그 증언자는 말을 마치고 나서 부르마 기자에게 "일본어가 서툴러서 미안하다"며 부끄러워했다고 그 기사는 마지막에 적었다. 증언자가 미국인에게 일본어로 말하면서 외세에 대한 민족주의적 반감을 토로했지만 자신이 일본어에 미숙하다는 것을 부끄러워한 것에 부르마는 한국인의 논리와 태도 간의 숨은 역설을 발견한 듯하다.

이런 양가적인 감정의 공서가 나 자신에게도 숨어 있다는 점을 나는 고백해야겠다. 내가 기자 생활을 시작한 1960년대 중반에 한일 국교 수립이 이루어지고 있었고 이에 대한 대학생들의 반대 시위가 한창이었으며 지식인들도 당연히 비판적인 태도를 취했다. 물론 나도 동조했다. 그것은 내가 일하던 신문사가 가장 강경하게 반일적인 태도를 취해서만은 아니었을 것이다. 나는 이런저런 글들을 통해 우리 문화 속에 남아 있는 일본 문화의 잔재를 비판하기도 하고 '식민사관'을 극복하는 '한국학'을 적극 지지하는 기사를 자주 썼으며 식민 시대나 그 이후의 일본의 우리에 대한 태도를 문제 삼아 일본인들에 대해 질책하는 태도를 취했던 것이다. 그럼에도 나는 '민족' 혹은 '민족주의'란 말을 쓰기를 되도록 회피했는데 아마도 나는 거기에 숨어 있는 어떤 내포에 저항감을 가진 듯하다. 상투화한 '민족'이란 말이 던져주는 복고적이고 폐쇄적인 어감에서 우선 비롯되었을 그 저항감은 유신 선포에 '한국적' 민주주의를 선언한 박정희식 '민족주의' 때문에 더 강화된 것 같고, 80년대의 급진적 문학론에 제기된 '민족문학론'에 조심스런 유보를 두고 싶어하면서 더 조장된 것 같다. '민족'이란 어휘 속의 어떤 내포에 대한 나의 저항감이란 내 개인적인 사유 속에서 민족과 민족주의에 대한 두려움, 혹은 어쩌면 경멸감이 스며 있었을 것이다. 두려움이란 히틀러의 게르만 민족의 혈통순수주의에 의한 인류사적 만행까지 가지 않더라도 혈연 공동체라는 운명감과 거기서 끌어오는 어떤 당위감으로 강요하는 집단주의적인 압력, 그것이 유도할 전체주의적 심리와 그 거센 목소리에서 묻어나는 회의 없는 확신에서 비롯된 것일 것이고, 경멸감이란 촌스런 자민족 우월주의, 시대착오적인 국수주의를 그 민족·민족주의가 대동하고 있기 때문일 것이며, 거기에, 교육에 의한 것이든 환경에 의한 것이든 4·19의 나의 세대가 대체로 가지고 있는 자유주의적 심성과 개인주의적 성향이 그 용어에 대한 체질적 거부감을 종용했을 것이다.

그러나 민족에 대한 저항감이 나의 내면에 스며 있다고 해서 민족 통일이라든가 민족주의에 대한 '민족적 신념'까지 내가 부인할 수 있는 것은 아니었다. 그것은 내가 서 있는 자리에 역사적 현실적 조건으로 나를 구조화하기 때문이며 그에 대한 의식을 무화해서는 안 될 것이었다. 나는 식민지 시대에 태어났고 조금이라도 미국의 원조에 의지해야 했던 궁핍한 시절을 보냈으며 전쟁과 분단의 시련을 겪어야 했고 더욱이 그런 역사적·현실적 조건을 빙자한 억압적 정치 체제로 인해 불행감을 쌓아두어야 했다. 그런 경우 나로서는 '민족' '민족사' '민족주의'란 어사 말고 달리 표현할 수가 없었다. 개인적 정서로는 유보해두고 싶은 '민족'이란 말을 공적인 담론에서는 활달하게 사용했다는 것은 스스로에게도 이중적인 잣대라고 자각되고 있었지만 나는 그처럼 철저하게 논리적이지 못했고 양가적인 태도를 스스로에게는 허용하는 모순에 자학하지도 않았다. 그러면서, 나는 민족주의를 시대적 상황에 따라 그 성격이 두 가지로 나뉘는데, 하나는 식민 지배를 받는 약소 민족으로서의 자위권을 강조하는 수동적 민족주의이며 다른 하나는 그와 반대로 다른 민족을 통치 혹은 착취함으로써 자민족의 이익을 키우는 제국주의적 성향으로서의 적극적 민족주의라는 상식적인 선으로 이해했다. 그리고 우리의 우리 민족에 대한 인식 혹은 태도, 그러니까 우리의 민족주의는 앞의 소극적 민족주의로 주장·강조된 것이며 경제적으로 중진국 수준을 넘는 오늘의 단계는 그 수동성의 수위를 넘어서야 한다고 생각했다. 그러나 제국주의적 민족주의로 왜곡되는 것에는, 가령 한국에 들어와 있는 외국인 불법 취업자들에 대한 학대나 다른 후진국에 진출해 있는 한국 기업들의 현지 노동력 착취에 대해서는 불안감과 경계심을 감출 수가 없었다. 그러니까 어떤 단계에서든 '민족' '민족주의'란 나에게 왜곡되거나 불온하기 쉬운 것이었고, 그런 점에서 1990년대 이후 우리의 사회에서나 문화계에서 '민족'이란 말 대신 '시민'(예컨대 각종의 '시민참여연대' 같은)이란 용어가 활발하게 사용되는 것은 내게 반가운 일이었다.

'민족'이란 말에 대한 나의 유보적인 사용 태도는 '분단' '분단 극복' '통일'이란 주제에서도 비슷하게 적용되는 것 같다. 내가 청소년 시절에 6·25를 치렀다는 것, 그 전쟁 중에 나의 큰형님이 전사했다는 것, 전방에서의 사병 시절 OP에서 휴전선 저 너머의 북녘 땅에도 '햇빛이 비치고 있다'는 사실에 기이한 감동을 느꼈다는 것, 스웨덴과 일본에서 진보적인 한국 지식인을 만나 그들이 한반도와 한민족의 통일을 향한 염원을 우리에게 강조했다는 것 등의 사건이 내가 개인적으로 겪은 분단 경험의 전부였다. 그러나 그런 때문에 내가 1980년대 우리 문단과 문화계만이 아니라 거의 민족적인 열정으로 외친 통일이란 문제에 미온적이었던 것은 아니었다. 아마 너무 많은 사람들이 너무 정열적으로 분단 극복을 외쳤기에 나는 뒷전에서 분단 문제가 왜 심각하고 통일이 절실한 주제가 되어야 하는가를 생각하고 있었을 뿐이었다. 그때 내가 국토와 민족의 통일이 이루어져야 한다고 동조했던 것은 정직하게 말해서 통일에 대한 민족적 당위성에 대한 신념이나 그것을 통해 우리 한민족이 거두어들일 수 있는 어떤 소득이나 영광 같은 것은 아니었다. 물론 이런 요소가 없었던 것은 아니겠지만 정확히 진단한다면, 통일이 이루어지고 남북 간의 군사적 대결이 해소된다면 그 대결 때문에 져야 했던 현실적·경제적·정치적·정신적 부담을 그만큼 덜게 된다는 점이 우선적인 이유였지만, 분단을 빙자한 권력들의 가짜 놀이를 더 이상 보지 않아도 될 것이라는, 다소 엉뚱한 데에도 그 이유가 있었다. 그러니까 나는 여전히 민족주의적이기보다 오히려 자유주의자였던 것이다. 그리고 더 나아가, 분단이 '계급 모순'에 못지않은, 아니 오히려 그보다 중요한 '민족 모순'임을 인정하면서도 통일이 과연 우리 국민에게 지상적인 의무일까 하는 회의도 들기 시작하는 것이었다. '통일지상주의'의 열기가 존경스럽고 그 급진주의적 열기 덕분에 우리나라의 현실적 이념적 자유화·민주화가 크게 확장된 것에 높은 평가를 보내고 있었지만 과연 통일은 우리에게 지상적 명제일까 하는 점에는 여전히 유보감을 두고 있었다. 여기에는 객관적으로 관찰해볼 수 있는 여러 이유가 있다.

  우선 한 민족이 하나의 나라를 이룬다는 것, 역으로 한 나라가 하나의 민족으로 구성되었다는, 우리가 자랑하는 '단일 민족 국가'라는 개념은 여러 측면으로 재고되어야 한다는 것이 그렇다. 우리는 어렸을 적부터 이 '단일 민족 국가'라는 말을 숱해 자부심 높은 민족적 특성으로 익혀왔기 때문에 '민족은 곧 국가'라는 등식을 당연한 것으로 받아들여왔다. 그러나 우리 민족이 순수한 한민족의 혈통을 이어왔다는 것은 신화이지 아마도 완벽한 실재는 아닐 것이다. 그렇다고 우리 민족의 주류가 한민족이라는 점에 이의를 다는 것은 아니다. 다만 순수혈통주의는 자랑스러운 것도 아니며 그것이 민족의 우월성을 보증해주는 자산도 아니라는 사실은 당연하지만 뒤늦게야 깨달은 사실이다. 더구나 한 민족이 한 국가를 이룬다는 것은 한국이나 일본 등의 아주 작은 예이지 대부분은 미국이나 중국처럼 한 나라가 많은 민족으로 구성되거나 아랍처럼 같은 종족이면서 여러 나라로 나뉘는 것, 또는 유대인처럼 한 민족이지만 여러 나라에 흩어져 살고 있는 것과 같은 사정이 오히려 일반적인 국가-민족 형태이다. 그러고 보면 우리는 순수 혈통에 의한 단일 민족 국가라는 신화를 굳건히 믿고 보존해온 셈인데, 그것이 신화여서 그 신화를 깨뜨려 본다면, 한민족이 대한민국과 조선민주주의인민공화국으로 두 나라를 갖는다 해서 반드시 이상한 일이 되는 것도 아닐 것이다. 물론 이런 민족 분열이 타의적인 국제 정치적 조건 때문에 인위적으로 빚어진 것이고 실향민과 이산가족들이 여전히 또렷한 추억과 살아 있는 인연을 지니고 있을 만큼 그 역사가 짧다는 사정이 개입되어 있긴 하다. 그러나 한 세대만 지난다면 그 추억과 인연은 사라질 것이고 남과 북은 같은 민족이며 같은 언어를 쓴다는 것 말고는 마치 재미 교포 3세에 이르면 부닥치는 것 같은, 현실적이거나 정서적인 연계는 끊어져 없어질 것이다. 이런 사례들을 적용해본다면, 그것은 분단을 기정사실화해서 마치 한반도에서의 남북조 시대를 재현하는 일이 될 것인데 그것도 어쩌면 분단의 '해소' 내지 '극복'의 한 가지 대안이 될 수도 있을 것이다. '한 민족, 두 나라'도 '분단 해소'의 한 방안이지만 그것이 오늘날의 우리 민족 정서에서 가장 회피하고 싶은 대안일 때 결국 우리는 당연히 '통일'을 분단 극복의 최상의 과제로 선택할 수밖에 없게 된다. 그러나 '통일'이 야기할 수 있는 두 가지 큰 문제에 대한 고려가 십분 검토되지 않으면 안 된다. 그 하나는 통일 비용을 어떻게 감당할 것인가의 문제이다. 이미 동서독의 통일 과정에서 그것이 결코 쉽지 않은 문제임을 보아왔지만, 우리의 경우 동/서독 간의 경제 격차보다 남/북 간의 소득 격차가 더 크며 서독에 비해 남한의 경제력이 그 엄청난 통일 경비를 부담하기에는 아직 취약하다는 사실이 인식되어야 한다. 이런 때문에 '햇볕 정책'을 비롯한 여러 가지 다단계 통일 전략이 제시되고 있겠지만 정권 통합이라는 어려운 과정 말고도 경제적 통일 비용에 대한 고려 없이는 자칫 통일 후에 더 큰 문제에 부닥칠 위험도 분명해 보인다. 그러니까 우리는 통일이 되었지만 그러고 난 후의 경제적 문제로 사정이 심하게 악화되어 오히려 그 통일을 후회하게 될지도 모르는 것이다. 그러나 나로서 이보다 더 심각하게 생각되는 문제는, 현재의 체제적 조건 속에 통일이 되었을 때 북한 주민은 남한 사람들의 제국주의적 공격 아래 착취당하는 또 하나의 '원주민'이 될지도 모른다는 점이다. 남북이 통일된다면 남한은 자본과 기술을 공급하고 북한 사람들은 노동력을 들이게 될 것인데 자본주의 체제와 선진적 과학 기술에 우위를 점한 남한의 기업들은 같은 민족이지만, 백인이 유색 인종의 노동력과 자원을 착취하듯이, 북한을 착취하여 또 하나의 식민 통치를 하게 될 것은 충분히 가능하다. 경제 협력과 관광을 통한 남북 간 교류의 형태가 이미 그 전조를 보여주고 있다. 더구나 남북한의 '분단 극복'은 정치적·경제적·사회적 '통일'에서 더 나아가 문화적·정신적·일상적 '통합'으로 진전되어야 할 어려운 과제를 전제로 하고 있다. 동독의 훔볼트 대학 교수였던 헬가 피히트 여사는 우리에게 동서독의 통일 과정에 동독 지식인들이 가혹한 인격적 모멸감을 느껴야 했다고 고백했는데, 통일된 지 10여 년이 지났음에도 동독과 서독 간의 인간적 통합은 충분히 이루어지지 않고 있고 그것이 양쪽 사람들의 내면적·현실적 갈등의 중요한 요소가 되고 있는데, 남북한의 경우 이런 갈등과 심리적 장벽은 훨씬 크고 강할 것이다.

   남북한의 분단 극복이 지향해야 할 최종적인 목표는 그러니까 '민족 통합'인데, 통일은 이루었지만 통합에까지 이르지 못할 때, 경제적 불황이 겹치고 남북한 주민의 갈등이 더 심각해진다면, 어쩌면 새로운 분단을 요구하는 주장이 나올 수 있으리라는 우려도 그래서 예상되어야 한다. 실상 많은 사례들은 같은 민족 혹은 국민이라 하더라도 그 때문에 반드시 하나의 국가 공동체 속에 살아야 하는 것은 아니며 오히려 이해관계와 요인들에 따라 그 민족이 분립되기를 희망하는 경우가 예상보다 잦다는 사실을 보여준다. 캐나다의 퀘벡 주는 불어를 사용한다는 이유로 독립을 요구하고 있고, 언어가 다른 남북의 벨기에도 그러하며, 산업 소득이 높은 북부 이탈리아는 농업 중심의 남부에 대한 경제적 부담이 싫어 역시 분립을 요구하고 있고, 유고슬라비아는 종교가 큰 이유가 되어 몇 나라로 쪼개지고 말았다. 이런 분립의 요구가 '통일 한국'에서 제기되지 말란 법이 없다면 우리의 분단 극복은 '통일'에서보다 차라리 공존·화해를 통한 협력과 유대가 보다 현명한 전략이 될지도 모른다. 우리의 급진적인 운동권이 '민족 통일'이라는 구호로부터 '화해'나 '지원'으로 선회하고 있다는 점은 그 전략의 연장선에서 이해될 수 있는 것이다. 사정이 이렇다면, '분단 극복'의 목표가 반드시 자동적으로 '민족 통일'과 등식화되는 것만은 아니며 다른 대안도 다양하게 모색될 수 있고 또 그래야 한다는 점으로 우리의 사고는 유연하게 확장되어야 할 것이다.

사실 오늘의 세계는 민족이나 국가라는 개체주의적 개념보다는 협력이나 화해의 연대적 실천으로 그 강조가 옮겨가는 현상을 보이고 있다. '세계화'라는 구호 속에 '민족' '국가'의 어휘는 그 단호한 색깔이 흐릿해지고 그들 사이에 그어놓은 '국경'에 틈새가 벌어지고 있다. 서구 여러 나라들은 유로 화폐로 경제적 통합을 지향하고 있고, 아메리카 대륙을 비롯한 지구의 거대 지역들의 블록화로 인접 국가간의 경계를 헐고 있으며, 유엔을 비롯한 국제기구 말고도 숱한 '국경을 넘는' 연대가 단위 국민간의 이해관계를 초월하여 지구적인 협력 운동을 전개하고 있다. WTO 체제는 국가간의 교역 관계를 정비하고 있으며, 다국적·초국적 기업들의 형성은 민족 단위의 경제 활동을 압도하기 시작하고 있고, 게놈 프로젝트를 비롯한 거대 연구들도 나라를 넘어 공동 작업화되고 있으며, 대규모의 재난·질병·환경 문제가 제기되면 국제적 협력이 이루어진다. 과연 세계는 지구적 관계로 재편성되고 있다. 이 재편성의 시발은 지난 세기의 국민 국가들이 야기한 제국주의의 병폐에 대한 반성이 일기 시작한 1차와 2차의 세계대전에 있지만 그것의 본격적인 실체화는 지난 세기말의 급격한 세계적 변동에서 시작된 것으로 보인다. 동구권의 붕괴로 인한 동서 냉전축이 와해되면서 일구어진 자본 이동의 자유화와, 컴퓨터와 바이오테크를 중심으로 한 새로운 과학 기술의 초국경적 패러다임 구축, 그리고 이 두 가지를 싣고 이어주고 실현시켜주는 정보화 시스템이 이 '세계화'로의 변화에 주력으로 기능한 것이다.

　인류사의 거역할 수 없는 흐름이 이 세계화 현상으로 발현되고 있고 그 세력들이 모든 부면에서 막강한 힘을 가지고 있으며 이 흐름의 거부나 이탈은 곧 패배를 의미하는 것이기에 모든 민족과 국가가 이 '세계화'의 거센 흐름에 올라타지 않을 수 없는 것이다. 그러나 이 세계화는 많은 비판적 지식인들이 지적하듯이 반드시 행복과 번영의 미래를 약속하는 것도 아니며 그 안에 중요한 문제성들을 내포하고 있는 것도 확실하다. 우선 세계화는 인류의 발전과 성장을 예고하고 있지만 '80 : 20'의 논리가 설명하듯이 그 혜택은 열 명 중 두 명에게 돌아가고 나머지 여덟 명은 손해를 보거나 상대적으로 박탈감을 가져야 한다. 그러니까 몇몇의 선진국을 위해 대부분의 후진국들이 손실을 감당해야 하고 한 나라 안에서도 소수의 부자와 다수의 빈자 간에 부익부 빈익빈 현상이 심화되지 않을 수 없게 된다. 둘째로 자본과 과학의 자체 증식 운동 때문에 그것이 야기할 폐해를 억제할 방법이 없어지며 그것들로 말미암은 인간 소외는 더욱 가중되며 교환 가치로의 인간 타락 현상이 가속된다는 점이다. 우리의 IMF 체제도 바로 이 자본 운동으로 말미암은 희생이었으며 인간 복제를 비롯한 많은 도덕적 · 사회적 문제들에 대해 어떤 권력도 무력하게 되어버리는 것이 그런 예이다. 세번째로 그것은 결과적으로 무한 경쟁으로 지구 자원을 급속하게 소진시키고 생태계의 파괴로 인류 자체의 멸종을 재촉하리라는 점이다. 세계화가 경제 성장의 경쟁에서 자원과 생태의 보존 경쟁으로 전화하지 않는다면 지구는 예상보다 훨씬 단명할 것이며 우리 자손들의 삶은 황무지에서 영위되어야 할 것이다. 마지막으로 세계화의 실제는 곧 미국화이며 기업의 운영 방법으로부터 국가간의 이해관계에 이르기까지 미국적 자본주의의 패권 정책을 수락하도록 강요되고 있다는 점이다. 이것은 국가적 자립감과 자존감을 훼손할 뿐만 아니라 역사와 전통의 다양성이라는 문화적 생태계를 파괴하는 것일뿐더러 국가 단위의 경제적·현실적 손실의 감수를 의미한다. 세계화의 이런 문제점들에 대해 극복의 전략과 대안이 갖가지 형태로 모색되고 있고 또 세계화 운동의 내적 의지로 그 병폐에 대한 개선이 추구되고 있긴 하지만, 세계화란 환상 속에 숨은 거대한 그늘을 우리는 정확히 바라보지 않으면 안 될 것이다.

아마도 지구적인 세계화의 추세 속에 어느 사이 우리도 '세계 시민'이 되어가고 있는 이제 우리는 그 세계화의 긍정적인 성과의 혜택을 받으면서 그것이 몰고 올 부정적인 폐해에 저항하고 극복할 수 있는 길을 찾아내야 할 것이다. 아마도 '세계 시민으로서의 자질'이 그것일 터인데, 우리가 당면하고 있는 새로운 자본 운동과 새로운 과학 기술이며 그것들이 제기할 파급 현상이 광범하고 심층적이기에 우리의 이 자질 함양은 적극적이며 창조적이어야 할 것이다. 그것은 우선 세계화의 진행과 그를 통한 세계의 변화의 흐름과 그 양상을 바르고 정확하게 이해할 것을 요구한다. 너무나 자명한 순환 논리이기에 그것을 이해하는 자질의 획득이 그만큼 어렵고 까다롭고 통찰과 분석의 지혜를 요구하는 일이지만 그 이해 없이는 세계화로의 변용에 실패함으로써 생존을 위협받는 패배자가 될 뿐만 아니라 왜 세계화인가의 근본적인 인식이 없는, 그래서 공허한 구호만의 세계화로의 추종에 그치고 말 것이다. 두번째로 민족과 종교와 언어와 국경의 구별을 넘어 지구적인 연대와 협력을 추구해야 한다. 세계화는 지역적·집단적·계급적 재난과 불행을 인류 공동의 문제로 제기하고 인권으로부터 황사 현상에 이르는 갖가지 사태에 공동 대처의 과제로 설정하게 되는데 그것은 어떤 개별적인 문제에도 지구적 작업으로 협력하고 대응하기를 요구한다. 세번째로 세계화가 요청하는 보편화·공동화·통일화의 추세 속에서 개인적·공동체적·민족적·국가적 정체성을 확인하고 그것의 개별성·독자성·특수성을 확보하도록 노력해야 한다. 영어에 능통할수록 한국어의 아름다움을 키우는 일로부터 첨단적인 기술 개발 속에서 한 그루 꽃을 심는 자연 친화적 행동에 이르기까지 나의 행복, 우리의 행복을 보장하는 전략으로서의 정체성 확립은 더욱 중요한 일이 아닐 수 없다.

그러니까 나는 민족을 공론으로 외치던 시절에 뒤따라 민족이란 어사를 중시하면서도 개인적 차원에서는 그 사용에 두려움·저어감을 가지고 있었으며, 그 민족을 퇴화시키는 세계화의 추세 속에서는 그 세계화에 대한 비판을 자제하지 않으면서도 오히려 민족적 정체성 보존에 더 많은 관심을 가지게 되고 있다. 시대의 주류적 공론에 비켜나는 것이 지식인의 역설일지도 모르지만, 우리가 민족이든 통일이든 혹은 세계화든, 어쩌면 그것을 뒤집어봄으로써 그 진의를 알아낼 수 있을지도 모른다. 그러니까 세계 시민의 길이 그 세계화의 길을 비판하는 데서 찾아질 수 있는 것처럼 말이다.

〔『황해문화』, 2002. 여름〕

삶의 전기로서의 역사학을 위하여

　근래 내가 볼 수 있었던 번역된 역사학 책 두어 권에서 발견한 인상적인 대목 두 군데: 미국 사학자 로버트 단턴의 잘 알려진 『고양이 대학살』(조한욱 역) 중의 표제 논문은 18세기의 인쇄공들이 자신들을 혹사하는 인쇄소 주인 부부에게 어떻게 야유적인 보복을 하는가를 이야기하는데 그 가운데 내가 흥미로운 느낌을 받은 것은 근세 초의 민중들이 동물, 특히 고양이에 대한 학대를 즐겨 행해왔다는 부분에서이다. 저자는 당시의 사람들에게 고양이가 어떻게 보였는가를 알려주기 위해 마네의 그림과 보들레르의 시 「고양이」를 끌어들이고 귀족이나 부르주아의 애완용이었던 그것들을 죽이는 놀이가 왜 유행했는가를 설명하면서 "17세기 초 스페인의 『돈 키호테』에서 19세기 말 프랑스의 『제르미날』에 이르기까지 고양이 죽이기는 문학에 있어서의 공통된 주제를 제공했다"고 밝힌다. 그리고 각주를 통해 세르반테스와 에밀 졸라의 소설에서 고양이가 어떤 모습으로 다루어졌는가를 소개하며 미하일 바흐친의 저서에서 동물 학대 풍속이 "대중문화의 깊은 조류를 표현하는 것"이란 문장을 인용하고 있다. 물론 단턴은 고양이 학대의 놀이를 설명하는 자료로 민담이며 풍속사 등의 저서들을 폭넓게 사용하고 있지만, 여기서 내가 의외로 여긴 것은 그가 문학 작품들도 역사학의 중요한 전거로 인용하고 있다는 점이었다. 그가 상상력의 소산일 소설과 시를 그 당대의 현실을 해명하는 역사적 자료로 인정하고 있다는 것은 우리 역사학의 연구 방법론에만 익숙해 있는 내게 신선한 자세로 여겨진 것이다. 저자가 여기에 인용한 보들레르의 시와 세르반테스, 졸라의 소설들이 유럽 문학사의 고전적 작품들이어서 인문학자들의 이런 수준의 독서를 새삼스럽게 볼 일은 아니겠지만, 아카데믹한 논문에 자신들의 영역 바깥의 문학 작품을 연구 문헌으로 인용한다는 것은 우리의 경우 희귀한 일일 것이다. 특히 러시아의 문학이론가로서 불우한 생애 속에서 획기적인 소설론을 제시했음에도 철의 장막에 가려져왔던 미하일 바흐친(1895~1975)이 우리나라에 소개된 것은 1980년대 중반으로, 그가 서구에 알려진 것도 60년대 이후였을 것이고, 그의 『라블레와 그의 세계』가 미국에 번역된 것도 각주에 의하면 1969년이었다. 단턴이 정력적인 근대 지성사가라는 점을 감안하더라도 바흐친의 중세 문학 연구서에까지 눈길을 돌려 자신의 전공 논문의 참조 자료로 삼았다는 것은 내게 괄목할 일이었다.

두번째 대목은 진즈부르그의 『치즈와 구더기』(김정하 · 유제분 역)와 데이비드 도널드의 『링컨』(남신우 역)에서이다. 잘 알려진 것처럼, 앞의 책은 16세기의 평범한 민중 계급에 속하는 한 방앗간 주인이 이단자로 판결받고 처형당하기까지의 이야기를 다룬 미시사의 저명한 성과이며 뒤의 것은 미국사에서 가장 위대한 인물인 링컨에 대한, 이 분야에서 가장 뛰어난 역사가로 꼽히는 학자에 의한 전기이다. 다루고 있는 인물의 성격과 그들에 대한 접근 방법은 전혀 다르지만 내가 이 두 책에서 똑같이 감탄한 부분은 르네상스기의 이단 문제라는 지적 주제나 훌륭한 정치가의 굵은 생애라는 '큰 이야기'에서보다는, 오히려 "이렇게까지!"라고 차라리 탄식이라고 해야 할, 아주 자잘한 세목(細目)들에 대한 더할 수 없을 정도의 구체적인 정보에서이다. 가령 『치즈와 구더기』에는 주인공 메노키오의 딸이 결혼할 때 "256리라 9솔디의 가치에 해당하는 지참금"을 받았다는데 이 대목의 각주에서 예컨대 "손수건 3장 4리라 10솔디, 앞치마 3리라, 자물쇠 없는 책상 5리라" 같은 식으로 33종의 물건과 그 가격이 적혀 있다. 그리고 『링컨』에서는 훗날의 대통령이 청년 시절 출세를 위해 진출한 도시 스프링필드의 당시 모습을 소개하면서 저자는 "마을 한가운데 있는 법원 건물 주위는 건물상회 19개, 식품가게 7개, 약국 4개, 옷가게 2개, 서점 1개가 둘러싸고 있었다. 호텔이 4개가 있었고 마을에는 초등학교들과 아카데미가 있었고 교회가 6개가 있었다. 전문 직업인으로는 의사가 18명, 변호사가 11명이었다"라고 쓰고 있다. 이런 구차할 정도로 자상한 묘사는 우리의 경우 가령 염상섭의 『삼대』에서 조영감의 유산으로 적힌 세목에서나 얼핏 보이는 정도일 뿐 사실주의 소설에서도 발견하기 힘든 장면이다. 그런데 나는 소설에서도 못 하거나 안 하고 있는 세목에 대한 기록과 현장에 대한 치밀한 재현을 서양의 역사서가 당당하게 수행하고 있음을 뒤늦게나마 깨닫지 않을 수 없었던 것이다. 한국 사학에서든 한국 소설에서든 이렇지 못한 것, 이럴 수 없었던 것은 역사 자료가 부족하든가 그것들을 활용하는 능력이 미숙하든가, 또는 그에 대한 관심이 적어서일 것이다. 미세 사료의 이용과 기록이 반드시 역사 논문이나 창작 소설의 좋고 나쁨의 판단 기준이 되는 것은 아니겠지만, 쓸데없어 보이는 자료들을 지나치다 싶을 정도로 섬세하게 동원해서 극도의 사실감·현장감을 환기하는 것은 거의 충격적일 정도였다.

역사학의 교양 수준에도 못 미치는 나의 지적 수준으로 내가 한국 사학에 기대하는 것은 그것이 인간 이해의 가장 중요한 통로가 되었으면 한다는 점이다. 말하자면 '삶의 전기로서의 역사학'을 나는 염두에 두고 있는 셈인데, 앞에서 밝힌 두 가지 사례에서 사학자의 문학 작품 인용과 미세 사료의 활용도 그 때문에 환기된 것이다. 문학과 그 작품도 분명한 역사적 사건임에도 우리의 역사학은 그것의 역사성에 대한 인식을 소홀히하며 그것을 사료로 인정하여 활용하는 데는 무척 인색하다는 점이 이 주제에서 먼저 떠오르는 생각이다. 단턴이나 진즈부르그 같은 미세사 연구자뿐만 아니라 가령 E. H. 카 같은 사학자는 러시아의 역사와 정신을 이해하는 데 가장 중요한 사례로 소설가 도스토예프스키를 지목하고 그의 작품을 문학 연구가 이상의 감수성으로 접근하여 분석하고 있으며, 미국의 역사학자와 사회학자들은 미국의 역사 예컨대 산업화 시대의 작업 환경이나 대공황 시절의 노동 계급과 농민들의 삶을 이해시키기 위해 업튼 싱클레어의 『정글』이나 드라이저의 『아메리카의 비극』, 스타인벡의 『분노의 포도』 따위를 교재로 읽히는 것으로 알고 있다. 작가와 작품의 출현이 역사적 사건이고 거기서 재현된 소설적 세계가 역사학의 자료가 되고 있음을 이 태도는 선명하게 보여주고 있는 것이다. 좁은 견문으로는 아마도, 이런 역사학적 인식으로 우리 소설들을 연구 자료로 사용한 예는 최서해와 채만식의 작품 분석을 통해 식민지 시대의 경제적 상황을 고찰한 홍이섭 교수가 유일할 듯하다. 근대 사상사를 연구해온 그는 일제의 착취와 이로 말미암은 이농 현상, 궁핍한 생활상 등 당대의 경제적 모순과 그로 말미암은 삶의 피폐상을 분석하는 데 있어 어떤 다른 사회학적 역사적 자료들 이상으로 소설 작품들이 가장 구체적이며 생생한 자료들임을 인식한 것이다. 경제적 통계나 제도, 사회적 인구 조사나 정치사적 정책과 법률이 이 시대의 개관을 규명하는 데 일차적인 자료가 되겠지만, 그 상황 속에서 삶을 영위해야 하는 사람들의 실제적인 모습은 문학 속에서나 볼 수 있는 것이며, 역사학이 이런 인간적 측면에 대한 고찰을 제외할 수 없는 한, 문학 작품을 연구의 참고 자료로 수용하지 않으면 안 된다는 것을 그는 확실한 관점으로 제시한 것이다.

　미세 자료의 활용에 관한 문제도 이 연장선에서 이해되어야 할 것이다. 우리 역사학이 민족-국가사, 정치-제도사, 사회-경제사, 사건-사상사에 상당한 성과를 거두며 학문적 축적을 이룬 것은 분명하지만 그럼에도 생활과 인물의 역사에는 의외로 소홀한 것이 아닌가 하는 회의도 그만큼 들고 있는 것이 사실이다. 가령 역사소설을 많이 쓴 작가 홍성원은 임진왜란이 왜, 어떻게 발발했고 진행되었으며 그 결과는 무엇이었는가에 대해서는 역사학의 성과로 충분히 알 수 있지만, 당시의 병졸들이 끼니를 무엇으로 먹었고 거기에 사용된 식기나 수저는 어떤 것이었는가 등등의 병졸들의 전투에 관한 실제적인 정보는 전혀 제공하지 못하고 있다고 안타까워한 적이 있다. 『달과 칼』이란 임진왜란을 소재로 한 수군의 이야기를 쓰면서 그는 이 문제를 당시의 일기들에서 지나는 길에 슬쩍 언급한 것에서 작가적 상상력으로 추리하여 묘사할 수밖에 없었음을 고백하면서 역사가는 작가에게 구체적인 삶의 모습에 대해 제공하는 바가 거의 없다고 단언하기까지 하는 것이었다. 근래에 이르러서야 생활사와 풍속사에 대한 관심과 저작들이 나오기 시작하여 이 문제에 대한 갈증이 상당히 해소되는 듯하지만, 그것들이 전문 역사학자들의 고증에 의한, 학문적 신뢰감을 획득한 것인지에 대해서는 장담하기 어려울 것이다. 어떻든 실제적인 삶의 리얼리티를 담보받기 위해서는 거시적인 역사적 정황이나 조건 못지않게 미세한 일상의 물목과 구체적인 삶의 자료들이 필요할 터인데 우리의 한국사 연구에서 이 부분에 대한 관심이 미진한 것은 분명해 보인다. 그리고 아마도, 역사가 인간과 인간 무리들의 삶의 기록이라면 그 학문이 거시적인 집단의 개괄적이고 전반화시킨 역사만이 아니라 미시적 개체인 인간의 삶의 방법과 실태의 역사도 포함해야 할 것이며 개념적이고 추상적인 진행만이 아니라 구체적이고 실제적인 삶의 전기도 그 대상으로 삼아야 할 것이다. 이 후자의 역사학이라면, 하잘것없어 보이는 세목들이며 일상사로 보이는 물목들로부터 삶의 진정한 리얼리티를 재현해낼 것이다. 민족이며 국가라는 추상체는 따지고 보면 사람들의 일상적이고 구체적인 삶의 형태로 구현될 것이며 제도며 사건이라는 공동체적 운영 역시 개인의 나날의 사람살이와 그들의 범상한 생각과 느낌 속으로 내재화되어 있을 것이다. 역사는 거창한 테마로 그 의미의 윤곽을 드러내겠지만 사소한 개체적 존재상에서 역사 인식과 인간 이해의 실질을 거두어들일 것이다.

어쩌면 나는, 역사와 문학을 혼동하고 있는지도 모르겠다. 그 둘은 인문학적 개념에 의거해서 인간이란 존재를 가장 직접적이고 구체적으로 인식하는 시각일 것이며, 소설이란 "당대의 역사학"이라는 관점이 발자크 이후 근대 소설의 핵심적인 개념이 되어왔기 때문일 것이다. 물론 내가 문학과 역사학이 근본적으로 다르다는 사실을 잊은 것은 아니다. 무엇보다, 소설은 허구의 산물이며 역사는 그 자체로써 사실임을 입증한다는 접근법의 상반성에서 그 다름을 확인하고 있다. 그리고 그 실제에 있어서도, 가령 역사는 집단의 공동체적 사실과 사건, 논리와 분석, 의미와 교훈을 입증하는 것에 비해 문학은 그 집단이란 이름에 가려진, 그래서 공동체의 흐름 속에 잠복해버린 개별적 인간 존재에 대한 해명이란 점에서 역시 역사와 상당한 거리를 가지고 있다. 그런데, 역사와 문학의 이 상반성과 거리감 속에 '그러나'라는 부정적 접속사를 통해 제휴할 계기가 성립되는 것 같다. 가령 여기 일제 경찰에 고용된 형사가 있다. 그는 당연히 식민 당국을 위해 불령선인들을 고문하며 자백을 받아내는 잔인한 역할에 충실하고 그래서 민족운동가들로부터 미움과 두려움을 산다. 그럼에도 이 부역자는 3·1운동의 모의를 눈치 채고 그 주도자의 간청을 받아들여 슬그머니 지방으로 출장을 자원하여 항일 모의의 현장을 방치해버린다. 후에 그 사실을 알게 된 일본 경찰은 그를 가차 없이 처벌한다. 훗날 그가 반민족적 친일 부역자라는 역사적 비판을 피할 수 없겠지만 문학은 그런 그에게서 역사학으로는 도저히 찾아낼 수 없는 또 다른 인간적 고뇌와 진실을 발견한다. 앞서 소개한 소설가 홍성원의 『그러나』라는 소설은 역사와 문학의 이 역리 관계와 그 관계의 이해를 통해 또 다른 인간적 역사의 전개를 추적하고 있다. 그리고 보면 역사는 인간의 외화(外化)이고 문학은 그 내화일 것이며, 그 둘은 동전의 양면처럼 아마도 표리 관계를 이룰 것이다. 이 표리 관계는 '기억'이란 인식 작용에 대한 인간학적 조명으로 상통한다. 그 기억은 집단적인 것과 개체적인 것, 추상적인 것과 구체적인 것, 필연적인 것과 우연적인 것, 객관적인 것과 내면적인 것, 물상적인 것과 정서적인 것, 과거적인 것과 당대적인 것으로 엇갈리고 있지만, 그것들은 인간에 대한 이해와 공감을 위해 태어난 한 뿌리의 두 줄기 쌍생아로 보아도 좋을 것이다. 관념적인 인간 존재와 실체로서의 사람의 몫은 근본적으로 쌍생적인 모습으로, 한쪽은 역사가, 다른 한쪽은 문학이 거머쥐고 있으면서 상이하게 보임에도 그 둘은 '삶'이라는 하나의 실존 속으로 수렴될 수 있을 것이다.

우리의 역사학은, 그런데, 역사의 주체가 사람이라는 사실, 그래서 문학과 내통할 수 있다는 사실을 오래 잊어온 것 같다. 근대 사학의 주조는 민족국가사였고 그 다음에는 제도사였으며 그에 이은 것이 사회사였다. 이럴 수밖에 없었던 것이, 우리의 근대적 역사학의 개발이 20세기 중반에서야 이루어졌고 그나마 일제 통치하의 실증주의적 관학의 전통으로부터 자유롭지 못했으며 그 때문에 식민사관이 주도했고 이 실증주의와 식민사관에 대한 반성이 전개되면서 60년대 중반에서야 열기를 띠게 된 한국학을 중심으로 한 민족사관의 구성을 도모하게 되었으며 그후에도 유신 치하의 특수성주의와 북한의 주체사관에 시달려야 했고 80년대 후반에는 그 반작용으로 이념주의적·진보주의적 사관에 휘둘리게 되었다. 그러니까 국가사·정치사·이념사는 역사의 주체가 사람이라는 것, 그들의 개체적 역사를 발견해내는 것이 우선적 과제라는 사실을 밀쳐내게끔 했고 때로는 개개 인물들에 대한 인간사적 접근이 오히려 올바른 역사 인식의 방해물로까지 여겨진 듯했다. 80년대의 '민중사학'까지도 사실은 인간을 추상화시키고 삶의 실제를 관념화할 정도였다. 그러니까 90년대 이후, 정치와 사상 전반에 걸친 자유화가 이루어지면서야 비로소 생활사와 미시사가 주목받고 그것의 역사적 서술들이 독자들의 환영을 얻을 수 있게 된 것이다. 그러나 그 '인간의 역사'들은 대체로 외국의 것이 번역된 것이어서 우리 자신의 삶의 역사는 아니었다. 그럼에도 불구하고 이 분야에 대한 새삼스러운 관심들은 우리의 역사 서술에서 무엇이 필요한가라는 문제를 분명하게 시사해주는 것이었다.

'인간 부재의 한국 사학'에 대한 반성은 사실은 우리 학계에서도 이미 30년 전에 제기된 바 있다. 1974년에 발표된 이기백 교수의 「현대 한국 사학의 방향」(『문학과지성』, 1974년 겨울호)이 그것인데, 이교수는 "한국 사학이 지향해야 할 방향으로서 제일 먼저 지적하고 싶은 것은 한국사의 흐름 속에서 인간을 발견해야 한다는 사실"로 강조하고 있는 것이다. 그는 "일정한 시대에 어떠한 정치가 행해졌으며 어떠한 경제 기구가 짜여져 있었으며 어떠한 대외 관계가 유지되었으며 또 어떠한 문화가 창조되었는가 하는 것은 요컨대 누가 그것을 필요로 하였는가 하는 점을 간과한다면 무의미한 것이 되어버린다. 그런데 이 누가 그러한 역사를 창조했는가 하는 역사의 주인인 인간의 문제가 오늘의 한국 사학에서 분명하게 인식되지 못하고 있는 것이 실정이다"라고, 내가 지금 말하고 싶은 바와는 관점이 다소 다르지만 '인간 중심의 역사학'이라는 주제의 정곡을 짚어주고 있다. 인간 부재의 제도사적 고찰로 우리 한국사가 멈추어버리게 된 것은 이교수에 의하면 실증사학이 주도하고 사회경제사가 부채질한 탓이 크다. 그런데 제도의 해명도 "인간의 문제로 되돌아와야만 생명력을 가지게 되는"데, 그러지 못했기 때문에 인간 상실의 한국 사학이 되어버렸다고 이교수는 진단한다. 당시의 한국 사학계 동향을 살피면서 그가 '인간의 역사학'을 향한 가능성을 짚어보기는 했다. 민족주의 사학에서의 민족을 중시하는 전통, 사회경제사학에서의 계급을 중요시하는 전통, 그리고 시대마다의 신분층을 중심으로 한 인간 집단에 대한 연구, 실학과 개화 사상을 비롯한 사상사 연구가 그것들이다. 이기백 교수는 이러한 가능성을 반가워하여 기대를 보내고 "역사가 곧 인간의 역사이고 역사의 연구가 곧 인간의 역사의 연구"라는 점을 되풀이 강조하면서 "예컨대 신라 말기에 선종(禪宗)이 유행한 것을 지적한다고 해서 그것이 곧 인간 중심의 역사가 될 수는 없다. 누가 왜 선종을 받들었나 하는 점을 밝힘으로써 비로소 그것이 인간과 연결을 가지게 되는 것"이라며 자칫 "인간 부재의 제도사거나 혹은 교리사 같은 것으로 되돌아갈" 위험을 지적하고 있다.

  내가 한국사의 문외한이어서 말할 수 있는 것은 '인간 중심의 역사학'은 그로부터 한 세대의 역사가 지나갔음에도, 적어도 내가 희망하는 바의 '삶의 전기로서의 역사학'으로서의 높은 학문적 성과는 활발하지 않다는 것이다. 물론 실학자거나 이념적 운동가에 대한 연구가 상당히 적극적인 성과를 거두었고 그들에 대한 사상사적 접근이나 역사적 의미를 부여하는 작업들도 많았을 것이다. 그러나 그것은 가령 실학 사상이라든가 무정부주의적 이념이라든가의 특정한 사고로 한정된 '연구'로 그친 것이지 한 인간의 총체성 속에서 조명한 인간상은 아닌 듯하다. 최근의 한 한국 사학자의 저서는 옛 선비들을 다루고 있는데 우리의 전 시대의 지식인들이 어떻게 사유하고 그들 자신의 삶을 살았는가란 흥미로운 주제로 접근하고 있음에도, 그래서 그 방식의 저서로서는 훌륭한 업적이 되고 있음에도, 그 서술은 대체로 약간의 에피소드를 곁들인 그 선비들의 이력을 중심으로 이루어지고 있어 그 '인간의 얼굴'에는 아직 체온이 배어들지 않은, 그래서 인간 이해의, 적어도 문학적 공감을 얻을 수 있는 인간상으로는 발전하지 못하고 있었다. 사상사 못지않게 활발해진 역사학의 주제는 사건사일 것이다. 개화운동사나 노동운동사들이 그 대표적인 예인데, 한 사건이나 운동의 발전과 쇠퇴가 주역인 만큼 그 주도자나 참여자들은 방명록처럼 숱하게 등장하여 그 규모나 성격을 알리는 데는 야심적이지만 그 인물들 개개의 인간적이고 혹은 내면적인 사정은 대체로 드러내지 않는 것이 상례이다. 이들 모든 연구와 저술들은, 거듭하지만, 물론 훌륭한 성과이고 역사학의 새로운 진전일 것임에도, 아무래도 나는 문학계 사람으로서, 삶의 전기로서의 역사학 구성이라는 욕심을 버리지 못하고 있다. 나는 적어도 다음 두 가지는 우리 역사학자들에 의해 수행되기를 희망하고 있는 중이다.

첫째는 인물들의 전기 연구 작업이다. 우리의 역사적 인물에 대한 전기는 많지만 사학자의 권위 있는 학술적 저서로서의 전기가 거의 없다는 것은 아연할 정도이다. 진즈부르그가 추적한 메노키오 같은 평범한 이단적 지식인은 고사하고 도널드가 구성한 링컨과 같은 위인의 반열에 오른 인물에 대한 전기도 사학자에 의해 저술된 것은 없다. 한국의 역사적 인물들에 대한 전기가 있다면 그것들은 춘원 이광수의 『단종애사』나 『이차돈의 사(死)』 혹은 노산 이은상이 서술한 『충무공 이순신』이나 박종화의 『세종대왕』 같은 소설가들이 쓴 역사소설이나 문학적 전기이다. 물론, 가령 정도전이나 정약용 같은 정치인이나 지식인의 사상과 생애에 대한 연구는 숱하게 많겠지만 그들의 구체적인 생애와 인격적인 삶에 대한 사학자들에 의한 서술들은 발견하기 힘들다. 왜 그럴까. 왜 우리의 역사학자들은 인물들의 개인사 연구와 평전 저술에 등한했을까. 이기백 선생이 지적한 것처럼 우리 사학계가 민족국가사나 제도사의 연구가 더 급했기 때문에 인물 연구가 뒤로 밀린 탓도 있을 것이며 한 개인에 대한 집중적인 접근이 짐작건대, 아카데믹한 역사학 작업의 본령에서는 한갓진 것으로 보는 학풍의 영향도 있었을지 모르겠고 어쩌면 역사적 개인에 대한 총체적 이해는 역사학자의 작업이 아니라는 생각이 숨어 있었던 때문일 수도 있을 것이다. 이유가 어디에 있든 영웅이든 통치자든 사상가든 개개 인물에 대한 인간사적인 재구성 작업은 거의 전적으로 작가들에게 맡겨져왔다. 그리고 작가들은 미숙한 학문적 지식과 부족한 한문 해독 능력을 가지고 인물들에 대한 개인사적 추적을 해야 했고 민족주의든 민중주의든 이데올로기적 자장 속에서 객관적이고 과학적인 연구보다는 주관적이고 편향적인 인물 구성을 하지 않으면 안 되었다. 거기서 숱한 역사소설이 생산된 것이다. 그리고 소설과 그 작가로서는, 역사적 사건과 인물들에 대해 주관적으로 이해한다거나 사실을 상상적으로 재구성한다고 해서 문학적으로 폄하되는 것은 아니며 설혹 역사적 진실과 어긋난다고 하더라도 문학은 상상력의 소산이라든가 소설은 허구라는 명분으로 충분한 면죄부를 가지고 있다. 문제는 역사의 객관적 사실로서의 인간 연구가 역사학자에 의해 이루어진 것이 별로 없다는 점에 있다. 그것은 역사소설이 왕성하기 때문에 전문 사학자에 의한 전기가 더욱 필요해진다는 점을 환기시킨다. 역사로서의 전기는 소설가의 역사소설과는 다른 관점을 가지고 진실(이 말이 갖는 모호성에도 불구하고)이 해명되어야 한다는 차원에서 요구되는 분야이다. 사학자의 관점과 소설가의 관점은 다른 것이고 또 달라야 하는데 그 다름의 근원은 문체적 구성적 차이 말고도, 해석을 향한 접근법의 차이에 있다. 문학은 작가 자신의 관점에서 인간을 해석하고 의미화하지만 역사가는 역사 자체가 말하는 바에 따라, 그것의 객관적 사실을 의미화한다.

다른 글(「역사, 소설, 그리고 역사소설」)에서도 내가 반복해서 소개한, 가령 이런 예가 있다: 나는 고어 비달의 소설 『대통령 링컨』과 하버드 대학 역사학 교수 도널드의 『링컨』 전기를 보며 흥미로운 한 가지 대조점을 발견했다. 소설은 취임부터 피살까지의 대통령 재직 시절을, 전기는 출생부터 죽기까지의 일생을 다루고 있다는 구성의 차이와, 소설과 논픽션이라는 장르상의 다름에서 비롯한 문체적 다름이 있음에도 불구하고, 링컨의 생애와 사건에 대한 서술은, 그에 대한 숱한 자료와 기존의 연구들이 쌓여 있기 때문이겠지만, 별다른 상위 없이 비슷하게 평행을 그으며 진행된다. 그것은 링컨이 암살되기 직전 극장에서 아내와 나눈 대화까지 일치할 정도이다. 그러나 소설에는 링컨이 암살되기 얼마 전, 자신이 죽어 관 속에 안치되어 있는 장면을 물끄러미 바라보는 기이한 꿈을 꾸었다고 이야기하는 대목이 나오지만, 전기는 이 시사적인 장면에 대해 전혀 언급하지 않는다. 나는 링컨의 이 꿈 이야기가 작가의 허구가 아닐까 예상했고 그것을 확인하기 위해 링컨에 관한 자료를 집중적으로 수집하고 읽은 두 책의 역자인 남신우씨에게 문의해보았다. 그의 대답은 나의 지레짐작과는 달리, 공적인 기록에 남은 사실이라며 그 전거를 알려주었다. 그래서 든 내 생각은, 소설가는 링컨이 지닌 운명에 대한 예감을 소개함으로써 그의 풍요한 인간적 내면성을 드러내고 싶었던 반면 역사학자는 그런 그를 탈신비화함으로써 현실 정치인으로서의 링컨을 그리고 있었기 때문에 사건의 취사선택이 서로 달랐으리라는 것이었다. 물론 소설가여서 비달의 관점을, 혹은 학자여서 도널드의 해석을 취해야 하는 것은 아니며 그 시각은 서로 뒤바뀔 수도 있을 것이다. 어떻든 두 책의 서술적 차이에서 나는 문학적 상상력과 객관적 서술 간의 자료 선택과 그 해석의 차이를 본 것이다. 그러니까 우리의 역사학은 작가들의 상상력과 허구의 자의성에 역사적 실재 인물을 맡겨두고 자신들의 작업에서는 개인 연구를 통한 역사 인식과 인간 이해를 공백으로 남겨두었던 것이다.

둘째는 특정한 학파나 집단 또는 한 세대의 구성원들과 그들간의 인간적 관계에 대한 역사적 연구가 거의 없다는 점이다. 나는 프랑크푸르트 학파의 역사를 기술한 마틴 제이의 『변증법적 상상력』을 흥미있게 보았기에 네 명의 마르크시스트 문학이론가에 대한 연구서인 유진 런의 『마르크시즘과 모더니즘』을 번역한 바 있었으며 휴즈의 1880년 세대의 지식인사인 『의식과 사회』를 읽고서 같은 저자가 쓴 1930년 세대의 프랑스 지식인사인 『차단된 통로』를 역시 우리말로 옮긴 적이 있는데 그 연구서들은 방법론에 있어 미국의 지식사회학적 연구 작업이면서 한 학파나 세대가 어떻게 제휴하여 자신들의 사상과 운동을 공유하며 집단적 에콜로서 다양하게 발전시키고 있는가를 추적하는 흥미로운 연구서들이다. 혹은 읽고 혹은 번역하면서 나는 우리의 사학계는 왜 이런 작업을 도모하지 않는가 궁금했다. 그 소재로 친다면 북학파나 실학파, 혹은 훈민정음 창제 당시의 집현전 학자들, 또는 개화파 운동가들이나 상해 임정 요인들 등 얼마든지 있을 듯싶고 그 자료도 수집하기가 어려울 망정 없을 것 같지는 않은데, 의외로 지식인 집단이나 특정한 세대에 대한 인간 연구가 불모 상태였다. 지식인 사회에 대한 섬세한 접근이 진척되고 그 집단 구성원들의 인간적 사상적 생애와 그들간의 학문적 인격적 교류가 밝혀진다면 역사와 지식의 전개가 개인에 의해서만도 아니고 현실과 떨어져서도 아니며 동료 혹은 그 반대자간의 협력과 토론을 통해 이루어진다는 귀중한 역사적 진실을 확인, 발견할 수 있을 것이다.

한국 사학계에 대한, 나 같은 바깥 사람의 이런 희망과 요청이 오해와 무지에서 빚어진 것이라면 물론 그 탓은 전적으로 내 자신에게 있는 것이지만 우리 사학자들도 그 잘못에서 전혀 자유로울 수 있는 것은 아닐 것이다. 우리의 한국사가 거시적인 시각에서 민족국가사와 정치경제사·사회문화사의 큰 흐름을 정리하고 해석하며 평가하는 데 여전히 집념해야 한다고 하더라도, 그렇다 해서 이기백 선생이 오래전에 깨우쳐주었듯이 '인간의 얼굴을 한 역사학'이 기피되어서는 안 될 것이며 '역사의 주체로서의 인간 연구'가 비역사학자의 손으로만 방치되어야 한다는 것도 결코 바람직하지 않을 것이다. 개인이든 집단이든 인간에 대한 연구야말로 문학과 함께, 그러나 문학과는 다른 방식으로 맡아야 할 가장 중요한 역사학의 직분이 되어야 하지 않을까 하는 것은, 같은 제도와 조건이라 하더라도 그것을 운영하는 인간에 따라 얼마든지 달라질 수 있게 되는 현실적 경험을 자주 하면서 느끼게 된 문제점이다. 그것은 역사학이 단순한 상아탑적 연구가 아니라 바로 지금-이곳의 현재적 현장적 인식과 사유를 위한 인문학적 연구라는 생각 때문에 더욱 절실하게 다가온다. 그런 역사학을 나는 '삶의 전기'라고 규정하는 것이고 이를 위해서라면 역사학은 그 소재와 재료, 방법론과 관점을 폭식(暴食)으로 보아도 좋을 만큼 야심적이기를 바라고 있다. 로버트 단턴의 『고양이 대학살』은 그의 지성사의 결론을, 역사가는 과거로 탐험할 때 "사라진 인류와의 접촉을 추구해야 한다는 것을 알았던 마르크 블로크"의 다음 말을 인용하는 것으로 끝맺는다: "좋은 역사가는 식인귀를 닮았다. 인간 육체의 냄새를 맡을 수 있는 곳이라면 그는 자신의 제물을 그곳에서 발견할 것임을 알고 있다."

〔『한국사시민강좌』 33호, 2003〕

한국 인문학 도서의 현황과 전망

　이 발제는 한국의 인문-사회과학 도서의 성장과 현황을 살펴보고 그것이 위기에 처하게 된 사정과 21세기에 당면한 새로운 문명 체계 속에서 그것의 새로운 진로를 논의하기 위한 자료로 작성된다. 따라서 한국 출판 문화의 발전과 변화가 여기에 참조될 것이며 우리 인문-사회과학 전반의 흐름이 반영될 것이지만 이 발표는 개괄적이고 상식적인 수준에 그치고 말 것이다.

　한국의 인문-사회과학 도서는 한국의 인문-사회과학의 발전과 변화를 예민하게 수용하였을 뿐만 아니라 나아가 학계의 학문적 인식 지평을 확대하며 사상의 시장을 자유롭게 개척한 커다란 성과를 이룩했다. 이 성과들이 열악한 출판 환경, 빈곤한 경제 사정, 비판과 자유로운 사유를 억압하는 권위주의적 권력 체제와 고질적인 반공주의의 억압 아래 이루어졌다는 사실은 연구와 표현의 자유, 정치적·경제적 민주주의로 성숙하는 데 출판인들의 노고가 얼마나 컸던가를 상기하면서 이 노고에 대해 무한한 자부심을 가져도 좋을 것이다.

　한국의 근대적인 학문은 아무래도 한국전쟁이 종식된 1950년대 중반 이후에 본격적으로 출발한다고 말해야 할 것이다. 20세기로 들면서 서구 학문이 수입되고 그 문화가 수용되기는 했지만 그때는 식민지 상황이었고 그래서 일본의 학문에 직접적으로 예속되거나 아니면 민족주의적 열정이 넘쳐 있었기 때문에, 더구나 연구 기관과 인력이 매우 적었기 때문에 그 수준과 크기가 극히 한정적이었고 근대적 학문으로서의 기초도 미처 이룩하기 전의 상태였다. 1945년의 해방과 분단, 그리고 1950년의 한국전쟁으로 그 성장이 유예될 수밖에 없었던 우리의 학계는 전후의 혼란과 빈곤 속에서도 고등교육기관이 속출하고 대학 인구가 늘어나며 식민지 시대에 현대 학문을 공부한 소장 학자들이 연구를 진전시킴으로써 우리의 인문-사회과학은 급진적으로 발전하기 시작한다.

그러나 50년대의 한국 인문-사회과학계는 그 역사가 불모 상태였고 독자적인 연구 업적이 취약했기 때문에 대체로 번역서와 외국 학문의 소개에 의존하는 상태였다. 이 당시의 학문 전반은 일본 학문과 서구 학문을 통해 공부한 정도였고 그래서 개설적인 입문 단계에 불과했다.

이에 대한 반성이 4·19 학생 혁명으로 근대 시민적 자유 의식을 성취하게 된 60년대에 광범하게 전개된다. 그것은 입장에서 학문의 주체화였고 방법론에서 객관성이었으며 목적론에서 반성적이었다. 60년대에 적극적으로 전개된 한국학 연구와 근대화 논의가 이 같은 새로운 학문적 열정을 주도하는 주제였다. 한국학은 한국의 역사와 사회 문화에 대한 연구가 일본의 왜곡된 관점에서 벗어나 우리 자신의 정체성을 회복하는 방향으로 구축되어야 한다는 것이고 근대화 논의는 이즈음 일기 시작한 경제 개발을 주축으로 한 근대화 작업에서 근대란 무엇이고 한국 역사에서 그것은 어떻게 전개되었으며 그 작업의 방향은 무엇으로 설정해야 할 것인가란 문제를 토론하는 것이었다.

이후 70년대의 한국 인문-사회과학의 연구는 분야와 방법론을 넓히고 심화하며 성장하게 되는데 여기에는 여전히 외국의 학문과 미국과 서구 등의 외국에서 공부하고 돌아온 학자들이 주도하는 가운데 한국 내에서 학위를 취득하고 연구 성과를 발표하는 경향이 활발해지고 이에 따라 한국의 독자적인 학문 풍토가 성숙해지기 시작했다.

1980년대에 이르러 한국 인문-사회과학계는 새로운 학문적 주제에 부닥치게 되는데 이제까지 연구·소개는 물론 독서와 소지까지 금지되어왔던 진보주의 혹은 마르크시즘이 그것이다. 비주류 또는 언더그라운드의 운동권에서 시작된 이 진보주의적 사상은 권력과의 힘든 싸움 끝에 1990년을 전후하여 마침내 연구와 출판의 자유를 획득하는 성과를 획득하였고 이로써 한국의 학문은 이데올로기에 대한 금기 없이 전방위적인 시각과 방법론으로 연구·저술·발표될 수 있게 되었다. 이렇게 자유로워진 90년대에 해체주의의 접근법이 수용되는 가운데 세계화와 국제 경쟁력 강화라는 지구적 추세에 밀려 실용 학문에 대한 인기와 투자가 급증하며 기초 학문으로서의 인문-사회과학의 위축 현상이 다가오기 시작했다.

한국의 출판계는 그 역사가 짧고 자본이 취약하며 그 독자가 빈약한 가운데 한국의 학문과 연구의 성장과 변화를 예민하게 수용하고 나아가 연구자와 독자를 적극적으로 유도하며 인문-사회과학의 발전을 재촉해왔다.

50년대로부터 60년대로 이르는 근대 학문의 출범기에 한국의 출판사들이 출판할 수 있었던 인문-사회과학 도서들은 개론서와 번역서를 중심으로 한 대학의 교재들이 중심이 되었다. 그 교재들은 한국사와 한국학 도서 외에는 여전히 외국의 이론을 소개하는 것이었지만 점차 한국적 상황과 인식을 수용하는 방향으로 진화하고 있었고 60년대에 왕성하게 간행된 각종의 전집 속에 편입된 사상 총서와 인문-사회과학 이론서들은 당시의 연구자와 학생들에게 깊은 영향을 주며 자생적인 근대 학문 연구의 토양을 마련해주었다.

특히 70년대 중반 이후 전개된 사회과학서 출판 운동은 한국의 학문사와 정신사에 특기할 계기로 기록되어야 할 것이다. 앞서 소개한 것처럼 한국에서는 마르크시즘과 진보주의에 대한 연구·교수·독서가 철저하게 금지되었으며 그 위반자는 반공법 위반으로 처벌받았다. 그러나 80년 전후에 일어나기 시작한 급진적 이념주의 운동은 학교나 사회에서 가르치지 않는 이 분야에 대한 공부와 저술, 출판을 재촉했다. 70년대 후반에 제기된 제3세계론과 종속이론, 비판이론에서 슬그머니 우리 지식 사회에 끼어들기 시작한 좌파의 관점과 사유들은 80년대 이후 급격하게 확대되고 열정적으로 탐독되어 마르크스 이론, 현실 공산주의 연구, 북한의 이해 등 이제껏 철저하게 봉쇄되었던 부문에 대한 책들이 쏟아져 나오기 시작했고 이 책들은 독자들의 환호를 받았다. 그것은 하나의 거대한 자유화 운동의 물결을 이루었다.

이 같은 진보주의적 도서들을 당시는 '사회과학 도서'라고 불렀는데 그 성격과 역할은 대혁명 전의 프랑스 지식 사회에 풍미했던 '철학서'와 같은 것일 것이다. 종래의 서구 또는 미국의 편향에 젖어 있던 관점과 방법론을 과감하게 거부하고 변혁과 실천의 이론을 전개한 이 사회과학 도서들의 저·역자들은 대체로 대학의 연구자이기보다는 재야의 비판적 지식인들이었고 그 발행은 신생의 젊은 출판인들이 주축이었으며 이 도서들은 일반 서점에서보다 지하 유통망들을 통해 보급되었다. 이 책들은 사후 검열을 통해 금서로 판정받아 압수되기도 했고 급진적인 저자와 발행인들은 수배·구속·투옥의 탄압과 수난을 받았다. 그럼에도 그치지 않는 급진적 도서들의 간행으로 정부는 그 검열의 기준을 점차 낮추어갔고 마침내 탄압을 포기했으며 때마침 군부 통치의 종식과 민간 정부로의 권력 이전으로 상대적인 민주화가 성취되면서 '사회과학 도서'의 수난은 그치고 연구와 출판의 자유가 보장받게 된 것이다. 돌이켜보면 근대 민주 국가에 필수적인 출판의 자유는 식민지 시대로부터 치면 근 한 세기에 걸친 투쟁 끝에 1990년대에야 한국 사회에 성취된 것이고 이러한 자유의 향유를 한국 지식인들이 누릴 수 있게 된 것은 이제 겨우 10년에 불과하다. 인문-사회과학 출판의 자유를 향한 80년대 지식인과 출판인들의 싸움과 그를 통해 획득한 성과는 매우 극적이고 감동적이거니와 이후의 한국의 정치적 민주화가 이에 큰 빚을 지고 있음은 거듭 확인해두어야 할 것이다.

이러기까지의 반세기에 걸친 학문과 사상의 변화 속에 한국 출판계도 상당히 크게 변화되어왔다. 여기에는 경제 성장과 정치적 상황 변화, 외국과의 활발한 교류란 전반적 여건과 교육 인구의 폭발적인 증가, 연구자의 확대, 연구 성과의 축적, 학문적 인식의 성찰이란 지식인 사회의 성장이 작용하고 있지만 출판계 내부의 변화도 당연히 지목되어야 할 것이다. 그 변화는 출판계 전반과 출판 체제의 두 측면에서 관찰할 수 있다.

출판계의 전반적 변화는 출판사의 부침이 심한 가운데 60년대 대자본에 의한 전집 출판과 외판 시스템으로 운영되던 것이 70년대 중반 이후 소자본의 출판사들에 의한 단행본 도서들이 서점을 통한 유통으로 변모한 데서 우선 찾을 수 있었다. 개발 붐에 의한 국민 소득 향상은 자신들의 지적 호기심을 전집으로 채워오던 것에서 점차 자신들의 직접적인 관심에 따라 책을 선택 구입하는 바람직한 방향으로 선회한 것이다. 이로써 단행본 출판사들이 활기를 띠기 시작하고 대형 서점이 다투어 개점하기 시작한다.

이 변화에는 발행인 세대들의 교체가 개입되었다는 사실이 환기되어야 할 것이다. 50년대와 60년대의 출판인들은 대체로 일본어 교육을 받은 일어 세대로서 인문-사회과학의 기초 도서와 개론서들을 발행하는 기여를 하며 한국의 출판 문화를 본궤도에 올려놓는 성과를 거두지만 70년대 중반, 이른바 한글 세대의 부상 이후 출판에의 의욕과 체제를 달리하는 새로운 출판 인력이 공급되면서 출판계는 보이지 않는 사이 큰 변화를 드러내게 된다. 때마침 이 시기는 유신 체제로 말미암아 대학 교수와 학생들, 언론계와 문단 등 지식 사회에서 축출된 인력들이 출판계로 적극 유입되어 기존의 출판계 분위기를 쇄신하고 있었다. 이들은 전집에서 단행본 도서로의 전환, 사회과학 도서들의 출판 붐, 저자 우위에서 편집자 역할의 증대, 편집 체제의 변환 등 출판 전반에서 적극적인 변화를 주도하게 된다.

이와 때를 같이하여 저자들의 성격 변화도 주목되어야 할 것이다. 외국 이론의 일방적인 수용에서 자신의 이론과 접근법의 개발이 이루어지고 대학의 교수들만이 아니라 연구소의 연구자, 대학원·언론계·기업·사회 단체의 지식 집단들로 저자의 폭이 넓어지며 아카데믹한 연구만이 아니라 그 연구들의 대중화 도서 필자들이 급격히 늘어나기 시작한 것이 그렇다. 이러한 변화는 80년대는 젊은 운동권 집단이, 90년대에는 대학에 아직 임용되지 않은 고학력자들이 주축을 이루거니와 이 변화를 통해 인문-사회과학 도서들은 권위주의적이고 전문적인 연구서로부터 대중적이며 계몽적인 교양서로 이동하고 그 주제도 극히 다양해지며 그 수준도 중간 독서물로 문턱을 낮추게 된다.

출판계 전반의 변화 속에서 이루어지는 도서 편집 체제의 변화는 괄목할 수준에 이른다. 이것은 한국 출판계가 동양의 어떤 나라보다 먼저, 그리고 서구의 그것에 못지않게 컴퓨터화될 수 있었던 자질을 신속하게 획득한 데서 얻어진 것이다. 80년대 중반에 사무 처리용으로 도입되기 시작한 컴퓨터는 곧 편집과 조판으로 확대되어 90년대 초에 이르면 거의 모든 출판사들이 새로운 기술 체계를 받아들여 적응하게 되었다.

먼저 지목할 수 있는 편집 체제의 변화는 한글 전용의 표기이다. 한문과 한글이 병용되어온 우리 문화사가 한글 전용으로 바뀌게 된 것은 시니피앙과 시니피에가 우리 민족 문화사에서 처음 일치를 보게 되는 한글 세대가 부상하여 우리 문화계의 중심으로 성장하면서부터인데, 이들은 한자 표기를 점차 줄여가다가 마침내 한자는 괄호 속으로 처리하는 방식으로 한글 전용을 채용한다. 한자 사용이 줄어든 것은 지역 언어인 한국어를 문화어로 승격시키면서 한국어의 개발을 재촉했을 뿐만 아니라 24개의 자모음으로 구성된 문자로써 컴퓨터의 처리법을 무리 없이 재빠르게 수용하도록 했다. 더구나 한글 전용은 기왕의 도서 조판에서 세로쓰기를 가로쓰기로 바꿈으로써 가독성을 높이기도 했지만 무엇보다 새로운 컴퓨터 조판 방식에 자연스럽게 응용하도록 했다. 한글 전용과 가로쓰기로의 편집 체제의 변화는 한국 도서의 전산화를 선진적 수준으로 적응시켰고 그것은 한자 문화권의 어떤 나라보다 용이하고 자연스럽게, 마찰이나 저항감 없이 새로운 조판 체제에 대응할 수 있게끔 했다.

한국이 관련 법규를 개정하여 저작권을 강화하고 드디어 국제 저작권 협약에 가입한 것은 1987년과 1988년이었다. 국내 저작권 강화에는 모두가 쉽게 합의를 볼 수 있는 문제였지만 국제 저작권 가입에는 상당한 반발과 강한 우려가 제기되었다. 한국의 각종 도서들이 번역에 크게 의지하고 있어왔기에 국제 저작권 협약에 가입함으로써 발생할 비용 부담과 시간 지체가 마땅히 염려되지 않을 수 없었던 것은 사실이었다. 그러나 10년간의 유예를 두어가며 외국인 저작권 보호에 노력한 끝에 결과는 당초에 우려했던 수준으로 떨어지지 않은 것이 확인되었다. 무엇보다 무분별한 중복 번역이 사라지고 책임 있는 번역서 간행이 가능해진 것이다. 이것은 한국의 출판 질서를 바로잡으며 인문-사회과학 도서의 발전에 적지 않은 영향을 주었을 것으로 짐작된다.

이러한 전반의 변화에도 불구하고 출판 유통 구조는 크게 개선되지 않았다. 전집 출판이 왕성하던 시절에는 외판 조직을 통해 유통되었기 때문에 서점이 오히려 위축되다가 단행본 출판이 활발해지면서 대형 서점이 곳곳에서 생겨나 도서 유통 구조에 적지 않은 진전을 이루었지만, 그럼에도 도매상, 소매 서점, 외판 조직의 다양한 그러나 불안한 거래 관계의 구조가 크게 개선되지 않아 근래에는 서점 수가 오히려 많이 줄어드는 경향을 보이고 있다. 다행히 90년대 중반 이후 경영·제작에 이은 인터넷 서점이 활기를 띠기 시작하여 오프라인의 위축을 대신해줄 뿐 아니라 새로운 사이버 거래 관행에 대한 기대를 키우고 있다. 이 거래는 1997년의 매출 규모 5억 원에서 2000년 457억 원으로 급성장했는데 한국출판협회는 2002년에는 1,410억 원으로의 3백 퍼센트 증가를 예상하고 있다.

한국의 인문-사회과학 도서 출판은 그러나 80년대를 절정으로 하여 90년대로 들어서면서 위축되기 시작한다. 그 원인과 추세, 그리고 그 위축을 보완하려는 각종의 지원책을 정리하면 이렇다.

한국의 정치적·정신적 변혁을 주도하는 데 앞장섰던 인문-사회과학 도서가 갑작스럽게 쇠퇴하게 된 데는 다음과 같은 이유가 있을 것이다: 1) 80년대 한국 지식 사회를 주도했던 진보적 좌파 이념들이 내적으로는 민주화가 이루어지고 국민의 정부가 성립되면서, 그리고 국제적으로는 동구권의 사회주의 체제가 해체되면서 급속하게 쇠퇴하고 일반의 관심과 지식인들의 열정이 쇠약하게 되었다는 점; 2) 문화적으로 문자 문화로부터 이미지 문화로 이동하면서 영화·비디오·게임·만화 등 시각 문화가 활성화되고 문화 산업이 압도하게 되면서 도서 문화가 주변화되었고 그중에도 인문-사회과학 도서가 가장 크게 그 영향을 입게 되었다는 점; 3) 정부와 기업이 추구하는 세계화와 경쟁력 강화의 전략이 기초 학문과 자유 학문 liberal arts을 밀어내고 실용과 응용의 학문으로 관심과 인력과 투자를 집중하게 되었다는 점; 4) 이 영향 아래 대학이 학부제를 실시하면서 경영·법학·영어 등 실사회에서 중시되는 학과에 학생들이 몰리고 전통적인 인문학의 인기가 몰락하고 있다는 점; 5) 출판계 스스로가 전 시대의 사명과 역할에 연연하기보다 상업주의적인 경향으로 흐르면서 대중서와 중간급의 교양 도서 간행에 주력하고 독자가 상대적으로 매우 제한된 인문-사회과학 도서의 발간을 기피하게 되었다는 점.

이 같은 인문학 도서의 쇠퇴 추세에 강타를 가한 것이 1998년 11월에 내습한 IMF 체제였다. 전혀 예상하지 못했던 이 경제 위기로 출판계는 다른 산업보다 더욱 심각한 타격을 받게 되는데 판매 부진, 서점의 도산으로 인한 손실 등으로 1999년의 출판, 그중에도 인문-사회과학 도서의 출판은 엄청난 충격을 받는다. 대중성이 덜하고 전문 도서의 비중이 큰 사회과학 부문 도서의 경우 1종당 평균 발행 부수는 1,600부 수준이었는데 1999년에는 1,350부로 15퍼센트 줄었다. 그리고 이후 사회과학 도서 발행의 약세는 만회되지 않고 있다.

학술 도서의 이러한 급속한 위축에 충격을 받았음인지 출판계의 지원에 매우 인색해오던 정부도 급기야 우수 학술 도서 지원책을 마련하여 가령 2000년의 경우 선정된 학술 도서 266종에 대해 총 20억 원을 지원하고 도서를 구입하여 도서관 등에 배포했다. 그런 대신 1983년 이후 한국의 인문·사회·자연과학 연구와 그 결과의 출판을 지원함으로써 20년 동안 550종의 학술 도서를 간행토록 해온 대우학술재단이 모기업의 도산으로 크게 위축됨으로써 한국의 학계는 커다란 스폰서를 잃게 되었다.

이 밖에 서남학술재단, 대산문화재단 등의 학술·문화 재단이 연구 도서에 대해, 학술진흥재단이 연구 과제와 학술 활동에 지원을 하고 있어 인문-사회과학 발전에 기여를 하고 있고 그중에는 그 도서들의 출판에 일부 지원되고 있으며 학술상·출판상도 상당히 많이 제정되어 시상되고 있다. 그것들의 기여가 적지 않고 그 의미도 높이 평가될 수 있지만 현재 한국의 학계와 대학이 당면하고 있는 인문학의 위기와 인문-사회과학 도서의 위축에 대항하기에는 너무 미약한 실정이다.

한국 인문-사회과학 도서의 위축은 곧 한국 인문-사회과학의 위축이다. 그 위축은 '위기'란 말로 표현해도 그리 지나친 것은 아닐 것이다. 결론적으로 인문-사회과학과 그 도서 출판의 위기를 극복하기 위해, 전날의 권위와 열정을 회복하기 위해 학계·출판계·정부·사회 모두가 새로운 전략과 관심과 지혜를 모으지 않으면 아마도 학문으로서의, 그리고 출판 문화의 중심적 콘텐츠로서의 인문-사회과학은 고사당할지도 모른다. 그 위기를 벗어나기 위한 몇 가지 논점만을 제시하겠다.

우선 정책적·사회적 지원이 권고되어야 한다. 세계화와 경쟁력 강화의 지구적 추세에 저항하기는 힘들지만, 인문-사회과학의 기초 학문이 활성화되기 위한 보안책은 충분히 채택될 만한, 아니 되어야 할 주제이다. 그것은 1) 'BK21'을 비롯한 학술 진흥 정책에 인문-사회과학의 비중을 대폭 늘리고 그 지원을 적극화할 것; 2) 대학 교육 과정에서 인문-사회과학을 복위할 것; 3) 기업·연구소 등에서 이 분야의 인력 수요를 크게 늘릴 것; 4) 도서관·서점 등 지식 유통 기반과 기구를 대폭 강화할 것(현재 한국의 공공 도서관은 4백 개로 인구 11만 명당 1개의 최빈국 수준이며 서점은 1996년의 5천4백 개에서 2000년 3천5백 개 미만으로 줄었다) 등을 의미한다. 세계화와 학문의 실용주의화가 정부의 전략이며 전반적인 추세이기 때문에 정부의 이에 대한 배려는 심각하고 적극적이지 않으면 안 된다.

디지털 체계와의 경쟁과 제휴 전략을 세워야 한다. 인터넷, 문화 산업, 비주얼 문화 등의 새로운 문명 체계는 기존의 문자 문화와 기초 학문 연구에 커다란 영향을 주고 있다. 그 영향은 도서 문화에 대체로 부정적인 것이어서 출판 산업과 인문-사회과학계의 경쟁력 강화를 요구하고 있지만 지혜로운 제휴를 통해 상호 지원적인 효과를 찾아낼 수 있을 것이다. 여기에는 1) 사이버 기재와 문화 산업의 콘텐츠에 전통적인 인문-사회과학을 적극 수용할 것; 2) 비종이책의 개발과 보급에 인문-사회과학의 연구 성과를 흡수할 것; 3) 매우 어렵겠지만 문화 산업에 학문적 성과를 유입시킬 것; 4) 왕성하게 전개되고 있는 멀티미디어와 케이블 텔레비전에 인문-사회과학의 프로그램을 삽입할 것 등을 고려해볼 수 있을 것이다. (1991년에 처음 출판된 시디롬은 2000년까지 약 2천 종이 제작되었는데 이 중 교양 부문이 238종이다. 또 한국의 인터넷 이용자는 세계 5위로 인구 비례로 보면 3위의 최선진국이다.)

인문-사회과학 도서를 위한 출판 저널리즘의 활성화가 도모되어야 한다. 매스미디어의 서평란과 서평 전문지의 발행이 이 문제에 대한 10년 전의 사정보다 훨씬 개방된 것은 사실이지만 현재의 수준으로 물론 충분한 것은 아니다. 신문·방송·텔레비전이 이제는 정기적인 서평 섹션과 프로그램을 마련하고 있지만 대중 도서와 독자들의 흥미가 큰 것에 집중되어 있고 본격적인 서평 작업은 여전히 미진한 상태이다. 『출판저널』을 비롯한, 도서 정보와 서평을 전담하는 정기 간행물이 그 미진한 부분을 채워주고는 있지만 도서-서평-독자 간의 연계가 아직 유기적이지 못하며 따라서 그 서평이 학문적 성과의 의미화와 독자들의 구독 욕구를 활발하게 유발하는 데 흡족한 것은 아니다.

한국 출판계의 다각적인 대응과 자체 강화가 요구된다. 그것은 1) 지식·정보 사회에 적응하면서도 그 기초로서의 인문-사회과학을 존중하는 출판 양식을 함양할 것; 2) 출판의 다각화를 통해 함양하며 그 경쟁력을 강화함으로써 거기에서 획득된 수익을 인문학 도서의 간행 재원으로 활용할 것; 3) 인문학의 저자들을 다양하게 개발하고 일반 독자들을 유인할 전략을 개척할 것 등을 의미한다.

한국 학자의 저술이 국제적인 진출을 할 수 있도록 도모해야 한다. 한국 학자들의 연구 성과가 외국어로 번역 간행되는 것은 한국사와 한국학, 그리고 한국 경제 등 몇몇 분야의 몇몇 권에 그치고 있다. 이렇게 한국 인문-사회과학 도서의 해외 진출이 빈약한 것은 그 학문적 수준보다는 한국 문학 작품이 그런 것처럼 소수 언어의 한계를 벗어나지 못한 이유가 더 클 것이다. 그것을 어떻게 극복할 것인가에는 정부와 학술 지원 단체 및 출판사의 노력이 필요할 것이다. 문학 작품은 현재 이 한계를 열심히 극복하고 있는 중이다.

인문-사회과학 도서의 활성화를 위해 국제간 협력을 모색해야 할 것이다. 그것은 저서의 공동 제작과 발간, 저작권 교환만이 아니라 연구자들간의 정보 교환과 협력까지 포함할 수 있을 것이다. 이 국제간 모색이 잘 이루어진다면 이 방면 도서들과 그 발행인이 얻을 수 있는 효과는 의외로 클 것이다.

〔한·불 출판 전문가 포럼, 2001. 11. 8〕

나의 소중한 책들

편집자가 요청한 '내 젊은 날의 영혼을 감동시킨 영원한 책'이란 제목을, 나는 아무래도 감당하기 힘들다. '영혼을 감동'시켰다든가 '영원한 책'이란 어사가 내게는 지나치게 버겁고 내 어설픈 생애에 어울리지 않아 보인 탓이다. 나는 기자로서 출판을 담당했었고 신문사를 그만둔 후 출판사를 운영했으며 문학평론가로 행세하면서 글도 쓰고 잡지 편집도 맡았고 저자가 되기도 했지만, 물론 독자였음에도 내게는 책에 대한 공경심이 그리 뜨겁지 않았고, 책을 사기도 하고 기증받기도 하며 내 이름으로 발행된 책을 당연히 보관하면서도 책 수집에 대한 열의도 별로 크지 않았기에, 출판이라든가 독서 혹은 작품이라기보다 '책 그 자체'라고 할 때는 내가 할 수 있는 감회란 유난스러울 수가 없다. 그나마 몇 달 전 25년 동안 살아오던 단독 주택을 버리고 이사하면서 이런저런 이유로 간직해야 할 몇백 권만 빼고는 구석구석에 쌓여 있거나 묵혀뒀던 책들까지 거의 몽땅 털어 내가 나가고 있는 대학에 기증해버리고 말았다. 피할 수 없이 쓰게 된 이 원고의 제목을 그래서 나는 나와의 오랜 인연을 맺은 책에 대한 추억으로 바꾸지 않을 수 없게 되었다. 이렇게 내 마음대로 바꾸었기에, 책의 선정을 '3~5권'이란 한정은 지킬 수 있겠지만 '가능한 한 1950년대 이전'의 것으로 해달라는 당부는 따를 수 없을 것이다.

내 손때가 묻은 가장 오래된 내 책은, 뒤져보니, 이휘영(李彙榮) 교수가 번역한 카뮈의 『이방인』이었다. 판권란을 들춰보니 단기 4287년, 그러니까 내가 고등학교에 진학하던 1954년의 3월에 청수사(靑樹社)에서 발행된 것이다. 속표지에 '세계문학선집 1'이라고 인쇄되어 있지만 그 선집이 몇 권이나 더 나왔는지 모르겠고 판권란에는 발행 출판사와 인쇄소 명의만 나와 있어 발행자가 누구인지도 알 수 없다. 행간이 성긴 세로 조판으로 역자의 해설을 포함해 199쪽이고 그 뒷면에는 감회도 새롭게 '우리의 맹서'가 박혀 있다. 거멓게 그을음 타고 나달나달해진 하드 커버에 테이프를 덧붙인 이 책은 서울에서 대학을 다니던 형이 내게 고등학교 입학 선물로 사서 보내준 것이었다. 그것이 48년 전이니, 그동안 나는 청소년기에서 청년기, 중년기를 거쳐 이제 노년기에 이르기까지 이 책만은 버리지도, 잃지도 않고 끈질기게 보관해왔으니 내가 이 책을 엔간히 아껴왔던 것 같다. 『이방인』을 이처럼 소중하게 여기게 된 것은 아마도 내 젊은 시절의 번민을 이 책이 함께해주고 있다는 생각 때문일 것이다.

　내가 고등학생이었던 1950년대의 중반에는 기독교와 실존주의가 동시에 우리를 휩싸오고 있었다. 교회는 어설펐지만 부흥회와 신자들은 폭주했고 신문과 잡지에는 실존주의와 그 작가·사상가 들에 대한 소개가 뻔질나게 게재되고 있었다. 그런 시절의 아이답게, 나는 열심히 퀀셋으로 지은 교회를 다녔고 『사상계』며 『현대문학』 같은 내게는 무거운 잡지들과 그 비슷한 책들을 보며 실존주의란 것에 빠져들고 있었다. 나를 교회에 끌고 간 것은 같은 반 친구였지만, 내게 실존적 감수성에 젖어들게 만든 것은 바로 이 책 『이방인』이었다. 글쎄, 내가 카뮈의 이 출세작을 제대로 이해할 수 있었을까 싶은 것이 지금의 내 회고이지만, 이 책을 읽던 근 반세기 전의 한밤중은 이제껏 그 분위기로 생생하게 기억되는 것이다. 그러니까 계절은 여름이었고 아마 11시는 넘었을 밤이었을 것인데, 희미한 전깃불 아래서 나는 뫼르소(책에서의 표기는 '뫼르쏘오'이다)가 어머니 상을 치르는 날 애인과 성행위를 했다는 대목에서 야릇한 흥분을 느꼈고 '햇빛 때문에' 아랍인을 살해하는 사건에서 좀 어

나의 소중한 책들　305

리둥절해하다가, 그가 살인 혐의로 수감된 감방에서 새벽에 창공의 별을 올려다보며 절규하듯 외치는 장면에 마침내 부닥치고 말았다. 나는 섬뜩했고 추웠으며 청명해졌다. 마치 내 자신이 감방 안의 뫼르소가 된 듯 천장의 어둠을 뚫고, 지붕을 뚫고 신새벽의 아스라한 하늘에 몇 개 떠 있을 별들에게 나도 외치고 있는 듯했다. 그때 연필로 줄을 쳤을 것이 분명한 대목은 다음 문장이었다: "너는 자신만만한 태도다, 그렇지 않고 뭐냐? 그러나 너의 신념이란 건 모두 여자의 머리털만 한 가치도 없어. 너는 죽은 사람 모양으로 살고 있으니, 살아 있다는 것에 대한 확실한 인식조차 없지 않느냐? 나는 보기에는 맨주먹 같을지 모르나, 나에게는 확신이 있어. 나 자신에 대한, 모든 것에 대한 확신, 그것은 너보다 더 강하다, 나의 인생과 닥쳐올 이 죽음에 대한 명확한 의식이 나에게는 있어. 그렇다, 나에게는 이것밖에 없다."

더 이어지는 이 대목에서 열일곱의 나는 무엇을 생각했을까. 허무라는 것, 그 허무에 대한 확신 때문에 오히려 강해지는 뫼르소에 나는 감동하고 있었을까. 그 새벽은 그후의 젊은 시절의 내게 고뇌하는 밤마다 찾아왔고 그것과 대면하던 내 청소년 시절의 청명한 슬픔으로 되새겨지곤 했다.

내가 가진 책 중에서 가장 나이가 든 책은 뜻밖에 『롱펠로 초기 시집 *The Early Poems of Henry Wadsworth Longfellow*』이다. 그것이 뜻밖일 수밖에 없는 것은 영문학도가 아닌 내가 1885년, 그러니까 19세기의 미국에서 간행된 '원서'를 가진 것이기 때문이다. 보스턴의 휴턴-미플린 출판사 Houghton, Mifflin and Company에서 간행된 이 책은 물론 양장본이고 그 표지에는 롱펠로의 이름을 둘러싸고 금박을 했으며 벽의 꽃 문양을 표지화로 한 고전적인 스타일을 갖고 있다. 4·6판 318쪽의 이 시집은 1839년에 출판된 그의 첫 시집 『밤의 소리』, 2년 후 나온 두번째 시집 『발라드와 그 밖의 시들』, 다음해의 『노예 시편』을 비롯해서, 대학 시절에 쓴 것들, 스페인어에서 번역한 시들 등 그가 30대까지 발표한 작품들이 실려 있다. 롱펠로가 75세인 1882년에 작고했으니 이 책은 그가 별세한 지 3년 만에 간행된 것이고 마지막 쪽의 출판 목록을 보면 이 휴턴-미플린 출판사는 롱펠로의 모든 작품에 대한 판권을 가진 듯 전집판과 단행본 말고도 가령 소장판, 가족판 등등 여러 형태의 판본을 소개하고 있다.

나는 1975년 민음사의 청탁으로 『햇빛과 달빛』의 제목으로 롱펠로 시선집을 번역, 간행한 적이 있는데 그때의 번역 원본은 물론 민음사에서 빌려준 책이었지 이 책이 아니었다. 그러니까 이 책이 내 수중에 들어온 것은 그보다 12년 후인 1987년이었고, 그런데도 이 책을 내게 준 분은 민음사 박맹호 사장이었다. 그게 나로서는 희귀본일 수밖에 없을 이 책이 내게 만들어준 기연이었다. 그때 우리는 보스턴에서 열리고 있는 국제 도서전에 참가하고 있었고 시몬즈 대학 철학 교수로 재직 중이던 박이문 박사가 우리 둘을 콩코드로 드라이브 안내를 해주던 참이었다. 보스턴의 근교인 콩코드는 19세기 중엽 휘트먼이며 호손, 『작은 아씨들』의 여류 작가 올컷, 그리고 롱펠로 등 당대의 대단한 지식인·문학인 들이 살았던 곳인데 우리는 그들의 생가들을 이곳저곳 배회하다가 한 골동품 가게에 들렀다. 거기서 나는 고서들 더미 속에서 롱펠로의 이 시집을 발견했고, 내가 만지작거리자 박맹호 사장이 "내가 선물하지요" 하며 적지 않은 돈을 치르고 이 책을 내게 안겼다. 다시 뒤적거려본 이 책에서 나는 "김병익 인형께/Concord의 Vanworth Antiques에서/박맹호"라고 면지에 볼펜으로 눌러쓴 글씨를 읽을 수 있었다. 나는 그후의 게으름 때문에 이 시집을 직접 읽을 기회는 여전히 미루고 있지만, 19세기 미국의 가장 지성적인 지방에서 구입한 그 당대의 뛰어난 한 시인의 시집을 소장하고 있다는 자랑을 할 수 있게 된 것은 전적으로 박맹호 민음사 사장의 넉넉한 인품 덕분이었다.

내가 홍명희의 『林巨正』 5권을 소장할 수 있었던 것은, 이번에는 친구 황인철 변호사 덕분이었다. 사실 친구이면서도, 유신 시절 이후 가장 적극적이었던 인권변호사로서, 그리고 자폐아를 위한 복지 단체 운영자로서, 그리고 문학과지성 후원자로서의 그가 1993년 암으로 별세한 후 나는 그에 대한 몇 차례의 글을 썼었다. 그만큼 그는 내게 큰 덕과 힘을 준 사람이었는데, 정현종 시인이 첫 시집을 자비로 내야 했을 때 선뜻 후원금을 낸 것이나, 내가 중앙정보부에 끌려갔다가 결국 기자협회장을 사퇴하기로 하고 풀려났을 때 여비를 주며 나의 휴가 여행을 강하게 권고한 일 같은 것은 아주 작지만 그의 따뜻한 인품을 보여주는 아름다운 사례였다. 70년대 초, 주머니가 늘 비어 있는 신문 기자로서는 감당하기 힘든 3만 원의 책값을 대납해주며 『林巨正』 원본을 사게 한 것도 그런 사례의 하나일 것이다.

　동아일보 문화부 기자로 문학과 출판을 담당하고 있던 나는 서지학자이며 식민지 시대의 시집을 가장 많이 수집해온 하동호 교수로부터 『林巨正』 전집이 나왔는데 사겠느냐는 연락을 받았다. 나는 군침을 흘렸지만 당시의 내게는 상당히 부담스러운 돈이었고 그리고 나는 부담스러운 돈을 들이는 책 수집가는 아니었기 때문에 섭섭한 대로 포기하지 않을 수 없었다. 아마 그 말을 내가 황인철에게 했던 것 같고 그 말을 듣자 자기가 살 테니 구입해서 내가 보관해달라고 했다. 그것이 내게 기증하겠다는 말인 줄을 왜 모르겠는가. 그래서 내 수중에 들어온 다섯 권을 숨어 읽고는, 내 책장의 가장 깊은 곳에, 나도 어디에 두었는지 기억되지 않을 자리에 깊숙이, 대학 시절 명동의 길거리 서점에서 구입한 마르크스의 『자본론』 두 권(Everyman's Library판으로 1951년 간행된 것인데 어찌 그 책이 그때 들어올 수 있었는지 지금도 신기하다)과 함께 깊숙이 숨겨두었다. 물론, 그 책값이 비싸서가 아니었다. 발각만 되면 압수될 뿐만 아니라 어쩌면 형무소에 가야 할지도 모를 금서였기 때문이다.

　나의 『林巨正』은 을유문화사가 1948년 3월부터 두어 달에 한 권씩 간행한 것으로 마지막 쪽의 '임꺽정 전질 목록'에 게시된 10권 중 '의형제편' 3권과 '화적편' 1·3권 등 5권이었다. 원본 말고도 나는 임꺽정을 1988년 해금 후

10권으로 나온 사계절 출판사판으로 읽을 수 있었는데, 물론 철자법도 바뀌고 글자도 큰 가로 조판의 이 신판이 보기가 더 좋았을 뿐 아니라 원본에서는 예고로만 나온 '봉단편' '피장편' '양반편'까지 마저 읽을 수 있게 되어 다행이었다. 그러나 이 사계절판은 어디 두었는지, 누구에게 빌려주었는지 찾을 수 없게 되어도 별 유감 없이 허술하게 대했지만, 낡고 표지마저 너덜거리는 것이 있는 데다 큰 이가 빠진 5권밖에 안 되지만, 을유문화사판의 이 『林巨正』이야말로, 내가 '진품명품'에 출품해야 한다면 하고 싶은, 거의 유일한 희귀본이다. 그 자부심을 남겨준 황인철에게 다시 감사의 묵념을 드린다.

나는 1968년에 조지 오웰의 『1984년』을 번역해서 문예출판사를 통해 간행했다. 비록 번역이지만 내 이름으로 나온 첫 책이어서 유달리 이 책에 대한 감회가 깊기도 하지만, 유신 선포를 몇 해 앞두고 우리 사회가 전체주의 권력으로 핍박당하리라는 가장 고통스런 예감 속에서 이 책을 번역한 것이기에 지금도 그때의 절망감은 안타깝게 회상되곤 한다. 결코 오지 않았으면 하는 1984년, 그러나 회피할 수 없을 그 연대라면 내 나이는 몇이 될까, 지금 옆에서 젖먹이로 평화롭게 잠자고 있는 이 아기는 몇 살이 되어 '빅 브라더'의 감시에 시달리게 될까를 암울하게 짚어보며 나는 이 책을 번역하고 있었다.
그런데 내가 이 책을 번역하겠다고, 그래서 우리의 절망적인 미래를 경고해보자고 작심한 것이 내가 신문사에 입사한 지 2년 후인 1967년이지만, 이 책에 대해 알게 된 것은 그보다 더 오래전인 1950년대 초의 중학생 시절이었다. 친구 집에서였던가, '죠-지 · 오-웰 著, 羅萬植 譯'의 『1984年』이란 이상한 제목의 책을 발견했다. 소설로서는 특이하게 한자가 섞여 들어가 있는 이 책은 정황도 이상했고 '진리성' 등등의 어휘들도 낯설었으며 그 이야기도 특이했다. 그래서 그때는 건성으로 읽고는 잊어버렸을 것이다. 그리고 신문기자로 일하게 되면서 권력에 대한 비판이 솟아났고 마침 어빙 하우의 「문학과 정치」였던가의 글도 번역하게 되면서 그 글에서 주목된 오웰의 『1984년』

을 다시 만났다. 이렇게 해서 나의 오웰과의 인연이 『동물농장』의 번역과 『오웰과 『1984년』의 작가론 총서의 편역으로 연장될 수 있었다.

내가 『1984년』을 번역하면서 참조한 것이 나만식 역의 『1984년』인데 그 판본은 단기 4290년 그러니까 내가 대학에 입학하던 해에 간행된 것이다. 그런데 나는 똑같은 장정에 똑같은 판형의 『1984년』을 그보다 열너댓 해 전에 보았다. 아마도 출판사인 정연사(精硏社)가 재판을 찍으면서 그 초판을 밝히지 않았나 싶었다. 그래서 확인하기 위해 다시 들여다보니 책머리의 「역자 소기(小記)」의 일자가 놀랍게도 6·25 직전인 '1950년 3월'로 적혀 있었다. 내가 놀랐던 것은 조지 오웰의 『1984년』이 1948년에 집필되어 이듬해인 1949년에 영국에서 간행되었는데, 해외 소식에 무척 어두웠을 그 당시에 어떻게 1년도 안 되어 번역 간행되었을까 하는 점 때문이었다. 번역은 부분부분 까다로운 대목에서 슬쩍 넘어가기는 했지만 상당히 잘되었는데 영국에서 간행된 지 1년 만에 그 작품에 대해 알고 책을 구해 번역을 끝내어 책으로 간행할 수 있었던 '나만식'이란 분이 어떤 분인지 지금껏 무척 궁금하지 않을 수 없다. 그 이름을 다른 아무 데에서도 발견할 수 없기에 한국전쟁 중에 희생되었거나 월북하지 않았을까 근거 없이 추측해보지만 정말 아까운 영문학자란 생각은 내내 지울 수가 없었다. 어떻든 '죠-지·오-웰 著, 羅萬植 譯'의 『1984년』은 나의 이후의 내면에 깊은 영향을 준 희귀서의 반열에 오를 것이 분명했다.

그러나 내 삶의 이력에서 가장 큰 인연으로 다가온 책을 고르자면 생텍쥐페리의 『어린 왕자』를 들지 않을 수 없다. 너무 잘 알려지고 너무 많이들 사본 베스트-스테디 북이어서 내가 이 책을 다시 이야기하는 것은 섣부른 개칠에 지나지 않을지 모르겠다. 그러나 이 책과의 내 인연은 이 성인 동화가 대중적으로 알려지기 전이었다. 그리고 갈리마르에서 1963년에 간행한 이 프랑스 원서는 지금도 두터운 포장지로 잘 싸서는 책장의 가장 좋은 곳에 자리를 만들어주는, 아내의 책이다.

　내가 생텍쥐페리의 『어린 왕자』를 읽은 것은 50년대에 나온 민중서관판 세계문학전집이었던가의 생텍쥐페리편에서였다. 그의 다른 소설들은 세로의 2단 조판이었지만 마지막에 수록된 『어린 왕자』는 그것의 동화다움과 삽화를 살리기 위해서였는지 가로 조판이었다. 이휘영 교수였지 싶은 훌륭한 번역으로 읽는 그 동화는 무척 감동적이었고 그 이야기와 장면은 두고두고 잊히지 않고 있었다. 그런데 내가 1965년 신문사에 입사한 지 몇 주 되지 않은 4월이었다. 대학 시절부터 몇 차례 시도했다가 실패하고 만 여학생을 용케 불러낼 수 있었고, 그리고 나는 그녀와 차를 마시고 저녁을 먹고 또 차를 마시는 데 성공할 수 있었다. 그러는 가운데 누구 입에선지 『어린 왕자』 이야기가 나왔고, 그녀는 자기가 그 책을 가지고 있다고 했다. 나는 그 책을 빌려달라고 부탁했다. 물론 내가 그 원서를 직접 만져보고 그 동화를 읽어보고 싶어한 것도 진심이었을 것이다. 그러나 내 우선은 그녀를 다시 만날 기회였음은 물론이었다. 약속한 며칠 후 그녀는 그 책을 가지고 나왔고 나는 생텍쥐페리 자신이 그린 색채 삽화가 들어가 있는 그 아름다운 책을 빌렸다. 그 책은 다시 돌려주지 않았고 그리고 결국은 돌려줄 필요도 없게 되었다. 그 책이 빌미가 되어 우리는 결혼까지로 나아갈 수 있었던 것이다.

　『어린 왕자』에 덧붙일 이야기 둘. 하나는 아동문학가 김요섭 선생이 계간 『아동문학사상』을 간행하며 그 첫 권에 생텍쥐페리의 이 작품을 특집으로 했는데 거기에 쓴 글에서 나는 『어린 왕자』에 얽힌 나의 에피소드를 끼워넣었더니 김현의 부인이 그 대목을 읽고 자기들에게는 왜 이런 사연이 없느냐고 투정했다는 말을 김현으로부터 들은 적이 있다. 또 하나는 그 김현이 문예출판사의 청탁으로 『어린 왕자』를 번역 간행할 때, 나의, 아니 아내의 이 원서를 빌려 그 삽화를 복사했다는 것. 남들에게는 대수롭지 않지만, 나의 오래된 책들은 그러나 내게는, 소중한 기억들, 분명 정겨운 일화들을 품고 있다.

〔2002. 미발표〕

호수공원에서 북한산을 바라보다

나는 북한산을 두 번 올라보았다. 대학생 때 한 번, 그리고 40대 초에 한 번, 친구들을 따라서였다. 그러니까 내게 저 아름다운 북한산은 멀리서 바라보기만 하는 그림 속의 풍경이었다. 젊은 시절의 한창 바쁘게 지낼 때는 그 산을 바라보는 것만으로 만족했고, 몸과 마음이 한가로워진 후에는 한창때 그 산에 올라 아래로 널리 퍼진 서울 시내를 내려다보고 뒤로 돌아 북쪽으로 한없이 이어진 산맥을 넘겨다보며 느꼈던 호연의 기분을 기억하고 다시 올라보고 싶은 마음이 간절해지기도 했지만, 등산이란 운동을 좋아하지 않는 내 빈약한 체력을 생각하고 한숨을 쉬며 포기하지 않을 수 없었다. 그래서 언젠가 친구들이 모인 자리에서 문득 질문을 해보았다. 저 북한산에 케이블카를 설치하면 어떨까. 아마 그즈음 북한산에 케이블카를 놓자는 업체의 계획이 공론으로 떠올랐을 것이다. 내 말을 들은 친구들은 주저없이 "반대!"였다. 자연이 파괴되고 생태가 훼손된다는 것이었다. 케이블카로 오르게 하고 일정 지역 밖으로는 나가지 못하게 하면 오히려 보호가 잘되지 않을까, 나처럼 산에는 올라가보고 싶고 넉넉한 시간이나 당찬 몸이 허락되지 않는 사람에게도 북한산의 풍경을 누릴 기회를 주어야 하지 않겠는가, 알프스 산에도 톱니바퀴 기차가 설치되었던데 여기라고 안 될 이유는 없지 않은가라는 내 설명은 당장에 면박을 받았다. 케이블카 설치 자체가 북한산의 생태와 경관에 생채기를 주는 것이고 그것 때문에 더 많은 사람들이 몰려들어 오염이 심각해진다, 너 같은 사람은 바라보기만 하는 것으로 즐기라는 것이었다. 우리의 한가한 논의는 자연 보호, 생태 보존이라는 대명제 앞에서 더 이상의 이론이 제기될 수 없었지만 그때의 나는 그 큰 명분에 굴복하면서도 깊이 승복한 것은 아니어서 속으로는 상당히 억울해했었다.

내가 이 토론을 되살린 것은 어제 집 앞의 호수공원에 산책을 나가서였다. 나는 혼자서 벤치에 앉아 담배를 태우며 기울기 시작한 햇빛을 받아 물결들이 반짝이는 물을 바라보기도 하고 주변에 숱하게 널려 있는 사람들을 흥미로운 기분으로 관찰하고 있었다. 사람들은 산보를 하기도 하고 자전거를 타거나 속보로 걷기도 하고 특히 남녀노소 할 것 없이 엄청 많은 사람들이 인라인스케이트를 타고 달리고 있었다. 한쪽에는 야외에 온 것처럼 먹을거리를 펼치고 어른, 아이들이 어울려 먹고 마시고 있었고, 그 옆에서는 배드민턴을 치는 쌍들이 흥겨웠다. 추석 연휴의 주말인 데다 태풍 매미가 할퀴고 지나간 후 모처럼 비가 갠 탓에 아마 이 공원에 몇만 명은 모였지 싶은 법석의 활기였다. 이렇게 시민들의 산책과 운동과 야유의 공간이 되고 있는 이 공원이 없었다면 사람들은 어떠했을까. 30만 평의 넓이에 10만 평의 호수와 잔디밭, 놀이터, 공연장, 정자, 벤치, 산책로로 아름답고 풍요하게 멋 부린 이 공원이 여기에 없다면 이 많은 젊은 부부와 그 아이들, 노인네들, 데이트족들, 운동하는 사람들은 어디로 가서 놀고 즐기고 달리고 뛸 것인가. 많은 사람들은 달리 다른 유원지나 산 혹은 공지로 나가 이 비슷한 놀이를 할 것이며 나머지 사람들은 이 즐거움을 포기하고 집 안이나 도심에서 시간을 보낼 것이다. 어떻든 이 공원은 우리 시민들의 복지, 건강, 여가에 크게 기여하고 있고 이렇게 공원이란 울타리에 갖가지 시설을 해놓고 관리를 잘하고 있어서 공원 전체가 깨끗하고 질서 있고 안정된 모습으로 이용되고 있다. 생각이 여기에 미치면서 오래전의 북한산 케이블카 논의가 문득 상기된 것이다. 이 공원이 생긴 것이 10여 년은 되었을 것인데 그전에는 이 지역이 논밭과 들, 그리고 습지였을 것이다. 이 땅을 뒤엎고 호수를 만들고 시멘트로 길을 내고 나무와 잔디를 심고 공원을 만든 것은 분명 자연의 파괴인데, 그 훼손을 향한 인위적 공사는 이제 보면 잘못된 일이었을까 잘된 일이었을까.

여기서 내 생각은 더 진전된다. 아니, 이 공원이 생기기 전의 논밭도 사람들이 들판의 땅을 갈고 엎은 자연의 훼손이 아니었던가. 여기에 저절로 나는 풀이나 나무가 아니라 벼를 심고 배추며 무의 씨를 뿌렸으면 자연의 생태에 인위적인 간섭을 한 것이 아닌가. 그러고 보면 우리가 집을 짓고 길을 내고 둑을 쌓고 소 돼지를 길러 잡아먹고 하는 일 모두가 자연 생태의 리듬을 깨뜨리는 일일 것이다. 그러니까 문명이라는 것 자체가 자연의 자연스러움을 깎고 뚫고 파는 훼손 행위의 결과이다('문명'이란 서구어의 어원이 땅을 갈아엎는다는 것이다). 그렇다면 우리는 자연을 파괴하지 않고 생태를 유지하기 위해 문명을 포기해야 할 것인가. 나는 물론 내 생각의 진행을 막가는 꼴로 만들려는 것은 아니다. 문명이란 포기할 수도, 해서도 안 될 것이다. 환경주의자들이 우리에게 요청하는 것은 문명의 포기가 아니라 '지속 가능한 사회'를 위해 개발과 소비를 제한하고 대안을 마련함으로써 자연과 생태를 보존하고 그럼으로써 더 많은 이익을 우리 스스로와 특히 우리의 후손에게 남겨주는 일일 것이다. 그것은 개발과 보존의 균형을 요구하는 것이고 그래서 그 일은 정도의 문제가 될 것이다. 그러니까 호수공원의 존재는 허용될 수 있는 것이고 북한산의 케이블카는 피해야 할 일이다. 그런데 그 문제의 '정도'는 어떻게 설정될 수 있을까. 모두가 그 원칙에 합의할 수 있음에도 실제에 있어서 타협하기 가장 어렵고 까다로운 것이 그 정도의 폭과 높이일 것이다.

나는 지난 여름 레스터 브라운의 『에코 이코노미』(한국생태경제연구회 옮김, 도요새 간)와 비외른 롬보르의 『회의적 환경주의자』(홍욱희 · 김승욱 옮김, 에코리브르 간)를 거의 잇달아 읽었다. 환경 문제에 결코 무심할 수 없는 나는 앞 책의 발간 소식을 보고 브라운이 주재해온 세계환경연구소의 연례 보고서를 드문드문 참조해왔기에 거기에 '환경 경제'라는 것은 어떻게 설정될 수 있는지 궁금해서 『에코 이코노미』를 구입해 읽은 것이고, 그 얼마 후 브라운류의 비관적 환경주의자들에 대한 반박의 책이라고 신문에 소개되자 이쪽은 또 무슨 논리로 전개되고 있는지 알고 싶어 『회의적 환경주의자』를 사서 본 것이었다. 그리고 무척 우연하게도 이 잇달은 독서는 우리의 환경 문제가 시끄럽게 실제의 운동권에서 제기될 때 이루어졌다. 브라운의 『에코 이코노미』를 볼 즈음은 새만금 개발 공사가 법원의 명령으로 중단될 때였고 『회의적 환경주의자』의 읽기를 마치던 날에는 핵 폐기물 창고를 유치하려는 부안군수가 군민들에게 폭행당해 병원에 입원했다. 이 두 책을 연달아 읽기는 이런 환경 문제와 무관하게 시작되었지만 그 문제 때문에 내게 보다 강한 현실감을 안겨주었고, 그리고 무엇보다 이 책들 자체가 참으로 흥미롭고 또 그만큼 곤혹스러운 독후감을 남겨주었다. 그것이 흥미로운 것은 심각한 비관론자와 여유 있는 낙관론자가 같은 사태를 놓고 가부를 따지는 주장과 반론의 논쟁이 마치 바둑 시합을 보는 것 이상의 긴장과 호사가적 관심을 일으켜주기 때문이었고, 그럼에도 곤혹스러웠던 것은 나 같은 아마추어 수준도 이르지 못하는 관전자로서는 어느 쪽이 옳고 어느 쪽이 틀렸는지 내 나름의 판단이 거의 서지 않는다는 점 때문이었다. 그런데 고수들의 바둑에서는 다음 수를 둘 때마다 그쪽으로 판세가 유리하게 보이는 법인데, 바로 그런 탓에서인지 비관주의자의 절망적인 경고 뒤에 반박하는 낙관주의자의 반론이 더 그럴듯하게 다가오는 것은 어쩔 수 없었다.

가령, 롬보르의 『회의적 환경주의자』는 약 3백 쪽에 이르는 주석과 참고 도서 목록 말고도 본문만 770여 쪽의 상당히 두터운 책인데, 그가 대면하고 있는 브라운과 경쟁하기 위해 브라운이 사용한 자료와 같은 데이터를 이용하면서 다른 결론을 얻는 것이 그렇다. 롬보르에 의하면 브라운은 하나의 데이터를 제시하고 그 하강 추세로 예측하여 비관적인 전망을 내놓고 있는데, 50년, 100년, 혹은 몇 세기의 통계적 자료를 보면 사실은 상승 추세임이 분명한데도 브라운의 분석은 몇 해 동안의 일시적 추세만을 놓고 내린 결론에 불과다는 것이다. 예컨대 레스터는 1인당 평균 곡물 생산량이 1984년까지는 증가했지만 그 이후 그 증가율이 하강하고 있는 자료를 놓고 식량 생산이 "자체 추진력의 극적인 상실"로 판단하고 비판하고 있는 반면, 롬보르는 1961년부터의 장기 통계를 보면 그 생산량은 오히려 늘어나고 있는 추세를 보인다고 진단하면서 그 일시적인 하강도 개도국의 인구 증가로 평균 수치가 줄었고 선진국은 시장성을 고려해서 증산을 유보했기 때문이라고 설명하고 있다. 그러니까 덴마크의 통계학자인 롬보르는 레스터를 비롯한 환경론자들이 이런 식으로 통계를 오용하거나 내용 분석을 하지 않음으로써 자신들에게 유리하게 조정하고 있다고 비난한다. 그는 이런 예도 든다. 나 자신도 깜짝 놀라 자주 소개한 바 있지만 오늘날의 세계에서는 마구잡이의 환경 훼손으로 1년 동안 4만 종의 생물이 멸종되고 있으며 그것은 하루에 1백 종, 15분마다 1종씩 멸종되는 참상에 대해서이다. 롬보르의 이 책은 그 참담한 경고를 한 마이어스의 주장을 인용하고 있는데 거기에는 "이번 세기(그러니까 20세기: 인용자)의 마지막 25년 동안 100만 종의 생물이 사라질 것이라고 가정하자"고 옮겨져 있다. 마이어스는 이 추정이 "결코 현실과 동떨어진 것이 아니다"라고 강조하고 있지만, 그러나 분명 '가정'을 하고 있는 것이고 그 가정의 근거는 박약한 채 "과학자들에게 이미 알려진 종과 그렇지 않은 종을 포함해 모든 생물종의 전체적인 멸종률"이라고만 박혀 있다는 것이다(알려지지 않은 종을 어떻게 셈할 것인가). 그 예측은 막연할 뿐 아니라 과장되고 있고 "가정하자"는 전제는 빼버린 채 생명의 멸종률 예측 수치만이 충격을 일으키며 언론과 지식 사회에 무책임하게 퍼져나갔다는 것이 그의 설명이다.

『회의적 환경론자』는 또 레스터가 사태의 비관적인 측면만 과장하고 강조하면서 인간과 자연의 회복력, 손실의 반대쪽에서 일어날 긍정적인 현상, 환경 정책으로 오히려 커질 부정적 양상 등등 갖가지의 많은 측면을 모르거나 무시했다고 주장한다. 가령 1991년의 이라크 전쟁 때 후세인은 쿠웨이트에서 철수하면서 이 지역의 정유 시설 파괴를 지시했고, 그 결과 6백만 톤 이상의 기름이 걸프 만에 유출되는 사상 최대의 해양 오염 사태가 발생했다. 당연히 이 지역의 "근본적인 생태계 파괴"가 환경에 엄청난 타격을 줄 장기적인 문제로 우려되었고 70여 명의 전문가들이 그 심각한 파괴의 평가를 위해 조사에 들어갔다. 그런데 그 결과는 자연의 생명 회복력이 의외로 커서 1년 만에 유출된 기름의 상당량이 분해되었고 1995년에는 아래쪽 지역은 1백 퍼센트, 위쪽은 71~100퍼센트로 생물 다양성이 회복되었다는 것이다. 농약 문제에 대해서는 롬보르는 더 과감하다. 레이철 카슨의 『침묵의 봄』 이후 농약의 해독이 심각하게 제기되어 그것의 사용이 금지되거나 제한되어 그 허용치를 엄격하게 한정하고 있는 것은 우리 자신의 일상에서도 잘 알고 있는 일이다. 그런데 쥐 실험을 통해 그 영향 가능성을 계산해서 인체에 적용할 때는 그 수치의 1백분의 1로 허용치를 정하기 때문에 쓸데없이 지나치게 엄격하다는 것이 그의 주장이다. 이 주장을 통해 그가 내리는 재미있는 반론은 두 가지이다. 우리가 농약을 사용하지 않으면 아마도 암 발생률은 그만큼 줄어들 것이다. 그러나 농약을 사용하지 않음으로써 채소와 과일이 귀해지고 그 값이 비싸지면 가난한 사람들의 암 예방력은 훨씬 더 크게 줄어들 것이라는 점이 그 하나다. 그 둘째는 농약 사용으로 위협받는 건강상의 문제는 다른 숱한 인간 생활에서의 위험에 비하면 전혀 대수롭지 않다는 점이다. 가령 식수에 녹아 있는 농약으로 인간이 생명을 잃을 가능성은 1백만분의 1인데 그 확률은 포도주 0.5리터 마심으로써 생길 수 있는 간경화 위험, 자동차로 480킬로미터 여행하다 만날 수 있는 사고 위험, 좋은 병원에서 엑스레이로 가슴 촬영할 때의 방사능 위험, 원자력 발전소 반경 30킬로미터 이내에서 150년간 살기의 방사능 위험 수준에 불과하다는 것이다(마지막의 비교는 핵 폐기물 저장소 건설 문제로 심각한 논쟁을 벌이고 있는 문제에 하나의 참조가 될 수 있을지도 모른다).

내가 롬보르의 낙관론에 상당히 굴복되는 것은 무엇보다 그의 책이 브라운의 책 뒤에 나와 브라운의 주장을 반박하는 뒷발언자의 유리한 입지를 접하고 있기 때문일 것이다. 아마 책 출간의 순서에서 브라운 것이 뒤에 나와 롬보르를 비판했다면 순진한 나는 그의 비판주의에 감동하고 롬보르의 경망한 낙관론을 매우 못마땅하게 여겼을 것이다. 실제로, 『회의적 환경주의자』의 역자 해설에 의하면 롬보르의 이 책이 2000년에 간행되자 엄청난 반응을 일으키며 여러 언어로 번역되었는데 그 반응에는 이 책에 대한 비판도 적지 않아 활발하게 반론이 일어났으며, 올해에는 덴마크에서 '과학적 부정직성 검토위원회'에 이 책의 부적합성을 지적한 세 건의 고발장이 접수되었다고 한다. 그 판결은 이 책이 "과학적 부정직성을 남용할 의도를 지니고 있지 않다고 본다. 하지만 결과적으로 본서는 바람직한 과학 저술의 기준에 명백히 부합하지 않는다고 판단된다"로 내려졌다고 적혀 있다. 나는 모르지만 이 책의 낙관론은 비판 혹은 부정되어야 할 점이 많을 것이라는 것을 그래서 나도 짐작하기는 한다.

그럼에도 롬보르의 관점에 수긍하게끔 되는 경우가 상식적 수준으로도 많이 발견되는 것은 사실이다. 그 대표적인 경우가 맬서스의 인구론인데 인구는 기하급수적으로 증가하지만 식량은 산술급수로 증가해서 거대한 인류적 식량 위기가 닥쳐오리라는 예측이었다. 그런데 지금 보면 인구는 그의 우려만큼 늘지도 않았고 식량은 그가 예상한 것보다 더 많이 생산되었으며 그래서 여전히 기아 문제가 근본적으로 해소된 것은 아니지만 그 사정이 개선된 것만은 분명하다. 오염과 훼손으로 암이 늘어나고 우리 생명이 위협당하고 있다는 경고를 숱하게 받아왔지만 우리의 평균 수명은 더욱 길어지고 건강 상태도 전반적으로 개선되었다. 석유 문제도 그렇다. 1970년대 우리나라가 산업화되면서 닥친 유가 파동으로 심각해진 석유는 짧은 장래에 고갈되리라는 공포감이 감돌게 만들었다. 그 예상된 한계를 한참 지난 이제 석유값은 별로 오르지 않고 품귀 현상도 보이지 않는다. 롬보르에 의하면 1955년에 예상된 세계의 석유 매장량은 35년치였지만 그때보다 사용량이 훨씬 늘어났는데도 2000년의 예상은 앞으로 40년치를 사용할 수 있는 양이 매장되어 있다는 것이다. 석유의 예를 들어 그 비관적 예상을 뒤엎는 현상이 나타나게 된 이유는 우선 석유 매장지를 더 많이 발견해내며 채유, 송유에서의 경제성을 높였다는 것, 가스 등 다른 화석 연료와 풍력·태양력 등 대체 에너지가 활발하게 개발되고 있다는 것, 자동차·가전제품·동력 기계 등이 절전형으로 개선되어 에너지 효율성을 높이고 있다는 것 등등 다각적이다.

실제로 맬서스로부터 브라운에 이르기까지의 인류의 미래상에 대한 불길한 예측이 적중되기 어려운 것은 반드시 그 예측이 틀려서가 아니라 그 비관적 경고 때문에 미리 대비하고 예방함으로써 함정을 비켜난 덕이 많다. 그러니까 시장 논리와 과학적 발전으로 기술 개발과 개선이 이루어지고 있다는 것, 위험에 대항하여 정책과 운동으로 사태의 악화를 막거나 역전시킬 수 있게 되는 것이 그렇다. 아이러니컬한 일이지만 비관론자는 자신들의 비관론을 강조함으로써 낙관론에 승리를 안겨주는 것이다. 브라운이 자연 훼손과 생태 파괴로부터 식량과 자원 고갈 등 비관적인 전망을 제시하고 그 대비를 권고하며 위기의식을 제고하는 갖가지 측면 하나하나마다 대응해서 롬보르는 반박하고 부정하며 낙관론을 펴고 있지만, 그럴 수 있는 것은 비관주의자들의 위기감 조성과 경고로 말미암은 대책의 모색과 실천 덕분임을 부인할 수는 없을 것이다. 그리고 경제개발기에는 환경 상태가 나빠지지만 1만 달러의 수준을 넘으면서부터는 환경 개선이 현저하게 수행되어 개발 이전의 시기보다 더 좋은 상태로 호전된다는 것이다. 우리가 환경 문제에 심각하게 고심하며 진지한 대책을 모색하고 실천 운동으로 전개되기 시작한 것이 국민 소득이 중진국 수준으로 오른 1990년대부터라는 사실은 그가 제시한 선진국의 예로 우리가 다가가 있음을 알려주는 일이 될 것이다.

브라운의 책을 읽고 갖게 된 비관론이 롬보르의 책으로 상당히 씻겨나가긴 했지만, 그렇다고 해서 기아·질병·복지와 삶의 질에서의 인류적인 문제들이 근본적으로 해결된 것은 아니며 그 개발과 개선과 개량에 한계가 있고 지구라는 땅덩어리가 유한인 한 한없는 낙관적 미래상을 그릴 수 있는 것은 아닐 것이다.『회의적 환경주의자』는 "선진국과 개발도상국 어디를 막론하고 지금 태어나는 아이들은 더 오래, 더 건강한 삶을 살게 될 것이며 더 풍족한 음식과 더 좋은 교육, 더 높은 생활 수준과 더 많은 여가 시간, 그리고 훨씬 더 많은 가능성을 누리게 될 것이다. 지구 환경이 파괴되지 않은 상태에서 말이다"라고 장담하고 있지만 나는 그 말이 전적으로 받아들여지지는 않는다. 아마도 세상은 레스터 브라운이 경고하는 것처럼 인류와 지구가 당장에 위기에 닥칠 만큼 위험한 것은 아니지만 그렇다고 롬보르가 자신의 책 마지막 구절로 "아름다운 세상이 아닌가"라고 파우스트의 최후처럼 찬탄하는 데는 동조하지 않는다. 세계의 미래의 실상은 아마 그 중간의 어디쯤에 있을 것이다. 그 어디가 좌표의 어느 지점에 있든 간에 나는 그것이 자연을 위한 자연, 환경을 위한 환경, 생태를 위한 생태이기보다는 인간을 위한 자연, 인간을 위한 환경, 인간을 위한 생태가 되기를 바랄 뿐이다. 산과 들과 강과 바다를 원래의 자연 상태로 그대로 놓아두는 것이 아니라 인간의 삶에 기여하며 인류의 개선에 보탬이 되는 자연, 환경, 생태가 되기를, 그래서 인간과 자연이 상생의 조화를 이루는 상태가 되기를 바란다는 것이다. 막무가내의 개발주의가 야기할 문제도 심각하지만 대책 없는 보존론자의 완강한 고집(환경론자이며 생태주의 시인인 정현종이 '환경 파시즘'이라고 비판한)도 벗어나야 할 것이다.

　호수공원에서의 내 생각은 너무 멀리 나간 것 같다. 아마 내 몸뚱이의 한계를 절감하며 북한산을 오르는 대신 백 걸음도 걷지 않아 앉아 쉴 수 있는 공원의 벤치에서 그 여유로움을 한참 즐긴 때문이고, 그 산을 지금도 오르고 있을 숱한 사람들과 지금 내 주위에서 자유롭게 뛰어놀고 있는 또 숱한 사람들을 흥겨운 마음으로 바라보고 있기 때문이며, 그 산에 케이블카를 놓자는 제안을 면박당한 대신 이 벤치에서, 파고 돋우고 닦고 뚫어가며 그러지 않았으면 황폐하진 않았겠지만 무미건조했을 이 땅을 아름답고 풍요한 휴식의 공간으로 만들어 '인간을 위한 자연'이란 개념을 생각게 한 이 공원에 감사한 때문일 것이다. 그리고 나는 안개로 가려 있지만 맑은 날에는 그 신기한 바위 능선을 자랑하는 북한산 쪽으로 내 시선을 멀리 보내고 있는 것이다.

〔『숨소리』, 2003. 겨울〕